U0928250

国家示范性高等职业院校建设成果教材
高职高专“十二五”规划教材

主　　编　李建新

副 主 编　颜永超　梁焕伟　翟澄清

编写人员　（按姓氏笔画为序）

孙　一　王　阳　史　磊　刘廷娥
仵誉峰　李　涛　李建新　邵　超
肖婷婷　张　铭　张书安　张福升
梁焕伟　翟澄清　颜永超

新编大学体育

（最新修订）

主　编　李建新

副主编　颜永超　梁焕伟

　　　　翟澄清

ZHEJIANG UNIVERSITY PRESS

浙江大学出版社

图书在版编目（CIP）数据

新编大学体育 / 李建新主编. —杭州：浙江大学出版社，2009.9（2011.7 重印）

ISBN 978-7-308-06593-1

Ⅰ. 新…　Ⅱ. 李…　Ⅲ. 体育—高等学校—教材　Ⅳ. G807.4

中国版本图书馆 CIP 数据核字（2009）第 134970 号

新编大学体育

主编　李建新

责任编辑　余健波
封面设计　吴慧莉
出版发行　浙江大学出版社
（杭州市天目山路 148 号　邮政编码 310007）
（网址：http://www.zjupress.com）
排　　版　浙江时代出版服务有限公司
印　　刷　德清县第二印刷厂
开　　本　787mm×1092mm　1/16
印　　张　18.5
字　　数　450 千
版 印 次　2009 年 9 月第 1 版　2011 年 7 月第 4 次印刷
书　　号　ISBN 978-7-308-06593-1
定　　价　32.00 元

修订说明

健康是人类永恒的话题和共同的追求。现代社会经济的发展，导致生活节奏的加快，生活方式的改变等等，使亚健康人群不断扩大。只有坚持不懈地锻炼，才能够提高体能、改善体质。青少年是祖国的未来，他们需要有强健的体魄和充沛的精力投入到工作和学习当中，从而实现自我价值。学校担负着培育人才的重要使命，使其树立健康的意识，养成锻炼的习惯，形成良好的生活方式，这对青少年乃至整个社会有着深远的影响。而在进一步深化职业教育教学改革的形势下，教材建设与改革已成为重要的课题。基于以上原因，我院组织了优秀的体育教学专家进行研讨，并编写了这本《新编大学体育》。

全书分为基础理论、教学实践和保健休闲三个部分。主要内容包括体育健康概述、体育锻炼对人体发展的作用、科学健身的方法、田径运动、各种球类运动、健美与健美操运动、武术运动、跆拳道、饮食锻炼与疾病的预防、体育欣赏等等。本教材旨在弘扬体育健身、增强体质的精神，倡导学生养成终身锻炼的良好习惯，力求突破以运动技术为主线、理论与实践相分离的传统教材编写模式，主张体育教育与健康教育相结合，充分体现体育的多功能特征。

本书使用一年来，反映良好。为进一步适应教学及科研发展的需要，我们对本书的内容作了修订。本次修订，李建新任主编，颜永超、梁焕伟、翟澄清为副主编。修订编写的具体分工是：李建新，第一章、第十六章、第十九章；颜永超，第二章、第十章；刘廷娥，第三章；梁焕伟，第四章、第十一章；翟澄清，第五章；李涛，第六章；孙一，第七章；张书安，第八章；张福升，第九章；王阳，第十二章；肖婷婷，第十三章；仵誉峰，第十四章；史磊，第十五章；邵超，第十七章；张铭，第十八章。在本次修订编写中，吸收了大量同类优秀教材的精华部分，在此，对诸位专家表示衷心的感谢！

由于水平所限，教材中一定有不少欠缺之处，恳请使用本教材的教师、学生和同行专家予以批评指正，不胜感激。

编　者
2010 年夏

目　录

第一篇　基础理论

第二篇　教学实践

第三篇　保健休闲

第一篇

基础理论

第一章　体育与健康概述

第一节　健康是人类的永恒主题

一、健康的概念

健康是人类最大的财富，它的重要性几乎人人皆知。英国教育家洛克认为，没有健康，便没有什么幸福可言。德国哲学家叔本华说得更为深刻：一个健康的乞丐比有病的国王更幸福。1988 年，世界卫生组织部干事马勒博士强调了这样的思想：健康不代表一切，但失去了健康，便失去了一切。

那么，何谓健康？长期以来，人们一直认为不生病、不打针吃药、身体不虚弱就是健康。随着社会的进步、科学技术的飞速发展和边缘学科的兴起，人们对健康的要求日益提高，对健康的认识也更加深刻和全面。联合国世界卫生组织(WHO)在其“宪章”中提出：“健康不仅仅是没有疾病或不虚弱，而是身体的、精神的健康和社会适应良好的总称。”显然，在这里，健康的概念已大大超出了无病的范围，人们对健康的认识已有了极大的进步和突破。

在现代健康观念中，心理健康和社会性健康的提出是对“健康”概念的丰富和完善。它突破了千百年来人们对健康认识的局限性，使人的自然属性和社会属性得到了统一。它既重视健康对人的价值，又强调人对健康的作用，并且将两者有机地统一起来。自 16 世纪以来，自然科学有了很大进步，由于各种学科的形成，使人们得以用生物学的观点解释生命现象。在判断健康和疾病时，人们开始采用医疗诊断的方法。医疗诊断主要是测量人体的生物变量，以阳性体征和实验室数据为诊断依据，由此形成了生物—医学模式。20 世纪以来，越来越多的研究证明，人的健康不但要受到生物因素影响，而且还越来越多地受到社会、心理和社会适应因素的制约。据此，我们可以解释生活中的许多现象，如：有的人体壮如牛，却胆小如鼠；有的人膀大腰圆，却心胸狭窄；有的人昨天体检还很健康，今日却因心理障碍而跳楼自杀。生物—心理—社会医学模式的提出，概括了影响人类健康的各种因素，突出了社会心理因素对疾病发生的影响，使人们对健康和疾病的认识更加全面和深入。随着科学技术的发展和人类认识能力的提高，健康的概念还将不断变化、更新和发展。

二、现代健康观的内涵

现代健康观包括身体健康、心理健康、社会知觉良好、道德健康和生殖健康。只有各个方面都健全，才算一个较为健康的人。

(一)身体健康

一般认为身体健康就是发育良好，体魄强健，没有疾病和不虚弱。联合国世界卫生组织确定了健康的 10 个标准，可供参考：

1. 有充沛的精力，能从容不迫地担负日常生活和繁重的工作而不感到过分紧张；

2. 处事乐观，态度积极，勇于承担责任，事无巨细，不挑剔；

3.应变能力强,能较快适应外界环境的各种变化;

4.善于休息,睡眠良好;

5.能抵抗普通感冒和传染病;

6.体重适当,身体匀称,站立时头、肩、臀位置协调;

7.头发有光泽,头屑少;

8.眼睛明亮,反应敏锐,眼睑不易发炎;

9.牙齿清洁,无龋齿,无疼痛,牙龈无出血且颜色正常;

10.肌肉丰富,皮肤富于弹性。

世界卫生组织又把身体健康的概念细化为"五快"和"三良"的通俗解释。

"五快"分别是:

1.吃得快。吃饭时,食欲好,能很快地把一餐饭吃完而不挑剔食物,这证明内脏功能正常。

2.便得快。能快速地排完大小便,且感觉轻松自如,这说明消化功能良好。

3.睡得快。上床后能很快入睡,而且睡得很深,起床后头脑清醒,精神饱满,这说明中枢神经系统兴奋与抑制协调功能良好。

4.说得快。说话流利,语言表达清晰,这表明头脑清楚,思维敏捷,肺功能正常。

5.走得快。行动快速,动作灵活敏捷,充满活力,这表明精力充沛旺盛。

"三良"分别是:

1.良好的人格。性格温和,意志坚定,感情丰富,心胸坦荡。

2.良好的处事能力。自我控制能力强,客观现实地对待问题,能够适应复杂多变的社会环境,对事物的变迁保持良好的情绪,能够保持对社会环境和人体内环境的平衡。

3.良好的人际关系。能够与人为善,乐于助人,与周围的人关系融洽,不斤斤计较。

(二)心理健康

人们对健康的理解有一个从传统到现代的转变过程。一般而言,我们对生理上不适,比如感冒发烧、头痛咳嗽、胸闷腹泻和牙齿疼痛等都能明显感觉到,并会立刻去找医生。但是,我们对精神上或心理上的不适,比如精神紧张、焦虑、抑郁、孤独、悲观、精神空虚等,却往往不认为是不健康的表现。

祖国医学和现代医学研究表明,人作为一个整体,其心理健康和身体健康是密不可分的。从某种意义上说,心理因素对健康的影响甚至超过生理因素。身体上的疾病许多是由于心理因素引起的。中医认为,人的七情(情绪)波动过度和持续过久,就会使阴阳失衡,气血不和,经络堵塞,脏腑功能失调,从而引起疾病。现代医学也认为,心理情绪异常变化,如过分激动等,会使大脑皮层过度兴奋,从而导致神经系统、内分泌系统紊乱,致使人的循环系统、呼吸系统、免疫系统的机能失去平衡,从而导致疾病。这也说明了心理健康与生理健康的联系。生理学家巴甫洛夫指出:"一切顽固沉重的忧郁和焦虑足以给各种疾病大开方便之门。"研究表明,在一切不利的条件下,对人威胁最大的莫过于不良的情绪和恶劣的心情。对此,世界卫生组织提出了一个响亮的口号:"健康的一半是心理健康!"

什么是心理健康呢?国内外专家和学者曾对此进行了非常深入的研究。心理学家英格里斯认为:"心理健康是指持续的心理情况,当事者在那种情况下能进行良好的适应,具有生命的活力,并能充分发挥其身心的潜能。这乃是一种积极的丰富的情况,而不仅仅是免于心理疾病。”

社会学家玻肯认为:“心理健康就是合乎某一水准的社会行为,一方面为社会所接受,另一方面能够为自身带来快乐。”

1946 年第三届国际心理卫生会议指出,心理健康是指在身体、智能以及情绪上能够保持与他人的心理不相矛盾,并将个人心境发展成为最佳的状态。

我们认为:心理健康是指心理发育正常,心理状态保持平衡,心理适应良好,心理潜能能够得到发挥。

(三)社会适应良好

社会适应是指个体独立处理日常生活与承担社会责任达到他的年龄和所处社会文化条件所期望的程度,是个体对所处的自然环境和社会环境的一种平衡状态。进化论学说的创始人达尔文指出,大自然的法则就是优胜劣汰,适者生存。我国古人也曾说过,识时务者为俊杰。环境是人类赖以生存的场所,人们必须尽最大的努力去适应环境,如此才能生存和发展。

每一个人一生中,会不断面临新的情况和环境,每一个发展阶段都对我们提出了新的要求,比如在心理和经济上独立于父母,人格的发展,生活学习环境的改变,职业的选择,人际关系的处理,婚姻、家庭、退休等。社会适应是一个毕生的过程。

(四)道德健康

道德健康是指处在一定社会环境中的人在行为处事、与人交往时,要遵循一定的社会规范和行为准则。它着重于对健康的维护和促进。个人道德健康不仅包括对自身的健康负责,而且包括自觉地维护和促进社会整个人群的健康。例如,不在公共场所吸烟、吐痰;在听音乐会、看电影、听演讲时,不大声喧哗,自觉地关掉手机;为灾区人民募捐,为抢救他人的生命义务献血等;保障社会的存在和发展,在不损害社会和他人利益的前提下,满足个人的需要。

如果一个人缺乏良好的思想品德、人格低下,或者经常处在紧张、恐惧、内疚之中,那么这些不良心态和行为就会给这个人造成沉重的心理压力,并影响其健康心态的形成和发展。助人为乐和与人为善的高尚品格,则可产生良性的生理和心理效应,大大促进我们的健康。

(五)生殖健康

世界卫生组织对生殖健康下的定义为:人类在整个生命过程中,与生殖有关的一切活动,应该在生理、心理和社会适应诸方面都处于良好的健康状态。生殖健康包括建立正确的性观念,避免婚前性行为,避免未婚先孕、人工流产,预防性病和艾滋病,了解避孕、节育等性保健知识。

科学研究表明:在现代社会,由于生态环境的不断恶化与生活方式不当的影响,男性生殖器官发育异常、生殖细胞变异等现象日趋严重。根据调查统计,由于生理、心理、病理和社会文化观念等方面的原因,全世界共有一亿多男性患有性功能障碍。我国权威的统计数字表明,现在 40 岁以上的男性,至少有 8000 万人被性功能障碍所困扰;已婚夫妇中约有 10%的人患有不育症,其中因丈夫原因导致不孕的占 50%。由此产生的种种问题已直接影响到家庭的和睦与社会的稳定。为此,各国政府已开始关注一向被忽视的男性生殖健康问题。

第二节 影响人类健康的因素

影响人类健康的原因是多方面的，主要有：环境因素、生物因素、生活方式因素与保健服务因素。

一、环境因素

环境是人类生存和繁衍的基本前提和保证。环境包括自然环境和社会环境。科学研究表明，生活在自然条件好、风景优美、空气清新、远离工业污染环境中的人，身体健康，其寿命远远超过人类的平均寿命。例如，生活在前苏联高加索的人，其中有许多活到100岁以上还能进行一般的爬山、劳动等活动。相反，生活在条件恶劣、污染严重环境中的人，不但身体健康有问题，而且由于工业污染，还可能染上许多怪病。例如，20世纪60年代，日本的经济高速发展，但因忽视了环境保护，工业废水流入河流湖泊，人们吃了水中的鱼，造成了汞、铅、铬中毒，许多人过早死亡。

在社会环境中，政治制度的变革、社会经济的发展、文化教育事业的进步与人类的健康紧密相连。因此，人类要在地球上生存和发展，就必须善待我们的共同家园，保护好环境。

二、生物因素

在生物因素中，对人类健康影响最大的是遗传因素和心理因素。现代医学发现：遗传病不仅种类繁多，大约有两三千种之多，而且发病率高达20%。因此，应重视遗传对健康的影响。心理因素与人的健康关系更为密切，消极的心理因素能引起许多疾病，积极的心理状态是增进健康的必要条件。医学临床实践和科学研究表明，不良的情绪，如悲伤、恐惧、焦虑、愤怒等，都可以影响人体各系统的机能，导致失眠、血压升高、胃痉挛、心动过速、食欲减退、月经失调等疾病。而健康的心理，则使人在遭受挫折与失意时，仍能保持良好的情绪。

三、生活方式因素

生活方式是指人们因长期受一定的文化、民族、经济、社会、风俗、家庭影响而形成的一系列生活习惯和生活意识。人类在漫长的发展过程中，虽然很早就认识到生活方式与健康有关，但由于危害人类生命的各种疾病一直是人类死亡的主要原因，因而忽视了生活方式因素对人类健康的影响。进入现代社会后，由于科学技术的飞速发展、社会经济水平不断提高，许多传染病和以前的疑难病已被人类所攻克，人们才逐步发现生活方式因素影响健康的比重越来越大。例如，1976年美国死亡人数中有50%的人与不良的生活方式有关。可见，养成良好的生活习惯对于健康是十分重要的。

四、卫生保健服务因素

卫生保健服务也是健康极为主要的因素。世界卫生组织将卫生保健服务分为三级：初级、二级和三级，实现初级卫生保健服务是现在世界各国的共同目标。

初级卫生保健目标的基本内容是：

1. 健康教育；
2. 提供符合营养要求的食品；
3. 提供安全用水和基本环境卫生设施；
4. 妇幼保健和计划生育；
5. 开展预防接种；

6.采取适用的治疗方法；

7.提高基本药物的质量。

初级卫生保健目标的实现为人类健康提供了根本性的保障。

第三节 现代健康观念的发展趋势

从现代社会发展的总趋势来看，人类正面临着自身生活、消费方式所引起的健康问题。人类为了自身的幸福和长寿，更加关注自身的健康。身心健康已成为人们生活价值观中首要追求的目标。社会调查表明，人们在追求生活目标的选择中，总是将健康列在首位。体育锻炼将成为人类生活中的重要内容。

一、健康第一的观念

随着科学技术的迅速发展和边缘学科的出现，人类对健康的认识日益深入，对健康的要求不断提高。人们将更加注重身体锻炼和卫生保健，人们越来越认识到体育锻炼对身体健康的重要性。无论是青少年还是中老年人，将更多地进行步行、跑步、游泳、舞蹈、健身操等有氧运动。中国的太极拳被认为是改善人体微循环、增强心血管功能、保持身心平衡的最佳体育锻炼方式。

现在，女士们在进行瘦身和健美锻炼时，已不再像20世纪那样单纯追求苗条了，而是更加注重保持健康状态。体育健身器材和保健品已开始进入千家万户。

营养过剩已引起了人们的警惕，科学饮食、营养平衡将成为人们自觉的行动，健康食品和绿色食品备受青睐。吸烟、酗酒等不良的嗜好有所改变。

二、注重物质生活和精神生活平衡的观念

人们将努力寻求一种物质和精神和谐的生活方式。在快节奏、多变化、竞争激烈的现代社会，在追求物质生活的同时，保持心理的平衡和健康，已成为现代人提高生活质量的重要课题。

三、终身体育的观念

终身体育是指一个人终身从事体育锻炼和接受体育的指导。终身体育是依据人体发展变化的规律，身体锻炼对人的作用以及现代社会发展对人的要求，伴随着终身教育的发展而发展起来的。人体的活动规律表明，要保持健康的状态就必须坚持体育锻炼，并持之以恒，否则就不能产生持续的锻炼效果。随着人们生活水平和文化素质的提高，体育锻炼成了人们日常生活的重要组成部分。闲暇时间的增多使人们的生活方式发生了很大的变化，利用闲暇时间参加体育锻炼，开展各种有益于健康的活动，防止各种现代"文明病"的发生，已成为现代人生活中不可缺少的内容。终身体育将成为现代人的一种追求。

第四节 体育的概念与功能

一、体育的概念

"体育"的概念目前有多种解释，以英语为例，有用 Physical Culture，直译为身体文化；有用 Sports，直译为体育或体育运动；有用 Physical Education and Sports，直译为体育运动；有用 Physical Education，直译为以身体活动为手段的教育(身体教育)，简称体育。

在古希腊，游戏、角力、体操等曾被列为教育内容。17－18世纪，在西方教育中加入了打猎、游泳、爬山、赛跑、跳跃等，只是尚无统一的名称。18世纪末，德国的古茨穆茨曾把这些分类活动综合，统称为“体操”。19世纪，一方面体操（指德国体操）形成了新的体操体系，并广泛传播于欧、美各国；另一方面相继出现了多种新的运动项目，在学校逐渐开展并超出了原来体操范围的运动项目，建立了“体育是以身体活动为手段的教育”（即体育）这一新的概念。于是，在相当长的一段时间里，“体操”和“体育”两词并存混用，直到20世纪初才逐渐在世界范围内统称“体育”。

在中国，到20世纪初，军队训练中引进了国外的新式兵操。后来在教育制度中纳入了兵操的某些内容，当时把体育称为兵操或体操，作为学校的一门课程，称体操科。期间，陆续传入田径、球类等运动，于是“体育”（英文：Physical Education）一词被启用，这一段时间，体操与体育两词并存混用。1923年，当时政府新学制课程标准起草委员会颁布的《中小学课程纲要》中正式将“体操科”改为“体育课”，自此，“体育”一词便逐渐代替了原来意义的体操。

近几十年来，体育的实践有了大的发展，出现了身体教育、竞技运动和身体锻炼三个相互区别而又相互联系的内容，并逐渐形成一个与教育、文化相并列的新的体系。50年代，各国学者感到“体育”（即：身体教育 Physical Education）一词所反映的教育范畴，已不能概括新发展起来的这个学术领域的全部内容，而需创立一个新名词。1953年，有40多个国家在美国举行了第一次国际体育会议，曾讨论过此问题。1963年成立了“统一体育术语国际研究会”，会议讨论了体育概念这个问题，诸多国家提出了解释：

前苏联：身体文化与运动。习惯译为体育与运动，简称体育运动。解释为“社会总文化的一部分，是为增进健康、发展人的身体能力，并为适应社会实践需要而利用这些能力的一个社会活动领域”。

美国百科全书用 Physical Education and Sport，即体育与运动。译文为：“泛指一切非生产性的体力活动，即从兴趣出发，以竞技为目标和以强健身体为目的的体力活动。”

国际名词协会出版的《体育名词术语》中 Physical Culture 直译为身体文化，一般译作体育。解释为广义文化的一部分，它综合各种身体练习（活动）来提高人的生物学潜能（力）和精神潜力的范畴、规律、制度和物质条件。

中国：有狭义和广义两种说法。狭义是指身体的教育；广义是身体教育、竞技运动、身体锻炼三者的总称。目前我国对体育概念的解释是：体育是一种特殊的社会现象，它是以发展身体、增强体质、促进健康为基本特征的教育过程和社会文化活动，包括身体教育、竞技运动、身体锻炼三个方面的内容。

二、体育的功能与作用

“体育是社会发展与人类文明进步的一个标志，体育事业发展水平是一个国家综合国力和社会文明程度的重要体现。在现代化建设的进程中，体育伴随着经济、社会的发展而发展。”体育能在人类社会连绵不断地存在和发展，得到不同民族和国家人们的喜爱和广泛认同，而且发展的活力越来越大，影响和作用也越来越大，充分说明体育对人类社会有着重要的功能和作用。而且，经济越发展，社会越进步，人们强身健体的意识就越强烈，体育的地位就越重要，作用就越显著。为了深入地分析和认识体育对人和人类社会的功能和作用，可以把体育的功能分成体育的独特功能和体育的派生功能两大类。

1.体育的独特功能和作用

体育的独特功能和作用是指体育所独有的本质功能和基本作用，是区别于其他社会现象和事物对人和人类社会所产生的功能和作用的根本点，并且具有独特性和其他事物不可替代性的基本特征。体育的独特功能和作用主要表现在如下几个方面：

(1)增强体质，强国强种

这是体育的本质功能，也是体育能在人类社会中长盛不衰和持续不断存在的原因。通过体育手段来实现增强人的体质的目的，促进人自由、全面地发展。这正是体育的独特之处，也是体育区别于其他社会活动和事物对人和社会作用的根本点，并且具有不可替代的基本特征。人的身体素质是思想道德素质和科学文化素质的物质基础，也是一个民族和国家强盛的基础。毛泽东在《体育之研究》一文中指出，"体育一道，配德育与智育，而德智皆寄于体。无体是无德智也"。还指出，"体者，载知识之车而寓道德之舍也"。体育最基本的作用和本质功能恰恰是作用于一个人，一个民族的身体素质，对人民的健康和身体素质的提高，以及民族的强盛具有独特作用。通过体育达到增强体质、强国强种的目的，已经成为人类社会一种普遍的做法。这也是当今世界各国普遍重视体育运动的根本原因。

(2)培养人们勇敢顽强、克服困难、超越自我的意志品质

人们在进行体育运动时，特别是在运动训练过程中，要克服许多由体育运动产生的特有的身体困难，体验到很多在正常条件下不可能获得的身体感受。这也是人们在从事其他活动过程中很难体会得到的身体感受。它对一个人的内在意志品质具有特殊的培养和陶冶作用。强筋骨、强意志、调感情是体育的特殊功效，可以起到"文明其精神，野蛮其体魄"的作用。体育的这些功能对青少年的意志品质的培养作用尤为重要。

(3)培养人们竞争、团结、协作的社会意识

体育有利于人的"社会化"。竞赛是体育运动的一个最显著的特征。体育竞赛能有效地培养人们的竞争意识和团结协作精神。没有强烈的取胜欲望和良好的团结协作精神，在体育竞赛中不可能取得胜利。现实人类社会是一个充满着激烈竞争的场所，需要团结和协作精神。体育竞赛，特别是在集体项目的竞赛过程中，要想取得胜利，既要有力争胜利的顽强竞争意识，又要懂得与同伴和队友的团结协作，才可能达到目的。而体育的这种"模拟社会"的功能，是体育运动所独有的。

(4)丰富个人和社会的文化生活，提高人们的生活质量

人们通过参加和欣赏体育运动，不仅能增强体质，还能够愉悦身心，丰富文化生活。世界上还没有其他任何一种活动能像体育竞赛那样有规律地举行，特别是以奥运会为最高层次的国际体育竞赛已经成为现代人们关注的焦点和欣赏的热点。各种不同形式和类型的体育竞赛，以它独有的形式和方式为人类社会生产出丰富多彩的文化精神食粮，提高人类的生存和生活质量。群众体育的趣味性和娱乐性是体育给他们带来的特殊享受，它改变和改善着当今人们的生存和生活方式。

(5)为社会提供或构建公平、公开、公正的价值体系和价值标准

公平是人类社会所共同追求的一种理想社会状态。竞赛是体育最鲜明特点，通过竞赛，优胜劣汰，决出名次，可以激发荣誉感，鼓舞上进心。这是其他任何形式的社会活动和手段所不能代替的。在一定意义上说，没有竞赛，就没有体育运动。体育竞赛就是在公平的规则下，在公开场合中，通过最大限度地发挥个人和集体的体力和智力，优胜者得到奖励和人们

的尊重。体育运动向人们和社会所展示的,以公平、公开、公正为核心的价值体系和价值标准,得到了不同民族和国家的普遍尊重和推崇。"阳光下的公平竞争"正是现代人类社会所需要重新构建的价值体系和价值标准的道德核心。

2.体育的派生功能和作用

体育对人和社会的派生功能与体育的独特功能不同。主要区别在于这些功能和作用不是体育所独有,在其他社会现象和活动中也能产生类似的功能和作用。主要有如下一些内容:

(1)体育的交流功能和作用

在体育运动过程中,能增强人与人之间的交流和交往,是促进人们的友谊和增强团结的重要手段。通过体育活动,能够扩大人们的情感交流,增加人与人之间的相互了解,改善人际关系,共同创造和谐文明的社会环境。国际间的体育交往,还能够促进国家与国家之间,不同民族之间的相互了解和相互信任,有利于人类社会的和平与发展。

(2)体育的经济功能和作用

体育是人的活动,特别是体育成为一种很多社会成员参加的经常性活动后,总是在一定的物质消费的基础上进行的,必然要消耗一定的人力、物力和财力。因此,与体育活动相关的服装、器材、装备和体育场地设施等就会随之而产生,体育服务等社会行业就必然会出现。特别是在现代社会,体育中的很多内容已经发展成为人类社会的第三产业,在社会经济生活中发挥着越来越大的作用。许多国家的政府还出台了体育产业发展纲要等政府文件。这些都充分说明了体育的经济功能和作用。

(3)体育的教育功能和作用

体育是学校教育的一个重要组成部分,是教育的一个重要手段和方面。几乎所有国家都把体育作为教育的内容之一。体育在培养人们健康、合理的生活方式,集体主义精神,爱国主义精神,刻苦耐劳,顽强拼搏精神等方面有着重要作用。

(4)体育的娱乐功能和作用

体育运动能得到广大社会成员的喜爱,一个重要原因是体育与文化、艺术等活动一样具有较强的娱乐功能。人们在体育运动的过程中能体验到乐趣和快感,因而它也成为人们娱乐的一种形式。

此外,体育还具有政治功能、对外交往功能、科学研究功能等多种派生功能。体育的派生功能和体育的独特功能一样,在人类发展和社会进步中起着重要的作用,同时也促进了体育运动本身在人类社会中的不断发展。

体育的功能和作用随着社会发展和体育本身的发展也会不断地变化和发展。正确认识和深入研究体育的功能和作用,有助于了解体育在人类社会中的作用和充分地发挥体育的不同功能,使体育更好地为人类社会进步和发展服务。

第二章　体育与现代生活

生活方式是指人们在某种价值观念的指导下，从事各种生活活动的形式。它包括人们的物质生活、精神生活、政治生活和社会生活。生活方式自人类告别猿以来始终伴随着人们，已成为人类活动的一项重要内容和形式。进入21世纪，人类将经历前所未有的科学技术革命。知识经济的巨大冲击，将深入到社会的各个角落。伴随着高新技术的发展，人类将经历社会生活方式的巨大变革。激烈的社会竞争、日益加快的生活节奏，必然加重人们的生活负担和心理负担，使人们面临新的生存挑战。

第一节　现代社会文明对人类的挑战

一、现代生活"文明病"之一——灰色健康状态

现代生活文明从来都是一把双刃剑，一方面为人类提供了前所未有的物质财富，另一方面又给人类带来无穷的烦恼和麻烦。它就像隐藏在宙斯神潘多拉魔盒中的妖怪，一旦从魔盒中释放出来，就会以各种方式报复和惩罚人类。比如：机械化、电气化、信息化造成人类生物结构和机能的退化；高营养、低消耗导致体内物质积累；快节奏、高压力的社会生活导致千奇百怪的心理障碍和疾患；高技术忽视了人们的情感交流，使人变得冷漠浮躁；环境污染导致人类生存条件恶化。

不良的、失去平衡的生活方式导致的"自我创造的危险"，使人类的健康受到威胁，对此，世界卫生组织总干事中岛宏大指出："不良的生活方式形成的疾病将成为世界头号杀手。"

根据健康状况，我们可将人分成3个基本的群体，即具有高水平健康与最大能力的完全健康状态，出现患病、残疾或过早死亡的完全不健康状态，以及处在两者之间的患有慢性疾病或隐性病症的亚健康状态。亚健康群体，亦即灰色健康群体。

亚健康的症状是：食欲不振、疲乏无力、失眠多梦、烦躁易怒、健忘、胸闷、头疼、头晕、感觉迟钝、注意力不集中、记忆力下降、思维和想象能力降低、情绪消沉、容易沾染不良习惯等。据不完全统计，亚健康状态的人群的比例在现代化城市中有逐年增加的趋势，有人估计已高达70％。

现代生活中使用的电子设备，如彩电、游戏机，其屏幕所发出的阿尔法和伽马射线会杀死白细胞，致使人体免疫力下降，使人患上弱视、近视、斜视等疾病；经常玩电子游戏机和上网，可能形成一种懒散的生活方式，严重危害人的身心健康；长时间使用手机会导致脑癌；经常乘坐飞机经济舱会导致"飞机经济舱综合征"；此外，现代生活综合征、办公室综合征、摩天大楼综合征、空调综合征、双休日综合征等形形色色、千奇百怪的与现代生活有关的病症都属于亚健康的范畴。

解决亚健康状态的最好办法就是积极参加体育锻炼。健身运动和娱乐不仅是治疗亚健康状态的一种最积极、最有效的手段，而且是最方便、最经济的手段。

二、现代生活"文明病"之二——环境污染综合征

由于工业化、城市化，在过去的100年中，全球有近一半的湿地消失；水坝等设施切断了全球近60%的主要河流，导致20%的淡水鱼灭亡或接近灭亡；砍伐热带雨林的速度急剧加快，全球近一半的森林迅速消失，90%的树种处于危险的边缘；捕鱼活动严重泛滥，70%的鱼类数量在逐步减少；人口爆炸使得2/3的农业用地土质下降，1/3的原始森林变成了农业用地，导致洪水泛滥，沙尘暴频频出现。空气污染、水质污染、噪音污染，这些正威胁着人类的健康。人类正面临生态平衡方面的严重问题。

联合国公布的一份调查报告指出，尽管人类已经意识到环境问题的严重性，但随着能源需求的不断增加，世界环境仍将遭受前所未有的破坏。世界生态系统不断恶化的局面必须有所改善，否则，人类的生存与发展将会受到巨大的威胁。

三、现代生活"文明病"之三——营养过剩

由于生活水平的提高和新技术的应用，现代人的身体活动量比上一代减少了1/3，存在着营养过剩和营养不平衡引起的诸多健康问题，并导致了肥胖症的全球性流行。全世界超重和肥胖人口在最近几十年正迅速增加。在美国，大约有55%的成年人过胖，23%的成年人超重。20世纪90年代，美国为治疗肥胖导致的疾病共花费了1180亿美元，其支出远远高于吸烟导致的医疗支出(470亿美元)。

在我国，1992年时城市居民体重超标者(BWI)已经达到14.9%，其中北京市居民体重超标者已达到32.8%，中年妇女中体重超标者已经超过45%。肥胖儿童随处可见，而且发展趋势是年龄越低越多，并正在由大城市向中小城市及农村蔓延。

根据国家统计部门对35个大、中城市的调查，城市居民肉类与蔬菜的消费比例为2∶1，精粮与粗粮的消费比例为1∶0.07。这种饮食结构带来的恶果是出现高血压、高血脂、高血糖的"三高"现象。由于摄入"三高"饮食，导致腹部肥胖综合征的发生，使心脑血管疾病成为导致城市人口死亡的最大疾病。同时，由于摄入的热量和脂肪酸、胆固醇过多，以及食物中的某些营养成分不足(如纤维素、维生素A等)，也造成结肠癌、直肠癌、胃癌、乳腺癌等癌症发病率提高。有人把这些原因引起的疾病和癌症称为"现代生活方式病"或"现代生活方式癌"。

科学饮食和积极的体育锻炼等良好的生活方式能够有效地控制体重，防止"现代生活方式病"或"现代生活方式癌"的发生。

四、现代生活"文明病"之四——运动不足、机能退化

随着机械化、电气化、智能化的实现，人的劳动方式经历了由体力型、半体力型向智力型发展的过程。在低机械化时代，人们体力和脑力的支出是9∶1；到中等机械化时代，人们体力和脑力的支出转变为6∶4；到全盘自动化时代，人们体力和脑力的支出就倒置为1∶9。人们在享受现代生活文明的同时，也丧失了许多宝贵的东西。其损失最大的就是运动不足，机能退化。机器操作代替手工操作，使人类运动能力下降，身体和心理受到损伤。有人做过这样的统计，人的各个关节和肌肉可以组合70万种动作，但是在现实生活中，多数人只能做几千种动作，有的人甚至已经退化到只能做百十种动作了。一个人不能掌握各种各样的动作，基本活动能力低下，他在工作、生活中的行动能力就非常有限，就不能担负起人类进化所赋予他的那部分责任。因此，许多人丧失了生产技能和生活技能，同时还丧失了力量、速度、耐力、柔韧、灵敏、协调、平衡等人类生存必备的素质，以及许多对外界环境变化的适应能力，

在遇到危险，如火灾、洪水、突发事件时，丧失了自救的能力。

随着工业化时代的结束和全球信息化时代的到来，人类将开始重新审视“以人为本”的思想理念以及由此产生的生活方式，在这个模式中，体育运动占据重要的地位。人们对体育运动的参与，不仅仅是为了维护健康和减少疾病，更是为了拯救人类自己。现代生活文明的进步为人们的体育锻炼提供了更多的机会和可能，同时体育锻炼也成为现代人内心深处的要求，是一种基于人类进化过程的需求。

五、现代生活“文明病”之五——因高度紧张引起的心理疾病

现代生活的另一个杀手就是高度紧张引起的心理疾病。随着整个社会生活节奏的加快，以及竞争压力的加大，人们经常处于高度紧张状态。它迫使人们付出很大的健康代价以适应生存的需要，使人们的身心承受着很大的压力。这些压力使人的情绪一直处于紧张状态，成为“现代流行病”和各种身心疾病的主要原因之一。紧张可导致偏头疼、便秘、腹泻、溃疡性结肠炎、女性月经失调、男性阳痿、糖尿病、癌症、心脏病、高血压以及神经过敏、神经衰弱、精神分裂、忧郁、狂躁等精神心理疾病。所以，我们称其为人类生命的“杀手”。

紧张生活节奏造成的心理障碍已经成为一个重要的社会问题。在美国，患有心理疾病的人占全国人口的10%；仅纽约市，每四个人中就有一人患神经官能症，严重偏离了心理学标准。在日本，1975年企业界的自杀人数是4419人，1985年增加到10128人。由于激烈的竞争和工作压力，在日本还有相当比例的中年人由于过于紧张而“过劳死”。

在我国，随着社会竞争的日益激烈，人们心理疾病的发病率也呈上升趋势。据报道，我国有70%的人存在不同程度的心理问题。在1000万例心理疾病的分析报告中，有2/3来自青少年，或者在青少年时期患有精神疾病和心理障碍。有学者分析，社会的发展和各种现代思潮的影响是导致青少年患有精神疾病和心理障碍的重要原因。

心理疾病包括焦虑、抑郁、狂躁、自卑和妄想症等几个方面，其发生与社会生活有着密切的关系。

体育锻炼和身体娱乐是人们缓解紧张情绪，调整、顺应快的生活节奏的重要手段。科学实验和社会调查证明，跑步可减轻大学生考试前的紧张和焦虑状态；运动员和经常从事体育锻炼的人对社会生活节奏的改变有较强的适应性，经常参加运动会的人可以表现出较强的自信、自制、快乐、坚忍、敏锐、合群和从容不迫的心理调节能力。

六、现代生活“文明病”之六——机械式重复性工作压力并发症

这是现代社会的一种流行病。根据美国劳工部统计，机械式重复性的工作对人体的伤害，如今已占职业性伤害的65%。例如，长时间敲击键盘而引起的手腕部位的重复性工作压力并发症，是现代社会最常见的职业伤害。它是手腕部位的神经由于承受过度的工作压力所致，严重的甚至握笔、刷牙都感到疼痛。美国劳工部的统计数据显示，因这种职业伤害而导致无法工作的人，占所有因职业伤害而导致失业的人的40%。此类伤害原来仅发生于在工厂流水线上工作的蓝领阶层，而近年来在办公室工作的白领阶层中，发病率也大幅度上升，而且发病年龄呈下降的趋势。

专家指出，长时间操作电脑会使手臂和肩部的肌肉产生疲劳性收缩，不利于血液循环。通常，人头部的重量在4.54～5.45千克，相当于一个保龄球的重量，日积月累就会造成肩、颈部位的肌肉因长期紧张工作而出问题。

第二节 现代社会对人才的要求

世界经济的全球化和科学技术的迅猛发展，正日益深刻地改变着当今人类的生产方式和生活方式，以信息转移为特征的知识经济时代已初见端倪，这预示着未来世界的一个重要发展方向，从而使得知识、人才、民族的素质和国家的创新能力等要素已成为经济增长和社会发展的关键因素。当今世界各国的竞争，实际上是知识、人才的竞争。要想在竞争中抢占制高点，赢得主动权，最根本的就是要依靠高素质的劳动者和创新的人才。从现代社会的发展来看，对现代合格人才的基本要求可以归纳为以下几方面。

1. 健康的身心。首先是体质、体能良好，体格健壮，适应能力较强；第二是体能全面；第三是健康的心理。

2. 高超的智能。首先，知识的更新越来越快，要求人们具有较强的学习能力；第二，有开拓和创新能力；第三，还应具有竞争能力。

3. 高尚的道德情操。作为社会的人，其人生态度、社会公德、职业道德、协作精神等是最基本的并为全世界认可的，其中尤以职业道德和协作精神最为重要，是人们取得成功所必备的思想品质。

第三节 体育锻炼与健康

文明的进步导致体质的弱化。在文明程度还很低的时候，人类为基本生存、安全需要而发展自身的身体能力；大工业诞生以后，综合性体力劳动过渡到片面性体力劳动；一方面创造了近代体育，但另一方面人类体质相对于动物身体开始弱化；信息产业兴起后，片面体力劳动向脑力劳动转化，尽管人类医疗、卫生、环境、体育手段等都得到较好的发展，但是人们也强烈地意识到人体的弱化在加速。今天，人类已经步入信息化的知识经济时代，脑力劳动不可避免地成为主导地位，人类比任何时候都需要体育，现代社会更需要体育，其作用主要表现在以下几个方面：

一、体育能促进身心健康

新技术革命的浪潮席卷全球，新信息、新观念、新学科、新技术、新理论层出不穷，人类进入一个知识纵、横交叉一体化的科学时代，特别是信息技术、生物工程、微电子技术的高速发展，带来了高层次、多系列和高度综合化的发展，知识数量不断增长，更新加快，从而使很多人丧失了自信心和适应能力，哪怕是最伟大的科学家和学者，所掌握的都是其中极少的一部分，人类有限的适应性，受到无限的挑战。其后果是精神健康(如精神压抑、抑郁症等)、体质受到潜移默化的、久远的损坏。而体育既是对过去生活的连续和弥补，又是对未来生活的准备和承接，体育是人类缓慢的生物进程与急速社会发展进程之中的润滑剂；体育是追寻心理健康最有益的方式；体育是追寻健康最积极的方式；体育是增强健康最有趣的方法。

1. 经常锻炼的人，其骨骼的血液循环得到改善，可增强骨骼的物质代谢，防止无机成分的丢失，改善其与有机成分的比例，使骨骼的弹性、韧性增加，从而能预防骨质的疏松以及骨折，延缓骨骼的衰老过程。经常运动，肌纤维将变粗并坚韧有力，肌肉能量储备增加，其利用率也得到提高，肌纤维的收缩性、传导性、反应性都得到改善。

2.运动时，机体代谢增高，血液循环和呼吸都发生一系列的变化，以适应集体增强代谢的需要。运动时呼吸加深加快，肺通气量增大，其增加的程度取决于运动量的大小。系统体育锻炼可使安静时的呼吸频率下降，能保持肺组织的弹性，可增加呼吸肌的力量和耐力，增强胸廓的活动幅度，改善肺脏的通气和换气功能，增加摄氧能力，从而提高全身各内脏器官的新陈代谢功能。此外，经常参加体育锻炼能提高呼吸道的防御功能，预防感冒、慢性支气管炎和肺部其他疾病。

3.经常从事体育锻炼，可使胃肠蠕动加强，血液循环改善，增加消化液的分泌，提高胃肠道的消化吸收能力，并使人的食欲增强，有利于增强体质。体育锻炼还能改善和提高肝脏的功能。

4.适宜的体育锻炼对骨关节和肌肉都有良好作用，可使骨骼和肌肉代谢加强，使骨骼更加坚固，可承受更大的负荷，从而能预防骨质疏松，预防骨折，延缓骨骼的衰老过程；还能够提高机体的免疫力，增强机体的抗病能力，降低各种疾病的发病率，减少感冒和因感冒激发的扁桃体炎、咽炎、气管炎、肺炎以及因气管炎引起的肺气肿、肺心病等。

此外，常参加体育活动还有减肥作用。例如，慢跑可以增加能量消耗，促进体内脂肪代谢，从而减掉身体多余的脂肪。

二、体育能促进智力发展、消除疲劳

现代社会知识的更新越来越快，这就要求人们具有较强的学习能力。体育能提高大脑皮质反应的灵活性和工作能力，有激活脑细胞的功能，可以发展积极思维、良好记忆和集中注意力，而这些都是学习知识所必备的生理和心理品质。随着科技的发展，从事脑力劳动的人不断增多已是现代社会不可避免的现象。脑力劳动其机能特点是呼吸表浅，血液循环慢，新陈代谢低下，肌体肌肉活动量大大降低，但大脑神经系统却处于高强度状态，疲劳的产生会使工作、学习能力下降。根据高级神经活动的负诱导规律，运动中枢的兴奋可以使思维、记忆中枢得到更完全的休息。运动生理学研究表明：科学的体育运动，能对大脑中枢神经系统和内分泌系统产生良好的刺激，促进人体新陈代谢，加速血液循环，提高心脏功能，改善大脑的供氧，从而消除大脑的疲劳，恢复和提高大脑的工作能力。

现代人具有强烈的个人效能感，对人和社会的能力充满信心，办事求效率。“效能”、“信心”、“效率”，在体育教育中均有体现，特别是在长期的教学训练过程中，学生或运动员都会在这方面得到锻炼。这也是运动员拼搏精神的心理基础。

三、体育能培养人高尚的道德情操

任何体育运动项目都是依靠自身的力量完成技术动作的过程。没有对自身力量的高度信任，就无法动员和控制自己的身心潜力，特别是在完成较复杂困难、具有一定危险的动作时，更是如此。每当练习一个新动作或进行一场比赛时，都是迎接一次新的挑战，参与者必须具有强烈的求知欲和责任感，才能取得优异的成绩。

意志品质是一个人在意志行动的各个阶段所表现出来的行为特征，它包括自觉性、果断性、坚韧性和自制力。健身锻炼中要不断面对客观困难和主观困难，参与者在努力克服各种困难、挑战极限、超越自我的过程中，培养了顽强的意志品质。

坚持体育锻炼可使体格强健、精力充沛，因而有助于锻炼者改善自我。身体的自我概念包括一个人对自己体育能力的评价，对于自己的身体外貌的评价，对自己身体的抵抗力和健康状况的评价。研究表明，经常参加体育锻炼的人对自己的评价更为积极。由此可见，建立一个良好的身体概念，能提高对自身价值的认识和自尊心。

随着社会的发展以及生活节奏的加快，人与人之间的联系越来越少。体育锻炼是一种增加人与人之间接触的极好方式。研究表明，性格内向者更需要从事体育锻炼，在这个过程中，通过学会和别人友好相处，相互合作，能够体验良好的集体氛围，享受体育锻炼的乐趣。所以体育锻炼对于消除孤独感和人际关系障碍具有非常显著的作用。

体育运动是一种有一定约束力的社会活动，各种竞赛都有严格的规则，又是在一定的执法人员——裁判员、教练员的直接监督、教育下有组织地进行，参与运动和比赛的人必须遵守这些准则，这也是对培养人们遵守社会生活准则和职业道德的强化。体育运动，特别是集体项目的运动，要求个人之间相互配合才能进行。如排球运动，通过一传、二传和攻手的密切配合才能在比赛中取得胜利；足球从守门员到后卫队员，中场组织和前锋队员形成一个整体，团结协作才能赢得比赛。体育运动的这些特性，对培养人们的团结协作精神起到了一种强化作用。

四、体育能够治疗心理疾病

有关专家指出，体育锻炼已经成为治疗心理疾病的一种手段。很多心理医生认为，体育锻炼可以作为治疗抑郁症以及消除焦虑的有效手段之一。在大学生中，由于学习和其他方面的压力或挫折而引起的抑郁症和焦虑症的人不少，通过体育锻炼能够有效地缓解或消除这些心理疾病。

第三章　体育锻炼与大学生心理健康、社会适应

第一节　大学生的生理特征与体育锻炼

我国高等学校体育的对象是在校学习的大学生，他们的年龄一般都在18～21岁。这个年龄阶段的大学生，正处于青春后期，已开始进入青年期，其身体形态、身体机能及器官系统功能的发展日趋完善和成熟，整个机体具有旺盛的精力、蓬勃的朝气，身体能承受较大的运动负荷，并能较好地适应外界环境的变化。

对大学生的生理特点，不仅从事高等教育的教师应充分了解，而且每个大学生自己也要有一个清楚的认识，并根据自己在这一年龄阶段的生理、心理特点，科学地从事体育锻炼。

一、身体形态

虽然大学阶段学生已进入了青年期，但其在生理上仍保留着青春期的一些特点，身体形态的发展具有不平衡性和不稳定性。因此，大学生应重视全面地锻炼身体，在提高健康性体能的基础上，多参加球类、游泳、武术、田径、体操、舞蹈等体育活动，全面提高身体素质，发展运动器官，使骨骼坚韧、关节灵活、肌肉发达、体形匀称、体格健壮。

二、身体机能

（一）神经系统

神经系统是人体发育最早、最快，也是最早成熟的系统。大学生正处在脑细胞建立联系的上升期，大脑神经细胞的分化机能发展迅速，已达到成人水平。其第二信号系统最高调节能力大大增强，第一信号系统和第二信号系统的相互联系更加完善，分析和综合能力显著提高，为思维能力的发展创造了良好的物质条件。

人体中枢神经系统的活动有兴奋和抑制两个过程，二者相互影响、相互加强。兴奋和抑制过程经常不断地运动变化着，其活动规律包括扩散、集中及相互诱导等。人的一切功能都是兴奋和抑制的不同表现形式。脑力劳动的思维、推理、分析、综合都是在大脑高度兴奋中进行的。大学生的学习任务更加艰巨和繁重，而长时间的学习，易使大脑皮层产生抑制和疲劳状态。科学研究表明，神经系统的疲劳远比运动系统的疲劳难以恢复。如不采取有效的调节措施，就会因过度疲劳，导致神经衰弱，严重影响身体健康和正常的学习生活。

休息是调节大脑皮层兴奋和抑制的必要措施，而体育锻炼是最好的、最积极的休息方式。在体育锻炼中，神经系统由抑制转为兴奋，兴奋的神经系统可以促进机体的代谢能力，改善供能和供氧。缓解神经系统和机体的疲劳，从而保证大学生的身体健康和在校的正常学习。

（二）心血管系统

人体的心血管系统是由心脏、血管和血液三个部分组成的，它担负着人体新陈代谢的运输任务。心脏是血液的总枢纽，其功能主要是运输体内新陈代谢过程中所需要的养料和排

出二氧化碳等代谢物质。

大学年龄阶段，学生的心脏发育日趋完善，无论是在形态结构上，还是在功能上，均已达到成人的水平。其心脏收缩能力增强，收缩压增高，心输出量增大，使血液供应能够适应机体负荷增大的需要。这时，大多数学生的心脏可以承受体育锻炼活动，但强度不宜过大。应随着年龄的增长，逐步增加运动负荷。

一些大学生由于某些内分泌腺分泌旺盛，会出现高血压的现象，一般称之为青年性高血压。这只是暂时性的，随着年龄的增长和内分泌机能的稳定，这种现象很快就会消失。有青年性高血压现象的学生，体育锻炼时循环系统的反应大，所以应在体育教师和医护人员的指导下，参加适当的体育锻炼。

(三)呼吸系统

处于青年期的大学生，其肺的结构和机能迅速生长发育，肺脏的横径和纵径继续增大，呼吸肌力量逐渐加强，呼吸差、肺活量已接近成人，并且其呼吸频率减慢，一般大约为16次/分钟，呼吸深度相应增加，呼吸系统已达健全程度。体育锻炼可促进呼吸系统的健全和完善，使其构造和机能发生良好的变化。运动还有助于保持肺组织的弹性，改进肺廓的活动度，使呼吸深度加大，肺活量增大。我国大学生的肺活量，男生一般在3800～4400毫升，女生一般为2700～3100毫升，呼吸差为5～8厘米。经常参加体育锻炼可使男子肺活量达到4000～7000毫升，女子达到3500毫升左右，呼吸差也可达到9～16厘米。体育锻炼还可使呼吸系统的通气和换气功能得到提高。安静时，一般人的呼吸频率为12～18次/分钟，肺通气量为4～7升，经常锻炼的人呼吸频率仅8～12次/分钟就可达到同样的通气量。在定量工作时，呼吸机能还能表现出节省化现象，能够较强地保持工作能力不下降，并且具有很大的机能储备力，能够适应和满足较强运动负荷对呼吸系统的要求。

第二节　大学生的心理特征与体育锻炼

大学生的年龄特征决定了其心理以不成熟、不稳定和不平衡为主要特征。进入青年期后，大学生自我意识骤然增强，其认知、情感、意志、个性等主要心理过程和心理特征进入一个动态的调节过程。这时是大学生一生中心理变化最复杂，且波动最大的阶段，其特点明显地从以下四个方面呈现出来：

(一)自我意识

此时的大学生在自我评价能力和自我控制能力方面较青春期有所提高，但发展的水平参差不齐：有的人有了自我控制的能力；有的人却易受情绪的左右；有的人自负自尊，却不懂得尊重别人。为了努力将自己塑造成理想、完美的人，他们已认识到自我教育的重要性，并且正努力朝着既定的目标前进。

(二)情感

大学生已不再像中小学生那样天真、淳朴、直露了，而是更趋向于内向、敏感、含蓄。他们能够自觉地认识和评价自己的个性品质和内心体验，从而独立地支配和调节自己的活动和行为。随着自我认识需要的提高、知识经验的积累，学生自我评价的能力大大提高，变得比较主动、全面和深刻起来。他们自我认识的内容更加丰富，自我的情绪体验更具有敏感性、丰富性、深刻性、闭锁性与起伏性等特点。另外，自尊、喜欢表现自己也是大学生明显的心理特征。但是，随着年龄的增大，大学生情绪的波动性会逐渐减弱，情感会变得日趋丰富、复杂。

（三）意志品质

大学生的独立意识日趋明显，自觉性大大增强，并能在行动中清晰地意识到自己行动的目的性和社会意义。大学生的果断性和自制力发展较为缓慢，有些同学常常表现出优柔寡断，动摇不定，做事分不清主次和轻重缓急，或草率，或武断，这与他们思想尚未成熟和缺乏社会经验有关。在坚毅性方面，大学生有很大的个体差异性，有的同学常表现出畏惧困难，经受不起心理上的挫折。所以，大学生意志品质的发展仍然有不稳定的特征。

（四）性格

随着大学生自我意识的不断发展和个性倾向的日趋明显，其性格基本形成且具有一定的稳定性。对待现实持有一贯态度和较稳定的行为方式是大学生性格的主导方面，它突出体现了大学生个性的本质。

体育锻炼不仅是大学生身体健康的需要，而且也是大学生发展心理、完善自我的需要。针对大学阶段学生心理尚不成熟、不稳定和不平衡的特点，以及大学生培养自我意识、情感、意志品质、性格等方面的需要，积极开展学校的体育活动，组织学生参加或观赏各种形式的体育活动，不仅可以增强同学们的体质，而且可以锻炼意志、陶冶情操、发展情感，使他们在体育锻炼中拓宽视野，增长才智。

第三节　体育锻炼对心理健康的益处

长期坚持体育锻炼不但对身体健康有积极的作用，而且可以促进心理健康。

（一）提高心理应激水平

心理应激是指人体在受到强烈的物理、化学、生物等作用或情绪发生变化时所发生的一系列特殊的应答性反应。一个人应激水平高，往往可避免一般刺激对人体的损害；在遇到外界刺激时，也能保持心理平衡。长期坚持体育锻炼可以提高锻炼者的心理应激水平，使心理承受能力和健康水平都处于较高的水平。

（二）改善情绪

情绪是心理健康的重要指标。在现代社会中，生活的快节奏与工作、学习压力，经常使人们产生焦虑、烦恼、紧张、压抑等情绪反应，体育锻炼能转移不愉快的情绪，把人的头脑从担忧以及其他紧张思维活动中解放出来，摆脱烦恼和痛苦。

（三）发展智力

智力包括观察力、注意力、记忆力、思维力和想象力。在进行体育锻炼时，要达到预期目标，就必须善于观察、集中注意、加深记忆。体育锻炼的过程也就是将身体练习与大脑智力活动紧密结合的过程。另外，体育锻炼还可以使人精神振奋，心情愉快，从而促进大脑释放特殊的化学物质（如脑腓肽和内腓肽）。研究表明，这些物质可以促进学习和记忆。

（四）培养意志

意志品质包括自觉性、果断性、坚韧性、自制力以及勇敢顽强精神等。意志品质是在克服困难的过程中表现出来的，又是在克服困难的过程中培养起来的。坚持长期的体育锻炼，要不断克服主、客观方面的困难，这个过程既是锻炼身体的过程，也是培养良好意志品质的过程;而坚强的意志品质有助于人们的工作、学习和生活。

(五)消除疲劳

疲劳是人在工作后,人体的组织器官甚至整个机体工作能力下降的表现。疲劳与人的生理和心理状况有关。紧张的脑力劳动和长时间的静坐伏案,常常会使大脑供氧不足,以致感到疲劳、思维迟钝、记忆力减退、学习效率下降。参加体育锻炼则可以提高神经系统的功能,使大脑两半球的功能交替进行,达到消除疲劳,提高工作效率的目的。

(六)调节心理

在美国,体育锻炼已经被作为心理治疗手段。心理医生认为,体育锻炼是治疗抑郁症和焦虑症的有效治疗方法和手段。在学生中,有不少人由于学习和其他方面的挫折而引起抑郁症和焦虑症,通过体育锻炼消除心理压力,可以有效缓解病情。

第四节 体育锻炼对社会适应的影响

社会适应是指个体对所处社会环境的认识,以及自己与社会环境之间所保持的均衡关系。每一个人都在社会中生活,要适应社会,就要处理各种人际关系。社会适应不仅表现在对自己、对他人、对家庭、对集体、对社会的态度上,而且还表现在与他人和社会建立联系的方式与程度及对各种事情的处理上。社会适应能力差的人常常因为人际关系不和谐,人与人之间感情不融洽,导致矛盾、冲突和仇视,以致互相攻击,心理压力增大。一个人如果持续出现焦虑、压抑、冷漠、愤怒等消极情绪和内心体验,就会出现心理障碍,严重的还会影响心理健康的发展。

人际关系是人与人之间在活动过程中直接的心理关系,或心理上的距离。人际关系反映了个人或群体寻求满足其社会需要的心理状态。不同的人际关系会引起不同的情绪体验。人与人之间心理上的距离接近,则双方都会感到心情舒畅,无所不谈。若人与人之间发生了矛盾与冲突,心理上的距离很大,彼此就会产生不愉快的情绪体验,心情抑郁、孤立、忧伤,从而影响个人的身心健康,严重的还会导致心理失常。

心理学研究表明,人际关系紧张使人经常处在应激状态,可诱发高血压、心脏病、溃疡等疾病,还会导致免疫功能下降,致使生理疾病发生的可能性大大增加;协调而亲密的人际关系有利于身体健康。研究表明,人际关系与人的寿命长短有关,美国一名学者用了 9 年的时间对美国加利福尼亚州的 6900 名成年人进行追踪调查,发现每一个年龄组中人际关系差的人最容易死亡,有多种人际关系的人,其死亡率低于较少交往的人。

良好的人际关系是身心健康不可缺少的部分。为了保持身心健康,人们在满足营养、休息、体育锻炼和安全的需要后,更需要满足归属、爱、尊重等心理需要。每一个人都渴望同他人有一种亲密的关系,渴望自己在所属群体和家庭中有一个相应的位置。体育锻炼能增加人与人之间接触和交往的机会。学校体育的特点是群体活动,更具有社会交往的特点,如体育课的学习与练习、集体项目的配合、课外体育活动、节假日的远足、春游、登山等等,都要求大家发扬团结合作、协调一致、相互帮助、彼此鼓励、竞争向上的精神,在这样的体育锻炼中,参与者之间可以形成亲密的“战友”关系,每一个人通过与其他同学的交往,可以使自己忘却烦恼和痛苦,消除孤独感,提高社会适应能力。

第四章　大学生体能锻炼

第一节　体　能

一、体能概述

体能是运动员身体素质水平的总称，即运动员在专项比赛中体力发挥的最大程度，也标志着运动员无氧训练和有氧训练的水平，反映了运动员机体能量代谢水平。在足球运动中，主要包括运动员的奔跑能力，持续冲刺快跑的能力和承受较长时间紧张激烈比赛的能力。其指标主要是奔跑距离（数量）及冲刺距离占奔跑距离的百分比（质量）；也有用奔跑总距离和冲刺距离、冲刺次数来衡量：现今足球比赛因注重战术整体化，故对体能要求更加提高，一个运动员在一场足球比赛中，奔跑距离在 8000 米以上，冲刺约 100 次以上。

体能即人体适应环境的能力。包括与健康有关的健康体能和与运动有关的运动体能。

体能（Physical Fitness）一词最早源于美国。从广义上讲，它是指人体适应外界环境的能力。在英文文献中，常被用于表达身体对某种事物的适应能力。例如，Fitness for competition and win；Fitness for life activity。德国人称之为工作能力，法国人称之为身体适性，日本人称之为体力，中国香港地区、台湾地区的学者将之翻译为“体适能”，并得到华语流行国家和地区体育学术界的认可。

1984 年中国出版的《体育词典》认为，体能是人体各器官系统机能在体育活动中表现出来的能力。

1992 年出版的《教练员训练指南》认为，运动素质又称体能，它是指运动员机体在运动时所表现出来的能力。体能包括力量、速度、耐力、柔韧和灵敏。

2000 年出版的体育院校通用教材《运动训练学》认为，体能是指运动员机体的基本运动能力，是运动员竞技能力的重要构成部分。

2002 年出版的体育院校函授教材《运动训练学》认为，体能（身体竞技能力）是运动员竞技能力总体结构中最重要的结构之一，它是指运动员为提高运动技战术水平和创造优异运动成绩所必需的各种身体运动能力的综合，包括运动员的身体形态、身体机能、身体健康和运动素质。

中国台湾学者龚忆琳（1995 年）认为，体（适）能可分为竞技体（适）能和健康体（适）能。竞技体（适）能即运动体能，特指运动员为追求在竞技比赛中创造优异运动成绩所需的体（适）能。健康体（适）能是为促进健康、预防疾病和增进日常生活工作效率所需的体（适）能，包括心肺耐力适能、肌力适能、肌耐力适能、柔韧性适能、适当的体脂肪百分比。

中国学者熊斗寅认为，体能分为大体能和小体能。大体能泛指身体能力，它包括身体运动能力，身体适应能力，身体机能状态和各种身体素质。小体能即运动训练中的体能训练和体能性项目训练。

王兴认为,体能即体力与专项运动能力的统称。体力包括身体素质与潜力,身体素质特指专项身体素质;专项运动能力是指在对抗或与比赛相似的情境下掌握各种技术的能力。

袁运平认为,体能是人体通过先天遗传和后天训练所获得的形态结构、功能与调节方面及其在物质能量储存与转移方面所具有的潜在能力以及与外界环境结合所表现出来的综合能力。

王保成认为,体能包括人的有形体能和无形体能,前者指身体能力,后者指心智能力,体能由身体结构、身体机能和智力意志三部分组成。从社会生活角度而言,体能是积极适应生活的身体能力、工作能力和抵抗疾病的生存适应能力。

我国学者蓝荣认为,体(适)能特指身体健康方面的状态。人体对环境的良好适应,包括对基本生存的适应,对日常生活和基本活动的适应,对生产劳动的适应,对竞技运动的适应。对基本生存的适应、对日常生活和基本活动的适应、对生产劳动的适应是体能的最基本状态,对运动训练和运动竞赛的适应是体能的高级适应。

综上所述,体(适)能是人体对环境适应过程所表现出来的综合能力。体能包括两个层次:健康体能和竞技运动体能。健康体能以增进健康和提高基本活动能力为目标,竞技运动体能以追求在竞技比赛中创造优异运动成绩所需体能为目标。体(适)能的最高层次是机体对竞技运动的适应,运动训练是对人体极限能力的开发,要想创造优异运动成绩,必须对影响运动成绩发挥的各种机体适应能力进行综合性的训练,并将其调整到最佳状态。

竞技体育领域所讨论的体能,特指运动体能,运动训练界习惯将之简称为体能。运动体能是运动员为提高运动技术水平和创造优异运动成绩所必需的身体各种运动能力的总称。它是运动员机体对外界刺激或外界环境适应过程所表现出来的综合能力,与人的运动能力有关,与人体适应能力有关,与人的心理因素(主要是意志力)有关。

二、体能的分类

根据体育健康和运动训练的不同需要,体能可分为两类:健康体能和运动体能。健康体能包括心肺耐力、柔韧性、肌肉力量、肌肉耐力、身体成分等。运动体能包括从事运动训练和竞赛所需要的速度、力量、灵敏度、协调性、平衡能力和时空判断能力、反应能力等。

健康体能(亦称健康体适能)是面向大众而言的,它以促进身体健康为宗旨。以下对此作具体说明。

(一)心肺耐力

心肺耐力指个体长时间持续进行身体活动的能力。心肺和心血管的功能对于人体所需要的氧和营养物质的输送及分配,对排除体内的废物具有重要的作用。具有良好的心肺功能可以保证坚持持久的工作和适应紧张的学习及研究工作;从事运动场上的各种活动和竞赛,更需要良好的心肺耐力。

(二)柔韧性

柔韧性是支撑身体运动器官的机能特性,它决定着身体各种活动的幅度和灵活程度。柔韧性可通过经常性的身体练习而得到提高。柔韧性训练是体育锻炼项目中必需的体能训练成分之一。它对于提高身体活动能力、预防运动损伤以及保持优美的体态具有重要的作用。

(三)肌肉力量

肌肉力量是指一块肌肉或一组肌肉群克服阻力的活动能力。人体的任何活动都需要力量的参与。发达强壮的肌肉可以预防关节和韧带的扭伤、肌肉的疼痛和身体的疲劳。在锻炼肌肉力量时,应注意使身体各个部位全面、均衡地发展。

(四)肌肉耐力

肌肉耐力是指一块肌肉或一组肌肉群能够长时间工作的活动能力。耐力与肌肉力量有关;耐力好的人不容易疲劳,学习、科研和工作的效率较高。

(五)身体成分

身体成分包括人体的肌肉、骨骼、脂肪和其他。体能与体内脂肪的关系非常密切。脂肪过多者是不健康的,在活动时常常较常人消耗更多的能量,加重心肺功能的负担。脂肪过多者易患高血压、糖尿病、心血管疾病等。另外,肥胖也使人的心理健康水平下降,寿命缩短。所以,要保持适量的体内脂肪,平时就应注意能量的吸收和能量消耗之间的平衡。经常的体育锻炼是控制脂肪增加的有效手段。

三、体能的发展方法与评价

(一)发展体能的基本方法

发展身体运动能力的方法就是各种身体练习法。发展身体运动能力的方法很多,对于它的分类,原则上并无严格的规定。若按自然运动的特性考虑,凡涉及走、跑、跳、投、攀登、爬越、支撑、搬运、涉水等运动技能的身体练习手段,只要合理加以选用,都能达到发展身体运动能力的目的。为了便于组织教学和锻炼,现将练习方法分为单一练习法、组合练习法。运用各种身体练习法必须遵循下列基本要求:明确练习的目的、任务,掌握正确的练习方法(见表 4-1);练习必须有计划、有步骤地进行,使练习的内容具有一定的系统性和科学性;在练习中必须做到由易到难,由简到繁,循序渐进;必须掌握运动负荷量的大小和变化、活动强度的变化等规律;根据具体情况合理安排练习内容和练习时间、次数、间歇、强度等;了解掌握自己练习的效果;根据练习情况,运用各种练习方法,提高练习兴趣。

表 4-1　发展身体运动能力部分常用练习手段

编号	A. 速度与耐力	B. 弹跳力、下肢力量及爆发力	C. 上肢力量、腰腹肌、躯干及四肢协调性
1	小步跑,高抬腿跑,后蹬跑(原地、行进间)。	立定跳远,三、五、七、十级,多级跳,跨步跳。	双杠支撑前进,双臂屈伸,双杠支撑摆动。
2	10～15m 小步跑＋15～20m 高抬腿;10～15m 后蹬跑＋30～40m 加速跑;30～50m 后蹬跑。	单腿跳(原地或行进间),多级单腿跳或双腿交换跳,助跑起跳。	俯卧撑(或做击掌动作)。
3	10～15m 高抬腿＋30～40m 加速跑;10～15m 后蹬跑＋30～40 加速跑;30～50m 后蹬跑。	双腿跳(原地或行进间),连续纵跳摸高,收腿跳;蛙跳(连续),纵跳摸高。	“推小车”,两人互练分组比赛,距离 10～15m。
4	原地小步跑,原地高抬腿,支撑高抬腿(15～20 秒或延长时间进行)计时。	跳绳(单飞或双飞),跳长绳(集体),(单飞)或(双飞)跳绳计时。	靠墙手倒立。
5	原地摆臂练习,原地弓箭步交替换腿跑(徒手或持器械)。	跑台阶(楼梯)30～40 阶(两脚交替),跳台阶(双腿或单腿),跳圆圈。	吊杆登攀、攀爬向上。

续表 4-1

编号	A. 速度与耐力	B. 弹跳力、下肢力量及爆发力	C. 上肢力量、腰腹肌、躯干及四肢协调性
6	40～60m,60～80m(加速跑)120～150m 及 400m 内反复跑、重复跑(上下坡跑、顺逆风)	跳障碍(跨栏架或橡皮筋)。	斜身引体;引体向上。
7	30m,50m,60m,100m 行进间跑、起跑(蹲踞式)技术。	跳深(连续登跳箱)。	屈臂悬垂(计时)。
8	30m, 50m, 60m, 100m, 200m 计时跑。	弓箭步跨跳(负重)或跨步跳,"互背"接力赛。	仰卧起坐;仰卧举腿(两人互练)。
9	接力跑,往返跑,叫号赛跑,追逐跑(跑距、分组、组织形式自行制订)	深蹲、提踵(蹲起后提踵);半蹲跳(杠铃或壶铃);全蹲跳同前。	悬垂摆荡,悬垂举腿。
10	重复跑 250～400m,800～1000m 接力跑、8～12 分钟健身跑。	提铃、小杠铃(连续)提铃至胸(连续)。	仰卧两头起(手脚触及为一次)。
11	800～3000m 变速跑(田径场进行),方法:直道快、弯道慢;直弯快、直弯慢。	挺举(原地或箭步式上挺连续快速);箭步式快挺。	俯卧挺身"弓身"(两人互练)。
12	800～3000m 变速跑 200m 快、200m 慢(如此循环进行练习)。	抓举(原地或箭步式抓举),箭步式抓举(连续快速)。	俯撑(或立卧撑跳起),连续练习,计时、计数。
13	途中跑:800～3000m(定时跑、间歇跑、匀速跑、持续跑)。	抛掷铅球或实心球(左或右抛,前或后抛);掷远,掷准。	立卧撑(或立卧撑跳起),连续练习。计时、计数。
14	400m,800m,1000m,1500m 计时及 12 分钟定时跑。	推铅球,掷实心球。	负重爬行,举重物,负重搬运,拉橡皮筋,双人角力练习。

(二)体能测量评价

1. 12 分钟跑测验

体能是反映健康状况的重要因素之一。心肺功能适应能力是影响体能的主要因素,也是进行耐力运动(如长跑、旅游等)的基础。测量心肺功能适应能力的精确方法是对人体的最大吸氧量($VO_{2,max}$,又称最大摄氧量)进行评价。由于直接测量最大吸氧量需要昂贵的实验设备而且费时,所以需要一种与最大吸氧量高度相关的简易测验方法。美国生理学家库珀(K. H. Cooper)博士经过 20 多年的研究,认为有氧代谢运动是保持身心健康最有效、最科学的运动方式,因为它可以有效地提高呼吸系统摄取氧、心血管系统输送氧和组织器官利用氧的能力,并具有持续运动时间长、安全性高、脂肪消耗多等特点。库珀博士认为,12 分钟跑的距离与最大摄氧量的相关系数最大。他得出的相关系数是 0.897(人数=115),日本的浅见博士得出的是 0.87(人数=76),我国学者蔡秋和王步标等人所做的测试结果是 0.89(人数=24),三者的结果几乎相同。由此可见,用 12 分钟跑测验来评价最大摄氧量和心肺功能适应是可行的。

12 分钟跑测验是测试人在 12 分钟内全力跑的距离,测试时运动负荷很大,所以应在测试前有个适应性准备阶段。12 分钟跑测验不仅是国际公认的评价最大吸氧量的有效方法,同时也是增强有氧代谢能力的有效健身手段(见表 4-2)。

表 4-2 12 分钟跑测验评价标准 （单位：米）

等级		13～19 岁	20～29 岁	30～39 岁	40～49 岁	50～59 岁	60 岁以上
1 级（很差）	男	<2080	<1950	<1890	<1825	<1650	<1390
	女	<1600	<1540	<1500	<1410	<1345	<1250
2 级（差）	男	>2080	>1950	>1890	>1825	>1650	>1390
	女	>1600	>1540	>1500	>1410	>1345	1250
3 级（及格）	男	>2190	>2100	>2080	>1985	>1855	>1630
	女	>1890	>1775	>1680	>1570	>1490	>1375
4 级（较好）	男	>2500	>2385	>2320	>2225	>2080	>1920
	女	>2065	>1950	>1890	>1775	>1680	>1570
5 级（很好）	男	>2750	>2625	>2500	>2450	>2305	>2110
	女	>2290	>2145	>2065	>1985	>1890	>1745
6 级（优秀）	男	>2975	>2815	>2705	>2640	>2530	>2480
	女	>2415	>2320	>2225	>2145	>2008	>1890

2.12 分钟游泳测试

游泳是一项身体全面的运动。不论是哪种姿势游泳，人的肢体都要不停地进行收缩和舒张，促使身体的主要肌肉和关节得到良好的锻炼，尤其是使与上肢划水有关的胸大肌、三角肌、肱三头肌和背部肌群，以及下肢和腰腹肌肉逐渐发达起来。同时，游泳有利于锻炼骨骼系统的灵活性和柔韧性，促进骨骼的生长发育。游泳时人体在水中处于水平姿势，接近于悬浮状态，胸部要受到 12～15 千克的水的压力，要维持正常呼吸，就要不断地加深呼吸。所以经常参加游泳锻炼，呼吸肌得到增强，从而增大了呼吸差和肺活量。此外，游泳时人体热量散发很快，因为在水中运动要比陆地上运动消耗更多的能量。研究证明，肥胖者每天游泳 30 分钟而不增加饮食，就可达到减肥效果。

下面介绍 12 分钟游泳测验的评定标准（见表 4-3），它不限游泳姿势，仅以 12 分钟游泳的距离来评价体能。

表 4-3 12 分钟游泳测评标准 （单位：米）

等级		13～19 岁	20～29 岁	30～39 岁	40～49 岁	50～59 岁	60 岁以上
很差	男	<460	<365	<320	<275	<230	<230
	女	<365	<275	<230	<185	<140	<140
较差	男	461～550	366～460	321～410	276～365	231～320	231～275
	女	366～460	276～365	321～320	186～275	321～410	276～365
及格	男	551～640	461～550	411～505	366～460	231～320	231～275
	女	461～550	366～460	321～410	276～365	231～320	231～275
较好	男	641～730	511～640	506～595	461～550	411～505	366～460
	女	551～640	461～550	411～505	366～460	321～410	276～365
较差	男	<730	<640	<595	<550	<505	<460
	女	<640	<550	<505	<460	<410	<365

3. 肌肉耐力测试

肌肉力量通常是指肌肉收缩时完成一次性最大重量的工作能力。肌肉耐力是指肌肉重复收缩完成某一动作的工作能力。在日常生活中，往往后者更为重要，它与体质健康状况有密切的关系。

肌肉耐力测试方法很多，而俯卧撑和仰卧起坐是两种简单易行的方法。俯卧撑是测试肩部、臂部、胸部和腹部肌肉耐力的，而仰卧起坐主要是测试腰腹肌的耐力。

(1)俯卧撑测试(见表 4-4)

标准的俯卧撑方法是被试者两手撑地，手指向前，两手间距与肩同宽，两腿向后伸直并拢，用脚尖撑地，身体呈俯卧姿势。然后屈臂使身体平直下降，使肩与肘接近同一地平面，躯干、臀部和下肢要挺直，撑起时恢复到预备姿势为完成一次，记录完成次数。注意俯卧与撑起时躯干要始终保持平直。

表 4-4　俯卧撑测试评价肌肉耐力的参考性标准(男)

(根据 1 分钟俯卧撑的次数判定肌肉耐力的等级)

年龄(岁)	1 分(差)	2 分(一般)	3 分(较好)	4 分(好)	5 分(优秀)
18～20	4～11	12～19	20～29	30～39	>40
21～25	3～9	10～16	17～25	26～33	>34
26～30	2～8	9～15	16～22	23～29	>30
31～35	2～6	7～12	13～19	20～27	>28
36～40	2～6	7～11	12～19	20～25	>26

(2)仰卧起坐测试

仰卧起坐测试是目前应用最广泛的评价腰腹肌耐力的测试方法。这种测试既评价了腹肌耐力，也测量了腰腿部肌肉的耐力，因此这是一种比较安全的体能测试。

测试方法是被试者仰卧于垫上，两腿稍分开，屈膝成 90°，两手交叉置于脑后，一人压住受测者两踝关节，起坐时以两肘触及或超过两膝为完成一次，仰卧时两肩胛必须触垫。最后记录 1 分钟内完成的次数(见表 4-5)。

表 4-5　1 分钟仰卧起坐测试评价肌肉耐力参考标准(女)　(单位:次)

年龄(岁)	1 分(差)	2 分(一般)	3 分(较好)	4 分(好)	5 分(优秀)
18～20	3～7	8～16	17～28	29～35	>36
21～25	1～6	7～15	16～22	22～29	>30
26～30	1～3	4～11	12～19	20～27	>28
31～35	1～2	3～9	10～17	18～23	>24
36～40	1～2	3～7	8～14	15～21	>22

4. 柔韧性测试

进行柔韧性测试，可以了解自身各关节的柔韧性程度。柔韧性程度越好，关节的活动幅度越大，人的关节灵活性就越强。一般来说，年龄越小，柔韧性越好，随着年龄的增大，柔韧性越来越差。加强柔韧性的练习，可以增加肌肉的伸展和弹性，延缓人体老化，所以经常进行有规律的人体伸展练习，保持良好的柔韧性是非常必要的。柔韧性的好坏与特定的关节有关，通常要采用测量躯干的方法。

坐位体前屈测试主要是评价躯干弯曲的能力。这种方法牵拉的是背部浅层的肌肉和大腿后部肌肉。坐位体前屈测试的方法：被试者垂直坐立，两腿伸直，脚跟并拢，脚尖分开约 10～15 厘米，脚底踏在测量计踏板上。然后用手并拢，两臂和手伸直，渐渐使上体前屈，尽量用双手指尖轻轻推动标尺上的游标前滑，直到不能继续前移。测两次，取最好成绩，记录以厘米为单位（见表 4-6）。

表 4-6　坐位体前屈测试评价躯干柔韧性的参考性标准　　（单位：厘米）

	年龄(岁)	1分(差)	2分(一般)	3分(较好)	4分(好)	5分(优秀)
男	18～20	－0.2～4.4	4.5～9.9	10.0～17.3	17.4～22.7	>22.8
	21～25	－3.2～2.4	2.5～8.3	8.4～16.3	16.4～21.9	>22.0
	26～30	－3.6～0.5	0.6～6.0	6.1～14.4	14.5～19.9	>20.0
	31～35	－7.0～0.9	－8.0～4.9	5.0～12.9	13.0～18.7	>18.8
	36～40	－8.3～2.1	－2.0～4.3	4.4～12.4	12.5～17.5	>17.6
	41～45	－9.4～－3.3	－3.2～2.6	2.7～11.0	11.1～17.1	>17.2
	46～50	－10.5～5.1	－5.0～1.4	1.5～9.9	10.0～15.4	>15.5
	51～55	－11.5～－6.4	－6.3～0.9	1.0～8.8	8.9～14.6	>14.7
	56～60	－13.2～－7.7	－7.6～－0.1	0～7.9	8.0～13.4	>13.5
女	18～20	－0.6～3.7	3.8～8.9	9.0～16.1	16.2～20.9	>21.0
	21～25	－3.0～2.4	2.5～7.4	7.5～14.5	14.6～18.0	>18.0
	26～30	－3.0～1.9	2.0～6.4	6.5～13.0	13.1～18.0	>18.1
	31～35	－4.4～0.9	1.0～6.2	6.3～12.5	12.6～17.8	>17.9
	36～40	－5.1～0.4	0.5～5.9	6.0～12.0	12.1～17.5	>17.6
	41～45	－6.4～－0.1	0～4.9	5.0～12.0	12.1～17.4	>17.5
	46～50	－7.2～1.1	－1.1～4.4	4.5～11.9	12.0～17.2	>17.3
	51～55	－7.5～－1.3	－1.2～4.2	4.3～11.9	12.0～17.0	>17.1

第二节　发展身体素质的原理与方法

身体素质，是指人体在体育运动中和日常生活中所表现出来的力量、速度、耐力、灵敏度和柔韧性等机能能力的总称。它是衡量体质状况的一个重要标志。身体素质取决于肌肉本身的解剖、生理特征与生物化学成分，肌肉工作时的能量供给，各组织的物质代谢，内脏器官的配合和神经系统的调节能力。

一、增强力量素质的原理和方法

力量是身体或身体某部分肌肉工作时克服阻力的能力。肌肉收缩是人体运动的动力；在中枢神经系统的统一调节下，肌肉活动构成人体运动的核心；体内其他器官系统的活动，都是为了保证肌肉的工作。

任何动作的完成都需要力量，力量素质是速度、灵敏度等其他素质的基础，力量素质和肌肉的发达程度是一致的。因此，增强力量对塑造良好的体形、促进血液循环、增强体力有着重要的作用。

（一）力量素质的分类

1. 按动力性力量的特征分类，力量可分为最大力量、速度力量（爆发力）、力量耐力 3 种。

最大力量：又称绝对力量，是指在神经中枢的支配下，肌肉任意收缩所产生的力量，如举重、投掷等。

速度力量：又称爆发力，是指人体在最短时间内表现出最大力量的能力。爆发力的大小，是以肌肉快速收缩，使重量恒定的人体和器械获得加速度与所需要时间的比值来确定的。体育运动中大多数动作都是在快节奏或爆发性用力的情况下完成的，如跳跃、投掷、短距离的起跑、冲刺等动作，都要发挥速度力量。

力量耐力：是人体(或某一肌群)在长时间力量运动中机体对抗疲劳的能力，如长距离跑、引体向上、俯卧撑、游泳等动力性的练习，以及屈臂悬垂等静力性的练习。

2.按人体表现出来的力量与体重的关系分类，力量可分为绝对力量和相对力量。

绝对力量是在不考虑本人体重因素情况下所表现出来的最大的力量数值，如投掷、划船、举起杠铃的最大重量，用握力计、拉力器测量出来的最大的力量数值等。

相对力量是指每千克体重所表现出来的力量(相对力量＝绝对力量/自身体重)

(二)增强力量素质的方法

1.超负荷练习。

力量素质只有在对肌肉不断地进行强烈刺激，并且每一次刺激的强度超过前一次时，才会得到发展。所以，训练时要不断地增加负荷，大负荷能够使更多的肌肉群参加工作，刺激人体内环境产生一系列的生理生化适应性变化，增强肌肉力量。小负荷或中等负荷对发展肌肉体积有利，对增加力量的效果则不如大负荷。

2.各种力量的练习方法。

发展力量耐力可采用小负荷(最大负荷的40％强度)、重复次数多(每组15～30次以上，3～6组)的间歇(休息1～5分钟)练习。

表4-7　发展力量的方法

练习要求	绝对力量	速度力量	力量耐力
强度	大 (80％～100％)	中 (60％～80％)	小 (40％～60％)
组数	少(2～4组)	中(4～6组)	多(6～10组)
次数	少(1～5次)	较多(5～15次)	多(15～30次)
速度	混合速度	快速	快速或慢速
密度	较小	中等	较大

(三)增强力量素质的注意事项

1.准备活动要充分，锻炼时注意力要集中，要循序渐进，重量由轻到重，速度由慢到快。

2.发展力量的一般规律是从最大负荷的40％开始，增加次数和组数→增加重量→再增加次数和组数→再增加重量。如此循环往复，每周3次，坚持6周以上就有一定的效果。

3.力量练习，要经常坚持，如果中断练习3～5天，力量就会消退。所以，锻炼要坚持不懈。

4.试验表明，隔日训练的力量增长率较高。

5.发展力量素质要和速度练习和放松练习相结合，包括上肢力量、下肢力量和躯干力量。进行力量练习时，身体各个部位和各种动作练习交替进行效果较好。

6.要全面发展身体各个部位的力量。先大肌肉群，后小肌肉群，全面交替锻炼。要防止部分肌肉重复锻炼，以至造成过度疲劳和畸形发展。

7.力量练习极限用力时，需要憋气，使肌肉更能紧张用力。憋气会对心血管机能产生不良影响，增加胸内压，减少回心血流和心血流输出量，导致暂时性脑贫血。所以，力量练习除短时间外，尽量不要憋气，或用声门慢慢呼气；完成动作练习前，不要做深吸气，一般以中度吸气为宜。

二、增强速度素质的原理和方法

速度素质是人体在最短的时间内完成快速动作的能力。发展速度素质能够提高大脑皮层兴奋与抑制过程转换的灵活性和中枢神经系统的协调性。速度素质对短距离跑、游泳、球类等运动项目起直接的决定性作用。

(一)发展速度素质的分类

速度分为反应速度、动作速度和移动速度。

1. 反应速度指人体对外界各种刺激反应快慢的能力,如短跑项目的起跑,拳击、击剑等对抗性运动中的出击躲闪、反击动作等。

2. 动作速度指人体完成某一个动作快慢的能力,如起跑速度、投掷项目中的出手速度、跳跃运动的踏跳速度等。动作速度与机体的准备状态,动作技术、技能的熟练程度和爆发力等因素密切相关。

3. 移动速度是指单位时间内人体移动的距离。一般指周期性的运动项目。

(二)发展速度素质的方法

1. 运用各种突发信号,进行反应速度的练习。

2. 以最快的速度,在最短的时间内反复进行练习,如50米、100米跑。

3. 利用外界特定的条件、减轻器械的重量反复进行快速练习等。

4. 通过掌握正确的预备姿势,形成较大的工作距离,发展动作速度。

(三)发展速度素质的注意事项

1. 发展速度的练习应在体力充沛、精神饱满、运动欲望强烈的状态下进行。

2. 动作速度取决于中枢神经系统的协调性、灵活性与力量、灵敏度、耐力等因素。周期性动作的每个动作效果(如跑步的步幅、游泳的划幅)是提高移动速度的重要因素。

3. 静力练习、慢速力量练习和机械的单一练习,对提高速度效果不大。

三、增强耐力素质的原理和方法

耐力是人体长时间进行肌肉活动的能力,也可看做长时间克服疲劳的能力,是有机体生理机能和心理素质的综合表现。发展耐力素质对提高人的健康水平和增强人的体质有着重要的作用。它可提高中枢神经系统支配有机体长时间参加肌肉活动的协调性,提高心血管系统和呼吸系统的机能活动能力,提高人体物质能量供给的能力。人们通常把耐力和力量作为体力的主要标志,它也是人体健康和体质强弱的一个主要标志。

(一)耐力素质的分类

1. 按运动的表现形式,耐力可分为速度耐力和力量耐力。速度耐力指人体在较长时间内保持快速运动的能力。力量耐力指人体在较长时间内保持用力的能力。

2. 按运动对机体的影响,耐力可分为肌肉耐力和心血管耐力。肌肉耐力指人体在较长时间内肌肉持续收缩的能力。心血管耐力指人体心血管系统和呼吸系统持续工作的能力。

3. 按运动时能量供应的特点,耐力可分为有氧耐力和无氧耐力。

有氧耐力指机体长时间在有氧供能充足的情况下进行工作的能力。运动能否维持长时间的有氧分解供能,取决于人体内糖和脂肪的储备是否充足。

无氧耐力指身体在缺氧的状态下克服疲劳的能力。快速运动时,存储在肌肉内的ATP(三磷酸腺苷)供应能量,CP(磷酸肌酸)随即分解,补充ATP的再合成,这个过程非常快,不需要氧也不会产生乳酸。研究表明,全身肌肉的ATP-CP供能仅够维持8秒钟左右,恢复的时间不少于 30 秒钟，其强弱与肌肉运动的加大速度有关。当快速运动持续 8～10 秒钟时，ATP-CP 不能继续供能，需要动用糖原进行分解，又称乳酸供能，其最大持续时间为 33 秒左右，恢复时间为 2～3 分钟。乳酸供能的强弱主要与速度耐力有关。

耐力素质与心脏功能的强弱有关。耐力的训练可以使心率减缓，心容积增大，心肌收缩有力，每搏输出量增加，大大提高心脏的功能和健康水平。

（二）发展耐力素质的方法

发展耐力主要采用长时间持续负荷法。多采用走、跑、游泳等周期性动作和长时间从事某些内容的身体锻炼。匀速和变速的长跑（或游泳）锻炼是发展有氧耐力的最好方法。人体的锻炼应以发展有氧耐力为主，但因个人的情况不同，锻炼时一定要因人、因地、因时制定计划，利用时间（持续或间歇）、距离和强度 3 个因素，控制好运动量。对健康的学生来说，每次锻炼的负荷时间不少于 5 分钟，一般应在 30 分钟左右，心率应达到 140～160 次/每分钟左右，每周坚持 3～4 次。这样一般都能取得良好的效果。

（三）发展耐力素质的注意事项

1. 耐力练习不但是身体素质的训练，而且是意志品质的培养过程，所以进行耐力训练，除了要采用多种多样的练习手段，增加锻炼的兴趣外，还要有意识地克服畏难情绪，强调坚忍不拔和决不放弃的意志品质的培养。

2. 耐力练习要结合本专业的特点，以适应未来工作的需要。

四、增强灵敏素质的原理和方法

灵敏素质，是指人体在突变和复杂的情况下，灵活、快速而准确地完成动作的能力。它是人体对动作技能的掌握和运动素质的发展在运动中的综合表现。发展灵敏素质对提高大脑皮层神经过程的灵活性，对发展人的反应能力，提高速度和动作的准确性、协调性以及学习掌握各种各样的动作都有积极的作用。

（一）发展灵敏素质的方法

1. 灵敏素质的发展取决于大脑皮层神经过程的灵活性和协调性。锻炼时，要求采用多种多样的练习方法和手段，如体操、球类活动、游戏、武术以及一些对抗性项目的锻炼。对各种动作的技能掌握得越多越熟练，就会显得越灵敏。

2. 在各种变化和复杂的条件下进行练习，能提高反应能力，发展灵敏度。

3. 灵敏素质的发展还有赖于其他素质的发展，因而可采用发展其他素质的方法来发展灵敏度。

（二）发展灵敏素质的注意事项

1. 发展灵敏素质应该在准备活动之后，大脑比较兴奋、体力比较充沛时进行。

2. 发展灵敏素质要结合掌握技术动作，与发展其他素质一起进行。

3. 要求遵循从易到难、从简到繁、不断地变化练习的形式，要增加练习的积极性和趣味性，以达到锻炼的预期目的。

五、增强柔韧素质的原理和方法

柔韧素质，是指人体关节的活动幅度、肌肉和韧带的伸展转动的能力。发展柔韧素质对充分表现身体各部位的动作幅度，提高动作的美感和质量，减少伤害事故有积极的作用。

（一）发展柔韧素质的方法

1. 采用静力性和动力性拉长肌肉和结缔组织的方法。

静力性是指做相对静止的一些练习，并保持一定的时间，逐渐拉长肌肉和结缔组织，如压腿、压肩的练习。

2. 用主动和被动相结合的方法。

主动的形式是自己控制肌肉伸展收缩和关节的范围。被动的形式是在别人的帮助下，迫使肌肉伸展收缩和关节活动的范围增大。实践证明，采用主动和被动相结合的锻炼形式的效果较好。

(二)发展柔韧素质的注意事项

1. 准备活动要充分，动作要由小到大、由慢到快，循序渐进，以防止肌肉撕裂或拉伤肌纤维、韧带组织。实践证明，锻炼 40～60 分钟后，练习柔韧性最好。同时，要注意与放松练习交替进行，以保持肌肉原有的弹性和伸缩能力。

2. 发展柔韧素质比较发展其他素质容易见效，但也容易消退，因而需要经常坚持锻炼。

3. 发展柔韧素质时还应注意发展速度和力量，要求在加大动作幅度的同时，加大动作的速度和力量。

第三节 “超量恢复”

(一)超量恢复

也称超量代偿。有关运动时和运动后休息期间能量物质消耗和恢复过程的超量恢复学说，是由前苏联学者雅姆波斯卡娅提出来的。她的研究证明：

1. 在适宜的刺激强度下，运动肌糖原消耗量随刺激强度增大而增加；

2. 在恢复期的一个阶段中，会出现被消耗的物质超过原来数量的恢复阶段，称为超量恢复；

3. 超量恢复的数量与消耗过程有关，在一定范围内，消耗越多，超量恢复效果越明显。

此后，许多运动生化工作者对肌肉中磷酸肌酸、肌肉蛋白质、肌红蛋白、磷脂、酶活性的超量恢复过程进行了研究，进一步证实超量恢复的基本规律是客观存在的；并且不同物质超量恢复的速度不同。由此提出：

(1)肌肉活动时消耗物质的超量恢复原理；

(2)运动后恢复期物质恢复的异时性原理。

超量恢复的程度和时间取决于消耗的程度，在一定范围内，肌肉活动量越大，消耗过程越剧烈，超量恢复越明显。如果活动量过大了，超过了生理范围，恢复过程就会延缓。运动实践证明，运动员在超量恢复阶段参加训练或比赛，能提高训练效果和创造优异比赛成绩。

(二)超量恢复原理的应用

不同能源物质在运动时的消耗速率和恢复时间是不相同的，而不同专项运动对消耗能源物质的要求不同，这就成为选择休息间歇、掌握负荷强度和量度的一个重要依据和指标。目前认为可以根据不同能量物质恢复的速率来安排不同专项练习的间歇休息时间；而超量恢复则是课后休息期至下次训练时应掌握的指标。

在训练课中，如何选择最适宜的休息间歇以保证完成训练量，又取得良好的训练效果，是值得注意的问题。在训练课中被消耗的能量物质和产生的酸性代谢产物，在运动间歇休息期恢复或消除。能量物质的恢复通常用半时反应(Reaction of half time)表示，半时反应是指恢复运动时消耗物质二分之一所需要的时间。

1. 磷酸原恢复规律的应用

目前研究较为清楚的是磷酸原恢复。在10秒全力运动中消耗ATP和大部分CP,运动后其恢复规律。

研究表明,磷酸原恢复一半的时间为20～30秒,运动后30秒CP恢复约70%,基本恢复的时限为2～5分钟。这意味着在10秒以内全力运动的训练中,二次运动的间歇时间不能短于30秒,保证磷酸原在尽可能短的时间内,至少恢复一半以上,就可以维持预定的运动强度。组间休息间歇控制在磷酸原完全恢复时。组休息间歇在4～5分钟为宜,使机体活动在一个新的起点开始。

2. 乳酸消除规律的应用

如果运动肌中有大量的乳酸生成,则选择氢离子透过肌膜达二分之一量的时间,作为适宜休息间歇的最适宜的时间。目前研究结果认为,30秒全力运动的半时反应为60秒,因此,最适宜的休息间歇为60秒左右。1分钟全力运动后,半时反应约为3～4分钟,因此,休息时间要达4～5分钟。最大乳酸生成的成组练习为4×100米跑,跑后乳酸消除的最佳半时反应为15分钟左右,活动性休息有助于乳酸的消除速度加快。在运动后恢复期,乳酸的消除速率受休息方式影响。活动性休息中乳酸消除的半时反应为11分钟,恢复至安静水平约1小时,而休息性恢复中乳酸消除的半时反应需要25分钟,恢复至安静水平则需要2小时。实验证明,进行轻量的活动(如散步、慢跑)比静坐和躺卧休息方式乳酸的消除速度快。因为轻量活动时,血液循环较快,输送至肌肉中的氧较静坐时多,肌肉中代谢水平也较高一些,有利于乳酸消除。

训练课后适宜的休息方式影响乳酸恢复至安静时水平,如静坐需1～2小时;而进行慢跑或增加一些恢复性措施,如按摩、热水浴、碱性食品等,则仅需30分钟至1小时即可。

第四节　运动技能形成的机制

一、运动技能

又称“动作技能”。指人体运动中掌握和有效地完成专门动作的一种能力。包括大脑皮质调节下不同肌肉群间的协调性。即指在空间内正确运用肌肉工作的能力。按条件反射学说的观点,是一种复杂的一个动作接连一个动作的肌肉所感觉的运动条件反射。它的形成要经历肌肉感觉不明、分化、巩固稳定和自动化的过程,而这几个过程前后相连,在运动条件反射形成过程中逐渐过渡。运动技能的形成和发展受许多因素的影响。如教学训练的方法、运动员的训练程度、学习目的性和自觉积极性,以及身体健康程度。

二、运动技能的定义

运动技能是运动员在运动学习的主动目的性导向与规范基础上,以机体自身初始状态水平为基础,以训练负荷为信息输入载体,以能级(强度)与时间矢量值为参照系,导致神经网络各级水平发生相应的自组织变化,最终以人体自身机能与结构的协同适应效应,使整个泛脑网络产生的新的有序模式。

三、运动技能的分类

运动技能一般按下列不同标准分成不同的类型:第一,依据运动技能是否需要使用某种工具(或装备),分为工具性运动技能与非工具性运动技能。工具性运动技能指使用某种工具(或装置)的运动技能。如写字、绘图、打球、骑自行车、使用实验仪器和驾驶飞机等的运动技能。非工具性运动技能指不需要使用某种工具(或装置)的运动技能。如打拳、竞走、游泳、唱歌、舞蹈等运动技能。第二,依据运动技能所涉及的肌肉与动作幅度大小,分为精细运动技能与大运动技能。精细运动技能是主要由小肌肉运动(如腕关节和手指的运动)来实现,在狭小的空间范围内进行,要求具有精巧的协调动作的技能。如写字、打字、雕刻、绣花、织毛衣等技能。大运动技能是运用大肌肉运动来实现,需要大力气和大幅度动作的技能。如跑步、游泳、打球、举重等。第三,依据动作的连贯与否,分为连续性运动技能与非连续性运动技能。连续住运动技能指以连续、不间断的方式所完成的一系列动作技能。它需要对外部情境进行不断调节。如打字、滑冰、跑步、舞蹈、弹琴、开汽车等活动中的技能。在这些技能中,动作的持续时间较长,动作与动作间没有明显可以直接感知到的新的起始点。非连续性运动技能指由突然爆发的动作所组成的技能。该运动技能只包括较短的序列,其精确性可以计数。如射箭、举重、投篮、投掷标枪、按电钮、紧急刹车等。这些技能动作的持续时间短暂(一般在 5 秒钟以内),动作的起点与终点都是精晰可辨的。第四,依据对外部刺激的利用程度,分为封闭性运动技能与开放性运动技能。封闭性运动技能指可以不参照个体外部条件变化所进行的运动技能。如跳高属于连续性的封闭性技能,因为运动员每次试跳时,外界环境相对地保持不变。射箭是非连续性的封闭性技能。封闭性运动技能一般都具有相当固定的动作模式。开放性运动技能指动作随个体外部情境变化可作相应变化的技能。如打乒乓是连续性的开放性技能,司机的紧急刹车是非连续性的开放性技能。开放性运动技能要求人们具有处理外界信息的能力与对事件发生的预测能力。

四、运动技能形成的阶段性

运动技能的形成是有阶段性的,不同的阶段具有不同的特点,通常把运动技能的形成划分为三个阶段。

(一)动作的认知阶段

在技能学习的初期,练习者的神经过程处于泛化(或类化)(generalization)阶段:内抑制过程尚未精确建立起来;注意范围比较狭窄;知觉的准确性较低;动作之间的联系不协调,特别是肌肉的紧张与放松配合不好;多余的动作较多,整个动作显得忙乱紧张,完成的动作在空间、时间上都不精确;能初步利用结果的反馈信息,但只能利用非常明显的线索;意识的参与较多。在此阶段,练习者主要是通过视觉观察示范动作并进行模仿练习,较多地利用视觉来控制动作。因此,动觉的感受性较差,对于动作的控制力不强,难以发现自己动作的缺点和错误。

(二)动作的联系阶段

练习者经过一定的练习之后,初步掌握了一系列局部动作,并开始把个别动作联系起来。这时,练习者的神经过程逐渐形成了分化性抑制(或差别抑制)(differential inhibition),即只有条件刺激才能引起条件反射性反应,而近似刺激具有抑制作用,不引起条件反射性反应。近似刺激在相应皮质细胞内形成的抑制过程叫分化性抑制。在动作的联系阶段兴奋和抑制过程在空间和时间上更加准确,内抑制过程加强,分化、延缓及消退抑制都得到发展;注意的范围有所扩大;紧张程度有所减少,动作之间的干扰减少;多余动作趋向消除,动作的准确性提高;识别错误动作的能力也有所加强;初步形成了一定的技能,但在动作之间的衔接处常出现间断、停顿和不协调现象。在此阶段,练习者的注意主要指向技能的细节,通过思维分析,概括动作的本质特征,逐步完善地意识到整个动作,把若干个别动作结合成为整体。这时视知觉虽然起一定作用,但已不起主要作用,肌肉运动感觉逐渐清晰明确,可以根据肌肉运动感觉来分析判断。

(三)动作的完善阶段

在这个阶段,练习者的动作已在大脑中建立起巩固的动力定型,神经过程的兴奋与抑制更加集中与精确,掌握的一系列动作已经形成了完整的有机系统,各动作都能以连锁的形式表现出来,自动化程度扩大,意识只对个别动作起调节作用。此时,练习者的注意范围扩大,主要用于对环境变化信息的加工上,对动作本身的注意很少:视觉控制(control by vision)作用减弱,动觉控制(control by kinestheia)作用加强,能及时发现和纠正动作的错误。

五、运动技能形成的特点

从上述运动技能形成的三个阶段,可以总结出以下五种运动技能形成的主要特征。

1. 动作控制的意识性;

2. 线索的利用;

3. 肌肉的协调配合;

4. 运动程序的作用;

5. 动觉反馈的作用能力与对事件发生的预测能力。

第五节　体育锻炼应遵循的原则

1. 循序渐进锻炼的原则

主要指运动量(运动强度×运动时间)和运动技术等应有一个由大到小、由简单到复杂,逐步增加、提高的过程。

2. 超负荷锻炼的原则

主要是指为了提高体力,经过一段时间的锻炼后,应适当提高运动量。

3. 系统锻炼的原则

主要是指经常进行有系统、有节奏、多重复的锻炼。只有通过不断累积,才能提高人的体质、身体素质和运动技巧。

4. 全面锻炼的原则

主要是指人体各部位、各方面,包括力量、速度、耐力、爆发力、柔韧、灵敏、平衡甚至智力等都要进行全面锻炼。

5. 个别对待锻炼的原则

主要指锻炼时,应根据练习者的健康状况、体力、技术、性别、年龄、心理等特点,来决定锻炼的内容、要求、手段、方法和强度。不同的人要有所差别,才能防止运动创伤和损伤等的发生,使锻炼真正达到增进人体健康的目的。

6. 持之以恒锻炼的原则

主要是指形成锻炼的习惯,做到常练不断,持之以恒,这样才能收到理想的效果。

第六节　运动处方与体育锻炼计划的制定

如何进行科学的身体锻炼,达到增强体质、增进健康、防病治病、延年益寿,是每位学生首先明确的问题。要想获得良好的锻炼效果，必须依照人体生理变化规律，掌握身体锻炼的基本原则，制定科学身体锻炼的计划以及选择科学的锻炼方法是非常重要的。

一、运动处方

运动处方早在20世纪50年代美国生理学家卡波维奇曾提出过这个概念。1960年日本首先使用运动处方这一术语。1969年世界卫生组织(WHO)使用了运动处方术语，从而在国际上得到确认。

(一)运动处方的概念

运动处方是对从事身体锻炼者或病人，根据医学检查资料(包括运动实验及体力测验)按其健康、体力以及心血管功能状况，结合生活环境条件和运动爱好等个体特点，用处方的形式规定适当的运动种类、时间、强度、频率，并指出运动中的注意事项，以便有计划地经常性锻炼，达到健身或治病的目的。它与临床医生开方取药有相似之处，但不同点是，一个是用药作为治疗手段，另一个是用运动作为强身健体的主要措施。

(二)运动处方的要素及制定的程序

1. 运动处方的要素

运动处方的内容一般包括：①锻炼的目的；②运动形式；③运动强度；④运动持续时间；⑤运动频率；⑥进展速度；⑦注意事项及微调整等。其中②～⑤称为运动处方的四要素。

(1)运动形式。依据运动时代谢的特点，将健身活动分有氧、无氧及混合性活动，见表1(有氧、无氧运动项目示例)

在运动处方实施中，选择运动形式的条件是：①经医学检查已许可；②运动强度，运动量符合本人体力；③过去的运动经验与本人喜欢的项目；④场地、设备器材许可；⑤有同伴与指导者。

现代运动处方中，运动形式包括三类：

第一类：有氧耐力运动项目。如步行、慢跑、速度游戏、乒乓球、羽毛球、游泳、骑自行车、滑冰、划船、跳绳、网球运动等。

第二类：伸展运动及健身操。包括广播体操、气功、武术、舞蹈等各类医疗体操和矫正体操等。

第三类：力量性锻炼。采用中等强度，每次8～10组，每组重复8～12次，每周至少2次，对发展力量素质有明显效果。

表4-8 有氧、无氧运动项目示例

有氧运动	无氧运动	混合运动
步 行	短距离全速跑	足 球
慢 跑	举 重	羽毛球
自行车	拔 河	乒乓球
网 球	跳跃项目	篮 球
排 球	投 掷	冰 球
高尔夫球	肌力训练	间歇训练
远 足	潜 水	手 球

(2)运动强度。运动强度是运动处方四要素中最重要的一个因素，也是运动处方定量化与科学性的核心问题。运动强度可根据锻炼时的心率、主观用力感觉(RPE)进行定量化。

1)心率。心率是确定和监控运动处方强度的最常用指标，主要有：

①年龄减算法(Jungmann 标准)

运动适宜心率＝180(或 170)－年龄

②净增心率计算法

按体质强、中、弱三组分别控制运动强度。

运动后心率－安静时心率＜60 次/分为强组；

运动后心率－安静时心率＜40 次/分为中组；

运动后心率－安静时心率＜20 次/分为弱组；

此法适用于心脏病、高血压、肺气肿等慢性病人。

③运动量百分比分级法

计算公式：(运动后心率－运动前心率)/运动前心率×100％

评定：运动后净增心率达 71％以上者为大运动强度；

运动后净增心率在 51％～70％者为中等运动强度；

运动后净增心率为 50％以下者为小运动强度。

此法在运动疗法中广泛应用，尤其适用于高血压、冠心病和体质较差学生。

2)主观用力感觉(RPE)。RPE 用于运动处方中强度的确定，用这一指标可反映人体在进行工作时感觉到真正用力程度，给定的数值与相对运动强度呈正相关，当 RPE 直接被采用时，证实这一指标用于监测运动强度是非常准确的。

依瑞典生理学家 Borg 认为："在运动时来自肌肉、呼吸、疼痛、心血管各方面的刺激都会传到大脑，而引起大脑感觉系统的应激。"Borg 据此设计了主观心理感觉等级表(简称 RPE)作为运动时心理负荷的标志，该表按自我感觉分为 6～20 级。如果此时心率为等级×10，运动处方的适宜强度应为 12～13 级或 15～16 级。

(3)运动持续时间。必须知道运动量等于运动强度乘以时间。从这一公式可以看出，当运动量一定时，运动强度增大，运动持续时间应缩短。从运动生理来说，5 分钟是全身耐力运动所需的最短时间，60 分钟对于坚持正常工作的人是最大限度的时间，库珀研究认为，心率达到 150 次/分以上时，最少持续 5 分钟即可开始收到效果，如果心率在 150 次/分以下那就需要 5 分钟以上才会有效果。最近更多的研究提出，每天坚持 20～30 分钟的运动效果最佳。但这需要强度来配合，一般原则是，如果运动强度小，则运动时间要长，如运动强度大，则运动时间要短。在运动处方中，运动的形式、强度和时间可以有多种变化，在某些场合采用低强度较长时间的运动较为有效，如肥胖者的减肥运动；反之，在另外一些场合采用短时间高强度的运动较为有效，如训练肌肉力量。

(4)运动频率。指每周的锻炼次数。有人研究观察到：当每周锻炼多于 3 次时，最大吸氧量($VO_{2,max}$)增加逐渐趋于平坦；当锻炼次数增加到五次以上时，$VO_{2,max}$的提高就很小；而每周锻炼少于 2 次时，通常不引起改变。由此可见，每周锻炼 3～4 次是最适宜的频率。但由于运动效应的蓄积作用，间隔不宜超过 3 天。作为一般健身保健者，坚持每天锻炼一次当然更好，但前提条件是次日不残留疲劳。每日运动才是可取的，关键是运动习惯性或运动生活化，即各人可选择适合自己情况的锻炼次数，但每周最低不能少于 2 次。

2.制定健身运动处方的程序

为他人或为自己制定健身运动处方时，首先应该按照一定的程序进行系统的检查，获得为制定运动处方必需的全面资料，这样所制定的健身运动处方才能切实符合个人的身体条件。整个程序如图4-1所示。这个程序除一般的医学检查外，还有为从事运动而进行的运动负荷试验及体力测验，因此，可统称之为运动医学检查，最后再经过运动教育讲座进入运动实施。

制定运动处方的具体步骤：

第一步，一般体检：收集病史，运动史。①了解运动的目的，对运动的期望；②询问病史，如既往史、家庭史；③运动史，如运动爱好，现在运动情况等；④社会环境条件，如生活环境、经济、营养等条件，周围能够利用的运动设施，有无指导等。

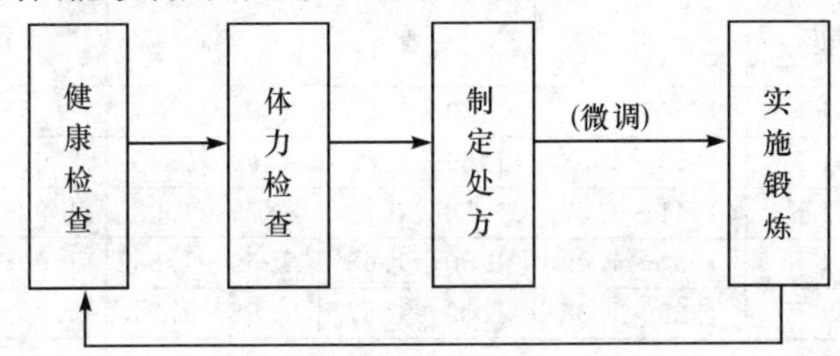

图4-1　制定运动处方的实施步骤

第二步，临床检查（包括人体测量及体脂测定）：这里所指的临床检查相当于所谓成人病的检查。检查的目的：①对现在的健康状况进行评价；②判明能否进行运动、运动负荷试验；③有否潜在性疾病或危险因素，预防事故。总之，医学检查的基本目的在于掌握个人状况，为制定运动处方提供必要的信息。

第三步，运动试验及体力测验：运动试验是制定运动处方的基本依据之一。运动负荷试验的方法很多，根据检查的目的，被检查者的特点来选择适合的方法。现在最普遍常用的方法是“递增负荷运动实验”。这是利用活动平板或功率自行车等，在试验过程中逐渐增加运动负荷强度，同时测定某些生理指标，直到受试者达到一定用力程度。

关于体力测验，是在运动负荷无异常的人，才能接受体力测验，即进行肌肉、爆发力、柔韧性等运动能力和全身耐力测验。体力检查的目的是了解被检查者的体力，发现潜在的疾患或异常，为确定适宜的运动强度提供依据。

12分钟跑检查法是目前国内外普遍使用的较实用的体力检查方法。这种方法是测定在12分钟内能够跑完的最大距离，它表示全身耐力的水平。

测验最好在400米的跑道上进行，每隔10米或20米设一个标记。测验前要充分做好准备活动，在跑的过程中尽量快跑，如感到呼吸困难，应减慢速度，及时调整呼吸。但在开始和结束时，应避免全速跑和冲刺跑。最后计算12分钟跑的总距离。

体力测试后，把自己所测的12分钟跑的距离与12分钟跑测验评价标准进行对照（见表4-9和表4-10），就可以找到自己对应的体力等级，从而正确认识自己的耐力水平。这是制定运动处方的可靠依据。

表 4-9　男子 12 分钟跑测验的评价标准(千米)

年龄 \ 体力等级	1 非常低	2 低	3 一般	4 高	5 非常高	6 最高
20～29	1.95 以下	1.95～2.10	2.11～2.39	2.40～2.62	2.63～2.82	2.83 以上
30～39	1.89 以下	1.89～2.08	2.09～2.32	2.33～2.50	2.51～2.70	2.71 以上
40～49	1.82 以下	1.82～1.99	2.00～2.22	2.23～2.45	2.46～2.64	2.65 以上
50～59	1.65 以下	1.65～1.86	1.87～2.08	2.09～2.30	2.31～2.53	2.54 以上
60～	1.39 以下	1.39～1.63	1.64～1.92	1.93～2.11	2.12～2.49	2.50 以上

表 4-10　女子 12 分钟跑测验的评价标准(千米)

年龄 \ 体力等级	1 非常低	2 低	3 一般	4 高	5 非常高	6 最高
20～29	1.54 以下	1.54～1.78	1.79～1.95	1.96～2.14	2.15～2.32	2.33 以上
30～39	1.50 以下	1.50～1.68	1.69～1.89	1.90～2.06	2.07～2.22	2.23 以上
40～49	1.41 以下	1.41～1.57	1.58～1.78	1.79～1.98	1.99～2.14	2.15 以上
50～59	1.34 以下	1.34～1.49	1.50～1.68	1.69～1.89	1.90～2.08	2.09 以上
60～	1.25 以下	1.25～1.38	1.39～1.57	1.58～1.74	1.75～1.89	1.90 以上

体力检查的方法较多,再介绍一种:用最大吸氧量指标自我检测及评价体能(力)强弱的方法。

如果被测试者想定期自我检测及评价自己的体能(力)状态,可准备一个台阶(高度,男 40 厘米,女 33 厘米),受试者按口令以每分钟 22.5 次的频率上下台阶 5 分钟(即丁压法),结束时即刻测定受试者 10 秒心率次数,将 10 秒的心率次数乘以 6 就换算成 1 分钟心率次数。再将这心率次数及受试者体重(千克)代入下列公式,即可推算出最大吸氧量:

最大吸氧量($L \cdot min^{-1}$)

$=1.488+0.038\times$体重(kg)$-0.0049\times$台阶负荷第 5 分钟后即刻心率(次$\cdot min^{-1}$)

这样推算出来的是每分钟多少升,可将这一数值转化成毫升,1 升等于 1000 毫升。如上式测得最大吸氧量为每分钟 3.5 升,即为 3500 毫升。然后将这数值除以本人体重,则得到每千克体重的最大吸氧量值(ml/kg · min),就可在表 4-11 查到自己的等级。

表 4-11　最大吸氧量评定等级(ml/kg · min)

年龄	差	一般	中	良	优
男子					
20～29	～40.6	40.7～45.3	45.4～51.4	51.5～56.1	56.2～
30～39	～34.5	34.6～40.0	40.1～47.1	47.2～52.6	52.7～
40～49	～29.4	29.5～34.9	35.0～42.0	42.1～47.5	47.6～
50～59	～24.2	24.3～29.7	29.8～36.8	36.9～42.3	42.4～
60～69	～18.4	18.5～23.9	24.0～31.0	31.1～36.5	36.6～
女子					
20～29	～27.4	27.5～31.9	32.0～37.8	37.9～42.3	42.4～
30～39	～22.2	22.3～26.9	27.0～33.0	33.1～37.3	37.8～
40～49	～18.0	18.1～22.7	22.8～28.8	28.9～33.5	33.6～
50～59	～14.9	15.0～19.6	19.7～25.7	25.8～30.7	30.8～
60～69	～12.2	12.3～16.9	17.0～23.0	23.1～27.7	27.8～

第四步，制定运动处方、安排锻炼计划：通常根据以上检查的结果，可以掌握此人的健康状况，体力(能)水平及运动能力的限度等，则按其具体情况制定运动处方，处方中主要是规定出运动强度的安全界限和有效界限，一次必要运动量(运动时间)以及一周的运动频度等内容。一般按照初定的运动处方试行锻炼，对不适当的地方可进行些微调整，待适合后坚持锻炼 3～6 个月后，再作体力测验，重新制定长期的运动处方，以不断提高锻炼效果。

第五步，善后工作和复查：原则上体育指导者要当面为本人制定运动处方，不宜只按体检资料或由别人代替办。首先要向其本人说明医学检查结果的概要，要正确对待体检异常结果；其次指出注意事项，如何按运动处方锻炼，进行运动教育、咨询指导；再是隔一段时间要与被检查者接触，询问运动情况，判断有无副作用或疲劳。另外，如此人中间停止运动，可要求做运动处方锻炼日记，并每 1～2 周来体育指导门诊咨询一次；最后是至少一年全面复查一次，总结一年的运动实施情况，评价这期间的运动效果，必要时进一步改变运动处方。

二、身体锻炼的计划与方法

制定身体锻炼的计划与选择身体锻炼的方法，是大学生身体锻炼首先要解决的问题，计划的制定与方法的选择是否合适，直接影响大学生参加身体锻炼的积极性，以及能否经常持久地参与练习，实现良好的锻炼效果。

(一)科学的身体锻炼计划

大学生按照一定的计划进行身体锻炼，可以克服身体锻炼中的盲目性和片面性，有利于提高身体锻炼的质量，养成良好的生活习惯。

一个完整的身体锻炼计划包括锻炼的目标、内容、方法、时间等。下面仅就大学生在制定个人身体锻炼计划中最突出的三个问题，即锻炼内容的合理搭配、锻炼次数和时间的分配以及周锻炼计划作简要介绍。

1. 身体锻炼内容的合理搭配

锻炼计划中，在选配锻炼内容时，应注意以下几点：

(1)注意把课外锻炼的内容和体育课的学习内容结合起来。

(2)注意把个人兴趣与实际需要相结合。既要发展提高自己有兴趣的或擅长的项目，又要努力克服自己的弱项和不足。

(3)注意不同身体素质之间以及身体素质练习与其他活动的有机结合。如速度与力量练习的结合：力量与耐力练习的结合；动力性与静力性练习的结合：大肌肉群与小肌肉群练习的结合；身体素质锻炼与运动技术学习相结合等。

在一般情况下，每次锻炼应安排一项活动性游戏(球类活动)，再配以 1～2 项身体素质练习为好。例如，某一次身体锻炼计划见表 4-12。

当以长跑练习为主时，可配以上肢力量和腰腹力量练习，在练习中间或最后以球类活动作调节。

2. 周锻炼次数和时间的安排

根据学校特点，大学生在制定锻炼计划时，一般以一年或一学期为锻炼周期，以此来确定每周早操、课外活动的锻炼次数及每次锻炼的时间(表 4-13)。

表 4-12　一次身体锻炼计划(课外活动)示例

本次身体锻炼的目标:(1)促进血液循环、增进健康;(2)提高灵敏素质;
(3)发展上肢和腰腹力量;(4)复习巩固课堂内容。

部分/时间/内容方法	准备部分	基本部分	结束部分
时间	5～10 分钟	45～60 分钟	10～20 分钟
内容	准备活动: ①慢跑 200～400 米; ②徒手操。	球类运动: ①羽毛球或足球; ②乒乓球或篮球(任意选择一至两项锻炼)	身体素质练习: ①引体向上 8～12 次/2～3 组; ②展腹举腿 10～15 次/2～3 组; ③自然积极放松活动。
方法	慢跑:自由跑、轻松自然;徒手操:从远心端向近心端	以比赛形式进行锻炼	最好两人相互监督、相互帮助进行

表 4-13　身体锻炼周次数和时间(小时)计划表(示例)

分类/时期	有体育课时				无体育课时			
	早操		课外活动		早操		课外活动	
	周次数	时间	周次数	时间	周次数	时间	周次数	时间
春(秋)学期	3～5	0.5	2～3	1.5	3～5	0.5	3～4	1
夏(冬)考试期			2～3	1			2～3	1
暑(寒)假			3～4	2			3～4	2

注:表中时间均指每次锻炼时间,单位为小时。

安排时要注意:

(1)期末准备考试和考试期间,仍要坚持经常性的身体锻炼,但周锻炼次数和每次锻炼的时间,以及锻炼强度和量都应相应地减少。

(2)早操时间不宜过长,一般不超过 30 分钟。早操活动强度宜小,不要进行剧烈活动,以不出现疲劳为度。

(3)课外活动时间约为 1～1.5 小时,课外活动应在晚饭前半小时结束。

(4)若在睡眠前进行晚锻炼时,主要结合洁净身体的冷水浴进行锻炼,或打太极拳进行锻炼,不宜进行剧烈运动,以免影响睡眠。

3. 周锻炼计划

各种锻炼计划制定起来比较复杂,大学生只要掌握了周锻炼计划,就可以在实际中运用。这种方法简便易行,现以一年级某男生为例,该生以全面发展身体和复习、巩固体育课内容为目标,制定的周锻炼计划如表 4-14。此表以安排早操和课外活动为主,表中各项内容均应有一定的强度、量和时间要求,具体因人、因时、因地酌定。注意课外活动时间,尽量不要安排在有体育课的当天进行。

(二)科学的身体锻炼方法

1. 增强身体素质的方法

(1)提高全身耐力的方法

①持续练习法:一种是连续负荷法,即在较长时间内保持速度不变,如以中等强度持续跑 15～20 分钟;

表 4-14 周锻炼计划(示例)

星期＼内容	早操	课外身体锻炼	备注
1	晨跑 1200 米 一般体操练习		
2		耐力跑 2000 米 足球活动 30 分钟 引体向上或腰腹力量练习	
3	晨跑 1200 米 太极拳练习		
4	晨跑 1200 米 一般体操练习		
5		30～50 米反复跑 3～5;立定跳远或跨跳练习; 复习体育课内容;篮球或羽毛球活动 20 分钟	
6	晨跑 1200 米 太极拳练习		
日		野外活动或球类活动,如羽毛球、网球等	

另一种是交换负荷法,是在连续负荷的基础上,短时间内加大负荷强度,使机体的呼吸能力和血液循环能力产生良性刺激。

②间隙练习法:用以持续练习法较高的强度(心率为 150 次/分～170 次/分)进行 1 分钟左右之后,再进行 2～3 分钟的轻微运动作为积极性休息,反复做 4 次～8 次,其锻炼效果比较明显。注意:由于运动强度大,只有具一定耐力基础的人,才能采用这种方法。

(2)提高肌肉耐力的方法

通过发展全身耐力的锻炼,会使腿部的肌肉耐力得到相应的提高。另外,通过用最大肌力的三分之一或四分之一的负荷强度,反复进行数组动力性练习,使人体某部分肌肉长时间克服小阻力达到疲劳的状态,能有效地提高肌肉耐力。为了提高腹肌和上臂肌的耐力,可以做仰卧起坐和俯卧撑(或斜体俯卧撑),使之达到疲劳的程度,每天做 3～5 组,效果较好。

(3)提高肌肉力量的方法

肌肉力量是人们日常生活、生产劳动和体育锻炼所必需的素质。由于肌肉用力的性质不同,因而有效地增强肌肉力量的方法有静力性练习和动力性练习两种。

①增强静力性肌肉力量的练习方法

这种练习的主要特点是肢体不产生明显的位移,肌肉产生张力但不发生长度变化。其方法是:

a. 让身体保持一定姿势(站立或仰卧),推或蹬住固定重物,以肌肉最大收缩力坚持几秒钟,可以提高上肢或腿部的静力性肌力。如果用两手在胸前相交,用全力互相推或互相拉,也能够锻炼上臂的静力性肌力。

b. 静力性肌肉力量练习还可以用很慢的速度,不借助反弹力和惯性力,单纯依靠肌肉的紧张收缩来完成。如在健美锻炼中经常运用多功能健身器、杠铃、哑铃等以较大的负荷慢速做练习,使肌肉粗壮有力。

②增强动力性肌肉力量的练习方法

这种练习是使肢体或身体某部产生明显的位移，或用较快的速度推动物体进行运动。具体方法有：

a. 增强绝对力量。绝对力量是用最大力量或接近最大力量克服阻力的能力，例如以较少次数快速推举接近人能举起的最大的重物。

b. 增强速度力量（爆发力）。速度力量是人体快速克服小阻力的能力，要求在最短时间内以最快速度发挥最大力量，如快速跑、跳高和羽毛球的大力扣球、足球的踢球射门以及拳击的冲拳等，这些运动对增强速度力量有甚佳的锻炼效果。

③提高灵敏性的方法

羽毛球、乒乓球、网球、篮球、足球、手球等球类运动，对于发展灵敏素质是最有效的运动。其他还有滑雪、滑冰、剑道、击剑、体操等也是提高灵敏性较好的运动。

④提高柔韧性的方法

柔韧性是人体各个关节的活动幅度和肌肉、韧带的伸展能力。实践中，经常把动力性练习和静力性练习结合起来，把主动练习和被动练习结合起来，可以收到更好的效果。例如发展肩部、腿部的柔韧性，可采用压、摆、踢、绕环等练习；发展腰部柔韧性，可采用站立体前屈、俯卧背伸、转体、甩腰、涮腰（绕环）等练习。

⑤提高平衡性的方法

滑冰、滑雪、器械体操、舞蹈等项目对于提高平衡性是很好的运动，闭目单足站立的练习也有相当好的效果。

2. 适应自然环境能力的锻炼方法

适应自然环境能力的锻炼即自然力锻炼，能提高人体对各种不良气象因素的适应能力和抵抗力，对人体有强身健体的作用。自然力锻炼的方法包括：冷水浴、空气浴、日光浴。这三种方法通常结合在一起运用。

第七节 体质与健康的评价

一、高职学生《国家学生体质健康标准》测试项目

《国家学生体质健康标准》规定，高职学生测试项目为必测项目 3 个，选测项目 3 个，合计需要测试项目 6 个。身高、体重、肺活量为必测项目。从台阶试验、1000 米（男）、800 米（女）中选测一项；从坐位体前屈、仰卧起坐（女）、引体向上（男）、掷实心球、握力中选测一项；从 50 米跑、立定跳远、跳绳、篮球运球、足球运球、排球垫球中选测一项，具体情况见表 4-15。

表 4-15 《国家学生体质健康标准》高职学生测试项目

测试项目	评分指标
身高标准体重	必测
肺活量体重指数	必测
台阶试验、1000 米（男）、800 米（女）	选测一项
坐位体前屈、掷实心球、仰卧起坐（女）、引体向上（男）、握力体重指数	选测一项
50 米跑、立定跳选、跳绳、篮球运球、足球运球、排球垫球	选测一项

二、高职学生《国家学生体质健康标准》测试方法

(一)身 高

1. 测试目的:测试学生身高,与体重测试相配合,评定学生的身体匀称度,评价学生生长发育及营养状况的水平。

2. 场地器材:身高测量计。使用前应校对0点,以钢尺测量基准板平面至立柱前面红色刻线的高度是否为10.0厘米,误差不得大于0.1厘米。同时应检查立柱是否垂直,连接处是否紧密,有无晃动,零件有无松脱等情况,并及时加以纠正。

3. 测试方法:受试者赤足,立正姿势站在身高计的底板上(上肢自然下垂,足跟并拢,足尖分开约成60°)。足跟、骶骨部及两肩胛区与立柱相接触,躯干自然挺直,头部正直,耳屏上缘与眼眶下缘呈水平位。测试人员站在受试者右侧,将水平压板轻轻沿立柱下滑,轻压于受试者头顶。测试人员读数时双眼应与压板水平面等高进行读数。记录员复述后进行记录。以厘米为单位,精确到小数点后一位。测试误差不得超过0.5厘米。

4. 注意事项

(1)身高计应选择平坦靠墙的地方放置,立柱的刻度尺应面向光源。

(2)严格掌握"三点靠立柱"、"两点呈水平"的测量姿势要求,测试人员读数时两眼一定要与压板等高,两眼高于压板时要下蹲,低于压板时应垫高。

(3)水平压板与头部接触时,松紧要适度,头发蓬松者要压实,头顶的发辫、发结要放开,饰物要取下。

(4)读数完毕,立即将水平压板轻轻推向安全高度,以防碰坏。

(5)测量身高前,受试者应避免进行剧烈的体育活动和体力劳动。

(二)体 重

1. 测试目的:测试学生的体重,与身高测试相配合,评定学生的身体匀称度,评价学生生长发育的水平及营养状况。

2. 场地器材:杠杆秤或电子体重计。使用前需检验其准确度和灵敏度。准确度要求误差不超过0.1%,即每百千克误差小于0.1千克。检验方法是:以备用的10千克、20千克、30千克标准砝码(或用等重标定重物代替)分别进行称量,检查指标读数与标准砝码误差是否在允许范围。灵敏度的检验方法是:置100克重砝码,观察刻度尺变化,如果刻度抬高了3毫米或游标向远移动0.1千克而刻度尺维持水平位时,则达到要求。

3. 测试方法:测试时,杠杆秤应放在平坦地面上,调整0点至刻度尺水平位。受试者赤足,男性受试者身着短裤;女性受试者身着短裤、短袖衫,站在秤台中央。测试人员放置适当砝码并移动游标至刻度尺平衡。读数以千克为单位,精确到小数点后一位。记录员复诵后将读数记录。测试误差不超过0.1千克。

4. 注意事项

(1)测量体重前受试者不得进行剧烈体育活动和体力劳动。

(2)受试者站在秤台中央,上下杠杆秤动作要轻。

(3)每次使用杠杆秤时均需校正。每次读数前都应较对砝码重量,避免差错。

(三)肺活量

1. 测试目的:测试学生的肺通气功能。

2. 场地器材:电子肺活量计。

3. 测试方法：房间通风良好；使用干燥的一次性口嘴（非一次性口嘴，则每换测试对象需消毒一次。每测一人时将口嘴朝下倒出唾液，并注意消毒后必须使其干燥）。肺活量计主机放置平稳桌面上，检查电源线及接口是否牢固，按工作键液晶屏显示“0”即表示机器进入工作状态，预热 5 分钟后测试为佳。

首先告知被测者不必紧张，以中等速度和力度尽全力吹气效果最好。令被测试者手持吹气口嘴，面对肺活量计站立试吹 1 至 2 次，首先看仪表有无反应，还要试口嘴或鼻处是否漏气，调整口嘴和用鼻夹（或自己捏鼻孔）；学会深吸气（避免耸肩提气，应该像闻花式的慢吸气）。测试时，受试者进行一两次较平日深一些的呼吸动作后，更深地吸一口气，向口嘴处慢慢呼出至不能再呼出为止，防止此时从口嘴处吸气。测试中不得中途二次吸气。吹气完毕后，液晶屏上最终显示的数字即为肺活量毫升值。每位受试者测 3 次，每次间隔 15 秒，记录 3 次数值，选取最大值作为测试结果。以毫升为单位，不保留小数。

4. 注意事项

(1)电子肺活量计的计量部位的通畅和干燥是仪器准确的关键，吹气筒的导管必须在上方，以免口水或杂物堵住气道。

(2)每测试 10 人及测试完毕后用干棉球及时清理和擦干气筒内部。严禁用水、酒精等任何液体冲洗气筒内部。

(3)导气管存放时不能弯折。

(4)定期校对仪器。

(四)台阶试验

1. 测试目的：测试学生在定量负荷后心率变化情况，评价学生的心血管机能。

2. 场地器材：台阶或凳子、节拍器（或录音机及磁带）、秒表、台阶实验仪。

3. 测试方法：男生用高 40 厘米台阶（或凳子），女生用高 35 厘米的台阶（或凳子）。测验前测定安静时的脉搏，然后受试者做轻度的准备活动，主要是活动下肢关节。上、下台阶（或凳子）的频率是 30 次/分，因而节拍器的节律为 120 次/分（每上、下一次是四动）。受测者按节拍器的节律完成试验。

被测试者从预备姿势开始，被测试者一只脚踏在台阶上，踏台腿伸直成台上站立，先踏台的脚先下地，还原成预备姿势。用 2 秒上、下一次的速度（按节拍器的节律来做）连续做 3 分钟。做完后，立刻坐在椅子上测量运动结束后的 1 分钟至 1 分半、2 分钟至 2 分半、3 分钟至 3 分半的 3 次脉搏数。并用下列公式求得评定指数，计算结果包含有小数的，对小数点后的 1 位进行四舍五入取整进行评分。

$$\text{评定指数}=\frac{\text{踏台上、下运动的持续时间(秒)}\times 100}{2\times(\text{3 次测定脉搏的和})}$$

4. 注意事项

(1)心脏有病的不能测试。

(2)按 2 秒上、下一次的节奏进行。当受试者跟不上节奏时应及时提醒。如果三次跟不上节奏，应停止测试，以免发生伤害事故。

(3)上、下台阶时，膝、髋关节都应伸直。

(4)被测试者不能自己测量脉搏。

(5)如果受试者不能完成 3 分钟的负荷运动，以实际上、下台阶的持续时间进行计算，计算公式和方法同上。

（五）50 米跑

1.测试目的：测试学生速度、灵敏素质及神经系统灵活性的发展水平。

2.场地器材：50 米直线跑道若干条，地面平坦，地质不限，跑道线要清楚。发令旗一面，口哨一个。秒表若干块（一道一表）。秒表使用前，应用标准秒表校正，每分钟误差不得超过 0.2 秒。标准秒表的选定，以北京时间为准，每小时误差不超过 0.3 秒。

3.测试方法：受试者至少两人一组测试。站立起跑，受试者听到"跑"的口令后开始起跑。发令员在发出口令同时要摆动发令旗。计时员视旗动开表计时。受试者躯干部到达终点线的垂直面停表。以秒为单位记录测试成绩，精确到小数点后一位。小数点后第二位数按非"0"时则进 1，如 10.11 秒读成 10.2 秒，并记录之。

4.注意事项

(1)受试者测试时最好穿运动鞋或平底布鞋，或赤足。但不得穿钉鞋、皮鞋、塑料凉鞋。

(2)发现有抢跑者，要当即召回重跑。

(3)如遇风时一律顺风跑。

（六）800 米或 1000 米跑

1.测试目的：测试学生耐力素质，特别是心血管呼吸系统的机能及肌肉耐力。

2.场地器材：400 米、300 米、200 米田径场跑道，地质不限。也可使用其他不规则场地，但必须丈量准确，地面平坦。秒表若干块，使用前需要校正，要求同 50 米跑。

3.测试方法：受测者至少两人一组进行测试，站立式起跑。当听到"跑"的口令后开始起跑。计时员看到旗动开表计时，当受试者的躯干部到达终点线垂直面时停表。以分、秒为单位记录测试成绩，不计小数。

4.注意事项

(1)在非 400 米标准场地上测试时，测试人员应向受试者报告剩余圈数，以免跑错距离。

(2)应告知受试者在跑完后应保持站立并缓缓走动，不要立刻坐下，以免发生意外。

(3)受试者不得穿皮鞋、塑料凉鞋、钉鞋参加测试。

(4)对分、秒进行换算时要细心，防止差错。

（七）立定跳远

1.测试目的：测试学生下肢肌肉爆发力及身体协调能力的发展水平。

2.场地器材：沙坑、丈量尺。沙面应与地面平齐。如无沙坑，可在土质松软的平地上进行。起跳线至沙坑近端不得少于 30 厘米。起跳地面要平坦，不得有坑洼。

3.测试方法：受试者两脚自然分开站立，站在起跳线后，脚尖不得踩线（最好用线绳做起跳线）。两脚原地同时起跳，不得有垫步或连跳动作。丈量起跳线后缘至最近着地点后缘的垂直距离。每人试跳三次，记录其中成绩最好一次。以米为单位，保留两位小数。

4.注意事项

(1)发现犯规时，此次成绩无效。三次试跳均无成绩者，再跳至取得成绩为止。

(2)可以赤足，但不得穿钉鞋、皮鞋、塑料凉鞋测试。

（八）掷实心球

1.测试目的：测试学生的上肢爆发力。

2.场地器材：长度在 30 米以上的平整场地一块，地质不限，在场地一端划一条直线作为起掷线。实心球若干，测试球重为 2 千克。

3.测试方法：测试时受试者站在起掷线后，两脚前后或左右开立，身体面对投掷方向，双手举球至头上方稍后仰，原地用力把球投向前方掷出。如两脚前后开立投掷，当球出手的同时后脚可向前迈出一步，但不得踩线。每人投掷 3 次，记录其中成绩最好的一次。记录以米为单位，取一位小数。丈量起掷线后缘至球着地点后缘之间的垂直距离。为了准确丈量成绩，应有专人负责观察实心球的着地点。

4.注意事项

(1)受试者需原地投掷，不得助跑。

(2)实心球必须从肩上方投出。

(3)如受试者两脚前后开立投掷，当球出手的同时后脚可向前迈出一步，但不得踩线。

(4)发现踩线等犯规时，则此次成绩无效。三次均无成绩者应允许再投，直至取得成绩为止。

(九)握 力

1.测试目的：测试学生上肢肌肉力量的发展水平。

2.场地器材：电子握力计或弹簧式握力计。

3.测试方法：受试者两脚自然分开成直立姿势，两臂自然下垂。一手持握力计全力紧握(此时握力计不能接触衣服和身体)。记下握力计指针的刻度(或握力器所显示的数字)。用力手握两次。取最大值，以千克为单位，测试时保留一位小数。

4.注意事项：保持手臂自然下垂姿势，手心向内，不能触及衣服和身体。

(十)引体向上

1.测试目的：测试学生的上肢肌肉力量和耐力的发展水平。

2.场地器材：高单杠或高横杠，杠粗以手能握住为准。

3.测试方法：受试者跳起双手正握杠，两手与肩同宽成直臂垂悬。静止后，两臂同时用力引体(身体不能有附加动作)，上拉到下颏超过横杠上缘为完成一次。记录引体次数。

4.注意事项

(1)受试者应双手正握单杠，待身体静止后开始测试。

(2)引体向上时，身体不得做大的摆动，也不得借助其他附加动作撑起。

(3)两次引体向上的间隔时间超过 10 秒终止测试。

(十一)坐位体前屈

1.测试目的：测量学生在静止状态下的躯干、腰、髋等关节可能达到的活动幅度，主要反映这些部位关节、韧带、肌肉的伸展性和弹性及学生身体柔韧素质的发展水平。

2.场地器材：坐位体前屈测试计。

3.测试方法：受测者两腿伸直，两脚平蹬测试纵板坐在平地上，两脚分开约 10～15 厘米，上体前屈，两臂伸直向前，用两手中指尖逐渐向前推动游标，直到不能前推为止。测试计的脚蹬纵板内沿平面为 0 点，向内为负值，向前为正值。记录以厘米为单位，保留一位小数。测试两次，取最好成绩。

4.注意事项

(1)身体前屈，两臂向前推游标时两腿不能弯曲。

(2)受试者应匀速向前推动游标，不得突然发力。

(十二)仰卧起坐

1.测试目的:测试腹肌耐力。

2.场地器材:垫子若干块(或代用品),铺放平坦。

3.测试方法:受试者仰卧于垫上,两腿稍分开,屈膝呈90°角左右,两手指交叉贴于脑后。另一同伴压住其踝关节,以便固定下肢。受试者起坐时两肘触及或超过双膝为完成一次。仰卧时两肩胛必须触垫。测试人员发出“开始”口令的同时开表计时,记录1分钟内完成次数。1分钟到时,受试者虽已坐起但肘关节未达到双膝者不计该次数,精确到个位。

4.注意事项

(1)如发现受试者借用肘部撑垫或臀部起落的力量起坐时,该次不记数。

(2)测试过程中,观测人员应向受试者报数。

(3)受试者双脚必须放于垫上。

(十三)跳 绳

1.测试目的:测试学生的下肢力量和身体协调能力。

2.场地器材:地面平整、干净的场地一块,地质不限。主要测试器材包括秒表、发令哨、各种长度的跳绳若干条。

3.测试方法:两人一组,一人测试,一人记数。受试者将绳的长短调至适宜长度,听到开始信号后开始跳绳,动作规格为正摇双脚跳绳,每跳跃一次且摇绳一回环(一周圈),计为一次。听到结束信号后停止,测试员报数并记录受试者在1分钟内的跳绳次数。

4.注意事项:测试过程中跳绳绊脚,除该次不计数外,应继续进行。

(十四)篮球运球

1.测试目的:测试学生综合身体素质和篮球运球基本技能水平。

2.场地器材:测试场地长20米,宽7米,起点线后5米设置两列标志杆,标志杆距同侧边线3米。各排标志杆相距3米,共5排杆,全长20米,并列的两杆间隔1米(图4-2)。测试器材包括秒表(使用前应进行校正,要求同50米跑)、发令哨、30米卷尺、标志杆10根,篮球若干个。测试用球应符合国家标准。

3.测试方法

受试者在起点线后持球站立,听到出发口令后,按图中箭头所示方向单手运球依次过杆,每次过杆时需换手运球。发令员发令后开表计时,受试者与球均返回起终点线时停表。每名受试者测两次,记录其中成绩最好一次。以秒为单位记录测试成绩,精确到小数点后一位,小数后第二位数非“0”时进1。

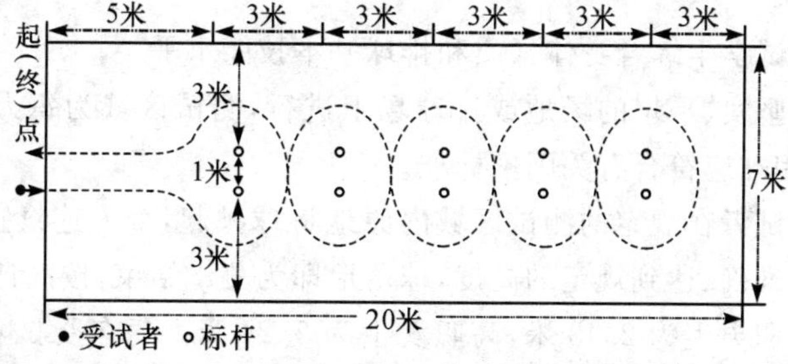

图4-2 篮球运动场地设置及测试示意图

4. 注意事项

(1)测试中篮球脱手后,如球仍在测试场地内,受试者可自行捡回,并在脱手处继续运球,不停表。

(2)测试过程中出现以下现象均属犯规行为,取消当次成绩:出发时抢跑、运球过程中双手同时触球、膝盖以下部位触球、漏绕标志杆、碰倒标志杆、人或球出测试区域、未按图示要求完成全程路线、通过终点时人球分离等。

(3)受试者有两次测试机会,两次犯规无成绩者可再测直至取得成绩。

(十五)足球运球

1. 测试目的:测试学生综合身体素质和足球运球基本技能水平。

2. 场地器材:在坚实、平整场地或足球场上进行,测试区域长 30 米,宽 10 米,起点线至第一杆距离为 5 米,各杆间距 5 米,共设 5 根标志杆,标杆距两侧边线各 5 米(图 4-3)。测试器材包括足球若干个(测试用球应符合国家标准),秒表(使用前应进行校正,要求同 50 米跑),30 米卷尺,5 根标志杆。

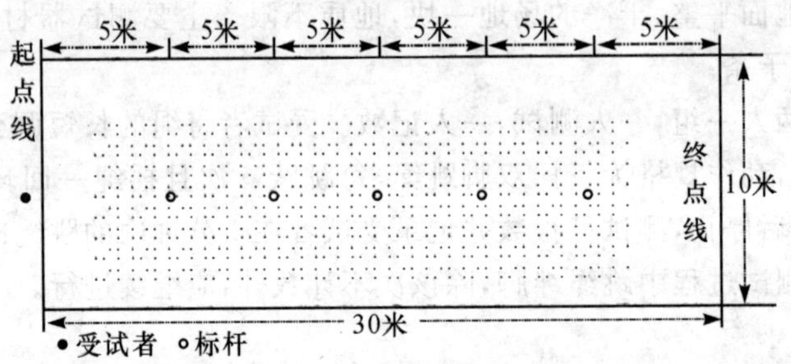

图 4-3 足球运球场地示意图

3. 测试方法:受试者站在起点线后准备,听到出发口令后开始向前运球依次过杆。受试者和球均越过终点线即为结束。发令员发令后开始计时,受试者与球均到达终点线时停表。每人跑两次,记录其中成绩最好的一次成绩. 以秒为单位记录测试成绩,精确到小数点后一位。小数点后第二位数非“0”时进 1。

4. 注意事项

(1)测试过程中出现以下现象均属犯规行为,取消当次成绩:出发时抢跑、漏绕标志杆、碰倒标志杆、故意手球、未按要求完成全程路线等。

(2)受试者有两次测试机会,两次犯规无成绩者可再测,直至取得成绩。

(十六)排球垫球

1. 测试目的:测试学生综合身体素质和排球基本技能水平。

2. 场地器材:在坚实、平坦的场地或排球场上进行,测试区域为每人 3 米×3 米。测试器材为排球。测试用球应符合有关国家标准。

3. 测试方法:受试者在规定的测试区域内原地将球抛起,个人连续正面双手垫球,要求手型正确、击球部位准确、达到规定的高度,球落地即为测试结束,按次计数。受试者每次垫球应达到的高度,高职男生为 2.43 米,高职女生为 2.24 米。每名受试者测试两次,记录其中成绩最好的一次。测试单位为次。

4. 注意事项

(1)测试过程中如出现以下现象均只作为调整，不计次数：采用传球等其他方式触球，测试区域之外触球，垫球高度不足等。

(2)为方便判定垫球高度，可将排球场的球网调整到相应的高度，或者在测试区域外相距0.5米处插两根标杆，标杆顶端用橡皮筋或标志线相连，将标杆调整到相应的高度，测试时通过比较垫球的高度与球网或标志线的高度进行判定。

三、高职学生《国家学生体质健康标准》评分表

高职学生体质健康评分标准可参照普通高等学校《国家学生体质健康标准》(详见本书附录)。

第五章　终身体育

第一节　终身体育概述

体育锻炼以它特有的功能和魅力，对维持健康、增强体质、延缓衰老、提高生活质量起着重要的作用。因此，它吸引了成千上万人参加，已成为现代人的一种生活方式和生活态度。

一、终身体育的概念

终身体育是指一个人终身进行体育锻炼和接受体育指导与教育。终身体育不仅是体育观念的问题，而且是从事体育锻炼的实践过程。

二、终身体育的形成

你知道终身教育吗?

在20世纪60年代，终身体育还只是一种体育思潮。它的出现直接受到终身教育思想的影响。终身教育是法国人保罗·郎格郎在1965年召开的联合国教科文成人教育会议上提出来的，是指"人们的一生中所受到的各种培养的总和"。它包括人从出生到死亡所受到教育的总和。实际上，人的一生中所获取的知识、技能、能力，其大部分都是在离开学校后的社会生产实践中得到的。

终身教育思想认为，教育和训练的过程不应随着学校学习的结束而终止，而是应该贯穿人的生命的全过程。长期以来，传统的观念认为，人的生活分为3个阶段:学习阶段、工作阶段和老年阶段。在学校学习的知识可以终身受用，学校的学习成绩可以决定人生的未来。但是，现代科学技术突飞猛进，生产、管理市场的结构以及人们的社会生活也随之发生了急剧的变化，从而使得这种传统的教育观念在急剧的变化面前，显得陈腐和落后，已跟不上社会展的需要。那种认为取得高学历就一劳永逸的观念，不仅落后于当代世界教育改革的潮流，而且与我国现阶段社会经济的发展需要也不相适应。

终身体育作为20世纪出现的一种完整的、现代的体育思想，是在终身教育思想的影响下形成的，它还受到体育本身功能、人体发展变化规律、体育锻炼对身体积极作用的影响以及现代社会发展对人提出的更高要求等方面的影响。

(一)体育锻炼对人体发展各阶段具有积极作用

人的一生要经历三个时期，即生长发育期、成熟期和衰老期。体育锻炼如能遵循人体发展的规律，控制、协调好人体的发展，就可起到增进健康、增强体质的积极作用。体育锻炼应根据人体发展各个时期的特点，提出不同的要求。在生长发育期，应提出促进正常生长发育的要求；在成熟期，应提出保持旺盛精力和充沛体力的要求；而在衰老期，则应提出延缓衰退、延长工作年限和延年益寿的要求(见图5-1和图5-2)。

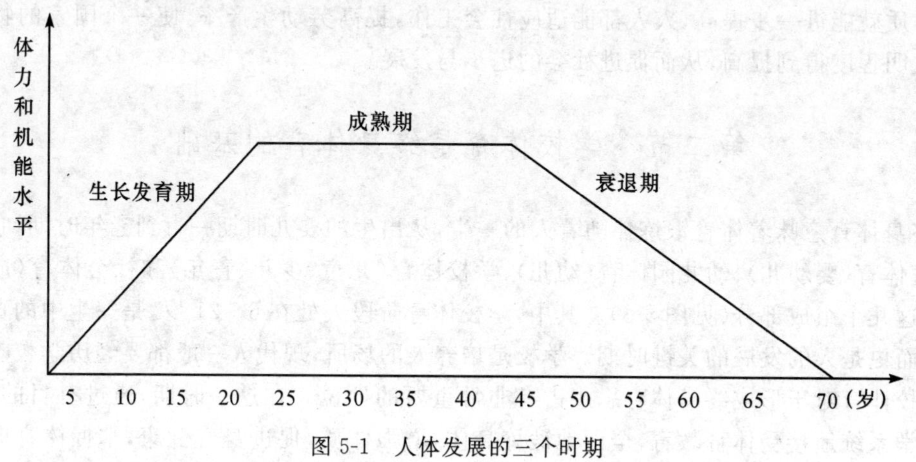

图 5-1　人体发展的三个时期

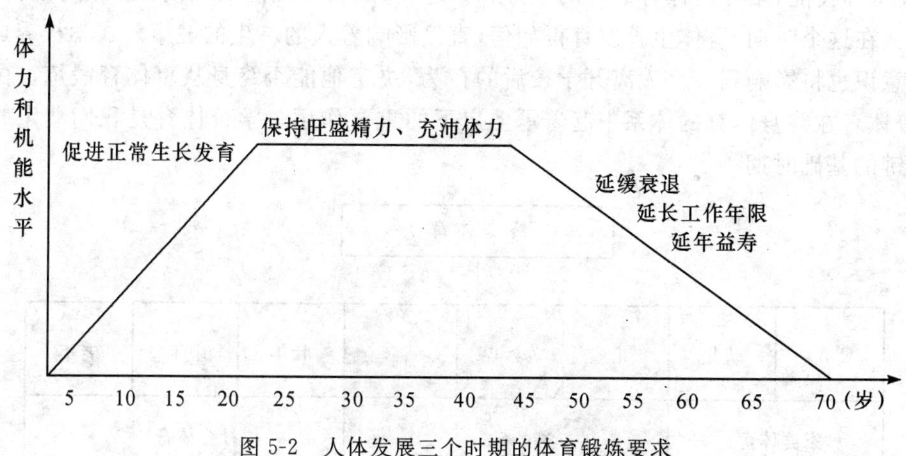

图 5-2　人体发展三个时期的体育锻炼要求

综上所述，人体发展的不同时期，对身体锻炼提出了不同的要求，体育锻炼的目标、内容和方法也随之有所不同。为了保持身体健康，体育锻炼应伴随人的一生。

（二）终身体育是现代社会发展的需要

目前，世界上经济发达的国家普遍采取了积极的体育手段，把参加体育锻炼、开展各种有益于健康的运动，作为现代生活的重要内容，以防止各种"文明病"的发生。近二十年来，我国经济飞速发展，人民的物质文明和精神文明水平不断提高，体育锻炼也越来越成为社会发展和人们日常生活的重要内容。大学生是祖国现代化建设的未来，担负着中华民族在 21 世纪伟大复兴的历史重任。只有体魄强健，才能精力充沛地从事学习和工作，才能为伟大祖国作出自己的贡献。为了适应社会发展的需要，要保持身体经常处在最佳状态。这种伴随人的一生发展的体育——终身体育，既是现代生活方式的一个重要内容，又是人类文明发展的必然。

（三）发展终身体育对社会进步的实践意义

世界卫生组织曾指出，健康是基本人权，尽可能达到健康水平，是世界范围内的一项重要的社会目标。终身体育，标志着社会的发展与进步，对社会进步与发展具有实践意义。

在人的一生中，从生到死，始终坚持体育锻炼，是满足社会发展对自身要求的重要手段。如果全民族都能做到经常自觉地坚持体育锻炼，养成体育锻炼的习惯和自我意识，那么全民族的体质就能进一步提高，人人都能适应社会工作，提高劳动生产率，使一个国家的物质和精神文明程度得到提高，从而促进社会的进步与发展。

第二节　学校体育是终身体育的基础

终身体育意味着体育锻炼伴随着人的一生，从出生的婴儿时期一直到老年时期，它包括了家庭体育（婴幼儿）、幼儿园体育（幼儿）、学校体育（儿童、少年、青年）和社会体育（成年至老年）这几个组成部分（见图5-3）。其中，学校体育阶段人处在6～21岁，是一生中的黄金时期，因而更是人的发展的关键时期。学校是培养人的场所，现代人一般都要经历学校教育阶段，学校体育对于形成终身体育思想占有非常重要的地位。在这一时期，通过有目的、有计划、科学系统地接受体育教育，全面地锻炼身体，增强体质，促进身心健康，掌握体育锻炼的知识、技术和技能，培养对体育锻炼的爱好和兴趣，养成自我锻炼的习惯，对每个人都是非常重要的。在这个时期，身体生长发育得如何，直接影响着人的一生的健康。在学校养成的自我体育意识也将影响到一个人离开学校后的行为，决定他能否终身从事体育锻炼。由此可见，学校体育在终身体育的体系中起着承上启下的重要作用。学校体育是我们奠定终身体育的关键的基础时期。

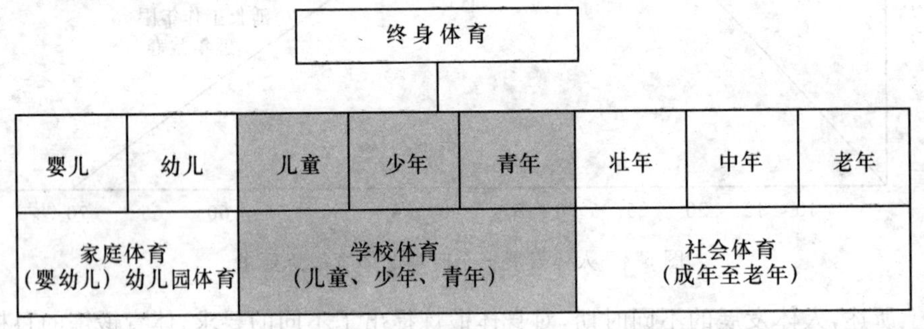

图5-3

第三节　大学生终身体育的特点

大学生终身体育的特点取决于大学生生理和心理的年龄特征、大学生社会化的进程、大学生在学校中学习和工作的方式。

从大学生生理年龄特征来看，大学生的神经系统功能已经发展得极为健全；心肺系统功能也基本完善；运动器官系统稳定，已接近成年人的水平；生殖系统已经成熟。但由于个体差异及性别差异、城市与农村差异以及地区差异，大学生运动能力和身体素质的发展还存在着不均衡性。从大学生心理年龄特征来看，大学生的自我意识不断加强，个性逐渐形成，情感丰富而有理性，智力水平较高，性意识增强。从社会学的角度看，现在的大学生年龄一般在18～21岁，已经成人。其人的社会化已经基本完成，意味着他们已具备了一个社会成员的基本条件和资格，具备了参与社会交往及社会活动的能力。从大学生的生活方式看，他们在学校的主要活动内容就是学习。现代科学技术的发展以及各种信息的迅速传播，社会竞争的加剧及就业的压力，使大学生的学习压力更趋加重，从某种意义上说，脑力劳动已成为大学生的主要的活动内容。这些都决定了大学生终身体育的特点。

(一)自我体育意识较强,具备从事自我体育锻炼的能力

自我体育意识是指从本人自身的需要出发,按照自己的兴趣和爱好,自觉地从事体育锻炼。体育锻炼中的自我体育意识乃是对自己存在的察觉,即自己认识自己,包括生理状况、心理状况、运动技能及自己与他人的关系。总之,自我体育意识就是自己对于属于自己身心状况的认识。

经过多年的小学、中学的学校体育教育,大多数大学生已培养起对体育锻炼的爱好、兴趣和习惯,进入大学后,由于其文化素质进一步提高,对体育的价值观和体育态度更趋理性。大学生自主能力较强,可以合理地支配自己的时间。因此,根据自己的身体情况及周围的环境特点和客观条件,结合自己的兴趣、爱好和职业(学习专业)的特点,应努力学习自我体育锻炼的知识和技能,发展自我体育锻炼的能力,培养终身体育锻炼的习惯。

(二)有计划、有组织的教育过程

国家教育部 2002 年《全国普通高等学校体育课程教学指导纲要》指出:体育课程是大学生以身体练习为主要手段、通过合理的体育教育和科学的体育锻炼过程,达到增强体质、增进健康和提高体育素养为目标的公共必修课程;体育课程是寓促进身心和谐发展、思想品德教育、文化科学教育、生活与体育技能于身体活动并有机结合的教育过程;是实施素质教育和培养全面发展的人才的重要途径。

(三)体育锻炼的方法、手段和内容可灵活多样、丰富多彩

大学生体育锻炼的方法、手段灵活多样,方式和内容丰富,包括竞技性的体育活动、职业实用性的体育活动、健康娱乐性的体育活动、无数保健性体育活动、医疗性的体育活动等。

第四节 大学生终身体育锻炼与专业学习相结合

由于学习专业的差异和未来从事职业的不同,大学生在发展终身体育时应该考虑到所学专业和未来职业的需要,学习并掌握未来职业所需要的身体锻炼的知识手段、技能和方法,掌握具有职业实用性的运动技能,提高未来职业所需要的体能和身体素质,培养未来职业所需要的心理素质和对外界环境的适应能力、对疾病的抵抗能力。所以,大学生在发展终身体育时应注意与专业学习和未来职业的需要相结合,从应掌握的体育知识、主要的运动项目和技能、技巧、运动能力方面入手。

根据学习专业和未来职业的活动特点,文科、师范院校大部分专业的学生所应掌握的体育知识包括:体育理论、卫生健康、运动保健、自我锻炼的原则和方法、自我监督与自我评价;应该掌握的主要运动项目包括:球类(足球、篮球、排球、羽毛球、乒乓球、网球等)、游泳(掌握1~2 种姿势)、体操(垫上运动、单双杠)、有氧运动(健身操、慢跑等)、民族传统体育项目(如武术)、娱乐休闲体育等。应全面发展运动能力和健康体能,重点发展腰背肌、上肢力量。值得指出的是:由于文科职业工作需长时间地伏案和在办公室活动,极易造成脊椎病和“办公室”综合征,影响身体健康和工作效率,因此可自编有针对性的体操,以加以防止或缓解。师范专业的学生要为人师表,应养成端正的行、走、坐、立身体姿势。

理工科专业的学生应该掌握的体育知识包括:体育理论、卫生健康、运动保健、自我锻炼的原则和方法、自我监督与自我评价;应该掌握的主要运动项目包括:球类(足球、篮球、排

球、羽毛球、乒乓球、网球等)、游泳(掌握1～2种姿势)、体操(垫上运动、单双杠)、有氧运动(健身操、慢跑等)、民族传统体育项目(如武术)、娱乐休闲体育(如登山、健美、保龄球)。

法律、公安、警察专业的学生,应该掌握的体育知识主要包括人体生理学、解剖学知识,自我防卫知识;应该掌握的主要运动项目包括拳击、摔跤、擒拿、格斗、武术、散打、射击、驾驶;应该具备的运动素质和能力主要是力量、速度、耐力、灵敏度和攀爬、格斗能力、快速奔跑和长距离奔跑的追击能力。

医学专业的学生,应该掌握的体育知识主要包括人体生理学、解剖学知识,运动医学、医疗体育、保健康复、自我锻炼的原则和方法,自我监督与自我评价的方法;应该掌握的主要运动项目包括球类(足球、篮球、排球、羽毛球、乒乓球、网球等)、游泳(掌握1～2种姿势)、体操(垫上运动、单双杠)、有氧运动(健身操、慢跑等)、民族传统体育项目(如武术)、娱乐休闲体育(如登山、健美、保龄球);应该具备的运动素质和能力主要是全面发展健康体能,重点发展灵敏协调的能力、快速反应判断能力等身体素质。上肢各个部位的力量,指力、腕力、臂力及手眼的协调配合能力。

航海、水产、水上运输和水上作业等专业的学生,应该掌握的体育知识主要包括自我锻炼知识和海上航行及救护的知识;应该掌握的主要运动项目包括游泳(爬泳、蛙泳、蝶泳、仰泳、侧泳、反蛙泳)、潜水、跳水、水上救护、划船、驶风、浪木、伏虎、旋梯、爬绳、爬杆。应该具备的运动素质和能力主要是全面的运动素质,尤其是平衡能力、上肢力量及耐久力。

航空和建筑专业的学生,应该掌握的体育知识主要包括自我锻炼知识和救护的知识;应该掌握的主要运动项目包括体操、技巧、伏虎、旋梯、爬绳、爬杆、秋千等各种发展前庭分析器的练习;应该具备的运动素质和能力主要是全面的健康体能,同时应重点发展力量、速度、灵敏协调的素质。

地质、矿产、石油、野外勘探、林业、农业等野外专业的学生,应该掌握的体育知识主要包括旅行知识、自我救护知识、野外生存知识和自我锻炼的知识;应该掌握的主要运动项目包括旅行、登山、攀爬、攀岩、越野跑、野营、游泳、泅渡和结合自然力的锻炼;应该具备的运动素质和能力主要是力量和耐力、长时间走和跑的能力,以及对恶劣环境条件的适应能力,如对高温、高湿、高寒、高山缺氧及阳光辐射的适应能力。

第二篇

教学实践

第六章　田径运动

第一节　田径运动概述

一、田径运动的起源与发展

田径(track and field)或称田径运动，是径赛、田赛和全能比赛的统称。以高度和距离计算成绩的跳跃、投掷项目叫“田赛”；以时间计算成绩的竞走和跑的项目叫“径赛”。田径比赛由田赛、径赛、公路长跑、竞走和越野跑组成，此外还包括部分田赛和径赛项目组成的“十项全能”。

田径运动是人类在长期的社会实践中发展起来的。远在上古时代，人们为了获得生活资料，在和大自然及禽兽的斗争中，不得不走或跑相当的距离，跳过各种障碍，投掷石块和使用各种捕猎工具。在劳动中不断地重复这些动作，便形成了走、跑、跳跃和投掷的各种技能。随着社会的发展，人们有意识地把走、跑、跳跃、投掷作为练习和比赛形式。

据记载，最早的田径比赛，是公元前 776 年在希腊奥林匹克村举行的第一届古代奥运会上进行的，项目只有一个——短距离赛跑，跑道为一条直道，长 192.27 米。到公元前 708 年的第 10 届奥运会上，才正式列入了跳远、铁饼、标枪等田赛项目。当时只准男子参加，女子连观看也不行，违者处以死刑。

1894 年，在英国举行了最早的现代田径运动国际比赛，比赛共分 9 个项目。真正的大型国际比赛是 1896 年开始举行的现代奥运会。它沿用古代奥运会每隔 4 年举行一次的制度，每届奥运会上，田径运动都是主要的比赛项目之一。从 1928 年第 9 届奥运会起，才增设了女子田径项目，此后，女子便参加了田径项目的比赛。

至今，田径运动仍然是体育比赛中观赏性极强的运动之一。

田径是世界上最为普及的体育运动之一，也是历史最悠久的运动项目。田径与游泳、射击被视为奥运金牌三大项目，47 枚金牌，也是奥运金牌最多的项目，“得田径者得天下”的说法也由此而来。

田径运动是比速度、比高度、比远度和比耐力的体能项目，或要求在很短的时间内表现出最大的速度和力量，或要求在很长的时间内表现出最大的耐力，最能体现奥林匹克“更快、更高、更强”的比赛的精神。

国际田联规定运动员参加奥运会必须在规定时间里达到规定的报名标准，个人项目每个单项达到 A 级标准的最多 3 名运动员参赛；如无达到 A 级标准的运动员，允许 1 名达到 B 级标准的运动员参赛；如无达到 B 级标准的运动员，则允许各报 1 名男女运动员参加除田赛项目、10000 米跑、七项全能、十项全能以外的其他项目比赛。接力项目每个协会每个项目最多 1 个队，接力运动员可报 6 名，其中可报两名未达标的运动员。

田径运动能全面提高人的速度、力量、耐力和灵敏等身体素质，培养勇敢顽强的意志品质，并对促进心肺等内脏功能具有重要价值。

二、田径运动的项目

（一）径赛项目

径赛项目是周期性项目之一，动作多次重复进行，特点是距离一定，要求人体在最短的时间内通过所规定的距离。从供能方式上看，短距离跑是以无氧供能为主的，中距离跑是以糖酵解供能为主的，长距离、超长距离跑则是以有氧供能为主的。此类项目的练习可提高人跑的能力。

（二）田赛项目

田赛项目是非周期性项目，可分为跳跃和投掷两大类。跳跃是比赛整个人体移动能力的。跳远是比赛远度，跳高是比赛高度。投掷项目则是通过比赛物体（器械）移动的距离来比赛投掷能力的。通过跳跃项目的练习可以提高跳的能力，而通过投掷项目的练习则可以提高投的能力。

（三）全能项目

全能项目是由若干田赛和径赛项目组合在一起，根据田径全能项目评分表，把各项的成绩换算为分数，然后加在一起评定成绩的。由于项目的多样性，全能项目对人体能力的要求也带有综合性，是人体综合运动能力的竞赛。从事全能项目的练习，可以全面提高人体综合运动能力。

第二节　短　跑

400米和400米以下的竞赛项目称为短跑。短跑是人的快速能力的重要标志。短跑是在人体大量缺氧状况下持续高速跑的极限强度运动。

一、100米跑

100米跑技术可分为起跑、起跑后的加速跑、途中跑和终点跑四部分。

（一）起跑

起跑过程包括“各就位”、“预备”、“鸣枪”三个阶段。

听到“各就位”口令后，下蹲，两手的四指并拢与大拇指成八字形置于起跑线后沿，两脚依次踏在前后起跑器上，脚掌紧贴起跑器，脚尖触地面。背、颈部自然放松，两臂伸直同肩宽，后腿膝部支撑身体。

听到“预备”口令后，臀部抬起，与肩同高或稍高，肩部稍超出起跑线，体重主要落在两臂和前腿上，前后小腿趋于平行，两脚紧贴起跑器抵足板，整个动作要求连贯、协调而有力，注意力高度集中。

听到枪声后，两手迅速推离地面，两臂屈肘有力地做前后摆动，两腿依次用力猛蹬起跑器，使身体向前上方运动，后腿迅速屈膝向前上方摆出，同时前腿快速有力地蹬伸髋、膝、踝三个关节，以较大的前倾姿势把身体向前推进。

（二）起跑后的加速跑

起跑后的加速跑是从后腿蹬离起跑器，到途中跑之间一个跑段，这段距离一般为25～30米。起跑后，两臂加快用力摆动，摆幅较大，两腿交替用力蹬伸，步长不断增加，步频逐渐加快，两脚着地点逐渐合于一条直线上，上体逐渐抬起自然进入途中跑。

(三)途中跑

途中跑的任务是继续发挥和保持高速度到终点。跑是周期性活动,在一个跑的周期中,包括后蹬与前摆、腾空、着地缓冲的动作阶段。

1. 后蹬与前摆阶段:当身体重心移过支点垂直面时,就进入了蹬地腿的后蹬与摆动腿的前摆阶段,这时,后摆动腿的膝关节(大小腿折叠姿势)超越支撑腿开始,迅速有力地向前上方摆出,并且带动同侧骨盆前送,大腿与水平面成 15°~20°角,支撑腿在摆动腿积极前摆的配合下,迅速有力地伸展髋、膝、踝关节,蹬离地面,形成支撑腿与摆动腿协调配合动作。这是途中跑的关键(图 6-1)。

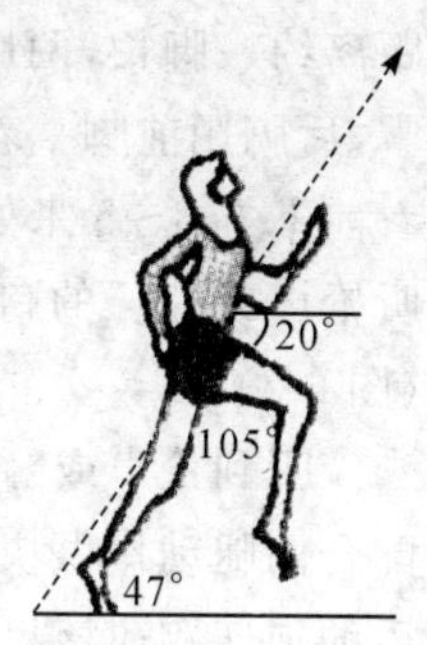

图 6-1

2. 腾空阶段:当支撑结束后蹬,即进入腾空阶段,小腿随着蹬地后的惯性和大腿的摆动,迅速向大腿靠拢,形成大小腿折叠前摆的动作。与此同时,摆动腿以髋关节为轴积极下压,膝关节放松,小腿随摆动下压的惯性自然向前下方伸展,准备着地。

3. 着地缓冲阶段:当摆动腿的前脚掌着地的瞬间,即开始了着地缓冲阶段,着地位置约距身体重心投影点的一脚半处,着地动作应是非常积极的。腿部各关节(特别是踝关节)缓冲过程不应是消极的,应主动用力来加速身体重心的前移,随即转入后蹬。

在途中跑时,头部正直,上体稍前倾。两臂以肩为轴,自然、轻快、有力地前后摆动。

(四)终点跑

终点跑包括终点线前 15~20 米的最后用力和上体撞线两个阶段。终点跑的技术是保持上体前倾角度,加快两臂摆动的速度和力量,保持或发挥最大速度。在距离终点线一步时,上体急速前倾用胸部或肩部撞终点线,跑过终点后逐渐减速,切不要突停。

二、200 米和 400 米跑

200 米和 400 米跑的技术,同 100 米跑没有本质上的区别,不同的是有一半以上的距离是在弯道上跑,为了适应弯道,必须改变跑的身体姿势和后蹬与摆动的方向。同时,在赛跑时,应合理分配体力。

(一)弯道起跑和起跑后的加速跑

为了便于加速,起跑后开始一段距离应沿着直线跑进,起跑器安装在跑道的右侧沿,正对弯道切点方向。弯道起跑后的加速跑距离短,较大前倾的身体要早些抬起。

(二)弯道跑

进入弯道时,身体向内倾斜,后蹬时右腿用前脚掌的内侧用力,左腿用前脚掌的外侧用力。右肘内扣,右臂摆幅加大,前摆时稍向内,后摆稍离躯干。弯道跑的蹬地与摆动方向都应与身体向圆心方向倾斜一致。

第三节　中长跑

800 米以上的径赛项目常称为中长跑,各种跑的技术基本相同,但由于距离长短和跑的强度不同,跑的动作上有不同程度的差异。当今中长跑的技术动作以一定步长并高频率跑法为发展趋势。

中长跑一般采用站立式起跑方法,根据规则要求中长跑起跑的过程包括“各就位”、“鸣枪”两个阶段。听到“各就位”口令后，先做 1～2 次深呼吸，然后走或慢跑到起跑线后，两脚前后开立，有力的脚在前面紧靠起跑线后沿，前脚跟和后脚尖之间的距离约一脚长，两脚左右间隔约半脚，体重落在前脚掌，后脚用前脚掌着地站立。两腿弯曲，上体前倾，眼看前下方 3～5 米处，身体保持稳定姿势，集中注意力听枪声或“跑”的口令。两臂在体前下垂或前后放置(图 6-2)。

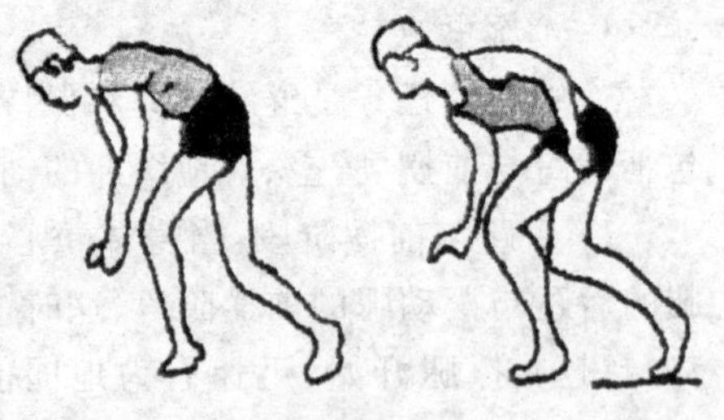
图 6-2

听到枪声或“跑”的口令时，令腿用力蹬地。后腿蹬地后迅速前摆，前腿迅速蹬直，两臂配合两腿动作做快而有力的摆动，使身体快速向前冲出，在短时间内获得较快的跑速。起跑后的加速跑应该迅速积极。加速跑的距离主要根据项目、参加人数、个人训练水平、战术要求等情况而定，一般 800 米加速跑要跑到下弯道结束；1500 米加速跑到直道末段结束，然后进入匀速而有节奏的途中跑。途中跑和终点跑与短跑要领类似，但强度不一样。始终以顽强的意志跑完全程是至关重要的。

中长跑非常讲究呼吸。中长跑体力消耗大，对氧的需求量就很高，必须有一定呼吸频率和呼吸深度。一般是跑两三步一呼气，跑两三步一吸气，并有适宜的呼吸深度。随着疲劳的出现，呼吸的频率有所增快，应着重将气呼出，只有充分呼出二氧化碳，才能吸进大量新鲜氧气。

极点和第二次呼吸：中长跑时，由于内脏器官的惰性使氧气的供应暂时落后于肌肉活动的需要，再加上肌肉活动产生的大量代谢产物得不到及时运走，因此，跑一段时间后，就会不同程度地出现呼吸困难、胸闷、四肢无力、跑速下降，产生难以跑下去的感觉。这种现象就是通常所说的“极点”。只要通过适当的调整，坚持跑下去，经过一段时间后，这种现象就会减轻，身体机能也会得到明显好转，这就是生理上所谓的“第二次呼吸”。

第四节 跳 高

跳高起源于古代人类在生活和劳动中越过垂直障碍的活动。现代跳高始于欧洲。18 世纪末苏格兰已有跳高比赛，19 世纪 60 年代开始流行于欧美国家。1827 年 9 月 26 日在英国圣罗兰·博德尔俱乐部举行的首届职业田径比赛中，威尔逊(AdamWilson)屈膝团身跳越 1.575 米，这是第一个有记载的世界跳高成绩。跳高有跨越式、滚式、剪式、俯卧式、背越式等过杆技术(图 6-3)。现绝大多数运动员都采用背越式。跳高横杆可用玻璃纤维、金属或其他适宜材料制成，长 3.98～4.02 米，最大重量 2 千克。比赛时，运动员必须用单脚起跳，可以在规定的任一起跳高度上试跳，但第一高度只有 3 次试跳机会。男、女跳高分别于 1896 年、1928 年被列为奥运会比赛项目。

一、跨越式跳高

(一) 助跑

跨越式跳高是从摆动腿一侧助跑，助跑的角度一般为 30°～60°，用离横杆远的腿起跳，起跳点与横杆投影线的距离为 60～80 厘米。助跑的测定一般用走步测定法：走步的步数是助跑步数的 2 倍减 2。如助跑 6 步，则 6×2－2＝10，从起跳点沿助跑的路线向相反的方向

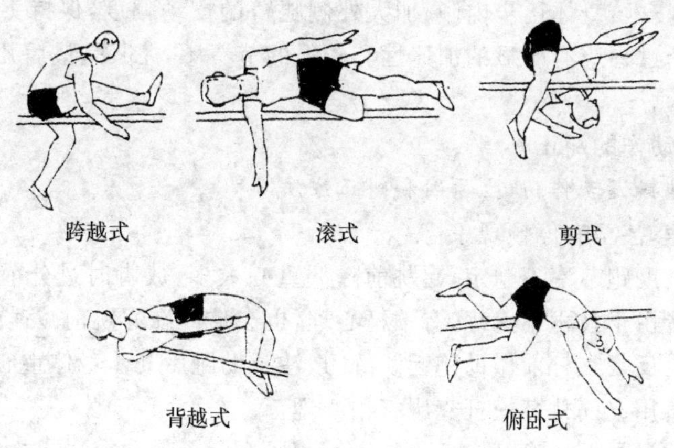

图 6-3

走 10 自然步，第 10 步的落脚点就作为助跑的起点。再反复检查、调整，做好标记。

（二）起跳

助跑到最后一步时，起跳腿以大腿带动小腿迅速向前伸出，以脚跟领先落地并迅速过渡到全脚掌，起跳腿髋、膝、踝三关节成一直线，使髋部和下肢超过肩部，两臂留在身体的侧后方（或称一前一后的姿势）。接着在摆动腿用力蹬伸和助跑水平速度的推动下，身体中心迅速前移，上体及时跟上，起跳腿屈膝缓冲，当身体重心移至起跳点的上方时，起跳腿迅速蹬伸，摆动腿向前上方摆起，同时两臂也积极配合摆动，使身体向前上腾起。

（三）过杆和落地

起跳腾空后，身体保持向上腾起姿势。当摆动腿过杆时，上体前倾，脚尖内转下压，摆动腿过杆后继续下压内转，起跳腿积极向上高抬，膝盖靠近胸部，小腿自然上摆与横杆平行。接着上体开始抬起，摆动腿同侧肩也随着摆动，腿的内转下压动作而向起跳腿方向扭转，两臂也向上抬起，这时身体是沿着纵轴旋转，以使上体和臀部能迅速移过横杆。起跳腿随着摆动腿的下压而抬高并绕过横杆，过杆后摆动腿领先落地。

二、背越式跳高

（一）助跑

1. 技术特点

背越式跳高助跑的主要特点是弧线助跑，助跑线一般为"J"，其优点是：

（1）助跑的预备段是一条直线或曲率很小的曲线，因此全程便于加速和发挥速度。

（2）向弧线过渡时比较平缓自然，可以避免停顿或减速。

（3）弧线曲率由大变小，使身体逐步加大内倾。

（4）最后一步与横杆约成 20°～30°角，以保证人体在腾空后，有一个适宜的相对于横杆的垂直位移距离。

2. 助跑技术

助跑的任务是获得必要的水平速度，并为提高起跳效果和顺利地越过横杆创造条件。背越式跳高一般采用 8 至 12 步助跑，分直线助跑段与弧线助跑段。

（1）直线助跑技术：近似于短路途中跑技术，跑进时身体重心高而平稳，上体适当前倾，后蹬充分有力，前摆积极抬腿，两臂协调配合大幅度摆动；

(2)弧线助跑技术：身体逐步内倾，加大外侧腿臂的摆动幅度，保持头、躯干成一直线向内倾。助跑的整个过程应有明显的加速性和较强的节奏感，尤其是最后几步逐渐加快，到最后一步最快。

三、跳高错误动作的纠正

(一)起跳常见错误动作、产生原因和纠正方法

1.起跳前减速，甚至有停顿现象

(1)产生原因：助跑节奏不稳定，起跳前降低重心太多，放脚时过分前伸，上体后仰产生较大制动。初学者由于技术不熟练，有怕杆心理，也会造成在起跳前减速或停顿。

(2)纠正方法：反复在杆前做助跑起跳练习，注意助跑后几步身体重心平稳，最后一步起跳时放脚要快。可用皮筋代替横杆克服害怕心理。

2.起跳时身体过早倒向横杆

(1)产生原因：由于助跑最后1～2步不能适度保持身体内倾，过早地向横杆方向转体，注意力过分集中在腾空动作上，过早做过杆成桥的姿势。

(2)纠正方法：加强杆前弧线助跑练习或跳上海绵垫等练习，注意起跳前的身体内倾和起跳垂直向上的动作及摆腿摆臂的方向。

3.起跳时摆动脚擦地

(1)产生原因：摆腿时蹬伸用力不够，大小腿折叠不够，小腿过早踢出。

(2)纠正方法：采用弧线连续上步快速而有力地蹬摆起跳，摆腿用力蹬地后立即上收，小腿折叠，以髋带腿向前上方摆出。

4.放脚不正确

(1)产生原因：助跑弧线小或在弧线上突然跑切线甚至最后1～2步跑成直线，造成起跳放脚时膝关节向外撇与横杆成平行。不仅影响起跳方向，也易使踝、膝关节损伤。

(2)纠正方法：加大助跑弧线，防止弧线上跑切线(弧线跑五步)。注意放脚步的方向。

5.摆腿起跳时臀部后坐

(1)产生原因：迈步起跳时髋送不出去，摆腿时没有以髋带腿。另外，由于髋关节灵活性差，送髋摆腿动作也受到一定的限制。

(2)纠正方法：迈步起跳时摆动腿积极地送髋，起跳脚着地时髋快速移上支撑点。另外，加强髋关节灵活性练习。

(二)弧线助跑中常见错误动作、产生原因和纠正方法

1.最后两步倒体过早

(1)产生原因：弧线跑的概念不清，助跑弧线太小，速度过缓，助跑距离太短。弧线上保持身体内倾至最后一步快速由内倾转成垂直掌握不好。

(2)纠正方法：建立正确的弧线助跑概念，观摩优秀运动员技术录像及正确示范。注意弧线跑时身体倾斜角度应有小—大—零的合理变化。加大助跑弧线练习，反复做全程助跑练习等。

2.助跑加速不匀，节奏紊乱，致使起足失败

(1)产生原因：助跑步点不准确，缺乏节奏感，学生对横杆有恐惧感，注意力不集中。

(2)纠正方法：调整助跑距离，找出最适宜的助跑步点，采用划线、设标记、听节拍等方法培养学生的节奏感。可用橡皮筋代替横杆克服恐惧心理。

3. 助跑速度过快，致使跳不起来

(1)产生原因：可控速度掌握不好，腿部力量差，支撑能力不够。

(2)纠正方法：控制跑的速度和节奏，加强腿部力量训练。

(三)过杆落地时常见的错误动作、产生原因及纠正方法

1. 坐着过杆，做不出送髋动作

(1)产生原因：腾空后害怕肩背着垫，不敢做两臂外展和头后仰的动作，起跳后摆动腿放不下来，髋送不出去。

(2)纠正方法：可采用垫上送髋，倒体成桥，原地高台过杆和助跑过杆等练习。

2. 身体与横杆斜交叉过杆

(1)产生原因：起跳前倒体太早，影响了沿纵轴转体，摆动腿沿横杆摆的动作用力不够。

(2)纠正方法：采用杆前助跑起跳，起跳时注意摆动腿的摆动方向和防止倒体过早的动作。3～5 步助跑起跳，摆动腿触高物并沿纵轴转体 90°～270°，摆动腿用力向内摆。

3. 大腿后侧和小腿擦落横杆

(1)产生原因：起跳后挺髋仰头下潜和大小腿折叠上摆不够，过杆时收展不及时。

(2)纠正方法：杆前做原地背越式过杆练习，注意体会空中挺髋动作和过杆时收腿的时机。

4. 头肩先着垫

(1)产生原因：落地高度过高(垫子太低)。过早收大腿，喜欢后滚翻。

(2)纠正方法：加高海绵垫，做原地背越式过杆练习，注意纠正落地位置不正确和落地时身体过于放松的错误。

5. 落地时双手先撑地

(1)产生原因：害怕肩背着垫，腾空时失去身体平衡。

(2)纠正方法：垫上后倒肩背着垫练习，在较高的起跳位置做有杆或无杆的原地背越式练习。

第五节 跳 远

跳远也和其他跳跃项目一样，可分为：助跑——获取最大水平速度；起跳——尽量减少水平速度的消失，获取必要的垂直速度，按适当的腾起角向空中腾起；腾空——维持身体平衡，为获取较大落地距离创造条件；落地——缓冲、防止意外伤害事故等四个环节。其主要技术动作见图 6-4。

起跳后的腾空姿势分为蹲踞式、挺身式、走步式三种。走步式对身体素质要求高，技术复杂。作为锻炼手段，主要采用蹲踞式和挺身式。下面主要学习蹲踞式跳远的各项技术。

一、助跑

跳远的助跑主要表现在最后 10 米不减速，优秀运动员可以达到每秒 10 米以上。因此，他们的助跑距离为：男 35～45 米，跑 18～24 步；女 30～40 米，跑 16～22 步，一般都比较长。助跑距离的长短是根据运动员发挥速度的快慢而定，发挥速度较快的，距离可以短些。为了准确踏板，助跑一般设两个标志，即起跑标记和最后 6～8 步的标志。助跑的方法有两种：一是从静止状态开始起动，采用站立式起跑方法，逐渐加速；二是行进间踏上第一标志的跑法。

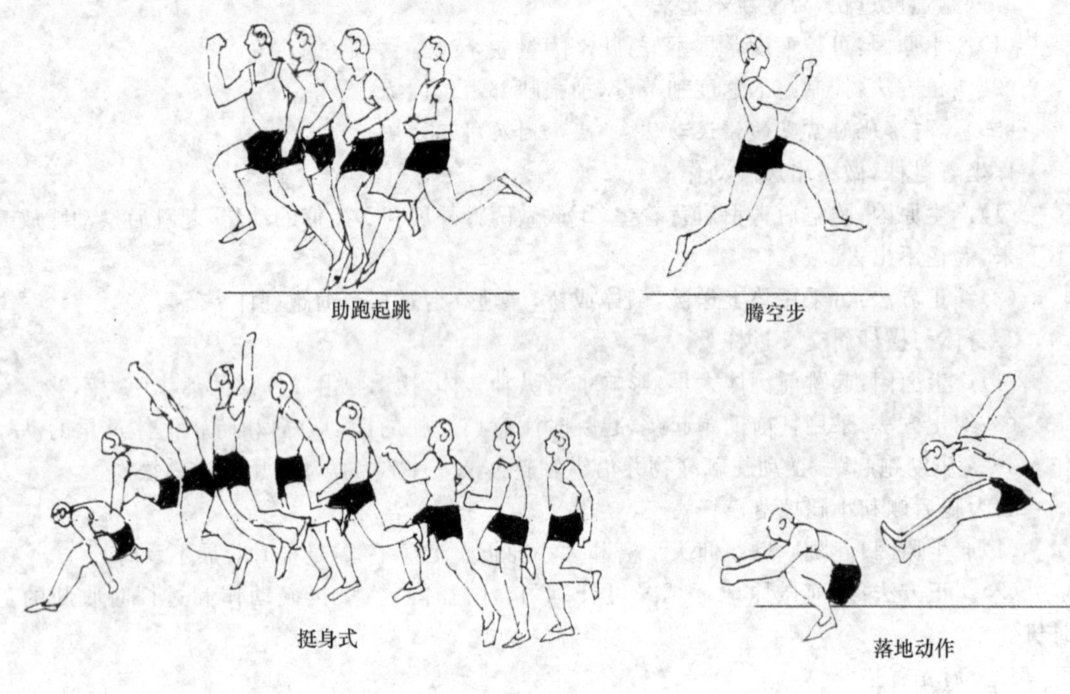

图 6-4

最后两步的节奏和步长变化对完成正确起跳具有重要意义。

助跑动作要领:起动稳定、步点要跑准,直线加速重心要平稳,最后两步节奏要鲜明,臂腿协调配合,要放松。

二、起跳

起跳动作一般分为 3 个阶段:着板(图 6-5 之 1～3)、缓冲退让(图 6-5 之 4、5)、蹬伸(图 6-5 之 6、7)当前跳远技术在提高水平速度的同时普遍重视腾起的高度(即延长腾空时间),因此起跳脚在着板瞬间,优秀运动员采用脚跟先着地,迅速滚动到全脚掌,这时,其支撑点距身体重心投影点为最近,有助于快速过渡到垂直部位。脚着板后膝关节迅速弯曲和足前掌积极向后扒的动作,为大小腿屈肌有力收缩提供极好的肌肉工作条件,从而保证重心迅速向

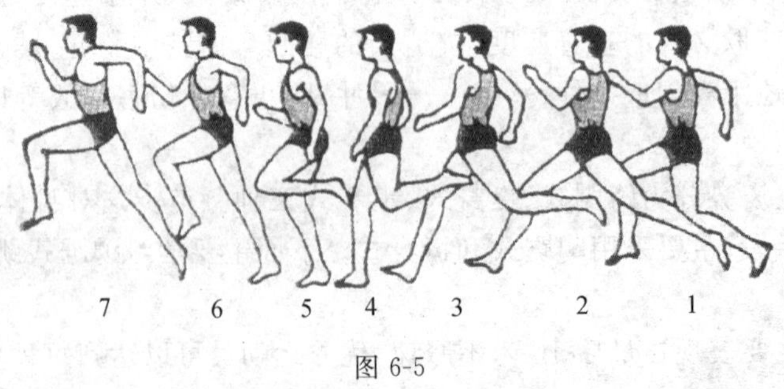

图 6-5

前移。由于着地刹那积极主动的后扒,使支撑反作用力的方向发生了一定程度的向前转化,所以着板后的屈膝缓冲,即退让性的弯曲,要像压紧的弹簧一样,以减少地面的冲击力,尽量少损失水平速度,使重心快速平稳地移至垂直部位,给蹬伸创造有利条件。当重心与地面支

点连线成 90°角、为垂直支撑时，这是蹬伸最理想的时机。因为从垂直支撑时开始，其阻力和速度的损失都不存在，这时是获得垂直速度的最佳位置，可以达到起跳的最好效果。

总之，着板缓冲要积极向前，蹬伸快速要向上，重心保持要较高，只有在这种情况下，对远度才是有利的。

起跳时的摆腿与摆臂不仅可以维持身体的平衡，而且能增强踏跳时蹬地力量和蹬伸的速度。起跳时摆动腿一侧髋带动大腿向前上方快速提摆，头要往上顶并与两臂的摆动动作配合做急速的突停制动，以增强起跳的效果。臂腿动作的密切配合是踏跳技术的重要环节。起跳动作要领：上板积极，后扒移髋蹬伸快，提肩摆臂配合好，是踏跳技术的重要环节。

三、腾空

人体腾空时，其水平方向的运动距离，如果不考虑空气阻力，是由两个因素所决定的，即水平初速和腾空时间。任何空中动作，其目的都是在于维持身体的平衡，做好有利于落地的准备动作和最大限度地利用身体重心的移动轨迹。跳起腾空后，在做任何空中动作前，都有一个共同姿势，即“腾空步”。

蹲踞式跳远(图 6-6)时，“腾空步”的时间相对较长，摆动大腿抬得较高，膝关节的屈度较大，两大腿之间的夹角也较大。“腾空步”后，起跳腿向前摆动与摆动腿靠拢，然后两腿一起上举，使膝接近胸部。蹲踞式的摆臂技术比较简单，“腾空步”后两臂向前上举，以加大上肢与身体重心之间的距离，加长旋转半径，从而减小身体前旋的角速度，然后两臂下落。落地前两腿上抬，接着小腿前伸，两臂经体侧摆到体后。

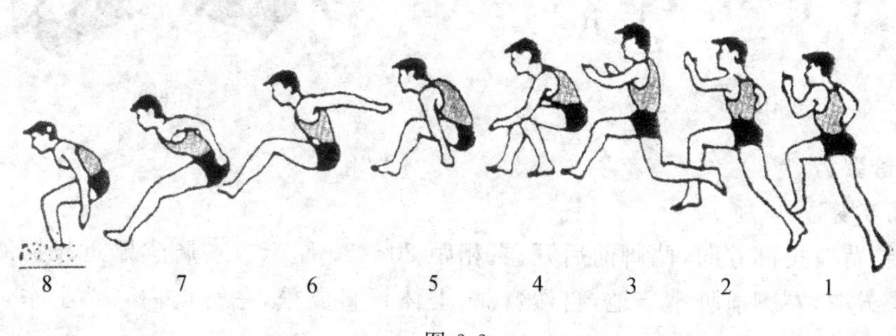

图 6-6

蹲踞式跳远的动作比较简单，容易学会。适合于初学跳远者采用。但由于在空中做蹲踞姿势时下肢靠近身体重心，容易使身体产生前旋，这样就会影响落地的远度。因此，要注意保持上体与头部正直的姿势，以抑制身体前旋，维持身体的平衡。

蹲踞式动作要领：腾空步步幅宽大，重心高，收起跳腿向摆动腿靠，空中成蹲踞体前倾，伸腿落地缓冲，两臂配合好。

四、落地

正确的落地动作，不仅可以提高跳远的运动成绩，而且能够防止伤害事故的发生。

落地前，上体不要过分前倾，以免产生向前回旋。大腿尽量上举靠近胸部，将要落地时，小腿积极前伸，双脚接触沙面后，两腿迅速屈膝缓冲，两臂积极向前挥摆，臀部前移，上体前倾，使身体重心迅速移过支撑点。

为避免落地时身体后坐，可采用以下两种落地姿势：

(一)前倒姿势

脚跟着地后，前脚掌下压，两腿屈膝前跪，身体移过支撑点后继续向前移动并向前倒下。

(二)侧倒姿势

脚跟着地后，一腿紧张支撑，另一腿放松，身体向放松腿的前侧方倒下。

第六节　推铅球

目前有多种推铅球的技术，在此仅介绍背向滑步推铅球技术。推铅球的完整技术由握球和持球、预备姿势、滑步、最后用力四部分组成。决定铅球投掷远度的主要因素是：铅球离手时的初速度、角度和高度。

一、握球与持球(以右手为例)

握球的方法是五指自然分开、手腕背屈，把球放在食指、中指和无名指的指根上，拇指与小指自然扶于球的两侧(图 6-7)。握好球后，屈肘把球放在肩上锁骨窝处，抵贴于颈部，手稍外转，掌心向前，肘低于肩(图 6-8)。

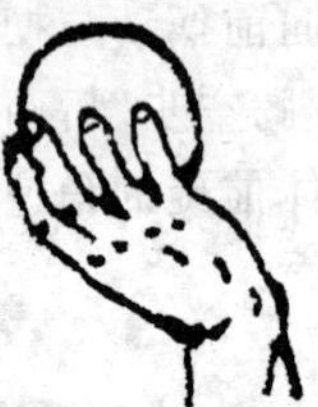

图 6-7

图 6-8

二、预备姿势

(一)高姿势

持球后，背对投掷方向，两脚前后开立；相距 20～30 厘米。右脚尖贴近投掷圈后沿，脚跟正对投掷方向，左脚前脚掌着地，自然弯曲，上体正直放松，左臂向内自然上举，身体重心落在右腿上。两眼看前下方 3～5 米处(图 6-9)。

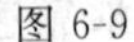

图 6-9

图 6-10

(二)低姿势

持球后，背对投掷方向，两脚前后开立，相距 50～60 厘米，右脚尖贴近投掷圈后沿，脚跟正对投掷方向，左腿以脚尖着地，左臂自然下垂，两腿弯曲，向前屈体，身体重心落在右腿上，两眼看前下方 2～3 米处(图 6-10)。

(三)滑步

滑步前可先做1～2次预摆(图6-11之1～4)。当左脚收回靠近右腿、预摆结束时,身体重心向后移离支撑点,这时向投掷方向摆伸左腿,右腿用力向后蹬伸(图6-11之5～7)。使身体向后快速平稳移动,此时迅速收拉右小腿,同时右脚内旋、右膝内扣,以右前脚掌落地于投掷圈中心附近。这时,左脚要迅速以前脚掌内侧蹬踩着地于靠近抵趾板右侧处(图6-11之8～10)。重心落在右腿上。左、右脚着地时间间隔越短越好。

图6-11

(四)最后用力

当左脚着地,滑步结束的一瞬间最后用力便开始了。右腿用力向投掷方向蹬转,带动髋关节也向同一方向转动、左臂由前胸向上方快速摆动,此时身体稍有抬起,胸和头转向投掷方向(图6-11之11～14)当左臂摆至体侧时,左腿向上蹬伸,右腿向前上方蹬伸,以左侧肩、髋、膝、踝为轴,身体快速转动至右肩对向投掷方向,抬头挺胸,迅速而有力地推伸右臂(图6-11之15～17),当球快离手时手腕稍内旋,用手指拨球,做抖腕的动作,将铅球以38°～42°角的方向推出。铅球离手后,两腿迅速换位,降低身体重心,维持身体平衡(图6-11之18～19)。

第七章　篮　球

第一节　篮球运动简介

一、篮球的起源

1891 年 12 月初在美国马萨诸塞州斯普林菲尔德(Springfield)市基督教青年会国际训练学校(后为春田学院),由该校体育教师詹姆斯·奈史密斯(James Naismith)博士发明,当年的篮球规则只有 13 条,奈史密斯博士于 1939 年去世,终年 78 岁。

他未曾料到,由他创建的篮球项目竟然在 200 多个国家流传开来,而且至今美国篮球还誉满全球。为了纪念奈史密斯博士发明篮球的功绩,在春田学院校园内修建了美国篮球名人馆——詹姆斯·奈史密斯纪念馆。

1891 年,奈史密斯在马萨诸塞州斯普林菲尔德基督教青年会国际训练学校任教。这所学校体育系主任卢瑟·古利克为贯彻冬季体育课教学大纲,委托他设计一项室内集体游戏。他从当地儿童喜欢用球投向桃子筐(当地盛产桃子,各户备有桃筐)的游戏中得到启发,创编了篮球游戏。

起初,奈史密斯将两只桃篮分别钉在健身房内看台的栏杆上,桃篮上沿距离地面 3.04 米,用足球作比赛工具,向篮投掷。投球入篮得 1 分,按得分多少决定胜负。每次投球进篮后,要爬梯子将球取出再重新开始比赛。以后逐步将竹篮改为活底的铁篮,再改为铁圈下面挂网。人们称这种游戏为“奈史密斯球”或“筐球”,很长一段时间之后,经过他与同事们反复商量才定名为“篮球”。

最初的篮球比赛,对上场人数、场地大小、比赛时间均无严格限制。只是双方参加比赛的人数必须相等。比赛开始,双方队员分别站在两端线外,裁判员鸣哨并将球掷向球场中间,双方跑向场内抢球,开始比赛。持球者可以抱着球跑向篮下投篮,首先达到预定分数者为胜。1892 年,奈史密斯制定了 13 条比赛规则,主要规定是不准持球跑,不准有粗野动作,不准用拳击球,否则即判犯规,连续 3 次犯规判负 1 分;比赛时间规定为上、下半时,各 15 分钟;对场地大小也作了规定。上场比赛人数逐步缩减为每队 10 人、9 人、7 人,1893 年定为每队上场 5 人;形成近似现代的篮板、篮圈和篮网。1904 年,在第 3 届奥林匹克运动会上第一次进行了篮球表演赛。

奈史密斯 30 岁时便发明了篮球,但篮球诞生后近半个世纪始终被人们所忽略,直到 1936 年柏林奥运会上才受到应有的尊重。75 岁高龄的奈史密斯随美国篮球队抵达柏林,但美国篮球队教练只负责他从美国到柏林的资费,不承担其在柏林的旅馆费和入场券费用。而美国奥委会对此置之不理,使得这位篮球之父心情十分沉重。

国际业余篮球联合会首任秘书长威廉·琼斯则很尊重和敬佩他,不仅解决了他的旅馆费用,并邀请他为奥运会首场篮球比赛开球。开球前,琼斯向全体参赛运动员介绍了这位篮球发明者，奈史密斯受到大家的热烈欢迎。全部比赛结束后，琼斯又安排奈史斯主持发奖仪式，并授予他一枚奥林匹克特别勋章，以表彰他发明篮球的功绩。当一位德国小姑娘向他敬献月桂冠时，奈史密斯欣喜若狂，激动得把帽子抛向天空。

奈史密斯于1939年逝世。为了永远怀念这位篮球运动先驱，国际篮联在1950年第1届世界男子篮球锦标赛期间举行的第一次中央局会议上，决定把世界男子篮球锦标赛的金杯命名为“奈史密斯杯”。

1908年美国制定了全国统一的篮球规则，并有多种文字出版，发行于全世界，这样，篮球运动逐渐传遍美洲、欧洲和亚洲，成为一项世界性运动项目。1936年第11届奥运会将男子篮球列为正式比赛项目，并统一了世界篮球竞赛规则，此后，到1948年的10多年间，规则曾多次修改，与现行规则有关的重要变化是：将得分后的中圈跳球，改为失分队在后场端线外掷界外球继续比赛；进攻队必须在10秒钟内把球推进到前场；球进前场后不得再回后场；进攻队员不得在“限制区”内停留3秒钟；投篮队员被侵犯时，投中罚球1次，投不中罚球2次等。1952年和1956年第15、16两届奥运会的篮球比赛中，国际业余篮球联合会曾两次扩大篮球场地的“限制区”（也叫“3秒区”）；还规定，一个队控制球后，必须在30秒内投篮出手。60年代初有关10秒和球回后场的规定，一度因1960年第17届奥运会后取消了中场线改画边线的中点而中止。1964年第18届奥运会后，又恢复了中场线，这些规定又继续执行。1977年增加了每队满10次犯规后，在防守犯规时罚球2次，防投篮时犯规2罚有1次不中再加罚1次的规定。1981年又将10次犯规后罚球的规定缩减到8次。很明显，人员的变化，技术、战术的发展引起了规则的改变，而规则的改变又促进了人员和技术、战术的进一步发展变化。特别是50年代后期以来，规则的改变对篮球比赛的攻守速度，对运动员的身体、技术、战术以及意志、作风等各方面都不断提出新的更高的要求，促进了篮球技术水平的迅速提高。女子篮球则是1976年第21届奥运会上才列为正式比赛项目的。

篮球运动1896年前后由天津中华基督教青年会传入中国，随后在北京、上海基督教青年会里也有了此项活动。在1910年的全运会上举行了男子篮球表演赛之后，在全国各大城市的大、中学校的篮球活动逐渐开展起来，其中以天津、北京、上海开展得较好，水平也较高，当时的比赛规则很简单，在球场中间画一个约有1米直径的中圈，中锋队员跳球时一只手必须置于背后腰部，任何一足不得踏出圈外。技术也简单，中圈跳球后，准接到球就自己运球，超过防守人就投篮。当时只会直线运球前进，传球方法是单、双手胸前传球，跑动投篮是用单手低手上篮，立定投篮无论远近都是用双手腹前低手投篮。1925年前后，进攻和防守的5名运动员，有了较明确的分工，中锋对中锋，后卫对前锋，有人盯人，各自盯住自己的对手。但前锋的职责是只管进攻投篮，不管退守；后卫的职责是只管防守抢截球，不管投篮。前锋和后卫很少全场跑动，只有中锋要攻守兼顾。以后又逐渐改为两后卫1人助攻（活动后卫），1人留守后场（固定后卫），两前锋也变为1人留在前场专管偷袭、快攻，1人退守后场助防。技术动作也有所发展，跑动投篮出现了单手高手投篮，立定投篮出现了双手胸前投篮，传球出现了单、双手击地传球，运球出现了两手交替运球躲闪防守和超越防守向前推进的技术。规则中增加了罚球区和罚球线，队员犯规4次即被取消比赛资格，犯规罚球可由队长指定任何一个队员主罚。比赛时间分为上、下半时各20分钟，中间休息10分钟。每次投中或罚中后，都在中圈跳球，重新开始比赛。中国篮球运动水平在1926年以后有了较大提高。

1892年奈史密斯订出的简易规则将篮球运动带入了对抗比赛的阶段，继而产生了比赛的组织领导者、执法公断者——裁判员。

外国称篮球裁判为“球证”:每场比赛有正、副两个“球证”:1949年前,中国称篮球裁判为“司令”,每场篮球赛只有一个“司令”;1949年后改称裁判员,每场球赛设正、副两个裁判员。

我国现行篮球裁判分为五级:国际级、国家级、一级、二级、三级。由于篮球比赛的速度强度都愈来愈大,为了更全面、准确地执行规则,有些国家已开始试行每场比赛设前、中、后三个裁判员。

二、篮球竞赛规则的演变

规则的修改,促进了篮球运动的发展,而篮球技、战术水平的不断提高,又促进了对规则不完善地方的适当修改或补充,从而使篮球运动向健康与高级的方向发展。

规则与篮球技、战术就像生产力与生产关系一样,是相辅相成、相互依赖、相互促进的关系。规则通过肯定、否定、允许或不允许,来保证篮球比赛的正常进行,促进篮球运动的健康发展。球场上符合规则的动作,就是正确的动作,反之是错误动作。

规则从最初的13条发展到现在的58条,篮球技、战术从原来的简单、低级发展到现在的高级水平,都是它们许多年来相互制约、相互促进的结果。如:运球技术从最初的以肘关节为轴发展到现在的以肩关节为轴,正是因为规则对发展中的技术不断肯定的结果。现在,规则明确指出:运球结束的标志是双手触球的一瞬间或运球的手掌心向上,大拇指超过垂直面时即运球结束。如掌心始终向下,大拇指未超过垂直面,球是不可能在手上有停留的。所以,以肩关节为轴的大臂运球与单手后拉、后转身运球的现代技术就以法定的形式肯定下来了。再譬如:投篮技术的发展,从最初的原地双手胸前投篮,发展到现在的高手自上而下的扣篮与单手或双手的补篮等高超的技术,规则明确规定都算队员在做投篮动作。因此,扣蓝、补篮等现代技术就得到了迅速发展。而近年来,比赛中出现后仰跳投、后撤步跳投、勾手跳投等多种形式的技术,也是因为规则对攻守技术强调了垂直面的原则、腾空队员原则等几个处理身体接触与犯规的基本原则所决定的。在犯规处理上,特别强调了攻守平衡的指导思想,迫使和促进了投篮队员为摆脱防守、避免撞人犯规而采取的各种形式的跳投技术,以达到得分的目的,推动了防守战术的不断发展等。

国际篮联在一般情况下,每隔4年对规则要进行一次修改与补充,其目的是为了促进篮球技、战术进一步的发展,并限制粗暴动作,使比赛向文明、干净及紧张激烈和富有魅力的方向发展。

规则的变化是不可知的,也不是哪一个人心血来潮随意更改的,它是按一定的修改目的来进行的。具体的修改规则的指导原则是:

1.公平。这是修改规则的基础。规则应该对比赛双方都是公平的。因为篮球比赛是双方在等同的时间、空间、地面、人数的条件下进行篮球意识、技战术及身体素质的较量。

2.均衡。均衡(或者是平衡)是指进攻和防守这两个方面必须保持平衡。如一场比赛很容易得分或很难得分,都会使比赛变得呆板而不精彩,那么篮球比赛使人兴奋的魅力将会丢失。

3.定义。规则定义要言简意明,文字确切。

4.编纂。规则要编纂,避免重复,做到前后一致,不得自相矛盾。

5.简短。规则要简短扼要,避免啰嗦,使人很难领会。

6. 例外。规则正面作了许多规定，如没有例外的规定(即注解)，规则也很难实行，例外正是为了保证正面规则的实施。

7. 安全。规则要保证人身安全，保证比赛在良好的环境与气氛中顺利进行。

8. 权力。必须给裁判员权力，让其在比赛中有权威地胜任工作，执行规则。

9. 连续。规则要使比赛尽可能地减少中断次数，从而保证比赛的连续进行，使比赛更紧凑，更精彩。

10. 无利。规则要使比赛的任何一方都不能从违反规则中得好处，从而使比赛公平合理地进行。

三、篮球基本规则

(一)基本规则一

1. 比赛方法

一队 5 人，其中 1 人为队长，候补球员最多 7 人，但可依主办单位而增加人数。比赛分 4 节，每节各 10 分钟(NBA 为 12 分钟)，每节之间休息 5 分钟(NBA 为 130 秒)，中场休息 10 分钟(NBA 为 15 分钟)，另在 NBA 中在第 4 节和加时赛之间和任何加时赛之间休息 100 秒。比赛结束两队积分相同时，则举行延长赛 5 分钟，若 5 分钟后比分仍相同，则再次进行 5 分钟延长赛，直至比出胜负为止。

2. 得分种类

球投进篮筐经裁判认可后，便算得分。3 分线内侧投入可得 2 分；3 分线外侧投入可得 3 分，罚球投进得 1 分。

3. 进行方式

比赛开始，由两队各推出一名跳球员至中央跳球区，由主审裁判抛球，双方跳球，开始比赛。

4. 选手替换

每次替换选手要在 20 秒内完成，替换次数则不限定。交换选手的时间选在有人犯规、争球、叫暂停等。裁判可暂时中止球赛的计时。

5. 罚球

每名球员各有 4 次被允许犯规的机会，第 5 次即犯满退场(NBA 中为 6 次)，且不能在同一场比赛中再度上场。罚球是在谁都不能阻挡、防守的情况下投篮，是作为对犯规队伍的处罚，给予另一队的机会。罚球要站在罚球线后，从裁判手中接过球后 10 秒内要投篮。在投篮后，球触到篮筐前均不能踩越罚球线。

6. 违例

大致可分为：(1)普通违例：如带球走步、两次运球(双带)、脚踢球(脚球)或以拳击球。(2)跳球违例；(3)跳球时的违例：除了跳球球员以外的人不可在跳球者触到球之前进入中央跳球区。

(二)基本规则二

24 秒钟规则：进攻球队在场上控球时必须在 24 秒钟内投篮出手(NBA、CBA、CUBA、WNBA 等比赛均为 24 秒，全美大学体育联合会比赛中为 35 秒)。

8 秒钟规则：球队从后场控制球开始，必须在 8 秒钟内使球进入前场(对方的半场)。

5 秒钟规则：持球后，球员必须在 5 秒钟之内掷界外球出手，FIBA 规则规定罚球也必须在 5 秒钟内出手。

3 秒钟规则：分为进攻 3 秒和防守 3 秒。进攻 3 秒：进攻方球员不得滞留于 3 秒区 3 秒以上；防守 3 秒：当某防守方球员对应的进攻方球员不在 3 秒区或者 3 秒区边缘、且彻底摆脱防守球员时，防守方球员不得滞留禁区 3 秒以上。

侵人犯规：与对方发生身体接触而产生的犯规行为。

技术犯规：队员或教练员因表现恶劣而被判犯规，比如与裁判发生争执等情况。取消比赛资格的犯规：球员做出的不体现运动员精神的犯规动作，比如打人。发生此类情况后，球员应立即被罚出场外。

队员 5 次犯规：无论是侵人犯规，还是技术犯规，一名球员犯规共 5 次(NBA 规定为 6 次)必须离开球场，不得再进行比赛。

违例：既不属于侵人犯规，也不属于技术犯规的违反规则的行为。主要的违例行为是：非法运球、带球走、3 秒违例、使球出界、用脚踢球。

队员出界：球员带球或球本身触及界线或界线以外区域，即属球出界。在球触线或线外区域之前，球在空中不算出界。

干扰球：投篮的球向篮下落时，双方队员都不得触球。当球在球篮里的时候，防守队员不得触球。球碰板后对方不得碰球，直到球下落。

被紧密盯防的选手：被防守队员紧密盯防的球员必须在 5 秒钟之内传球、运球或投篮，否则其队将失去控球权(NBA 规则中无此规定)。

球回后场：球队如已将球从后场移至前场，该球队球员便不能再将球移过中线，运回后场。

四、篮球术语

(1)扣篮：运动员用单手或双手持球，跳起在空中自上而下直接将球扣进篮圈。

(2)补篮：投篮不中时，运动员跳起、在空中将球补进篮内。

(3)卡位：进攻人运用脚步动作把防守者挡住自己身后，这种步法叫卡位(多用于冲抢篮板)。

(4)领接球：顺传球飞行方向移动，顺势接球。

(5)错位防守：防守人站位在自己所防守的进攻人身侧，阻挠他接球，叫错位防守。

(6)要位：进攻人用身体把防守人挡在身后，占据有利的接球位置。

(7)突破：运球超越防守人。

(8)空切：进攻人空手向篮跑动。

(9)一传：获球者由守转攻的第 1 次传球。

(10)盖帽：进攻人投篮出手时，防守人设法在空中将球打掉的动作。

(11)补位：当 1 个防守人失掉正确防守位置时，另 1 防守人及时补占其正确防守位置。

(12)协防：协助同伴防守。

(13)紧逼防守：贴近进攻人，不断运用攻击性防守动作，威胁对方持球的安全或不让对方接球。

(14)斜插：从边线向球篮或者向球场中间斜线快跑。

(15)时间差：在投篮时，为躲避对方防守的封盖，利用空中停留改变投篮出手时间。

(16)接应：无球进攻队员，主动抢位接球。

(17)落位:在攻防转换时,攻防双方的布阵。

(18)策应:进攻队在前场或全场通过中间队员组织的接应和转移球的战术配合,造成空切、绕切以及掩护等进攻机会。

(19)掩护:进攻队员以合理的技术动作,用身体挡住同伴的对手的去路,给同伴创造摆脱防守的机会的一种进攻配合。

(20)突分:持球进攻队员突破后传球配合。

(21)传切:持球进攻队员利用传球后立即空切,准备接球进攻。

(22)补防:当1个防守队员失去位置,进攻队员持球突破有直接得分的可能时,邻近的另1防守队员立即放弃自己的对手,去防持球突破的进攻者。

(23)换防:防守队员交换防守。

(24)关门:邻近的两名防持球者的队员,向进攻者突破的方向迅速靠拢,形成"屏障",堵住持球进攻者的突破路线。

(25)夹击:两名防守队员共同卡住1名进攻队员,封堵其传球路线。

(26)挤过:两名进攻队员进行掩护配合时,防止被掩护者的队员向其对后靠近,在进攻者即将完成掩护配合的一刹那,抢占位置,从两名进攻队员之间侧身挤过,破坏他们的掩护,并继续防住自己的对手。

(27)穿过:当一名进攻队员进行掩护时,防守掩护者的队员稍离对手,让同伴从自己的掩护队员之间穿过去,继续防住对手。

(28)挡拆:为持球队友挡住防守队员,然后跑动向防守弱侧接持球队友传球展开进攻或进行传球。

(29)空中接力:队友往里传球,另一队友在空中接球,再在空中未落地的过程中将球扣入或投入篮筐的技术。

(30)博脚:外线球员控球时被对手紧贴防守时,中锋或大前锋会走出来外线接球,然后再安全传到其他球员手上。

五、篮球场主要位置介绍

(一)控球后卫(PG)

控球后卫(Point Guard)是球场上拿球机会最多的人。他要把球从后场安全地带到前场,再把球传给其他队友,这才有让其他人得分的机会。一个合格的控球后卫必须要能够在只有一个人防守他的情况下,毫无问题地将球带过半场。然后,他还要有很好的传球能力,能够在大多数的时间里,将球传到球应该要到的地方:有时候是一个可以投篮的空档,有时候是一个更好的导球位置。简单地说,他要让球流动得顺畅,他要能将球传到最容易得分的地方。再更进一步地说,他还要组织本队的进攻,让队友的进攻更为流畅。

对于一个控球后卫还有一些其他要求。在得分方面,控球队员往往是队上最后一个得分者,也就是说除非其他队友都没有好机会出手,否则他是不轻易投篮的。或者从另一个角度说,他本身有颇强的得分能力,而以其得分能力破坏对方的防守,来替队友制造机会。总而言之,控球员有一个不变的原则:当场上有任何队友的机会比他好时,他一定将球交给机会更好的队友。

(二)得分后卫(SG)

得分后卫(Shooting Guard)以得分为主要任务。他在场上是仅次于小前锋的第二得分手，但是他不需要练就像小前锋一般的单打身手，因为他经常是由队友帮他找出空档后投篮的。不过也就因为如此，他的外线准投与稳定性要非常好。

得分后卫经常要做的有两件事，第一是有很好的空档来投外线，因此他的外线准头和稳定性一定要好，要不然队友千辛万苦挡出个好机会，却又投不进去的话，对全队的士气和信心打击颇大。第二则是要在小小的缝隙中找出空档来投外线，所以他出手的速度要快。一个好的得分后卫总不能企望每次都有这么好的空档，应该能在很短的时间内找机会出手，而命中率也要有一定的水准，如此的话，才能让敌方的防守有所顾忌，必须拉开防守圈，而更利于队友在禁区内的攻势。

（三）小前锋（SF）

小前锋（Small Forward）乃是球队中最重要的得分者。对小前锋最根本的要求就是要能得分，而且是较远距离的得分。小前锋一接到球，第一个想到的就是要如何把球往篮框里塞。他可能会抓篮板，但并不必要；他可能很会传球，但也不必要；他可能弹跳很好，但仍不必要；他可能防守极佳，但还是不必要。小前锋的基本工作，就是得分、得分、再得分。

小前锋乃是对命中率要求最低的一个位置，一般而言只要四成五就算得上合格，而四成以上都可以接受。当然这有一个前提，就是他要能得分。如果一个小前锋每场球得个七、八分，命中率还只有四成的话，那还不如叫他去坐板凳算了。话说回来，为什么小前锋的命中率可以比较低呢？因为他是队上主要得分者，他经常要积极找机会投篮，要在某些时刻稳定军心，甚或以较困难的方式单打对手来提升士气，乃至于给对手下马威，给予敌方迎头痛击等。因此小前锋会有较多的机会出手，而且可能是不太好的机会，所以我们可以容许他的命中率稍低，只要他能得分的话。

（四）大前锋（PF）

大前锋（Power Forward）在队上担任的任务几乎都是以苦工为主，抢篮板、防守、卡位都少不了他，但是要投篮、得分，他却经常是最后一个。所以说，大前锋可以算是篮球场上最不起眼的角色了。

大前锋的首要工作便是抓篮板球。大前锋通常都是队上篮板抢得最多的人，他在禁区卡位，与中锋配合，往往要挑起全队的篮板重任。而在进攻时，他又常常帮队友挡人，然后在队友出手后设法挤进去抓篮板，作第二波的进攻。

大前锋一般较少出手，而其投篮的位置又经常很靠近篮筐，对其投篮的命中率要求也较高。以场上五个位置来说，大前锋应该是命中率最高的一位，不错的大前锋应该达到五成五以上。不过由于得分不是他的强项，所以他的得分可以不多，但是篮板就一定要抓得多。此外，防守时的盖火锅能力自然也是大前锋所必备的，因为他要巩固禁区，防守当然重要。其实说穿了，大前锋就是要做好两件事：篮板和防守。

（五）中锋（C）

中锋（Center）顾名思义乃是一个球队的中心人物。他多数的时间是要待在禁区里卖劳力、卖身材的，他在攻在守，都是球队的枢纽，故名之为中锋。

中锋要做哪些工作呢？首先，他既然是在禁区里面混饭吃，那么篮板球是绝对不可或缺的。再来，禁区又是各队的兵家必争之地，当然不能让对手轻易攻到这里面来，所以阻攻、盖火锅的能力也少不得。而在进攻时，中锋经常有机会站在靠近罚球线的禁区内（此乃整个进攻场的中心位置）接球，此时他也应具备不错的导球能力，将球往较适当的角落送出。以上三项，是中锋应具备的基础技能。而在球队中，中锋也经常身负得分之责，他是主要的内线得分者，与小前锋里外对应。因为他要能单打，所以在命中率上的要求可以低些，但他出手的位置又往往较接近篮筐，所以命中率又应该高些，大致来说，五成二可以作为一个标准。对中锋命中率的要求，是仅次于大前锋的。

一名好的中锋还得多才多艺。在进攻方面，中锋在接近篮筐的位置要有单打的能力，他要能背对着篮筐做单打动作，转身投篮是最常见的一项，而跳勾、勾射则是更难防守的得分方式。防守上，要称为一个好的中锋，除了守好自己该看的球员之外，适时帮助队友的防守是必须的。简单地说，若敌方的球员晃过了队友的防守而往篮下进来，中锋便要有一夫当关之勇，守住己方的禁区。当然，不是说每回都能滴水不漏，但总是要有"能帮忙"的能力，若一个中锋只能守住自己的人，那是不够的(除非对方是超强的进攻中锋)。

中锋有一种变形，也就是所谓的外线中锋。他与正常中锋的差别在于，他的进攻主要是跑到外面去投外线，而少做禁区单打的工作。由于中锋的个头高，其他矮个子根本守不住，所以到外线投篮可以把对方的中锋引出来，故其在前锋较强时也相当管用，而在防守时，他就与一般中锋无异，照样防守对方中锋，照样抓篮板。

六、篮球的健身作用

篮球运动是身心俱用的活动项目。运动时参与者既能享受到轻松愉快，又能体验到紧张刺激。篮球不仅能强身健体，还可以使人的个性、潜能和创造力得到充分的展示。

篮球运动持续时间可长可短，但需要参与者快速的奔跑、突然连续的起跳、敏捷的反应与力量的对抗。经常参加篮球运动，可使身体各个部分的肌肉结实，体形匀称，体格健壮。篮球运动能促进力量、速度、耐力、弹跳、灵敏等运动素质的发展。篮球运动也是对抗运动项目，要求机体新陈代谢能力旺盛，体内的物质能源转换快捷。因此能促进心脏、血管、呼吸、消化器官的功能，提高机体内部系统的工作能力。篮球比赛错综复杂，要求运动员具有良好的分配与集中注意力的能力，以及对空间、时间的掌握和控制能力，要有正确的主体感觉能力。由于参加者在比赛中经常的转换动作，对于神经系统的灵活性、提高神经中枢有良好的作用。

篮球运动不仅是技术与身体的对抗，也是意志力与智慧的较量，一场篮球比赛更是一场心理的交锋，篮球运动员的智慧、胆量、意志与创造力，决定着比赛的成败和运动水平。篮球是一项把转换、结合、转移、持续融为一体的集体攻守对抗项目，要求运动员反应快速、判断正确、随机应变、机智善谋，从而促进大脑功能水平的提高与智力的发展。

篮球运动对于培养集体主义精神有积极的作用，队员之间要团结协作、默契配合，才能保证比赛的胜利。篮球运动有利于运动员良好的心理品质的培养。通过比赛，运动员的个性、自信心、情绪控制、意志力、进取心、自我约束力都能得到很好的发展。篮球运动有利于提高道德品质，通过训练和比赛，培养运动员拼搏精神、文明自律、尊重裁判、尊重观众的高尚体育道德。

此外，篮球运动还具有其他诸如文化、艺术、观赏、学科等方面的价值。

第二节 篮球初级阶段核心技术战术及学练方法

一、初级阶段核心技术

(一)投篮

篮球比赛是在积极防守情况下的投篮。投篮是篮球比赛中唯一的得分手段,是一切进攻战术的最终目的。要想练好投篮必须有正确的投篮方法、恰当的瞄准点、合适的飞行路线和球的旋转,并且全身要协调用力。随着篮球技术的发展,投篮技术越来越多,现在给大家介绍一些常用的投篮方法。常用的投篮方法主要有原地肩上投篮和行进间单手低手投篮等。

1.原地单手肩上投篮

这是比赛中应用最广泛的投篮方法,是行进间单手肩上投篮、跳起单手肩上投篮的基础。右手投篮时,右手五指自然分开,手心空出,屈肘持球于右肩上,左手扶住球的左侧,两脚开立,右脚稍前,重心落在两脚之间。投篮出手时,下肢蹬地发力,右臂抬肘伸臂,手腕前屈,食指、中指用力拨球,使球向后旋转,身体随投篮动作向前上方伸展,脚跟微提(图 7-1)。

图 7-1

2.行进间低手投篮

这是切入篮下时运用较广泛的投篮方法,它具有速度快、伸展距离长的优势。右手投篮时,步法同上,起跳后右手托球下部,手心向上,指尖向前,手臂充分向球篮方向伸直,接着屈腕,食指、中指、无名指向上拨球,碰板或空心投篮(图 7-2)。

图 7-2

3. 练习方法

(1)队员排成一列纵队站于罚球线后，原地单手肩上投篮练习，自投自抢，排头的队员做完后站到队尾，依次进行。

(2)两人一组在一侧的底线位置，行进间传球到对侧篮下，行进间低手上篮，然后抢篮板球，传球返回，另一队员行进间低手上篮，排到队尾，依次进行(图 7-3)。

(二)突破技术

突破是一种攻击性很强的技术，是完成个人进攻的主要手段。它是以运球和脚步动作为基础，由蹬、跨、侧身、探肩、推放球和加速等动作组成。运用时应结合投篮、传球、跨步等假动作，使之更具备攻击性和灵活性。突破方式主要有同侧步突破和交叉步突破。

1. 同侧步持球突破

以左脚为中枢脚为例。左脚内侧蹬地，右腿迅速向右前方跨出，同时上体右转探肩用右手推放球，左脚迅速前迈，超越对手。

2. 交叉步持球突破

以左脚为中枢脚为例。先用假动作使防守队员重心左移，然后右脚内侧蹬地并向左侧前方迈出，上体左转探肩，左手推放球于右腿前侧，快速超越对手。也可以做投篮假动作后持球突破。

3. 练习方法

(1)每人一球，从一侧底线到另一侧底线，做交叉步和顺步的突破。

(2)两人一组，每组一球，一名队员防守，另一名队员做突破练习，到底线后交换。注意防守者消极防守，目的是练习突破。

(3)队员分成两组，分别站成两列。A 组持球，A 组第一名队员 A_1 将球传给 B_1 上篮，A_1 抢篮板球，然后到 B 队的队尾，B_1 做完后排到 A 队队尾(图 7-4)。

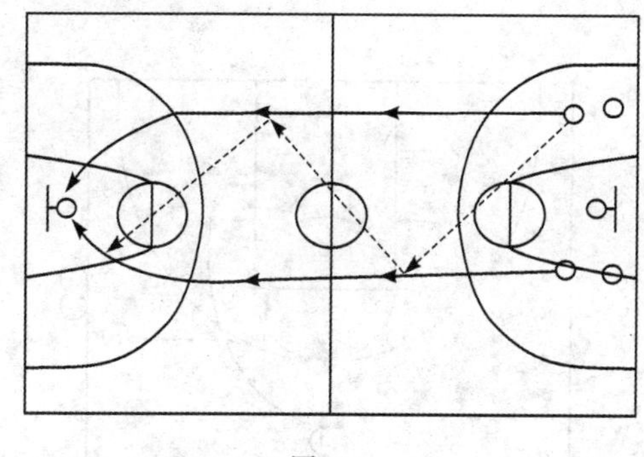

图 7-3

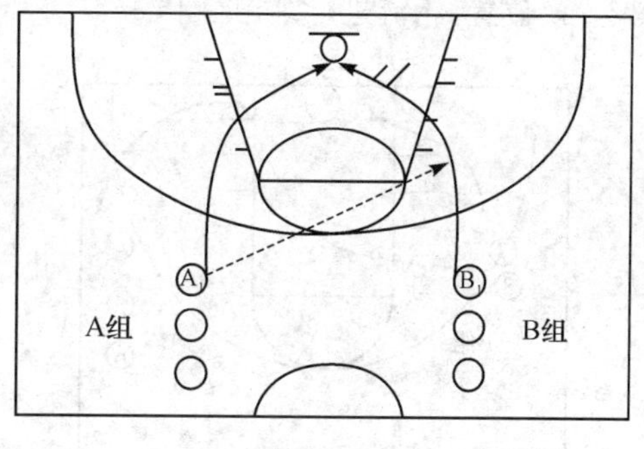

图 7-4

二、初级阶段核心战术

(一)基本进攻配合

进攻配合是指两三个人之间有目的、有组织的协同作战的配合方法，它是运动员在场上制造、捕捉不同战机，相互协同、相互配合制造机会，以达到进攻的目的。

1. 传切配合

传切配合是指进攻队员间利用传球和切入技术所组成的配合方法。主要包括一传一切和空切两种方式。

练习方法及操作:参加者分两组。A 组④传球给 B 组⑤后做向左切入的假动作,然后变向从右侧切入,⑤接球后回传给⑥,并做向底线切入的假动作,然后变向从内侧横切。④切入后至 B 队的队尾,⑤至 A 队的队尾。依次进行练习(图 7-5)。要求:变向切入动作要快,切入过程中要侧身看球。

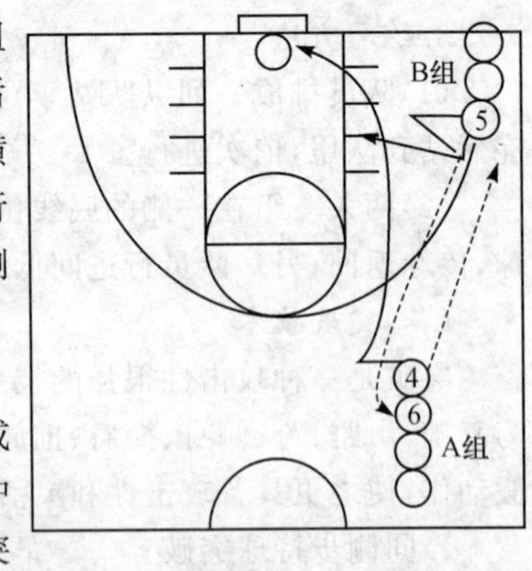

图 7-5

2. 突分配合

进攻者持球突破或运球突破对手后,遇到对方补防或"关门"时,及时将球传给空隙地带的同伴。这种在突破中区别情况及时传球给无人防守同伴的配合叫突分配合。突分配合的要点是同伴之间要有良好的配合默契,突破者在突破过程中要注意观察攻守队员的位置变化,既要做好投篮准备,又能在遇到对方补防时巧妙地分球给同伴投篮。

练习方法及操作:学生分两组。开始时 A 组④持球突破,在突破中跳起分球给向两侧移动的 B 组⑦,⑦在接球后示意投篮动作,然后传球给⑤,⑤接球后切入底线或内侧突破,跳起传球给接应的⑧。位置交换④到 B 队的队尾,⑦到 A 队的队尾。练习一定次数后,改换从左边突破分球练习(图 7-6)。

3. 掩护配合

是指进攻者以合理的行动,用身体挡住同伴防守者的通路,为同伴摆脱防守,创造接球和投篮机会的一种配合方法。

练习方法及操作:学生分两组,教师站在④身前做防守,⑥跑到侧后方给④做掩护,④先做向左跨步切入假动作,待⑥做好掩护后,及时向另一侧切入,⑥适时地后转身跟进。然后两人置换位置,轮流进行练习(图 7-7)。

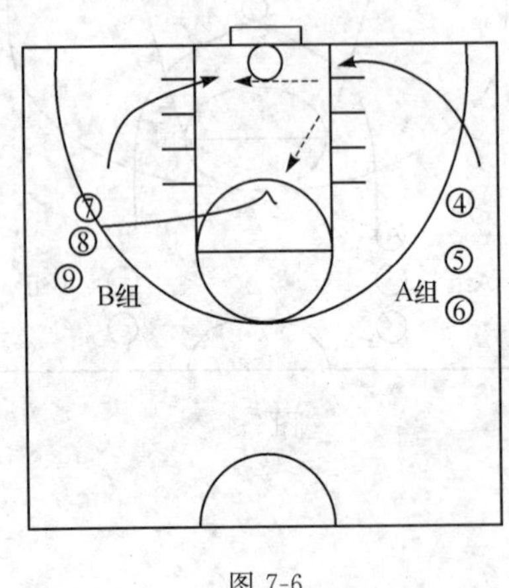

图 7-6

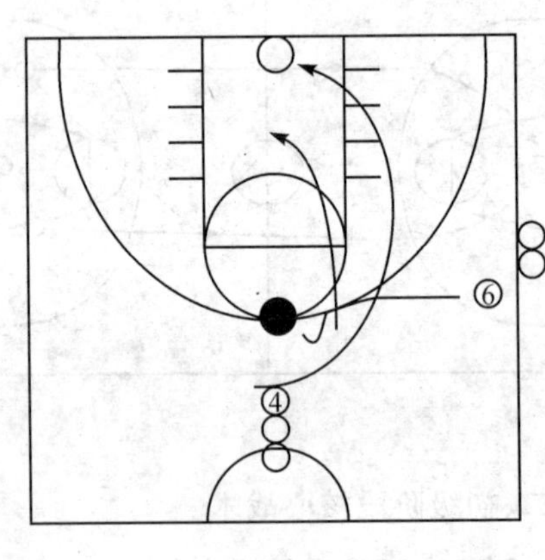

图 7-7

(二)基本防守配合

防守基本配合是指防守队员之间为了破坏对手的进攻配合,或当同伴出现防守困难时及时相互协作和帮助的行动方法。主要有关门配合、夹击配合、挤过配合、穿过配合、交换配合等。

1. 关门配合

"关门"是邻近的两个防守者协同防守持球突破的配合方法。当进攻者持球突破时，防守突破队员应向侧后方滑步，这时邻近突破一侧的防守者也应及时向进攻者突破方向滑动，与防守突破者靠拢，像两扇门一样"关闭"起来，迫使进攻者失误或造成撞人犯规。

练习方法及操作：参加者三攻三防。①、②、③在外围相互传球，寻找机会从❶与❷或❷与❸之间突破。❶、❷、❸除了要防住自己的对手外，还要协助邻近同伴进行"关门"，不让对方突破到篮下。当进攻者突破不成把球传出时，"关门"的队员还应快速分开去防自己的对手(图 7-8)

2. 穿过配合

当进攻队员进行掩护时，防守掩护者要及时提醒同伴，当两个掩护配合的进攻者交错时，防守掩护者的队员要主动后撤一步，让同伴能及时从中间穿过去，以便继续防守自己的对手，这种配合一般在对方无投篮威胁时采用。

3. 挤过配合

对方采用掩护进攻时，防守者为了破坏对方的掩护配合，当掩护者临近的一刹那，被掩护的防守者主动靠近自己的对手，并从两个进攻者之间侧身挤过去，继续防住自己的对手。

4. 交换配合

交换配合是指破坏对手掩护时，防守队员之间及时地互换防守队员的一种配合方法。

穿过、挤过、交换配合练习方法：三对三徒手练习。根据教师要求练习挤过、穿过和交换防守配合。①去给②做掩护，当①接近❷时，同时❷准备移动，❷要及时向前跨一步靠近②，并在②与①之间侧身挤过继续防守②。②去给③做掩护，③按②同样动作挤过。依次进行循环练习，然后攻、守互换(图 7-9)。

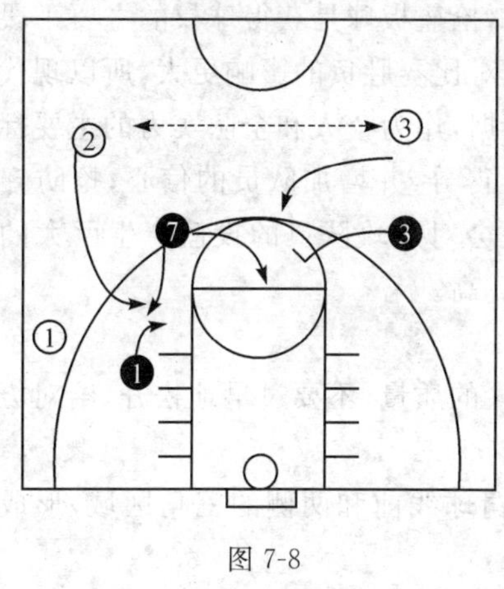

图 7-8

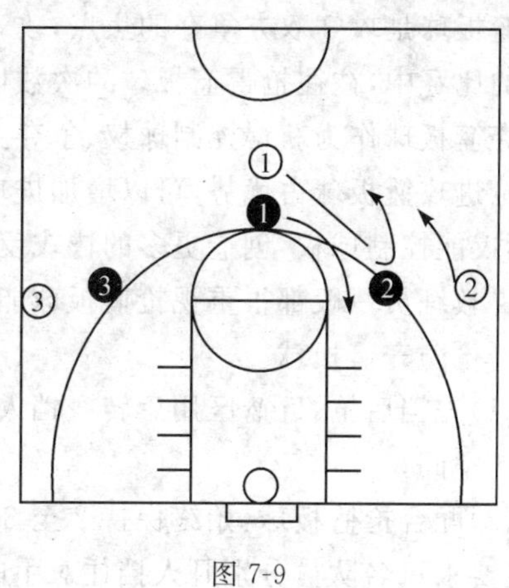

图 7-9

第三节　篮球提高阶段核心技术战术及学练方法

一、提高阶段核心技术

(一) 投　篮

1. 急停跳起投篮

急停跳起投篮是比赛中最常用的一项技术，也是一种最常见的得分手段。跳起投篮的技术动作要领(以右手为例):双手持球于胸前,两脚左右(或前后)开立,两膝微屈,身体重心在两脚之间,身体放松,两眼注视篮圈。起跳时膝关节适当弯曲,接着前脚掌蹬地发力,提腹展腰,向上迅速摆臂举球并起跳,双手举球于肩上或头上,左手扶球左侧。当身体升至最高点或接近最高点时,左手离球,右臂向前上方伸展,同时用突发性力量屈腕、压指,使球通过指端投出。球出手后身体自然落地,屈膝缓冲,准备冲篮板或者回防。

练习方法:利用分组和多球练习,在各自的位置上(左右0°、45°和90°某距离设点)依次投中若干次为一组,反复轮换、循环,投若干组。要求急停突然、快速挑起,举球和出手动作协调连贯,要有相当的命中率。

2. 移动投篮

主要采用自投自抢、两人一球投抢交换、三人两球接球急停跳投(一人投、一人抢篮板球、一人传球)两人一球连续1～5分钟投篮(一人投、一人捡球或自投自抢传给同伴)和左右0°、45°反复移动接球跳投。要求:移动快、起跳快;必须在投篮点或者投篮区,移动到位,有一定投篮次数和命中率。

3. 转身跳起后仰投篮

这是一项进攻能力强的队员通常采用的技术,也是最常用的一项技术,它是跳起投篮的更高一级动作。动作方法:进攻队员背向防守队员接球后,立即以右脚(左脚)为轴做前转身,当身体侧对防守队员的时候,利用向上摆挥的假动作诱骗对手封盖,当其扑空落地的同时,立即做跳起后仰投篮。要求:接球转身时屈膝、弯腰,保护好球;做举球虚晃假动作,身体重心不能因举球而上移;跳起后仰时要控制好身体平衡,腰腹肌、背肌协调用力。

练习方法同原地跳起投篮。

(二)篮板球技术

篮板球是攻守双方争夺的焦点,攻守转换的关键,抢篮板球是获得球权的主要手段。在所有的比赛中,往往抢得篮板球的次数比投篮命中率对比赛胜负的影响更大,所以现代篮球把争夺篮板球作为获得控制球权、争夺主动的基本依据,作为个人和全队实力的主要标志之一。抢进攻篮板球占优势,可以增加进攻次数和篮下得分,并增加队员的信心;抢防守篮板球,不仅能控制球权,创造更多的快攻反击机会,而且会对进攻队员的投篮产生巨大的心理压力。教练员一般都很重视抢篮板球能力的训练和提高。

1. 抢防守篮板球

(1)先挡后抢:近篮区用后转身挡人。要强调挡人的质量,不要过早地松开,给对方留下移动的空间。

(2)配合抢篮板球:始终保持2至3名队员抢占罚球线前和两侧的三角区域,形成控制权,或要求每名队员分别盯人挡住对手的冲抢路线。

2. 抢前场篮板球

(1)每当出手时,要善于利用对手转身观察的瞬间,趁其不备运用上步或助跑起跳,突然冲向球反弹的方向,遇到对手阻截,要运用假动作摆脱和快速移动脚步,抢占有利位置。

(2)配合抢前场篮板球:锋线队员主要积极抢占篮下三角区域,外围队员要有组织地跟进冲抢,但必须保持攻守平衡。

3. 训练方法

(1)发展弹跳能力的训练。

(2)连续托球碰篮板练习：自己抛球后连续起跳碰篮板10次，做3轮。

(3)三人争抢篮板球练习：一人投篮，三人立于篮下，争抢篮板球，先抢到若干次者为胜方，此练习可在篮下连续抢球，抢到篮板球后立即投篮，其他人防守，先投中5个者可休息。

(4)攻守对抗中抢篮板球练习：两人一组对抗，进攻队员摆脱防守队员，接球后设法投篮，防守队员转身挡人，进攻队员冲抢，进攻队员抢到球可以连续投篮或再进攻，防守队员必须抢到5次以上后才可以进攻。

二、提高阶段核心战术

(一)半场人盯人防守

半场人盯人战术是现代篮球运动中最常见的一种防守方法。具有责任到人、分工明确的特点，并且队员可根据场上的情况灵活地进行补防、协防等配合，因此是现今世界高水平球队使用频率最高的一种防守方法。

1. 半场人盯人防守的方法

防守时，根据球的转移和以盯人为主的原则，要球、人、区兼顾，强侧与弱侧进行不同的防守。强侧防守的要求：球在正面时，要错位防守，防守人站在能够控制对手接球的路线上，阻止接球。球在45°角一带时，防守强侧的防守队员要绕前防守对手接球，并且防守罚球线位置的队员要缩回罚球线以上协防。弱侧防守的要求：球在正面罚球线时，罚球线位置的球员要回缩，注意关门配合，同时弱侧的防守队员要向强侧移动或注意协防篮下。

防守进攻配合的方法：

(1)防守以掩护为主的进攻：④利用⑥的后掩护运球突破，❻跟随防守⑥的同时提醒同伴❹，并迅速向突破方向移动，准备堵截④的运球，使其停球，如并未停球，则❹从身前挤过继续防守④，如果⑥转身且向篮下准备接④的球，那么❼和⑤协防(图7-10)。

图7-10

图7-11

(2)防守中锋进攻：当中锋进攻威力很大，对方的外围中投很准时，对持球队员应紧逼，在防投篮的同时积极干扰对方将球吊给中锋。❼上前防守④，❻侧前不让⑥接球，❺错位防守不让⑧接球，当球传给⑧时，❺防守其投篮，并干扰传球给⑥，❼缩回来防守⑥，④移动到高位防高吊球(图7-11)。

进攻半场人盯人战术是根据半场人盯人防守战术的特点，从每名队员的具体实际出发，综合运用传切、突分、掩护和策应等配合所组成的全队进攻战术。

2. 进攻人盯人的方法

(1)单中锋进攻方法:在进攻队员获得球后迅速进场,中锋站在罚球线后,背向球篮准备接球,队员按“2-1-2”站位。发动时传球给中锋,然后中锋在有利的位置上接到球果断投篮。示例:⑤传球给⑧,⑧运球突破,若遇到阻截传球给⑦投篮(图 7-12)。

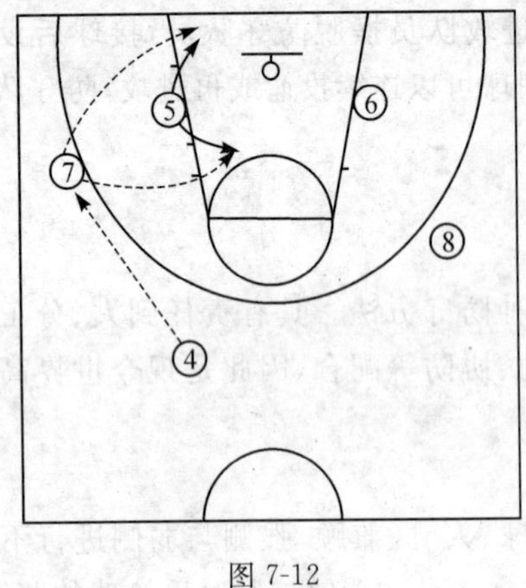

图 7-12

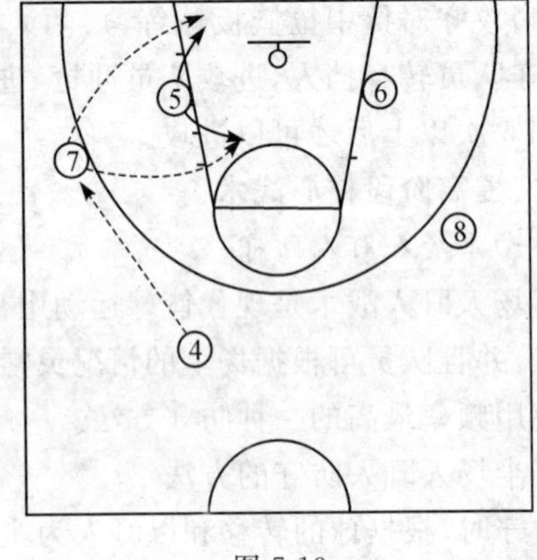

图 7-13

(2)双中锋进攻法:这种方法主要是由掩护、策应组成。通过中锋掩护和外围队员的穿插跑动创造内线的得分机会。由于内线给对方的压力大,迫使对手缩小防区,为外围队员中远投创造了机会。示例:④持球,⑦摆脱防守接球,⑤摆脱防守向篮下接⑦的传球投篮,如果⑤在篮下未得到球,则立即为⑥掩护,⑥利用掩护接⑦的球投篮(图 7-13)。

(3)无中锋进攻法:这种进攻方法把传切、策应、掩护等配合组合在一起,特点是机动灵活,连续性强,能保持攻守平衡,但这种战术要求队员战术素养和意识较高。示例:④传球给⑥后,切入接⑥的回传球进攻,如果机会不好,⑥跑去为⑧掩护,⑧横切接球投篮(图 7-14)。

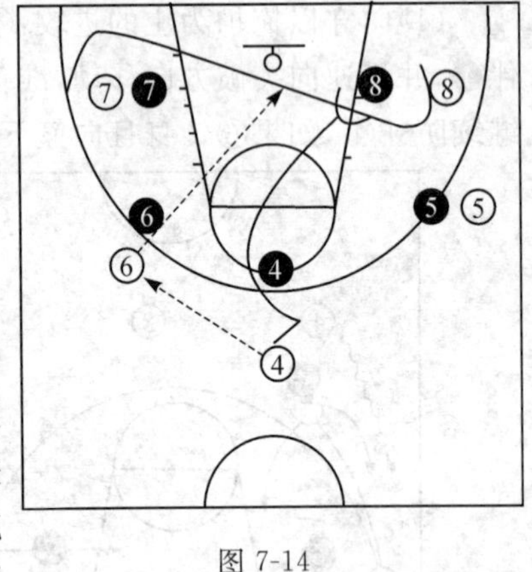

图 7-14

(二)区域联防

区域防守是指进攻转入防守时,全队队员迅速后退,按区分工、各自负责防守一定区域的进攻对员,形成一定的防守阵式,把每个防守区域有机地联系起来,并随球进行协同防守的全队防守战术,也是篮球两大防守战术系统之一。区域联防根据防守队员所在的防守区域,组成不同的防守阵型,目前主要有“2-3”、“3-2”、“1-3-1”和“1-2-2”等阵式,各有优缺点,在运用中必须加以重视。

区域联防的要求:根据防守区、防球、保篮的特点。有以下要求:按区分工、各自负责,积极组织对手进入自己所防区域,并与同伴协同联合防守。防守的重点:随球的转移经常调整位置,做到人球兼顾,保持基本的防守姿势,挥臂进行阻挠;彼此呼应,及时换位、护送、相互帮助、协同防守。对有球的队员要靠近防守,阻挠其传球、运球和投篮,对无球队员应阻截移动,防范处在管区内接球。全队队员必须快速地退防组阵,严防进攻队员在篮下的活动,积极防止进攻队员向内线穿插渗透。对中锋要采取绕前和封堵传球路线的方法进行防守;当队员投篮时,一定要跳起封盖,并组织拼抢篮板球,力争获得球,由守转攻。

(三)进攻区域联防

进攻区域联防是针对区域联防的阵型和变化特点,结合本队的实际情况,组织相应的站位阵型,有目的地通过传球及队员的穿插,破坏对方整体防御部署,创造良好的内外线进攻机会的进攻战术。针对区域联防的阵型,而采用相应的进攻阵型。确定阵型的原则是根据进攻的点、面,合理部署队员占据联防的薄弱地区,避免与防守队员形成一对一的站位,在局部区域形成以多打少的优势,并始终保持攻守平衡。常用的落位阵型有“1-2-2”阵型、“1-3-1”阵型、“2-1-2”阵型、“2-3”阵型等。

进攻区域联防最行之有效的方法是组织快速反击,在对方立足未稳之前实施攻击。如果对方已部署好联防阵型,进攻要及时采取相应阵型,组织阵型进攻。

组织中锋策应进攻:外围队员将球传给中锋⑥,⑥接球后,除个人攻击外还有三个攻击点,第一点传给横切队员⑧,第二点传给空切篮下队员⑦,第三点传给后卫队员④,在策应过程中也可个人进攻(图 7-15)。

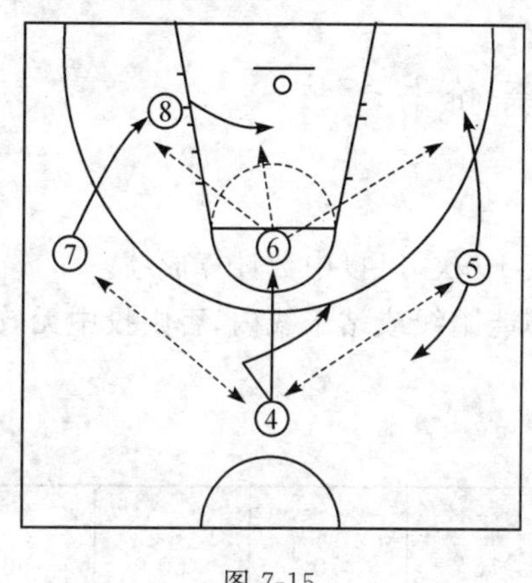

图 7-15

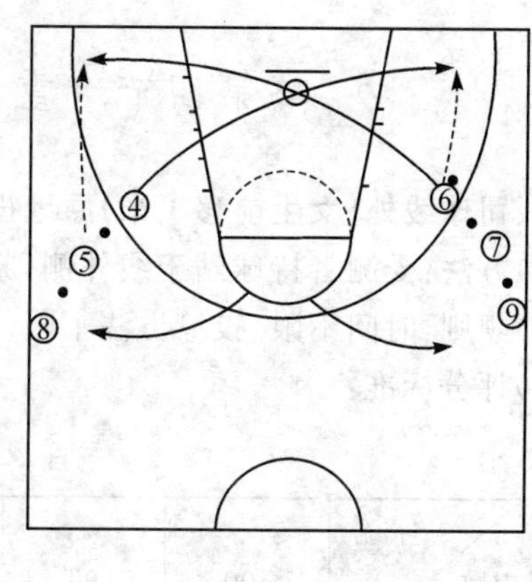

图 7-16

(四)进攻区域联防练习方法

(1)溜底线、背插接球投篮练习:队员分成左、右两组,④溜底线至右边接⑥的传球投篮,⑥传球后至左边接⑤的球投篮,⑤传球后至右边接⑦的球投篮,各自抢篮板球,交换位置,依次反复练习(图 7-16)。

(2)三人三球内外线配合练习:⑤传球给教练员△,△传球给④,④接球的同时⑥横切并接④的传球投篮,④传球后转身接⑦的传球投篮,⑤在⑥横切的同时向下移动接⑨的球投篮。投篮后各自抢篮板球回原位,练习数次后按顺时针方向交换位置,依次进行练习(图 7-17)。

(3)三人三球,背插、拉角内外线配合练习:⑤传球给△时,⑤背插拉到右底角接△的球,然后传球给纵切队员④投篮。⑤传球后接⑧的球投篮。在④纵切的同时,⑥上提接⑨的传球投篮。投篮后各自抢篮板球,回到原位置,练习数次后,按顺时针方向交换位置,依次进行练习(图 7-18)。

(二)双方犯规

双方犯规是两名互为对方的队员大约同时相互发生侵人犯规的情况。罚则是应登记每一犯规队员一次侵人犯规,不判给罚球。

(三)技术犯规

技术犯规是包含(但不限于)行为性质的队员非接触性犯规。主要包括对裁判无理,不

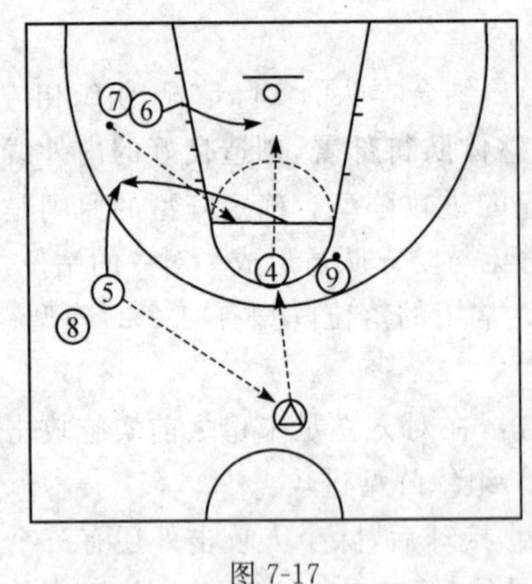

图 7-17

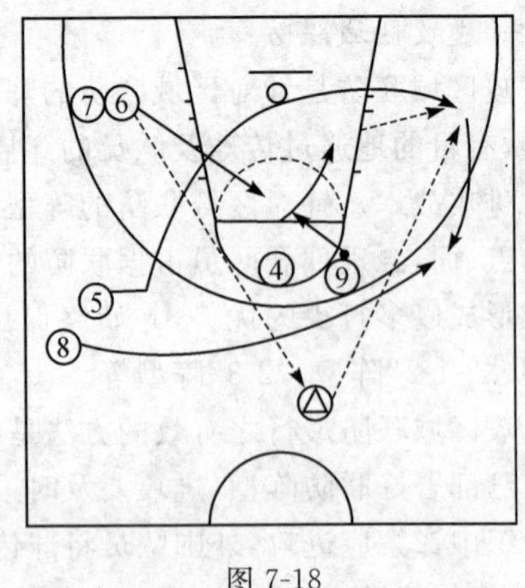

图 7-18

服从裁判的判罚、煽动性的语言和行为等，罚则是判给对方两次罚球和随后的界外球权。

第四节 重点技术的评价与考核

一、罚球线处(女生前移 1 米)原地投篮

(1)方法：受测者持球站于线外侧，原地连续投篮 10 次，以投中数计算成绩。

(2)规则：时间不限、投篮方法不限。投篮时脚不能踏线或站于线内，否则投中无效。

(3)评分标准：

表 7-1

得分 / 投中数 / 性别	100	90	80	75	70	60	50
男	7	6	5	4	3	2	1
女	7	6	5	4	3	2	1

二、全场直线往返运球投篮

(1)方法：受测者持球于端线上，听到“开始”(同时开表)口令后即快速运球至另一端球篮投篮，投中后再运球回到出发一端球篮投篮。

(2)规则：到篮下后男生运用行进间单手低手投篮，女生可单手肩上投篮，投中后方可运球返回，一次不中，可重复多次投篮，直到投中为止。运球、投篮过程中，受测者尽量不要出现带球跑或二次运球违例(可根据情况扣除相应技术评定分)。

(3)评分标准：

表 7-2

得分 / 时间(秒) / 性别	100	90	80	70	60	50
男	26	31	41	46	55	62
女	33	39	44	49	58	65

第八章 足 球

第一节 足球运动简介

一、足球的起源与发展

根据有关史料的记载，公元前 475～前 221 年的战国时代，我国就有了古代足球运动，我国古代把足球称为“蹴鞠”。国际足联主席布拉特先生在其所作的报告中就说明了“足球起源于中国”。

而现代足球运动则兴起于中世纪的英国。进入 19 世纪，足球在英国因其显著进步被引入公共学校，被公众广泛接受，从而逐步发展起来。1863 年 10 月 26 日，由伦敦 11 个最主要的俱乐部和学校，举行会议创立了英格兰足球协会，与此同时也产生了世界上第一个统一的足球规则，共有 14 条。这一天被世界公认为现代足球的诞生日，世界各国也公认现代足球起源于英国。

随着现代足球运动的普及和发展，各国相继成立了自己的足协。1904 年 5 月 21 日，在法国巴黎的体育运动联合会总部，国际足联（FIFA）正式宣告成立，经过一百多年的发展，如今国际足联已经成为最具影响力的国际单项体育组织。

20 世纪 50 年代以来，世界足球运动经历了三次革命性的变革。1953 年，匈牙利人突破了“WM”式的传统打法，在第五届世界杯赛中以创纪录的进球数战胜了大多数世界强队，震动了世界足坛。由于这一阵形开创了以攻为主的局面，因而有力地推动了当时的世界足球运动。1958 年，巴西人在技术、技巧上有了新的发展，并创造了攻守趋于平衡的“四二四”阵形，使其获得了第六、七、九届世界杯的辉煌胜利，轰动了世界足坛。由于这一阵形与现代足球“全攻全守”打法相适应，因而很快被世界各国广泛采用，“WM”式打法被彻底抛弃。此后，又出现了“四三三”式及其变体。1974 年，在第十届世界锦标赛上出现了以荷兰、西德为代表的总体型打法。这种打法守中有攻，攻中有守，攻守转换快速，战术灵活多变，体现了技术、战术和身体素质全面发展的趋势，因而被誉为足球运动史上的第三次革命。足球运动发展到 21 世纪，打法和流派日益发展并融合，攻守速度越来越快，对抗越来越激烈。

目前，国际上规模较大的足球比赛有两种：一种是由国际足球联合会举办，每四年一次的、水平最高、影响最大的世界杯足球比赛；另一种是奥林匹克运动会的足球赛。为了培养后备力量，国际足联还从 1977 年起，举办两年一届的世界青年足球锦标赛；从 1981 年起，举办世界少年足球锦标赛。

二、足球的健身特点

足球运动是一项参与性极强，群众喜闻乐见的体育健身活动。在进行足球运动的过程中，可以发展速度、灵敏、耐久力、弹跳等身体素质，提高人们的神经系统及各内脏器官的生理机能，增强体质；可以培养勇敢、顽强、积极果断的品质和团队意识；人民群众参加足球运动可以放松心情，在体验足球运动乐趣的同时增加人与人之间的交流，愉悦身心，缓解工作、生活中的压力。

第二节　足球初级阶段核心技术战术及学练方法

一、初级阶段核心技术

（一）踢球

踢球的方法很多种，按触击球时脚的部分可分为脚内侧、脚背外侧、脚背内侧、脚背正面、脚尖和脚跟踢球几种方法。

1. 脚内侧踢球（图 8-1）

脚内侧踢球的动作特点是触球面积大，可控性强，出球平稳准确，是短距离传球和射门常用的脚法。

图 8-1

动作方法：踢定位球时，直线助跑，支撑脚踏在球侧约 15 厘米处，膝微屈，脚趾指向出球方向。踢球腿以髋关节为轴由后向前摆动，膝踝外展，脚尖稍翘，以脚内侧部位对准来球，当膝关节接近球体上方时，小腿加速前摆，击球刹那脚跟前顶，脚型固定，用脚内侧部位击球的后中部。

2. 脚背正面踢球（图 8-2）

图 8-2

脚背正面踢球的动作特点是踢摆幅度大，动作顺畅，便于发力，但出球路线及性能缺乏变化，适用于远距离的传球和大力射门。

动作方法：踢定位球时，直线助跑，支撑脚踏在球侧约 15 厘米处，脚趾指向出球方向，膝微屈，眼睛注视球。在支撑脚前跨的同时，踢球腿大腿顺势后摆，小腿后屈。前摆时，大腿以髋关节为轴带动小腿前摆，当膝关节摆近球体上方时，小腿加速前摆，脚背绷直，脚趾扣紧，以脚背正面击球的后中部，击球后踢球腿顺势前摆落地。

3. 脚背内侧踢球

脚背内侧踢球的动作特点是踢摆动作顺畅，幅度大，脚触球面积大，出球平稳有力，且性能和线路富于变化，是中远距离射门和传球的重要方法。

动作方法：踢定位球时，斜线助跑，助跑方向与出球方向约成 45°，支撑脚踏在球侧后方约 25 厘米处，膝微屈，脚趾指向出球方向，重心稍倾向支撑脚一侧。在支撑脚踏地的同时，踢球腿以髋关节为轴，大腿带动小腿由外后向前内略呈弧线摆动，膝、踝关节稍外旋，当膝关节摆至接近球的内侧上方时，小腿加速前摆。击球时，膝向前顶送，脚背绷直，脚趾扣紧斜下指，以脚背内侧击球的后中下部，击球后踢球腿顺势前摆着地。

4. 脚背外侧踢球

脚背外侧踢球的动作特点是预摆动作小，出脚快，能利用膝、踝关节的灵活变化改变出球的方向和性质，是实用性较强的技术手段。

动作方法：脚背外侧踢球的动作方法类似脚背正面踢球，只是摆踢时，脚面绷直，脚趾向内扣紧斜下指，用脚背外侧击球的后中部，击球后踢球腿顺势前摆着地。

5. 学练方法

(1)模仿性练习。练习者对标志物或固定球做上步摆踢动作，也可有针对性地做分解动作练习。

要求：初步体会动作感觉，确立击球脚型和摆踢方式。练习中身体要放松，注意摆踢的速度节奏，控制好击球部位和脚型。

(2)踢定位球练习。可对足球墙、网自练，也可采用各种形式的对练；练习距离可由近至远；由踢固定目标到踢活动目标。

要求：在模仿练习的基础上，加深学生对触击球的动作体会。练习时注意力应放在动作的准确性上，而不是踢球力量上。

(3)踢地滚球练习。可踢从正面、侧面或侧后方传来的地滚球；可限定脚法，也可视来球任意选用脚法练习。

要求：使学生掌握地面活动球的动作调整能力。练习时要注意观察、判断来球的速度和方向，并根据出球目标选择支撑脚位置，调整击球的速度和角度。

(4)踢空中球或反弹球练习。可对足球墙、网自抛自踢，也可两人配合抛踢练习。可从正面抛球，也可从侧面抛球。

要求：培养学生踢空中球和反弹球的动作协调能力。练习时应根据来球的速度、高度或落点进行相应的动作调整，以保证准确的击球时机和部位。

(5)移动中踢球练习。可在前后左右移动中完成踢球动作；可踢地滚球，也可踢空中球；可限定脚法，也可视来球情况选择适当的脚法练习。

要求：培养学生积极移动踢球的主动性和在移动中调整踢球动作的能力。练习时要根据球的运行方向及时地移动到位，移动中眼睛应始终注视球，并做好踢球的动作准备。

(二)接球

接球是指运动员有目的地用身体的合理部位把运行中的球接下来，控制在所需要的范围内，以便更好地衔接下一个技术动作。

1. 接球动作方法

(1)脚内侧接球：脚内侧接球技术的特点是接球平稳，可靠性强，动作灵活多变，用途广泛。

动作方法：接地滚球时，身体正对来球，判断来球的速度和方向，选好支撑脚位置，膝关节微屈。接球脚根据来球的状态相应提起，膝、踝关节旋外，脚趾稍翘，用脚内侧对准来球，触球刹那，接球部位做相应的引撤或变向接球动作，将球控制在所需要的位置上。接反弹球时，接球腿小腿应与地面形成一定的夹角，向下做压推动作时，膝要领先，小腿滞留在后面(图 8-3)。

图 8-3

接空中球时，接球腿要屈膝提起，可根据需要采用迎撤或切挡动作，并在球落地时随即将球控制住。

(2)脚背正面接球：脚背正面接球技术的特点是迎撤动作自如，关节自由度大，接球稳定，但变化较少，适于接下落球。

动作方法：身体正对来球，判断来球路线和速度，支撑脚稳固支撑，接球腿屈膝提起，以脚背正面迎球，触球刹那，接球脚引撤下放，膝、踝关节相应放松，以增强缓冲效果(图 8-4)。

图 8-4

用脚背正面向体前或体侧前接球时，接球脚脚跟稍提，触球刹那踝关节适度紧张，通过触球面角度的调整，控制出球方向。欲将球接至身后时，接球脚脚尖要勾翘，踝关节适度紧张，接球刹那引撤速度要快，身体随之转动，用脚背顺势将球引至身后。

(3)脚掌接球：脚掌接球技术的特点是动作简单，控球稳定可靠，适用于接迎向地滚球或反弹球。

动作方法：判断来球路线或落点，选好接球位置并稳固支撑，接球腿屈膝提起，脚尖微翘，使脚掌与地面形成一定的仰角，球临近或落地刹那，接球腿有控制地下放，用脚前掌部位触压球的后中部，将球控在脚下。

采用脚掌接球时，为便于完成下一动作，通常在脚掌触压球后连带一个拉引或推送动作，使球处在需要的位置上。若要将球接向身后，多用拉引动作。欲将球控在体前或体侧则可用推送的方法，做这些动作时重心要随之移动。

(4)脚背外侧接球：脚背外侧接球技术的特点是动作幅度小，速度快，灵活机动，隐蔽性强。但动作难度较大，接球时常伴随假动作和转体动作，适用于接地滚球和反弹球。

动作方法：接地滚球时，判断来球状况，选好支撑脚位置，接球腿屈膝提起，膝、踝关节内翻，以脚背外侧部对准来球，当球临近时，接球脚以脚背外侧拨球的相应部位，将球控在所需位置上。

接反弹球时，要判断好球的落点，接球腿小腿应与地面形成一定的夹角，以膝关节领先做扣压动作，防止球的反弹。脚背外侧接球后的动作衔接速度相对较慢，因此支撑脚与接球腿的蹬摆动作要协调连贯，保证接球后身体重心随球快速跟进，缩短动作衔接时间，加快后继动作速度。

(5)胸部接球：胸部接球技术的特点是触球点高、面积宽、接球稳定，适用于接胸部以上的高空球。

动作方法：挺胸式接球，适用于接有一定弧度的高球。接球时，身体正对来球，两腿自然开立，膝微屈；两臂在体侧自然抬起，上体稍后仰与来球形成一定的角度；触球刹那，胸部主动挺送，使球触胸后向前上方弹起落于体前(图 8-5)。

图 8-5

缩胸式接球，适用于接齐胸的平直球。缩胸接球与挺胸接球的动作差异在于触球刹那，靠迅速收腹、缩胸，缓冲来球力量，使球直接落于体前。

胸部接球的触球点高，接球后球下落反弹。因此，做完胸部动作后，需及时跟进将球控在脚下。如要将球接向两侧时，身体在触球的刹那要向出球方向转动，带动球的变向。

(6)大腿接球：大腿接球技术的特点是接触球部位面积大，且肌肉丰厚有弹性，动作简便易做，适用于接有一定弧度的落降高球。

动作方法：身体正对来球，选好支撑脚位置并稳固支撑，接球腿屈膝上抬，以大腿中前部对准来球。触球刹那，接球腿积极引撤下放，接球部位的肌肉保持功能性紧张，以对抗来球冲力，使球触腿后落于体前。

接力量较小的来球，还可采用大腿垫接的方法。即接球腿屈膝上抬迎球接球，触球刹那大腿相对稳定，接球部肌肉适度紧张，将球向上垫起。用这种方法接球，可在球落地前处理球，也可待球落地后将球控在脚下。

2.学练方法

(1)基本部位接球练习：脚内侧、脚背外侧、脚背正面、脚掌、大腿、腹部、头部等接球练习。

要求：使学生全面了解和掌握八个基本部位的接球方法。注意体会不同部位接球动作的技术特征，以利于精细分化，准确掌握各部位接球技术。

(2)接地滚球练习：可规定接球部位，也可视来球情况选用相应部位接球；可将球接控在脚下，或体前、体侧。

要求：发展学生接控地面球的基本能力。接球前身体要放松，脚步保持不停地移动，接球时要掌握好动作的时机和方向。

(3)接空中球练习:可根据教学进度安排脚部、腿部、胸腹部及头部接球的练习。练习可由原地接球向移动中接球发展。

要求:培养学生接空中球的基本能力。接空中球时,支撑脚要稳定,时机要准确,对接球后弹起落下的球,应用连贯动作将其控在脚下。

(4)接反弹球练习:可自抛自接练习,也可采用各种抛接或传接的对练;给球的弧度可由低到高,或高低交替;给球的落点可由近至远。

要求:培养学生接控反弹球的基本能力。练习时要求能准确判断来球点,把握好动作的时机,控制好接球部位与地面的适宜角度。

二、初级阶段核心战术

(一)局部进攻战术

局部进攻战术是指进攻中两个或几个队员之间的配合方法。它是集体配合的基础。基本配合形式有:传切配合、交叉掩护配合和二过一配合。

1.传切配合

传切配合是指控球队员将球传给切入的进攻队员的配合方法,是局部进攻战术中运用最多的方法。

2.交叉掩护配合

交叉掩护配合是指在局部地区两名进攻队员在运球交叉换位时,以自己身体掩护同伴越过防守队员的配合方法。

3.二过一配合

二过一配合是指局部地区两名进攻队员通过两次连续传球配合,越过一名防守队员的配合方法。

(二)学练方法

1.规定场地范围的攻守练习方法与要求

(1)一对一摆脱传接球练习:在15米×15米的方形场地上,每角站一名队员,场地中间一攻一守,攻者可随意与四个角上的队员进行传球配合或运球过人,守者盯抢,抢到球后就互换攻守,练习1~3分钟后,中间两人站在角上,角上两人到中间练习。

(2)二对一练习:在15米×15米方形场地上进行二攻一练习,可规定防守者抢到球后与丢球者互换攻守。

(3)二对二练习:在20米×15米的场地上各设一个4米宽的小球门,进行二对二练习。防守时,一人守门,进攻时运用二过一配合突破射门,以射进球数多少决定胜负。

(4)三对一练习:在10米×10米的方形场地上,三人进攻,一人防守。

要求:进攻者直接传球,传地滚球,传球后立即接应;防守者练习选位,碰到球就与传球失误者互换攻守。

(5)三对二练习:在20米×20米的方形场地上,三人进攻,两人防守的攻防练习。

要求:进攻者要灵活地跑动接应,为控球队制造快速传球空当;防守者在以少防多情况下要合理盯人与保护。

(6)四对二练习:在20米×20米的方形场地上,四人进攻,两人防守的攻防练习。

要求:进攻者尽可能运用快速多变的直接传球,力争向空当传球,传球后迅速接应;防守者练习协调配合盯抢能力。

(7)四对三练习:在20米×30米长方形场地上,四人进攻(一人为中立人),三人防守的攻守练习。

要求:中立人协助控球一方进攻;可以规定进行盯人防守;进攻方积极摆脱接应,充分依靠中立人组织配合。

(8)六对六或五对五练习:在半场区域内进行攻守练习。

要求:控球时,要频繁大范围跑位接应,传球后立即跑动,并且力争长传;防守时,要紧逼盯人,在快速中抢截球。

2.小场地比赛

在篮球场地或与篮球场大小相似的空地上,两端各摆一个小球门,进行三对三、四对四的比赛,练习传切配合、二过一配合等,可规定不准踢高球、不准远射、界外球改用脚踢等。

第三节　足球提高阶段核心技术战术及学练方法

一、提高阶段核心技术

(一)运球

运球是指运动员在跑动中将球控制在自身范围内,用脚部进行的控球、推拨球动作。

1.运球动作方法

(1)脚背外侧运球:脚背外侧运球的动作特点是灵活性、可变性强,可做直线、弧线和向外变向运球,易于控制运球方向和发挥运球速度,并便于对球进行保护。

动作方法:自然跑动,步幅偏小,上体稍前倾,两臂协调摆动,运球脚屈膝提起前摆,脚趾稍内转斜下指,摆至球体上方时,用脚背外侧推拨球的后中部,重心随球跟进(图8-6)。

图8-6

(2)脚背正面运球:脚背正面运球的动作特点是直线推拨,速度快,但路线单一,运球时前方需有较大的纵深距离。

动作方法:自然跑动,步幅稍小,上体稍前倾,两臂协调摆动,运球腿屈膝提起前摆,脚背绷紧,脚跟提起,脚趾下指,用脚背正面推拨球后自然落步。

(3)脚背内侧运球:脚背内侧运球的动作特点是控球稳,运球速度较慢,用于掩护性运球或运球变向。

动作方法:自然跑动,步幅稍小,上体略前倾并向球侧稍转,两臂协调摆动,运球腿屈膝提起,脚尖稍外转、前摆,用脚背内侧部位向侧前推拨。

(4)脚内侧运球:脚内侧运球的动作特点是易控球,但速度慢,适用于掩护性运球。

动作方法:支撑脚在球的侧前落位,膝微屈,上体稍前倾侧向球,随重心前移运球,脚膝外转,用脚内侧部位推运球前进。

2.学练方法

(1)曲线运球:运球轨迹可是折线,也可是弧线;变向角度可大可小;可在运行中变向,也可急停后变向。

要求:使学生掌握控制运球路线和方向的基本方法。练习时要注意体会推拨球的部位和角度,以及身体重心的移动和变化。

(2)直线运球:可用单脚连续推拨,也可左、右脚交替推进。

要求:使学生掌握直线运球的基本方法。练习时跑动要自然,重心稍前倾,注意体会支撑脚的蹬与运球脚的推拨动作的协调与连贯。

(3)变速运球:运球变速的距离可长可短;变速节奏可紧可缓;可以有规律变速,也可无定势地变速;可急停急起变速;也可快慢交替变速。

要求:发展学生控制和调整运球速度与节奏的能力。练习时速度变化要鲜明,人球速度合拍,快慢相随。

(二)运球过人

1.动作方法

运球过人从动作方法上可大致分为强行突破、假动作突破、变向突破、变速突破和人球分离突破几类。

(1)强行突破:指利用速度优势,以突然快速的推拨球和爆发式的起动,加速超越防守队员的动作方法。实施强行突破时,通常要求防守队员身后有较大的纵深距离,从而使速度优势能够得到充分发挥。

(2)假动作突破:指运动员利用各种虚晃动作迷惑对手,如假射、假传、假停等。使其不知所措或贸然盲动失去重心,并乘机突破的动作方法。实施假动作突破时,要真真假假,真假结合,假动作要逼真,真动作要快捷。在控好球的同时,能够有效调动对手,利用其重心错位进行突破。

(3)变向突破:指队员利用灵活的步法和娴熟的运球技术,不断改变球路,使对手防守重心出现错位,并利用出现的位置差乘机突破的动作方法。实施变向突破时,运球队员脚下控球要娴熟,步法要灵活,重心变化随心所欲,变向动作要突然,变向角度要合理。

(4)变速突破:指队员通过速度的变化,打乱对手的速度节奏,并利用产生的时间差乘机突破的动作方法。实施变速突破时,节奏变化要鲜明,做到骤停疾起,要充分利用攻方的先决优势去支配和调动对方,真正做到你快我慢,你停我走,使对手无从适应。

(5)人球分离突破:指运球队员利用对手站位过死或重心移动过猛时,突然推球从其胯下或体侧越过,自己却迅速从另一侧超越对手实现突破的动作方法。实施人球分离突破时,运球队员要能够有效地把握和利用对手的重心变化,并能够利用其身后的空间,推拨球动作要快速隐蔽,跑进路线要合理。

2.学练方法

(1)假动作过人练习:可先进行无球的模仿性练习,如脚部的假动作或躯体的晃动。在此基础上可结合球进行假传、假射、假突破等假动作。可在原地做练习,也可在运球过程中结合假动作做;可对假设防守标志物做练习,也可设消极性防守队员进行配合训练。

要求:使学生了解和掌握假动作运球突破的基本要求和方法。练习时做假动作要注意动作时机,控制好身体平衡,真假动作的衔接要自然、连贯、流畅。

(2)掩护性运球:多用于一对一的配合演练。可进行侧面掩护运球,也可进行背向护球练习。

要求:培养和增强运球队员的护球意识和能力。练习时要求用远侧脚运控球,并注意随时用身体和脚部封堵、隔挡对方的抢球路线,做到人球兼顾。

(3)运球过障碍:障碍标志的设置可由少到多、由直线到曲线、由等距离逐步加大难度。

要求:培养学生运球和超越障碍的信心和基本能力。练习时应根据练习的要求设置障碍标志。要求学生根据障碍的分布和距离等情况,选用适当的突破方法,并控制好运球突破的力量和方向。

(三)头顶球

头顶球是指运动员有目的地用额部将球击向预定目标的动作方法。

现代足球比赛是一种立体的攻防战,攻守双方不仅在地面上寸土必争,在空中的对抗也互不相让。头顶球的击球位置高,是争取时间和空间主动的重要技术手段。尤其是在罚球区附近,头球的争夺对攻防双方都有举足轻重的意义,是一种快速简练,适用于进攻和防守的技术手段。

1.头顶球动作方法

头顶球技术按顶球部位可分为前额正面和前额侧面顶球。

(1)前额正面顶球

前额正面顶球技术的特点是触球部位平坦,动作发力顺畅,容易控制出球方向,出球平稳有力。

动作方法:原地顶球时,身体正对来球,两腿自然开立,膝微屈,两眼注视来球。随球临近,上体稍后仰,展腹挺胸,两臂自然张开,下颌收紧,身体自下而上地蹬地、收腹、摆体、顶送发力,当头摆至身体垂直部位时,用前额正面顶击球的后中部(图 8-7)。

图 8-7

(2)前额侧面顶球

前额侧面顶球技术的特点是动作快捷,变向突然,出球线路难以预测,对球门的威胁性极大。但动作难度较大,侧摆发力不足,出球方向较难控制,适用于应急时破坏球和接传中球顶射。

动作方法:原地顶球时,身体稍侧对来球,两脚前后开立,出球时支撑腿在前,身体侧后微屈,重心落在后腿上,两臂自然张开,眼睛注视来球。顶球时,后脚向出球方向猛力蹬伸,身体随之向出球方向转动侧摆,同时颈部侧甩发力,用前额侧部将球击出。

2.学练方法

(1)模仿性练习:练习者徒手对标志物或固定球、吊球体会动作要领。可做原地或跳起顶球模仿。

要求:体会顶球动作要领。要求动作放松,体会蹬地、收腹、摆头的用力顺序。

(2)原地顶球练习:A 用额正面顶 B 的手抛球或自抛顶给对方。

要求:使学生掌握原地顶球发力的基本要领。练习时注意区分额正面与额侧面顶球的用力差异,以及额正面向前和向侧顶的动作差异。开始练习以掌握正确的动作方法为主,不应盲目追求顶球力量。

(3)移动顶球练习:A 将球顶给 B 后,移动接 B 的回顶,再将球顶给向另一侧移动的 B,B 在移动中将顶给 C。循环进行练习。

要求:培养学生在移动中控制或调整顶球动作的能力。练习时要求移动快速平稳、及时到位,抛顶双方要协调配合。

(4)跳起顶球练习:B 跳起将 A 的抛球侧顶给 C,D 跳起将 C 的抛球侧顶给 A,队员按时针换位继续练习。

要求:培养学生掌握跳起时机、顶球点以及在空中顶球发力的基本能力。练习时应注意跳起与用力顶球动作的协调配合,在争顶练习时,注意空中的自我保护动作与落地缓冲动作。

二、提高阶段核心战术

(一)整体边路进攻战术

整体进攻战术是指,为了完成进攻战术任务所采用的全局性的进攻配合方法。

边路进攻是指在对方半场两侧地区发动的进攻。

边路进攻的特点是充分利用场地的宽度,拉开对方的防线。边路场区防守队员较少,防守的纵深保护较差,可利用的空当较大。较容易突破对方防线然后采用传中等手段,创造中路射门得分机会。但直接射门角度小,很难射中球门。

(二)学练方法

1.边路传中与中路射门练习

教师分别将球传给⑦和⑧,⑦和⑧接球后传给接应⑨和⑩做二过一配合,然后快速运球传中,⑨⑩抢点射门(图 8-8)。

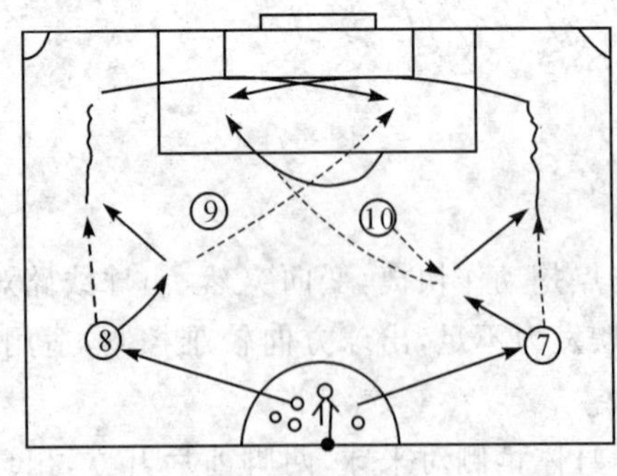

图 8-8

2. 边路进攻练习

将队员分成两队，每队 5～7 人可在 70×50 米的场地上进行，但在距边线处的场地两侧另加两个 6～7 米宽的小球门，进攻队员必须先将球传过两侧的任何一个球门后才能射正式球门。

要求：不先通过边路的小球门，射入正式球门无效；进攻时队员要有意识地通过配合或个人突破越过小球门，从边路组织进攻。

3. 快速反击练习

将队员分成两队，每队 5～7 人，一人为守门员，两队在远离被把守球门的半场比赛，当听到教练员的哨声后，控球队立刻向另一半场长传给本队插上的同伴，队员运球突破或快速配合突破射门。

要求：在球传至另一半场前，任何队员不能越过中线；如果球被对方抢断或射偏等，均应转换控球权。

4. 半场攻守练习

4 名进攻队员，2 名供球队员，6 名防守队员。进攻队员设法运用个人运球突破或传球配合摆脱防守射门，2 名供球队员在中场策应传球，4 名防守队员紧逼盯人，另一名防守队员保护补位，此练习也可不设供球队员，而增加进攻人数进行练习。

要求：每次进攻结束，进攻队员必须迅速回到中场，重新组织进攻；防守队员抢得球后长传给供球队员。

5. 全场攻守练习

在标准场上，各队 8～11 人。

要求：进攻时训练适合本队特点的各种配合打法，加强对各位置队员打法特点的了解和建立默契联系；防守时练习防守组织布局和各位置配合能力；应用攻守战术原则，培养整体攻守意识。

第四节　主要规则解析

一、场地、器材、设备

(一)场地

球场必须是长方形，在长 90～120 米，宽 45～90 米范围内均可。国际比赛的长度范围为长 100～110 米，宽 64～75 米。基层比赛场地可因地制宜，但边线必须长于球门线。场内各区域尺寸不应变。国际足联曾规定世界杯决赛阶段比赛场地为长 105 米、宽 68 米，比赛不能在人造草皮上进行。场地各线宽度不超过 12 厘米(球门线的宽度必须与球门柱宽度相等)，边线与球门线应包括在场地面积之内，其他各线宽度亦应包括在该区域面积之内。

(二)球

球必须为圆形，用皮革或其他适当的材料制成。圆周不长于 70 厘米，不短于 68 厘米，重量在比赛开始时不多于 450 克，不少于 410 克，压力在海平面上等于 0.6～1.1 个大气压。

二、主要规则及其解析

1. 裁判员的职责

(1)执行规则。(2)与助理裁判员和第四官员控制比赛。(3)审定比赛用球。(4)确保队员装备符合规定。(5)记录比赛时间和比赛成绩。(6)因违反规则或外界干扰,停止、推迟或终止比赛。(7)比赛停止后重新开始比赛。

2.助理裁判员

助理裁判员是裁判员的助手,他们应依据规则协助裁判员控制比赛,其职责由裁判员决定,一般用旗子向裁判员示意。主要职责:(1)用旗子确定某队掷界外球、发角球或球门球。(2)看好越位;看清楚球的整体是否越过球门线;在自己的近端,在发任意球时,确保守方退出9.15米距离。(3)完成裁判员交给的其他任务,如发生在裁判员视野范围以外的行为,隐蔽性犯规或其他暴力事件等。(4)帮助第四官员换人,或出现伤员后的管理工作。(5)当裁判员因故不能工作时,由第一助理裁判员代替执行裁判工作。

3.越位

越位为队员较球和最后第二名对方队员更接近于对方球门线。位置是前提,触球瞬间是判断的时机,行为和效果是构成越位犯规的依据。

4.关于越位与否的判罚

(1)队员因处于越位位置而暂时跑出球场,向裁判员表明他不参与比赛,是不犯规的。但是,如裁判员认为该队员出于战术目的,或出场后又随即进场参与比赛,应判为越位。

(2)守方队员故意退出场外造成攻方一队员越位,在这种情况下,该攻方队员接得球并射入门内,应判进球有效。而后,裁判员应警告该守方队员。

(3)攻方某队员处于与球平行的位置上,不属于处于越位位置。

(4)攻方某队员处在与对方倒数第二名队员平行的位置上,不属于处于越位位置。

第五节 重点技术战术的评价与考核

考核是整个教学的组成部分,考试项目的制定主要是围绕大纲中的内容。通过考核,要全面检查和了解专项技术掌握的情况,教学与训练的效果,对学生的成绩作出客观的评定,以巩固所学的足球专业知识,并提高教学质量。

一、足球技术考核评分比例

1.技术占50%,其中技评达标占35%,技、战术的运用占15%。

2.理论考试占35%。

3.技能占15%(平时表现与作业完成质量)。

二、考核方法

除理论考试采用笔试和口试,技能采用作业外,技战术的考核采用现场测验和演示的形式。

(一)20米曲线运球绕竿射门

从罚球区线至起点线的距离为20米。距起点线4米处插一标竿,然后每距2米插一标竿,共插7根。

测验时,球放在起点线上,脚一触球即开秒表,蛇形运球过最后一根竿后射门,当球越过球门线时停表。未射中球门,则不记成绩。球射在球门柱弹出,可补射。

评分标准:根据学生的年级或运动等级选取适当的标准作为得分尺度,评分尺度标准如表8-9所示:

表 8-9

分数 年级	100	95	90	85	80	75	65	60	50
低年级	8″8	9″	9″2	9″4	9″6	9″8	10″	10″2	10″3
中年级	8″6	8″8	9″	9″2	9″4	9″6	9″8	10″	10″2
高年级	8″4	8″6	8″8	9″	9″2	9″4	9″6	9″8	10″

(二)定位球传准

受试者将球放在限制线上,用任一脚脚背内侧向圆圈中传球。每人连续传 10 次,每次均计成绩。

评分标准:达标成绩满分为 6 分,每传入小圈者得 3 分,每传入中圈者得 2 分,每传入大圈者得 1 分。计 10 次传球的总得分,总得分超过 6 分者按 6 分计算。

技评满分为 5 分,按 5 级评分法进行,标准如下:

很好(5 分):传球动作方法正确,动作协调,传球方向落点准确。

较好(4 分):传球动作方法正确,动作较协调,传球方向落点较准确。

一般(3 分):传球动作方法较正确,动作较协调,传球方向落点较准确。

较差(2 分):传球动作方法尚正确,动作不协调,传球方向落点不准确。

很差(1 分):传球动作方法不正确,动作较不协调,传球方向落点不准确。

(三)顶准

以 1 米为半径画一圆圈,以圆心为起点,向 10 米、11 米、12 米及 13 米各画一条线,即为测验起点线。

测验方法:设一人抛球(地点不限),受测者站在起点线后,顶球入圈。球落在圆内或圆的线上为顶中。球过 13 米为 5 分,过 12 米为 4 分,过 11 米为 3 分,过 10 米为 2 分,不过 10 米为 1 分。

(四)分小组比赛

场地设置:在长 30 米、宽 20 米的长方形场地中进行,两端线中间各设一个小球门,球门宽 2 米,高 1 米。

时间:上下半场各为 10 分钟,中间休息 3 分钟。

队员人数:双方各为 5 人。

通过比赛观察队员的技术、战术综合运用的能力。

评分方法:按 10 分计算。

优秀者 10~9 分;良好者 8~7 分;及格者 6~5 分;4 分以下为不及格。

第九章　排　球

第一节　排球运动简介

一、排球的起源与发展

排球运动始于1895年，由美国马萨诸塞州的霍利沃克城基督教青年会干事威廉·摩根发明。排球最初作为一种消遣游戏，称为“空中飞球”，后来由美国的传教士和驻外军官及士兵带到了世界各地。1905年传入中国，先后经历了16人制、12人制和9人制。新中国成立后，为了适应国际交往的需要，才改为6人制，一直沿用至今。1964年，第18届奥运会把排球列为正式比赛项目。

国际排球联合会自1947年成立至今，已有200多个会员国，排球运动已发展成为世界上最大的运动项目之一。排球运动的形式多种多样，除了室内6人制排球外，世界性的竞技排球运动还有沙滩排球和残疾人坐式排球，另外还有软式排球、小排球、气排球、墙排球、妈妈排球、公园排球等娱乐排球运动形式。

排球运动世界大赛主要有世界锦标赛、世界杯赛、奥运会排球赛、世界沙滩排球锦标赛巡回赛、残疾人奥运会排球赛。中国女排在20世纪80年代夺得“五连冠”，极大地鼓舞了全国人民的民族精神，对促进四化建设起了巨大作用；也极大地激发了全民学排球的热情，在全国形成了轰轰烈烈的排球热潮。然而，此后中国女排陷入了低谷，17年后陈忠和带领中国女排再次获得三连冠，并取得了2004年雅典奥运会的冠军，重新激发了人们对排球的热情。

2005年国际排联大冠军杯赛，中国获得第三名；2006年世界女排锦标赛中国队仅获得第五名的成绩。2008年北京奥运会，中国女排夺得铜牌。排球运动发展至今，各国的水平不断提高，一支队伍独霸排坛的历史已经不存在了，古巴、巴西、意大利、中国、美国、德国等世界强队水平已没有绝对的优势可言，只有不断创新技战术才能有更大的进步。

二、排球的健身特点

1. 场地设备简单，运动量可大可小

排球场地设备简单，比赛规则容易掌握。既可在球场上比赛和训练，亦可以在一般空地上活动，运动量可大可小，适合于不同年龄、不同性别、不同体质、不同训练程度的人。

2. 参加排球运动能增强体质，增进健康

排球运动可以发展弹跳、速度、灵敏、耐力等身体素质，提高人们的神经系统及各内脏器官的生理机能，增强体质；可以培养勇敢、顽强、积极果断、机敏，守纪、团结友爱等品质和集体主义精神；参加排球运动可以放松心情、愉悦身心，缓解工作、生活中的压力，增强社交能力。

第二节 排球初级阶段核心技术战术及学练方法

一、初级阶段核心技术

(一)准备姿势和移动

准备姿势与移动属于无球技术,是完成发球、传球、垫球、扣球和拦网等各项有球技术的前提和基础,对各项有球技术的运用起串联和纽带作用。准备姿势和移动相辅相成,准备姿势是为了移动,而要快速移动,又必须先做好准备姿势。

1.准备姿势

准备姿势可根据膝关节及髋关节的弯曲度分为稍蹲、半蹲和低蹲三种。

(1)半蹲准备姿势:两脚左右开立稍比肩宽,一脚稍前,脚尖内收,脚跟稍提起。膝关节保持一定的弯曲,其投影在脚尖前面。上体前倾,重心靠前。两臂放松,自然弯曲,双手置于腹前,目视来球,两腿保持微动。

(2)稍蹲准备姿势:动作方法与半蹲相同,只是身体重心稍高,多用于扣球和接发球前。

(3)低蹲准备姿势:比半蹲准备姿势的身体重心更低、更靠前,两脚左右、前后的距离更宽,膝部弯曲度更大,多用于接低重球前。

2.移动

移动的目的是为了及时接近球,保持好人与球的位置,便于击球,利于迅速占据场上的合适位置。常用的移动方法有:并步、跨步、交叉步、滑步、跑步等。

(1)并步与滑步:当来球距身体一步左右时可采用并步移动,如向前移动,则后腿蹬地,前脚向来球方向跨出一步,后脚迅速跟上,做好击球前的准备姿势。连续并步就是滑步。

(2)跨步:当来球较低,离身体2~3米左右时采用跨步,如向前移动,则后脚用力蹬地,前脚向前跨出一大步,膝部弯曲,上体前倾,身体重心移至前腿。

(3)交叉步:当来球在体侧约2米时,可采用交叉步移动。向右移动时,上体稍右转,左脚从右脚前面向右交叉迈一步,然后右脚再向右跨出一大步,同时身体转向来球方向,保持击球前的准备姿势。

(4)跑步:球距人较远时采用跑步,跑步时两臂要配合摆动,如球在侧方或后方时应边转身边跑动。

3.准备姿势和移动的学练方法

(1)全体学生分成两列或四列横队,以半蹲准备姿势站立,看教师的信号(手势或持球)做向前、后、左、右移动,包括一步或两步。

(2)方法同上,看教师信号做相反方向的移动。

(3)两人一组,一人持球向前、后、左、右抛球,另一人不停地快速移动接球。

(4)两人一组做“影子”游戏,一人前后左右移动,另一人像影子一样跟随。

(二)传球

传球是排球的基本技术,是利用手指手腕的弹击动作将球传至一定目标的击球动作。下面只介绍正面传球。面对出球方向的传球动作,称为正面传球(图9-1)。正面传球是最基本的传球方法,是其他一切传球技术的基础。

图 9-1

1.正面传球

(1)准备姿势:稍蹲,上体适当抬起,双手自然弯曲,放松置于面前,两眼注视来球。

(2)手型:两手自然张开成半球状,使手指与球自然吻合。手腕稍后仰,两拇指相对成“一”字或“八”字形,以拇指内侧、食指全部和中指的二、三指关节触球,承担来球的主要冲力,无名指与小指在球的两侧辅助控制传球的方向,两肘分开,自然下垂。

(3)击球:击球点保持在额前上方一球处。在来球接近额前时,要开始蹬地、伸膝、伸臂,两手经脸前向前上方迎球。击球部位一般在球的后下方。

(4)用力:传球力主要靠伸臂、蹬地的力量,通过球在手上使手指和手腕产生的反弹力将球传出。传球要根据来球的力量和传出球的远近,适当控制手指和手腕的紧张度。

2.学练方法

(1)徒手模仿传球的蹬地、伸膝、伸臂,在额前上方用正确手型做推送动作。

(2)两人一组,一人持球保持正确击球点和手型,向前上方做推送动作;另一人用单手压住球,给球一定的力量。

(3)自抛球至额前上方,用正确的手型将球接住,然后将球放掉,检查手型和击球点正确与否。自抛球后传球给对面同学。

(4)两人一抛一传练习。

(5)两人对传球。

(三)垫球

垫球是通过手臂或身体其他部位的迎击动作,使来球从垫击面上反弹出去的击球动作。这里介绍正面双手垫球(图 9-2)和挡球。

图 9-2

1.正面双手垫球

是双手在腹前垫击来球的一种垫球方法,适合于接各种发球、扣球和拦回球,在困难时可以用来组织进攻。

(1)准备姿势:两脚前后开立,半蹲站立,重心稍前倾,双臂自然弯曲置于腹前。

(2)手型、击球点和触球部位:当球接近腹前时,两手重叠,掌根靠拢,合掌互握,两拇指平行前伸,手臂伸直,手腕下压,肘关节外旋,用小臂的前部击球的后下部。击球点应保持在腹前,以便于控制用力和根据垫球的方向调整手臂与球的角度。

(3)击球:两臂靠拢前伸,插到球下,击球时压腕挺小臂,靠手臂上抬力量增加球的反弹力,同时配合蹬地转腰动作,使身体重心向前上方移动。击球过程中两臂要摆平,肩关节要适当放松,避免动作僵硬而影响迎击动作的准确性和控制能力。

2. 挡球

当来球较高或力量大、弧度平,不便于传、垫球时,用双手或单手在胸、肩部以上挡击来球的方法称为挡球。

(1)双手挡球:并掌法:两臂抬起,两肘弯曲,两手虎口交叉或前后重叠,两手掌外侧稍向外展,合成弧形或勺形;抱拳法:一手半握掌,另一手抱于掌外侧朝前。

(2)单手挡球:适用于挡头部以上或侧上方的高球。单手挡球的手法采用半握拳式,击球瞬间手腕要突然后仰并保持紧张,用拳心部位击球的后下部。对于飞到身后的高球,也可以跳起用单手挡球。

3. 学练方法

(1)徒手练习:徒手两臂插夹练习;徒手模仿垫球练习。

(2)两人一组击固定球练习:一人双手持球于对方的正确击球点,另一人用垫球动作击球(不把球击出);持球者将球自上向下运动,垫球者用正确动作击球后中下部,持球者可以稍加压。

(3)自垫:每人一球自己抛球后,连续向上自垫。

(4)两人一组相距 3~5 米,一抛一垫。

(5)两人一组相距 3~5 米对垫。

(四)发球

发球是在端线后自行抛球,并用一只手将球直接击入对方场区的技术动作。发球是比赛的开始,也是进攻的开始。发球可以直接得分,也可以破坏对方的战术进攻,起到先发制人的作用。攻击性强的发球,不但可以鼓舞士气,振奋精神,而且可以挫伤对方的锐气,打乱对方的部署,在心理上给对方造成很大的压力。发球的方法很多,这里重点介绍正面上手发球、正面下手发球和侧面下手发球技术。

1. 正面上手发球(图 9-3)

(1)准备姿势:面对球网,两脚自然开立,左脚在前,左手托球于体前(均以右手为例)。

(2)抛球与引臂:左手将球平稳地抛于右肩上方,同时右臂抬起,屈肘后引,肘部与肩部平,上体稍向右侧转动,抬头,挺胸,展腹,手掌自然张开。

(3)挥臂击球:击球时,利用蹬地,使上体向左转动,同时收腹,带动手臂向前上方快速挥动。在右肩前上方伸直臂的最高点,用全手掌击球的后中下部。手触球时,手指和手掌与球要吻合,手腕要迅速作推压动作,使击出的球呈上旋飞行,击球后,随着身体重心前移,迅速入场。

2. 正面下手发球(图 9-4)

(1)准备姿势:面对球网,两脚前后自然开立,左脚在前,两膝弯曲,上体前倾,左手持球

图 9-3

于腹前。

(2)抛球:左手将球轻轻抛起在右肩前下方,球离手约一球高度,同时右臂伸直后摆。

(3)击球:击球时,右脚蹬地,手臂以肩为轴,由后经下向前摆动,身体重心随之前移,在腹前以全掌击球的后下部。手触球时,手指手腕紧张,手成勺形击球。击球后,随身体重心前移迅速入场。

图 9-4

3.侧面下手发球(图 9-5)

(1)准备姿势:左肩对网,两脚前后开立,约与肩宽,两膝微屈,重心落于两脚之间,上体稍前倾,左手持球于腹前。

(2)抛球:左手将球垂直抛至身体正前方,离胸前约一臂之距,球离手高度约一个半球,在抛球的同时,右臂摆至右侧后下方。

(3)摆臂击球:利用右脚蹬地向左转体的力量,带动右臂向前上方摆动,在体前腹部高度用全掌、虎口或掌根击球的后下方。

图 9-5

4.发球的练习方法

(1)模仿练习:做徒手模仿练习或击固定球练习,以体会协调用力和挥臂动作的要领。

(2)抛球练习：左手持球，反复做抛球动作，要求掌心向上，平稳地向上抛球，使球不旋转。

(3)近距离对墙或挡网练习，距离由近及远，体会抛球与击球时的手臂挥动配合。

(4)隔网发球。两人一组隔网发球，距离逐渐加大。

(5)发球区发球。

(五)正面扣球

扣球是队员跳起在空中，用一只手臂作鞭打动作，将高于球网上沿的球有力地击入对方场区的一种击球方法。正面扣球是最基本的扣球方法，本节主要介绍正面扣球(图 9-6)。

图 9-6

1.动作方法

(1)准备姿势

稍蹲准备姿势，两臂自然下垂，站在离球网 3 米左右处，身体稍转向来球方向，以便于观察球并向各个方向助跑起跳。

(2)助跑

以两步助跑为例，左脚先向前迈出一步，右脚跨出一大步。支撑点在身体重心之前，并以脚跟先着地，两臂由体前经体侧摆至体后下方，上体前倾，重心前移，着地的右脚跟过渡到脚掌，同时左脚随即在右脚的前方着地，身体重心下降，两膝弯曲，上体稍向左转准备起跳。助跑总的要求是连贯、轻松、自然，速度由慢到快，步幅由小到大，只要脚一动就要有相应的手臂协同动作。

(3)起跳

助跑最后一步脚的落地就是起跳的开始，常用的起跳方法有两种：一是并步法，即一脚跨出后，另一脚迅速向前并步，落于该脚之前，随即蹬地起跳；二是跨跳法，即一脚跨出的同时，另一脚也跨跳出去，使两脚有一腾空阶段，两脚几乎同时着地和蹬地。不论哪种方法起跳，当踏跳脚着地的瞬间，手臂摆至身体侧后方并开始向前摆动，当两腿弯曲至最深时，手臂摆至体侧，而后随蹬直两腿向上划弧上摆，两脚迅速蹬地，双膝猛伸，向上跳起。

(4)空中击球

起跳后，挺胸展腹，上体稍向右转，右肩向上方抬起，身体成反弓形。挥臂时，以迅速转体、收腹动作发力，依次带动肩、肘、腕各关节成鞭甩动作向前上方弧形挥动，在右肩前上方最高点击球。击球时，提肩、伸臂，五指微张呈勺形，以全掌包满球，击中球的后中部，力量通过球中心，手腕有推压动作，使球向前下方旋转飞行。

(5)落地

空中完成击球后,身体自然下落,尽量用双脚的前脚掌先着地,以缓冲身体与地面的撞击力,落下时保持平衡。

2.学练方法

(1)原地双脚起跳练习。要求两脚用力蹬地,两臂划弧摆动配合起跳,在空中扣球手臂抬起并后引成扣球前的动作,落地要双脚前脚掌先着地,屈膝缓冲。

(2)一步助跑起跳练习。要求手脚配合协调,注意控制身体平衡,起跳时要有爆发力。

(3)两步助跑起跳练习。动作由快到慢,步幅由小到大,两步之间衔接连贯,掌握跑动节奏,起跳时避免前冲。

(4)网前助跑起跳。掌握助跑起跳步法。

(5)挥臂甩腕练习。体会鞭甩动作。

(6)两人一组,一人持球举至击球点位置,另一人挥臂击固定球,体会击球点和手型。

(7)网上扣固定球。体会网上扣球击球点和手型。

(8)对墙连续扣球。体会挥臂动作和击球手法。

(9)在网前自抛自扣过网。

(10)在4号位连续扣抛球。

(六)单人拦网技术

拦网是队员靠近球网,将手伸向高于球网处阻挡对方来球的行动。是一项重要的防守技术。可分为单人拦网和集体拦网,单人拦网是集体拦网的基础。本节只介绍单人拦网(图9-7)。

图 9-7

1.动作方法

(1)准备姿势

队员面对球网,两脚左右开立约与肩同宽,距中线40厘米左右。两膝弯曲,上体稍前倾,两臂在胸前自然屈肘,掌心向前,两眼注意来球。一般情况下,前排2、4号位队员站在距边线1.5米处,3号位队员站在2、4号位队员中间,还可根据对方进攻战术特点,采用相应拉开或集中站位。

(2)移动

当判断对方从某个位置扣球进攻时,相应区域的队员应立即迅速移动。移动时,应根据移动距离远近采用并步、交叉步、跑步等不同的移动步法。

(3)起跳

移动后,两膝弯曲,重心下降;起跳时,两脚迅速用力蹬地,两臂在体侧划小弧用力向体前上方摆，带动身体垂直向上跳。起跳后，身体应稍微收腹，以控制身体平衡和延长腾空时间。

(4)空中拦击

在起跳过程中判断好拦击点，两手从额前上方迅速伸出，同时提肩，充分伸直手臂，两手自然张开，并稍紧张屈指屈腕呈勺型，两手之间的距离应略小于一个球的直径，要防止两手距离过大或过小，前臂靠近球网上沿，两臂保持平行。在对方扣球击球一瞬间，两手伸向对方上空尽量接近球。当两手触及球时，手掌和手腕要突然紧张，手腕迅速用力下压“盖帽”捂住球。如在2、4号位拦网时，外侧手掌要内转“包球”，防止打手出界。

(5)落地

空中拦击落地时，身体应稍收腹，以保持身体的稳定，以前脚掌先着地，屈膝缓冲下落的力量。落地后，要迅速做好下一个动作的准备或接应来球。

2.学练方法:主要以徒手动作为主

(1)徒手原地模仿拦网动作，体会拦网的伸臂和拦击球动作。

(2)网前做原地起跳徒手拦网动作。

(3)网前两人一组，隔网相对，做并步、交叉步等徒手移动拦网。要求移动迅速，两人密切配合。

(4)两人一组，徒手移动配合拦网。

(5)网前三人站在本方高台上，分别持球在本区上空网上沿，多人在对方网前轮流移动拦网。要求起跳后在空中压腕“盖帽”并触球。

二、初级阶段核心战术

排球战术是场上队员在比赛中根据排球规则、排球运动的规律及敌我双方的具体情况和临场的发展变化，有意识地运用技术配合，所采用的有目的、有预见性的行动。排球基本战术中有阵容配备、进攻战术和防守战术。这里只介绍最简单、最常用的几个进攻战术和五人接发球阵形和阵容配备。

(一)阵容配备

1.四二配备

即4个进攻队员和2个二传队员。其优点是便于组织“中一二”进攻战术，若二传手攻击力量强，每一轮都可以采用“插上”进攻战术。缺点是每个进攻队员都必须熟悉两个二传队员的传球特点，配合较困难。

2.五一配备

即1个二传队员和5个进攻队员。其优点是进攻力得到加强，全队进攻队员只需要熟悉一个二传，配合上容易建立默契，由二传作出战术决定，便于统一指挥。缺点是有三轮只有两点进攻，二传体力消耗较大。

(二)“中一二”进攻战术

由前排中间3号位队员作二传，2、4号位队员进攻。这种战术简单易学，适合于水平较低的队采用(图9-8)。其缺点是两点进攻，战术变化少。

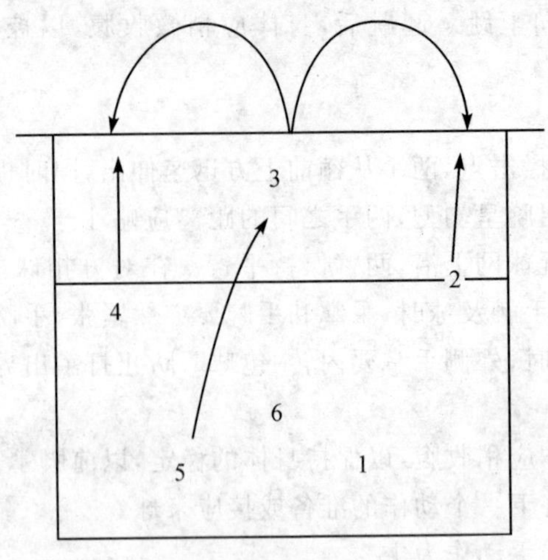

图 9-8

（三）五人接发球站位阵形

除站在网前一名二传队员或由后排插上二传不接发球外，其余五名队员都按接发球阵形站位。

(1)“W”型站位：前面三名队员接前场区的球，后排两名队员接后场区的球，也称“一三二”站位。

(2)“M”型站位：前面两名队员接前场区的球，中间队员接中区的球，后面两名队员接后区的球，也称“一二一二”站位。

（四）战术学练方法

(1)熟悉位置和跑动路线的练习方法：四人一组。本方 6 号位抛球给前排二传队员，二传组织“中一二”或“边一二”进攻。

(2)教师隔网抛球，四人一组，定位垫球，组织“中一二”进攻。

(3)学生分组循环练习，一组发球，第二组接发球，组织战术练习，第三组捡球。三组循环。

(4)教学比赛，在比赛中运用各种战术。

第三节　排球提高阶段核心技术战术及学练方法

一、提高阶段核心技术

（一）传球技术

在第二节我们已经介绍了正面传球，本节不再做介绍，只介绍背传和侧传。

1. 背传

背对传球目标的传球动作叫背传。准备姿势基本与正面传球相同，只是上体应稍直或后仰。迎球时，抬上臂、挺胸、上体后仰。触球时，手腕适当后仰，掌心向上，击球的下部。背传的用力靠蹬地、展腹、抬臂、伸肘，通过手指、手腕的弹力把球向后上方传出。

2. 侧传球

侧对传球方向并向侧面传出的球叫侧传。侧面传球的准备姿势、传球手型、击球点等基本上与正面传球相同。传球时，只是用力方向有所改变。根据来球情况和传球方向及距离，判断传球的出手角度和用力的大小。向右侧传球时，右手稍低，左手稍高，身体稍向右侧倾斜，向左传球时，与向右传球动作方向相反。

3.学练方法

(1)单、双人传球练习

①对墙传篮球练习，提高手指的弹性。

②向墙上固定目标连续自传；自传一次再传向墙上固定目标。

③肩对网，连续向上一定高度做自传球。

④两人相距 3～5 米，传高球和平球交替进行。

(2)改变方向传球练习

①三人三角形传球。

②三人一组，交换位置移动传球；也可以一人固定，两人前后交换位置传球。

③四人分两组，移动传球。

(3)结合球网传球练习：三人一组，作网前一抛一传一接练习。

(二)垫球技术

1.侧面垫球

在身体两侧用两臂垫球的动作称为侧面垫球。当球向右侧飞来，左脚蹬地，跨右脚，重心右移，两臂夹紧向右伸出，左臂微向下倾斜，向左转腰配合提右肩的动作，两臂自右后方向前截住球飞行的路线，用两前臂垫击来球的后下部。

应用时机：当来球速度较快、落点较低，来不及移动正面垫球时采用。

2.背垫球

背对出球方向，从体前向背后垫球叫背垫。当球飞出较远距离无法进行正面调整传球时采用此方法，第三次被动击球过网时也可以采用此方法。垫球时，要判断好球的飞行方向，迅速移动到球的落点上，背对出球方向，两臂靠拢伸直，击球点高于肩，蹬腿、挺胸，展腹后仰，直臂向后上方抬送。

应用时机：背垫是在球飞行较高、较远，无法运用其他垫球技术时采用。

3.学练方法

(1)单、双人练习

①每人一球对墙自垫(人与球距离可以逐步拉长，并逐步增加高度)。

②移动垫球：两人一组，一人向另一人的两侧抛球，另一人移动后正面垫球或者侧垫球。

③转换方向垫球练习：三人一组成三角形，一人抛球，一人变方向垫球，另一人接球或传球给抛球者，循环往复。

④发垫对抗：两人一组，一人发球，另一人接发球垫球。

⑤扣垫对抗：两人一组，一人发球，另一人接扣球垫球。

(2)多人练习：教师在 2 号位抛球，学生依次轮流垫球。也可以结合传球进行垫传串联练习。

(三)发球技术

1.正面上手发飘球

正面上手发飘球是采用正面上手的形式，发出球不旋转、不规则飘晃飞行的一种发球方式。

(1)准备姿势:同正面发球。

(2)抛球:抛球比正面上手发球稍低稍靠前。

(3)击球:五指并拢,手腕稍后仰,用掌根平面击球的中下部,作用力通过球体重心。击球瞬间手指、手腕紧张,手型固定,手臂有突停动作。

2.发球的练习方法

(1)找区找点练习:把后场分成两个区域,要求把球发至规定的区域,看哪个学生发的准、多。

(2)二对二、三对三接发球对抗,统计得分率。

(3)四对四、六对六发接对抗练习,统计发球得分、破攻、一般、失误。

(四)扣快球

快球是扣球队员在二传传球前或传球时起跳,并迅速把球击入对方场区的扣球方法。快球是我国传统的打法,它的特点是速度快、突然性大、牵制能力强,有利于争取时间和空间,达到突然袭击的目的。打快球时,助跑步伐要轻松、快速、灵活、有节奏,浅下蹲,快起跳,上体和挥臂动作要小,用前臂和手腕加速甩动击球。下面以近体快球为例介绍。

1.动作方法

在二传队员附近约50厘米处扣的快球,叫近体快球。近体快球主要是进攻速度快,常常使对方来不及拦网和防守。近体快球不但进攻效果好,而且具有较强的掩护作用,是副攻手必须掌握的技术。近体快球的助跑路线同网的夹角保持在45°左右为宜,助跑时要随一传传出的球同时到网前,当球落在二传队员手上时,扣球队员应在二传体前约一臂距离处迅速起跳,快速挥臂,将刚传出网口(球网上沿)的球扣过网。击球时,利用含胸收腹动作带动前臂和手腕迅速挥动,以全手掌击球的后上方。

2.学练方法

(1)在4号位和2号位扣直线、斜线球。

(2)在3号位扣抛球。要求用转体和转腕动作将球扣到场区两腰。

(3)在4号位和2号位扣抛来的调整球。

(4)结合一传、二传扣快球。

(5)在对方单人拦网的情况下扣球。

(6)在网前4、3、2号位连续扣球。

(7)在3号位连续扣半快球。

(五)集体拦网

集体拦网是双人和三人的拦网形式,是在对方大力扣球的情况下采用的。它的运用是由单人拦网来组成。

1.动作方法(以双人拦网为例)

双人拦网技术动作与单人拦网相同。但在2号位和4号位组成双人拦网时,主拦队员应以内侧手正对扣球路线。靠近边线的外侧手掌要稍向内转“包球”,防止打手出界。起跳后,拦网者手臂要靠近,手掌与手掌之间以不漏一个球为宜。

2.学练方法(结合扣球的单人和双人拦网练习)

(1)单人跳起拦对方站在高台上扣出的固定路线的球。

(2)一方扣球,另一方单人原地拦网。

(3)一方扣球,另一方单人移动拦网。

(4)双人原地配合拦网。

(5)双人移动配合拦网。

(6)单人或双人拦各种扣球。如拦各种快球、集中球、后开球、远网球、调整球等。

二、提高阶段核心战术

(一)“边一二”进攻战术

它是由2号位队员作二传,3、4号位队员进攻(图9-9)。此战术简单易学,有较多的战术变化,由于两名进攻队员的位置相邻,便于进行互相掩护,增加了突然性和攻击性。

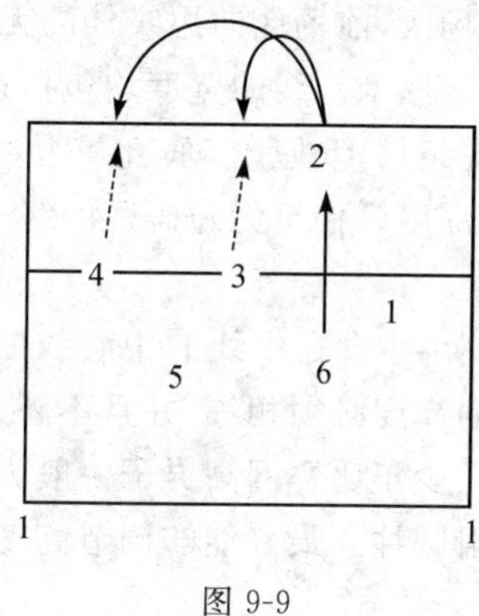

图9-9

(二)“插上”进攻

后排队员插到前排作二传,把球传给前排3个队员扣球的进攻形式。一般以1号位插上为多。插上进攻能保持前排3点进攻,充分利用球网的全长,有利于突破对方的防线。战术变化多,可以打出交叉、梯次、夹塞、立体进攻、双快一游动等战术进攻。

(三)两次球进攻

当一传来球较高,落点又在网前适当位置,前排队员可以起跳扣球。如遇对方已严密拦网,就在空中改扣为传,转移给其他前排队员进攻。这种打法有两次扣球进攻机会,并具有较大的突然性,进攻效果较好。但由于对一传要求较高,直接扣后排传来的球又有一定的难度,实战中运用较少。

(四)防守战术

防守战术包括接发球防守、接扣球防守和单双人拦网的站位与补位形式。

1.双人拦网“心跟进”防守战术

这种防守形式是固定由6号位队员跟进防守吊球和保护拦网。这种防守战术,多在对方以扣吊结合为主时,为了解决“心空”问题时采用。

2.双人拦网“边跟进”防守战术

就是由1或5号位队员跟进做保护的防守形式。前排不拦网的队员要后撤,与后排队员要形成面对进攻点的弧形防守。

(五)学练方法

1.战术串联练习:每4、5或6人一组,分组进行对抗练习。如“中一二”2、4号位扣球时的传扣串联,“边一二”3、4号位扣球时的传扣串联,“插上”进攻时的传扣串联配合以及结合垫球的垫一传一扣串联。

2. 教学比赛：在比赛中运用各种技战术，提高学生的灵活运用能力。

第四节　主要规则解析

一、场地、器材、设备

(一)场地

排球比赛场地包括比赛场区和无障碍区，比赛场地的地面必须平坦、水平、划一。

比赛场区为18米×9米的长方形。中线把它分为相等的两个区，四周至少有3米宽的无障碍区。中线与进攻线构成前场区，前场区向边线外的无障碍区无限延长，进攻线与端线构成后场区。所有界线的宽均为5厘米。线的宽度均包括在场区内。

发球区：在两条边线后各画一条长15厘米，垂直并距离端线20厘米的短线，两条短线之间的区域为发球区。发球区的深度延伸至无障碍区的终端。

(二)球网和网柱

球网为黑色，长9.5米，宽1米，架设在中线的中心线的垂直面上。场地中间的高度必须符合规定高度，两条边线上空的高度必须相等，并且不超过规定网高2厘米。球网的高度男子为2.43米，女子为2.24米。少年比赛网高男子一般为2.35米，女子一般为2.15米。

网柱为两根高2.55米的光滑圆柱。最好能够调节高度，固定在边线外0.5～1米处，一切危险设施和障碍物必须清除。

标志杆：两根有韧性的杆子，长1.8米，直径10毫米，分别设在标志带外沿球网的两侧。高出球网80厘米，高出部分每10厘米涂有明显对比的颜色，最好为红白相间。标志杆被认为是球网的一部分，并视为过网区的边界。

(三)球

比赛用球的颜色可为一色的浅色或国际排联批准的多色球，圆周65～67厘米，重量为260～280克，气压为0.30～0.325千克/平方厘米。

二、主要规则及裁判方法

(一)胜一分、胜一局和胜一场

比赛采用每球得分制，胜一球即胜一分。

比赛的前四局以先得25分，并同时超出对方2分的队为胜一局。当比分为24：24时，比赛继续进行至某队领先2分为胜一局(如26：24,27：25)。决胜局以先得15分，并同时超出对方2分的队获胜。

正式比赛采用五局三胜制，最多比赛5局，先胜3局的队为胜一场。

(二)发球犯规与判罚

1. 发球击球时的犯规

(1)发球次序错误：未按照登记的发球次序发球为发球次序错误。出现后应恢复到正确位置，并判失一分。

(2)发球区外发球：未在发球区发球，判犯规队失一分。

(3)发球击球时球未抛起或持球手未撤离。

(4)发球8秒违例。

2.发球击球后的犯规

(1)发出的球触及发球队队员、球网或未能通过球网垂直面。

(2)界外球:球的落点完全在场区界线以外的地面上;球触及场外物体、天花板或非比赛成员等;球触及标志杆、网绳、网柱或球网标志杆以外部分;发球时或进入对方场区时,球的整体或部分从过网区以外过网。

(3)发球掩护:任何一名发球队的队员,以挥臂、跳跃或左右晃动等动作妨碍对方接发球,而且发出的球从他的上空飞过,则构成个人掩护。如果是两名或更多发球队队员密集站立遮挡接发球队员,而且发出的球从他们的上空飞过,则构成集体掩护。

(三)位置错误

发球击球瞬间,双方任何一名队员不在规定的位置上,则构成位置错误。判断位置错误必须明确以下几点:

(1)位置错误犯规只在发球击球瞬间才有可能造成,发球击球前、后两队队员可在本场区任意移动或交换位置,不受任何限制。

(2)队员的场上位置应根据脚的着地部位来确定。

同排队员左边或右边队员的一只脚的某部分必须比同排中间队员的双脚距离同侧边线更近;同列队员中,前排队员一只脚的某部分必须比同列后排队员的双脚距离中线更近。

(四)击球时的犯规

(1)四次击球:每队最多击球三次(拦网除外)将球从球网上方击回对方,超过规定次数的击球为四次击球犯规。

(2)持球:球必须被击出,不得接住或抛出。

(3)连击:一名队员连续击球两次或球连续触及身体的不同部位为连击犯规。

(4)借助击球:队员在比赛场地以内借助同伴或任何物体的支持进行击球,为借助击球犯规。

(五)队员在球网附近的犯规

1.过网击球

对方在击球前或击球时,在对方空间触及球或对方队员为过网击球犯规,其依据是击球点是否在对方场区空间。

2.过中线

在比赛进行中,队员整个脚、手或身体其他任何部分越过中线并触及对方场区时,为过中线犯规。

3.网下穿越进入对方空间并妨碍对方比赛

4.触网

比赛进行中,任何队员触及9.5米以内的球网、标志杆、标志带为触网犯规。但队员未试图进行击球的情况下偶尔触网,不判为犯规。队员击球后,在不影响比赛的情况下,可以触及网柱、网绳或网全长之外的任何其他物体。

5.进入对方场区的球

规则规定球的整体或部分从过网区以外进入对方无障碍区,队员在不进入对方场区的情况下,将球从同侧过网区以外击回是允许的。在击球时,对方队员不得阻碍。

(六)拦网犯规

1.过网拦网。在对方进攻性击球前或击球时,在对方空间拦网为过网拦网犯规。所谓进攻性击球是指除发球和拦网以外,所有直接击向对方的击球。

2.后排队员拦网。必须同时具备三个条件:后排队员在靠近球网处;手在高于球网上沿处阻拦对方来球;触及了球。

3.拦发球。

4.从标志杆外伸入对方空间并触及球。

(七)进攻性击球犯规

1.后排队员进攻性击球犯规必须同时具备三个条件:后排队员在前场区内,或踏及进攻线或其延长线;击球时整个球体高于球网上沿;完成进攻性击球,即击出的球整体由过网区通过球网的垂直面,或触及对方拦网队员的手。

2.在前场区对发过来的并且整体高于球网上沿的球,完成进攻性击球为犯规。

(八)不符合规定的请求间断

1.超过规定次数的请求暂停。

2.超过规定次数的请求换人:每局比赛中,每队最多允许请求 6 人次换人。

3.同一名队员未经比赛过程再次请求替换。

4.无权请求的成员提出请求。只有教练员和场上队长可以用相应的手势请求间断,其他成员无权提出请求。

5.在比赛进行中或裁判鸣哨发球的同时或之后提出请求。

(九)延误比赛

同一局再次提出不符合规定的请求;换人延误时间;拖延暂停时间;场上队员拖延比赛顺利进行;请求不合法的替换。

规则规定每局比赛中,主力队员可以换下场和再次上场,但再上场时只能替换原来替换他的替补队员;替补队员只可以替换主力队员上场比赛一次,再由该主力队员替换他下场。凡是不符合上述规定的替换为不合法替换。

第五节 重点技术战术的评价与考核

考核是教学过程中一个不可缺少的环节,是教学工作的重要组成部分。通过考核可检查教学训练效果,评价学生掌握大纲规定的知识、技术、战术、能力的水平,促进教学方法的不断改进,推动教学质量的提高。考核又能激发学生勤学苦练、努力进取的精神。

技术考核的内容及方法是,结合学生平时的考勤和认真努力程度进行评价,而不能仅仅根据学生现在的成绩给予评价。

(一)发球技术考核(女生采用下手发球,男生用上手发球)

达标:每人 10 个球,发过 5 个好球即为及格,10 个为满分,7～8 个为良好,9 个以上为优秀。

技评:根据学生发球的稳定性、球的落点和速度来给予技评。

(二)垫球技术考核

两人一组相距 3～5 米对垫。可以自由组合,技术好的队员可以带一下技术差的同学,并给予适当的加分，达不到标准的给两次机会。

达标：垫满 20 个为满分，13 个为及格，14～17 为良好，17 个以上为优秀。

技评：根据垫球的全身协调性、击球的稳定性、击球的效果（高度、弧度、准确性）。

（三）传球技术考核

组织形式和标准跟垫球相同。根据学生的手型、击球点、传送动作进行评分。

（四）扣球技术考核

接教师或体育特长生的抛球进行 4 号位正面扣球（适当降低网高，男子为 2.35 米，女子为 2.15 米）。分组进行，不及格的给予第二次机会。

达标：扣过 4 个即为及格，10 个为满分，5～6 个为良好，6 个以上为优秀。

技评：根据起跳高度、空中姿态、打球包球度、球的力量和落点进行技评。

（五）战术考核

根据学生的人数分组进行教学比赛，根据学生在场上的战术意识表现给予技评。

第十章　乒乓球

第一节　乒乓球运动简介

一、乒乓球运动的简介

乒乓球运动起源于英国，由网球运动派生而来。19 世纪后期，英国一些大学生在室内以桌为台，书为网，酒瓶软木塞为球，在桌上推来挡去，形成"桌上网球"游戏。1890 年左右英格兰著名越野跑运动员吉布从美国带回空心赛璐珞球，代替软木塞。因赛璐珞球击在木板拍上发出"乒""乓"声响，故称"乒乓球"。1891 年英国的巴克斯特申请乒乓球商业专利。1904 年，上海一家文具店的老板王道平从日本买回 10 套桌上网球器材，把桌上网球引入了中国。

目前世界乒乓球重大赛事有世界乒乓球锦标赛；世界杯乒乓球赛，又称"埃文斯杯赛"；奥运会乒乓球赛；世界明星巡回赛。除此之外还有亚洲运动会乒乓球赛、亚洲锦标赛。国内赛事主要是全国运动会乒乓球赛，是我国乒乓球最高水平的角逐。

我国乒乓球实力在国际上是首屈一指的。在 2008 北京奥运会上，中国乒乓球队夺得了男团、女团、男单、女单的四枚金牌。在刚结束不久的 2009 横滨世乒赛上，中国队包揽五项冠军。

二、乒乓球运动的健身价值

(一)在全面发展身体素质的基础上可突出发展灵敏和快速反应能力

在乒乓球运动中，乒乓球的飞行速度平均可达 20 米/秒，通常对方攻出的快球只需 0.15 秒左右的时间就可到达本方球台，在如此短的时间里，不仅要迅速、准确地判断出对方的击球点、旋转、速度以及战术意图，而且要迅速、果断地作出还击措施。因此长期从事乒乓球运动，能使锻炼者的中枢神经系统得到改善和提高，从而提高情绪的稳定性和反应速度及身体协调能力。

(二)有利于提高智力水平

乒乓球比赛过程错综复杂，要求参赛者要善于观察对方的技术特点，分析对方的心理，揣摩对方的战术规律，根据赛场上的实际情况决定技战术对策，果断地给对方出其不意的一击。可以说，双方参赛的运动员在智力上的角逐是非常激烈的。因此，长期从事乒乓球运动的锻炼，有利于培养人们独立分析问题和解决问题的能力，使智力得到全面的开发，心理潜力得到充分的挖掘。

第二节　乒乓球初级阶段核心技术战术及学练方法

一、初级阶段核心技术

(一)握拍

1. 直拍握拍法

(1)快攻型握拍法。食指第二指节和拇指第一指节在拍的前面呈钳型,两指间的距离1~2厘米,拍柄贴住虎口,另外三指自然弯曲贴于球拍后的1/3上端。

(2)弧圈型握拍法。弧圈型握拍法与快攻型握拍法基本相同,其区别是:拇指和食指形成一个小环状,扣住拍柄,其他三指在拍背面自然重叠,由中指的第一指关节顶于拍柄的延长线上。

2. 横拍握拍法

横拍握拍法如同握手一样。中指、无名指、小指自然弯曲握住拍柄,大拇指在球拍正面靠近中指,食指自然伸直,斜放于球拍背面。正手攻球时,食指稍向上移动;反手攻球时,拇指稍向上移动。

(二)准备姿势

1. 进攻型打法的基本姿势(以右手执拍为例):两脚开立与肩同宽或比肩稍宽,左脚在前,右脚稍后,脚后跟微提,前脚掌内侧有力着地,两膝弯曲,上体稍前倾,略含胸收腹,重心在两脚之间,两肩放松,执拍手自然弯曲置于身体右侧,两眼注视来球。

2. 削球型打法与进攻型打法的准备姿势基本相似,不同之处在于两脚间距稍宽,重心略低,右脚在左脚前,身体稍前倾,执拍手位于胸腹前。

(三)步法

1. 单步。移动方法:击球时以一只脚为轴,另一只脚向前、后、左、右不同方向移动,身体重心随之落在移动脚上。

2. 跨步。移动方法:击球时一脚蹬地,另一脚向移动方向跨一大步,蹬地脚随后跟上半步或一小步,身体重心即移到跨步脚上。

3. 并步。移动方法:击球时一脚先向另一脚并半步或一小步,另一脚在并步脚落地后随即向来球方向移动一步。

4. 跳步。移动方法:以来球异侧脚用力蹬地,两脚同时离地向来球方向跳动。

5. 交叉步。移动方法:以靠近来球方向的脚作为支撑脚,该脚的脚尖调整指向移动方向,远离来球方向的脚在体前交叉,向来球方向跨出一大步,身体随之向来球方向转动,支撑脚跟着向来球方向再迈一步,这是前交叉步。后交叉步是在体后完成交叉动作。

(四)发球

1. 发平击球

要点(以右手为例,下同):正手发平击球,站位近台,右脚稍后,重心在右脚,执球手与执拍手均在身体右侧前方。抛球后,执拍手稍向后引拍,拍形稍前倾,球约与球网同高时,触球中部,向前挥拍,重心移至左脚。

2. 正手发奔球

要点:左脚稍前,身体稍向右转,球向上抛起后,执拍手随即向后上方引拍,击球时前臂由后方向左前方挥动，拇指压拍，拍面稍前倾并向左方偏斜，球拍沿球的右侧中部向上部摩擦；击球后前臂和手腕随势向前挥动(图 10-1)。

图 10-1

3. 反手发急球与发急下旋球

要点：左脚稍后，身体稍向左转，击球时执拍手以肘关节为中心，前臂向右前方横拍发力击球，拍面稍前倾，击球的中上部；击球后前臂和手腕随势向前挥动。发急下旋球时，大拇指用力压拍的左肩，使拍面稍后仰；触球前，稍向左后方引拍，当球下降低于网口时，前臂快速向前下方用力，拍面触球的中下部；触球瞬间，手腕附加爆发式下切动作(图 10-2)。

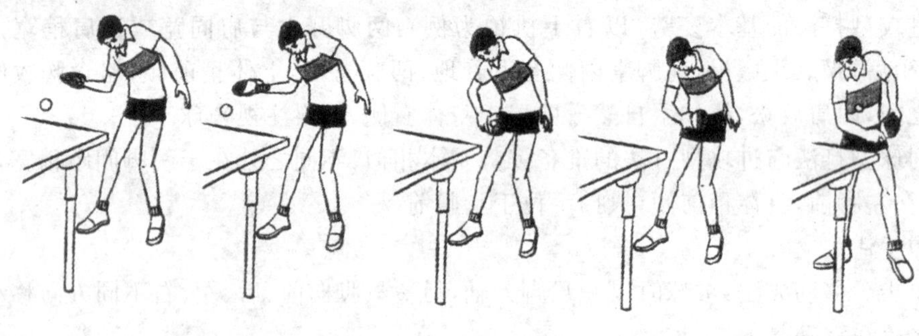

图 10-2

4. 发短球

要点：只靠手腕和前臂摩擦发力，控制向前的力量。击球时，手腕的力量大于前臂的力量，发球的第一落点不要离网太近。

5. 发球的练习方法

(1)单一路线练习，先斜线，后直线，再斜、直线结合。

(2)单一旋转定线路、定点练习。

(3)向特定的区域发球。

(4)单一旋转不定线路、不定点练习。

(5)发球速度先慢后快。

(6)用相似手法发两种不同旋转、不同落点球练习。

(五)接发球

发球判断的正确与否，直接影响接发球的方式和接发球的成败。为了判断发球的旋转性质、旋转强度及来球线路落点，应利用各种信息进行综合分析。接发球技术的具体运用：

1. 接上旋(奔球)球可采用正反手攻球或推挡回接，拍面适当前倾，击球的中上部，调节好向前的力量。

2.接下旋长球用搓球、削球、提拉球回接,搓或削时多向前用力。

3.接左侧上、下旋球可采用攻球和推挡(搓球或拉球)回接,拍面稍前倾(后仰)并略向左偏斜,击球偏右中上(中下)部位,以抵消来球的左侧上(下)旋力。

4.接右侧上、下球可采用攻球或推挡(搓球或拉球)回击,拍面稍前倾(后仰)并向右偏斜,击球偏左中上(中下)部位;回接要点和方法与接左侧上、下旋球相同。

5.接近网短球用快搓、快点或台内突击回接,主要靠手腕和前臂的力量。

6.接转与不转球在判断不准的情况下可轻轻地托一板或撇一板,但要注意弧线和落点。

二、初级阶段核心战术

(一)发球抢攻

发球抢攻是我国直板快攻打法的"杀手锏",是力争主动、先发制人的主要战术。各种类型打法的运动员普遍采用发球抢攻来抢占每个回合的上风。发球战术运用的效果主要取决于发球的质量和第三板进攻的能力。发球抢攻战术因打法类型不同而有所差异,但常用的发球抢攻战术,主要有以下几种:正手发转与不转球;侧身正手(高抛或低抛)发左侧上(下)旋球;反手发右侧上(下)旋球;反手发急球或急下旋球;下蹲式发球。

(二)接发球战术

接发球战术与发球抢攻战术同样重要,在某种意义上讲,接发球水平的高低可以反映运动员的实战能力以及各项基本技术的应用程度。事实上,接发球者只是暂时处在被控制状态,如果你破坏了发球者的抢攻意图或者为他制造了障碍,减弱了对方抢攻的质量,也就意味着已经脱离被控制状态,变被动为主动了。控制与反控制是辩证的统一。常用的接发球战术:稳健保守法;接发球抢攻;盯住对方的弱点处,寻找突破口;控制接发球的落点;正手侧身接发球。

第三节　乒乓球提高阶段核心技术战术及学练方法

一、提高阶段核心技术

(一)推挡球

1.挡球

(1)特点与应用:球速慢,力量轻,动作较简单,初学者容易掌握。它可以帮助初学者熟悉球性,认识乒乓球的击球规律,提高控制球的能力。

(2)要点:①挥拍向前偏上,击球的中部偏上。②引拍时,肘关节应靠近身体便于发力。③手腕手指调节拍形,食指用力,拇指放松。

2.快推

(1)特点与运用:快推的特点是站位近,动作小,借力还击,速度快,线路变化多。适用于回击一般的拉球、推挡球和中等力量的攻球;在相持中能发挥回球速度快的优势,推压两大角或袭击对方空当,为自己的进攻创造条件。它是推挡球最常用的一项技术。

(2)要点:①击球前靠近身体,前臂适当后撤。②在前臂向前推送的过程中,完成外旋动作。③转腕动作不宜过大,关键是时机要恰当。

（二）搓球

1. 慢搓

(1)特点与运用：慢搓动作幅度大，在来球的下降期击球，回球速度慢，但有利于增加球的旋转强度。慢搓一般适用于回接旋转较强，线路稍长的来球。在对搓中，快慢搓结合起来，可以变化击球节奏，牵制对方。

(2)要点：①应根据来球的具体情况，控制好拍面的后仰角度。②击球时，前臂用力为主，转腕动作不宜过大。③搓加转球，在向下用力的同时，应增加前送的幅度。

2. 快搓

(1)特点与运用：动作幅度小，回球速度快，借来球的前进力将球搓回，常用于接发球或削过来的近网下旋球。在对搓中，利用快搓变化击球节奏，缩短对方回球的准备时间。

(2)要点：①身体重心前移，身体靠近来球。②前臂主动前伸插向球的中下部。③快搓一般借力还击，若来球下旋弱可用力下切。

（三）攻球

1. 正手近台攻球

(1)特点：站位近台，击球时间早，球的速度快，动作幅度小，是近台快攻打法的主要技术之一。常用于还击正手位的发球、推挡球、一般的上旋球等，使对方措手不及，在对攻中以线路、落点、变化相结合，调动对方，伺机扣杀(图 10-3)。

图 10-3

(2)要点：①充分利用全身协调用力(蹬地、转腰、移重心)。②前臂发力为主，手腕辅助用力。③击球点在身体右前侧(大约为前臂的长度)。触球瞬间以向前方打为主，略带向上摩擦。

2. 正手中远台攻球

(1)特点与运用：站位稍远，动作幅度大、力量重，进攻性强，但步法移动的范围较大，多用于对攻中，以力量配合落点变化直接得分或为扣杀创造条件，也用于侧身后扑正手打回头，防御时，在相持中寻找机会；削球选手的削中反攻(图 10-4)。

(2)要点：①加大向右手方向引拍幅度，是为了增大击球的动作半径。②上臂带动前臂发力。上臂向前，前臂和手腕向上发力为主。③身体其他部位协调用力。

图 10-4

3. 正手扣杀

(1)特点与运用:动作幅度大、力量重、球速快、攻击性强,是得分的重要手段。常用来对付着台后弹起比网高的机会球或前冲力不大的半高球。

(2)要点:①击球点离身体稍远,球拍应与球同高。②在高点期击球,不宜打"落地开花球"。③击球瞬间,整个手臂应发挥到最大力量,配合腰部转动及蹬地的力量。④如来球带有下旋,球拍略低于来球,触球瞬间手腕向上抖动发力。

4. 正手拉球

(1)特点与运用:站位近、速度快、动作小、线路活和稳健性好。是回击发球、搓球、削球等下旋球的一种必备技术。常用于接发球枪位,对搓中抢位;对付削球时稳拉,以落点、弧线和旋转程度的变化,伺机进行突击。

(2)要点:①身体重心略下降,右肩稍下沉。②在球的下降前期击球,不可过于低于台面。③触球时应尽量增大摩擦球体的面积和时间。

5. 正手台内突击

(1)特点与运用:站位近、动作小、速度快、突击性强,是处理近网短球的一项重要技术,是我国快攻打法运动员掌握的特有的进攻技术。常用于还击弹跳不出台的下旋球,或在对搓中突击起板,或在对付削球时,利用这一技术直接得分或为扣杀创造机会。

(2)要点:①击球前持拍手臂不宜伸得太直。②用中等力量击球较为合适。③应根据来球的旋转性质与强度,调节好拍面角度、击球的部位和发力的方向。

6. 侧身攻球

(1)特点与运用:侧身攻的特点是速度快、力量重、攻势强.它是各种不同类型打法都必须掌握的一项重要技术。侧身攻球运用的多少在很大程度上标志着进攻能力的强弱。

(2)侧身攻球应注意的问题:①侧身后,要保持上体与球台的合适角度,既能攻斜线,也能打直线,同时不妨碍下一次击球。②要有足够的击球空间(收腹)。③应尽量避免在移动过程中击球。④攻球时要利用右脚蹬地的力量,重心适当前移,前臂稍向前发力。

7. 攻球练习方法

(1)持拍模仿练习,反复体会动作要领,建立正确的技术动作概念。

(2)腰部转动和身体重心转移练习。近台正反手快攻采用快速、小幅度姿势,正手快拉球须把上臂、手腕、腰、腿的力量协调地集中在击球一刹那,动作稍大。

(3)结合所学步法在移动中模仿攻球、拉球练习。

(4)对着挡板或挡墙自抛自击、自抛自拉。

(5)接同伴固定球,攻打一板后重新再接。快拉时,接同伴的下旋球,体会拍形和击球部位等动作。

(6)在推挡练习时,进行攻球、快拉练习。

二、提高阶段核心战术

(一)搓攻战术

搓攻战术是进攻型打法的辅助战术之一,主要利用搓球旋转的变化和落点的变化为抢攻创造机会。这一战术在基层比赛中被普遍采用。搓攻战术也是削球型打法争取主动的主要战术之一。常用的搓球战术有:慢搓与快搓结合;转与不转结合;搓球变线;搓球控制落点;搓中突击;搓中变推或抢攻。

(二)对攻战术

对攻战术是进攻型打法在相持阶段常用的一项重要战术。快攻类打法主要依靠反手推挡(或反手攻球)和正手攻球(或正手拉弧圈球)的技术,充分发挥快速多变的特点来调动对方。常用的对攻战术有以下几种:紧逼对方,反手伺机抢攻或侧身抢攻、抢拉;压左突右;调右压左;攻两大角;攻追身球;变化击球节奏,加力推和减力挡结合,发力攻、拉与轻打轻拉结合,也可造成对手的被动局面。

(三)拉攻战术

拉攻战术是以攻为主的选手对付削球的主要战术。为了发挥拉攻的战术效果,首先要具备连续拉的能力,并有线路、落点、旋转、轻重等变化,其次要有拉中突击和连续扣杀的能力。常用的拉攻战术主要有:拉反手后,侧身突击斜线或中路追身球;拉中路杀两角或拉两角杀中路;拉一角或杀另一角;拉吊结合,伺机突击;拉搓结合,稳拉为主,伺机突击。

(四)削中反攻战术

这种战术主要靠稳健的削球,限制对方的进攻能力,为自己的反攻创造有利条件。它不仅增强了削球技术的生命力,也促进了攻防之间的积极转化。常用的削中反攻战术主要有:削转与不转球,伺机反攻;削长短球,伺机反攻;逼两大角,伺机反攻;交叉削两大角,突击对方弱点;削、挡、攻结合,伺机强攻。

第四节　主要规则解析

(一)越过或绕过球网装置

除球从球网和比赛台面之间通过以及从球网和网架之间通过的情况外,球均应视作已“越过或绕过”球网装置。当合法还击球时,球从球网装置上方越过(包括触及球网),球从球网的侧面绕过,从网柱和夹钳下穿过,这三种情况都被视作合法还击。

(二)不执拍手不能触及比赛台面的规定

在球处于比赛状态时,规则规定不执拍手不能触及比赛台面。不执拍手是指不执拍手的手腕以下部位,臂、肘和身体是可以触及台面的,但不能使球台移动。

(三)合法发球

发球时,球应放在不执拍手的手掌上,手掌张开伸平。球应是静止的,在发球方的端线之后,比赛台面的水平面之上,发球员需用手将球几乎垂直地向上抛起,不得使球旋转,并使球在离开不执拍手的手掌之后上升不少于16厘米,球下降到被击出前不能碰到物体。新规则规定，发球员在发球时，球拍在触及球的一瞬间，球拍与球网之间不能有任何阻挡物，包括手、衣服等，并能让对方看清楚发球员发球动作的瞬间。被击出的球必须是两次触及比赛台面，一次在本方台区，在球越过或绕过球网装置后第二次在对方台区，而不能直接将球击到对方台区。

(四)击球

规则规定，击球时可以用球拍和持拍手手腕以下的部位击球。如果出现用执拍手手指或手背击出的球，均被视为合法击球。

(五)阻挡

对方击球后，向比赛台面方向运动的球，在没有触及本方台区，也未越过端线之前，即触及本方运动员或穿戴的任何物品，如衣服、球拍、发带、眼镜等。

(六)合法还击

对方发球或还击后，本方运动员必须击球，使球直接越过或绕过球网装置，或触及球网装置，或触及球网装置后再触及对方台区。

(七)重发球

如果发球员发出的球在越过球网装置时，触及球网装置，而后成为合法发球；裁判员未报分，同时接发球员也未准备好。发球员已将球发出；由于发生了运动员无法控制的干扰，而使运动员未能合法发球合法还击或遵守规则；裁判员或副裁判员暂停比赛。

(八)一分

除被判重发球的回合，下列情况运动员得一分：对方运动员未能合法发球；对方运动员未能合法还击；运动员在合法发球或合法还击后，对方运动员在击球前，球触及了除球网装置以外的任何东西；对方击球后，该球没有触及本方台区而越过本方端线；对方阻挡；对方用不符合要求的拍面击球；对方运动员或他穿戴的任何东西触及球网装置；对方运动员不执拍手触及比赛台面；双打时，对方运动员击球次序错误。

第五节　重点技术战术的评价与考核

一、考核内容

具体考核内容如表10-1所示：

表10-1

基本技术(30%)	分值		实战(20%)	分值	能力(10%)	理论(30%)	平时(10%)
	达标	技评					
推挡20板	6	4	前2名	20			酌情评分
正手攻15板	6	4	逐级递减	X			
搓球10板	6	4	末2名	10			

二、基本技术的考核方法(30%)

(一)达标(18%)

(1)推挡、正手攻、搓球均30板为满分，每板计0.2分。

(2)推挡、搓球限定在左半台，正手攻限定在右半台进行。测试两次记一个球的最高连续板数。

（二）技评（12%）

表 10-2

等级	动作规格	评分
优	动作正确协调，挥拍过程连贯，发力集中，还原及时。	4～3.1
良	动作基本正确，节奏感稍差，无明显错误。	3～2.1
中	动作生疏、协调性较差。	2～1.1
差	动作僵硬、有明显的错误。	1～0

三、能力考核方法（10%）

表 10-3

内容	优（5～3.6）	良（3.5～2.6）	中（2.5～1）	差（0.9～0）
能力训练能力	讲解、示范、答疑、口头表达能力强	讲解、示范、答疑口头表达能力较强	讲解、示范、答疑、口头表达能力一般	讲解、示范、答疑、口头表达能力差
组织竞赛与裁判的能力	竞赛规划裁判方法熟练、正确	竞赛规划裁判方法熟练、正确	竞赛规划裁判方法能力一般	竞赛规划裁判方法能力差

第十一章　羽毛球

第一节　羽毛球运动简介

一、羽毛球的起源与发展

现代羽毛球运动起源于英国，它是由印度的浦那游戏逐步演变而成的。相传在19世纪中叶，印度的浦那城内，有一种类似今日羽毛球运动的游戏十分普及，它是以绒线编织成球形，上插羽毛，人们手持木拍，隔网将球在空中来回对击。19世纪60年代，一批退役的英国军官把这种称为“浦那游戏”的活动带回英国，并逐步使它演变成一项竞技运动。

1873年，在英国格拉斯哥郡的伯明顿镇有一名叫鲍费特的公爵，一天他在自己庄园里宴清宾客，恰逢下雨，客人只好聚在客厅里。当时有位从印度退役的军官，将“浦那游戏”介绍给大家，并在大厅里活动起来，因这项活动极富趣味性，很快就风行开来。此后，这种室内游戏迅速传遍英国，“伯明顿”(Badminton)即成为英文羽毛球的名字。

起初，羽毛球运动并没有统一的形式，直至1877年在印度的喀拉蚩地区才首次制订了羽毛球运动的比赛规则。1893年，英国羽毛球协会成立，并重新修订和统一了羽毛球比赛的规则。直至1934年，国际羽毛球联会终于成立，成员国包括多个地区及国家。亚洲羽毛球联合会亦于1959年在马来西亚的吉隆坡成立。

自1899年在英国举行的全英羽毛球锦标赛起，重要的国际羽毛球赛事相继出现，其中包括世界羽毛球个人锦标赛、汤姆斯杯(正式名称应为国际羽毛球挑战杯的男子羽毛球团体赛)、优伯杯(女子羽毛球团体赛)、苏迪曼杯(男女子羽毛球混合队比赛)、世界杯赛、锦标赛等。不过直至1992年，羽毛球才正式成为奥林匹克运动会的比赛项目之一。

中国羽毛球运动有着悠久的历史，在世界羽坛占有重要的地位，2000年悉尼奥运会获得4金1银3铜；2004年雅典奥运会获得3金1银1铜；在2006年世界杯赛中，林丹再次夺得男单金牌；2008年北京奥运会，追平雅典总奖牌，获男单、女单、女双3枚金牌，创历史。中国羽坛有充足的后备人才，将创造更辉煌的业绩。

二、羽毛球的健身特点

(一)是一种全身运动项目

无论是进行有规则的羽毛球比赛还是作为一般性的健身活动，都要在场地上合理地运用各种击球技术和步法将球在场上往返对击，从而增大了上肢、下肢和腰部肌肉的力量，加快了锻炼者全身血液循环，增强了心血管系统和呼吸系统的功能。长期进行羽毛球锻炼，可使心跳强而有力，肺活量加大，耐久力提高。此外，羽毛球运动要求练习者在短时间对瞬息万变的球路作出判断，果断地进行反击，因此，它能提高人体神经系统的灵敏性和协调性。

(二)可调节运动量

羽毛球运动适合于男女老幼，运动量可根据个人年龄、体质、运动水平和场地环境的特点而定。青少年可作为促进生长发育、提高身体机能的有效手段进行锻炼，运动量宜为中强度，活动时间以40～50分钟为宜。适量的羽毛球运动能促进青少年增长身高，能培养青少年自信、勇敢、果断等优良的心理素质。

(三)简便性

1.不受场地的限制

羽毛球活动对设备的基本要求比较简单，只需两个球拍、一个球和一条绳索即可。不仅可以在正规的室内运动场进行，也可以在公园、生活小区等处广泛地开展。

2.集体、个人皆宜

羽毛球运动既可单兵作战(两人对练)，又可集体会战(双打练习或三人对三人对练)。单人对练时，练习者可以随心所欲地打出任何弧线、远度、力量、速度等任何落点的球；集体会战则可以使练习者养成协调配合的习惯，培养集体主义精神。

3.不受年龄、性别的限制

羽毛球运动游戏性较强，运动量可大可小。不同年龄、不同性别以及不同体质的人都能在羽毛球运动中找到乐趣。

第二节　羽毛球初级阶段核心技术战术及学练方法

一、羽毛球初级阶段核心技术

(一)握拍法

1.正手握拍法

张开右手，手掌下部靠在拍柄底托处，虎口对准拍框侧面拍柄的棱角，小指、无名指和中指并握，食指稍分开，拇指和食指相对。握住后，拍柄后端稍露出。

2.反手握拍法

反手握拍法与正手握拍法不同之处是，拇指从向下部位改为横贴在拍的侧面，其他四指除部位稍移动外，握法基本与正手握拍法相同。

(二)羽毛球的基本步法

1.起动

对来球一定要有准确的判断，从个人中心位置上准备接球姿势转为向击球位置出发，称为起动。要做到起动快，必须反应敏捷、判断准确。

2.移动

主要指从中心位置起动后到击球位置的移动方法。移动的基本步法有垫步、交叉步、小碎步、并步、蹬转步、蹬跳步和腾跳步等。下面将各种移动的基本步法介绍给大家，希望能灵活运用：

(1)垫步：当右(左)脚向前(后)迈出一步后，后脚跟进，紧接着以同一脚向同一方向再跟一步，为垫步。垫步一般作为调整步距用。

(2)交叉步：左右脚交替向前、向侧或向后移动为交叉步。另一脚向前面的为前交叉步，而另一脚后面的为后交叉步。交叉步一般在后退打后场球时后退得较多。

(3)小碎步：以小的交叉步移动的称为小碎步。由于步幅小，步频快，一般在起动或回动起始时用。

(4)并步：右脚向前（或向后）移动一步时，左脚即刻向右脚跟并一步，紧接着右脚再向前（向后）移动一步，称为并步。

(5)蹬转步：以一脚为轴，另一脚作向后或向前蹬转步。

(6)蹬跨步：在移动的最后一步，左脚用力向后蹬的同时，右脚向来球的方向跨出一大步，称为蹬跨步。它多用于上网击球，在后场底线两角移动抽球时也常采用。

3. 到位配合击球

移动本身不是目的，它是为击球服务的，所谓“步法到位”，即指根据不同的击球方式，运动员应站到最适合这种击球的最有利的位置上，如果没有占据最理想的位置，最后（击球前）还需要作小步调整，使击球动作能协调发力。

4. 回动（回中心位置）

击球后，应尽力保持（或尽快恢复）身体平衡，并立刻向各中心位置移动，以便在中心位置上做好迎击下一个来球的准备，称为回动。初学者往往缺乏“回中心”的意识，当然，并非每击一次球都必须回中心，而应根据比赛当时的实际情况，根据双方技、战术的特点，选择最合理回击对方来球的回动路线和回动位置。

5. 学练方法

(1)绕场地做各种移动步法的练习；(2)在场地的不同位置移动后的挥拍练习；(3)采用游戏的形式进行移动练习。

(三)发球

1. 发高远球（图 11-1）

左脚在前，右脚在后，左手将球举在身体的右前方，右手开始向前摆动，腕部仍保持后屈，待球落到适当高度时，向前摆臂击球。当球与球拍接触的一刹那，要把拍子握紧，闪击式击球。击球时，身体重心由右脚移到左脚。

图 11-1

2. 发平高球

多用前臂带动手腕发力，拍面稍向前推进，其仰角小于 45°。

3. 学练方法

(1)徒手挥拍发球练习；(2)发球区发球；(3)发不同高度、远度和力量的球。

(四)接发球

以右手持拍为例，接发球时左脚在前，膝微屈，身体重心保持在两腿之间。接高球时，用平高球、吊球或扣杀球还击；接网前球时，用平高球、高远球、放网前球、平推球还击；接平快球时，可用平推球、平高球还击。

学练方法：(1)结合发球进行接发对抗练习；(2)连续的接发球练习。

（五）击球

1. 高手击球

(1)高远球。用较高的弧线把球击到对方底线附近叫高远球。高远球可以迫使对方退离中心位置，到底线去击球，削弱对方进攻威力，消耗对方体力。高远球飞行时间长，易于争取时间，摆脱被动局面。

(2)杀球(图 11-2)。用力扣杀高球叫杀球。杀球击球力量大，弧线直、下落快，是一种主要的进攻技术。杀球技术有正手、反手和头顶扣杀球三种。

图 11-2

2. 网前击球

(1)放网前球。用球拍将对方的吊球或网前球轻挑，使球一过网顶就向下坠落。

(2)搓球。摩擦球托底部，使球改变在空中的正常飞行轨道，球体沿横轴翻滚或纵轴旋转过网顶，给对方回击造成困难，为自己创造进攻的机会。

学练方法：(1)徒手挥拍模仿练习；(2)自抛击高球练习；(3)接教师或同伴的来球进行各种击球练习；(4)移动后击球练习。

二、初级阶段核心战术

（一）单打战术

1. 攻后场战术

此战术是通过击高球，重复压对方的底线两角，造成对方的被动，然后寻找机会进攻。用它来对付初学者，或后场还击能力较差，或后退步子较慢以及急于上网的对手是很有效的。

2. 攻前场战术

对网前技术较差的对手，可运用此战术先将其吸引到网前，然后再攻击其后场。采用此战术，自己首先要有较好的网前击球技术。

3. 打四方球战术

若对手步子移动较慢，体力较差、技术不全面，可以用快速、准确的落点攻击对方场区的四个角落，寻找机会向空当进攻。此战术的主要目的是通过打落点，逼迫对方前后奔跑、疲于应付，并在其击球质量下降或露出破绽时进行攻击得分。

4. 打对角线战术

对身体灵活性差、转体较慢的对手，不论是进攻还是防守，均应以打对角线球为主。这样，对方会因移动困难而被动，为本方进攻创造机会。

（二）双打战术

1. 攻人战术（二打一）

集中攻击对方中有明显弱点的人，并伺机攻击另一人因疏忽而露出的空当，或对此人偷袭。双打比赛中的配对选手的技术，一般总有一人好，另一人稍差些，即便两人水平相差不多，但若能集中力量攻击其中一人，也可给其造成很大的心理压力，从而使其出现失误。

2. 攻中路战术

当对方分边站位防守时，将球攻击到对方两人的中间；当对方前后站位时，可将球下压或平推两边半场。这样可使对方防守时互相争抢或互让而出现失误。

第三节　羽毛球提高阶段核心技术战术及学练方法

一、提高阶段核心技术

（一）羽毛球的场上步法

运用基本步法方法，构成了从中心位置到场区不同位置击球的组合步法——后退步法、两侧移动步法和上网步法。自中心位置到击球点的步数，一般用一步、两步或三步，这必须根据当时球距身体的远近来决定。

1. 上网步法

由中心位置起动，根据来球的远近可采用一步、二步或三步上网击球；但最后一步总是要求右脚在前、重心落在右脚上。

2. 后退步法

由中心位置后退，根据来球的远近，也采用一步、二步或三步后退击球。最后一步是右脚在后，重心在右脚上。反手击球时左脚退一步后，身体需向左转，右脚再向左跨出一步。

3. 两侧移动步法

向右侧移动，若来球较近，用左脚掌内侧蹬地，右脚同时向右侧转跨一大步：若来球较远，左脚可向右垫一小步再起蹬，右脚同时向右侧转跨一大步。向左侧移动，右脚掌内侧起蹬，左脚同时向左侧跨一大步。若来球较远，左脚可先向左侧移半步，上体向左转身的同时右脚向左跨出一大步。

（二）发球

1. 发平快球

站位应稍后，击球的瞬间，拍面的仰角一般小于 30°。击球点在腰部以下的最高处，挥拍时要利用前臂带动手腕，闪击式击球。

2. 发网前球

发网前球与发高远球的姿势一样（图 11-3），但挥拍的幅度要小，当球与球拍接触的一刹那，利用小臂摆动和手腕的力量由右向左横切推送，把球击出。

图 11-3

(三)击球

1.高手击球

吊球:把对方击来的球从后场轻巧地还击到对方的网前场区叫吊球。它是调动对方,打乱对方阵脚,组织配合战术的一种击球技术。在后场进攻中,常和高远球、杀球结合运用。

2.网前击球

(1)勾球。在网前回击对角线网前球叫勾球。常和搓球、推球结合起来运用。

(2)挑高球。将对方击来的吊球或网前球挑高,回击到对方后场上去。

3.低手击球

抽球(图 11-4):抽球是应付对方长杀和半场球,以平球对攻的反攻技术,抽球点在肩以下,以躯干为轴发力、作半圆式的挥拍击球动作。

图 11-4

学练方法:提高阶段的击球技术的方法主要是多球和对抗练习,提高学生的击球速度、力量和变化。

二、提高阶段核心战术

(一)单打的几种打法

1.发球抢攻战术

从发球的第一拍起,争取控制对方,以攻杀得分。这种战术,一般为发网前低球结合平快球、平高球,争取第二拍的主动进攻。用这种战术对付应变能力较差的对手,或实施于比赛的关键时刻,效果往往很好。实施这一战术时,应有高质量的发球予以保证,否则很难成功。

2.杀、吊上网战术

对对手打来的后场高球,本方先以杀球配合吊球把球下压,落点选在场区的两条边线附近,致使对手被动回球。若对手回网前球时,本方迅速上网搓球、勾对角球或平推球,创造在中场大力扣杀的机会。这种战术必须能很好控制杀、吊球的落点,在使对方被动回网前球时，主动迅速上网攻击。

3.快拉快吊

以平高球压对方后场两底角，配合快吊网前两角，引对方上网，当对方被动回击网前球时，即迅速上网控制网前，以网前搓、勾球结合推后场底角，迫使对方疲于奔跑，被动回击。

4.后场下压

利用对方打来的高远球在后场扣杀，结合吊球迫使对方被动挡网前或放网前球。这时主动快速上网搓或推球控制前场，迫使对方被动抛高球再后退起跳大力扣杀。

（二）双打的几种打法

1.攻后场战术

对方后场扣杀能力差，本方可采用平高球、推平球、接杀挑底线，把对方一人紧逼在底线两角移动。当对方回球质量不高时，则抓住机会大力扣杀。如另一对手后退支援时，即可攻网前空当。

2.后攻前封战术

当本方处于主动进攻地位时，站在后场的队员见高球就杀或吊网前，迫使对方接球挡网前，这为本方前场队员创造了封网扑杀的机会。前场队员要积极封锁前场，迫使对方被动挑高球。一旦对手挑高球达不到后场，就为本方创造了再进攻的机会。

第四节　主要规则解析

一、单打主要规则

（一）发球区和接发球区

1.发球员的分数为0或双数时，双方运动员均应在各自的右发球区发球或接发球。

2.发球员的分数为单数时，双方运动员均应在各自的左发球区发球或接发球。

（二）球发出后，由发球员和接发球员交替对击直至“死球”

（三）得分和发球

1.接发球员违例或因球触及接发球员场区内的地面而成死球，发球员就得一分。随后，发球员再从另一发球区发球；

2.发球员违例或因球触及发球员场区内的地面而成死球，接发球员就得一分，同时发球员失去发球权，而接发球员成了发球员。

二、双打主要规则

（一）发球区和接发球区

1.一局比赛开始和获得发球权的一方得分为0或双数时，都应从右发球区发球。

2.当发球员一方得分数为单数时从左发球区发球。

3.双打配对中的另一名运动员将采用相反的方法。

4.发球员和接发球员都必须站在斜对角发球区内发球和接发球。

5.只能由接发球员接发出的球；如果接发球员的同伴触及球或接球即为违例，发球方得1分。

6.发球必须从两个发球区交替发出，除了规则中的12和14之外。

7.接发球方站在各自发球区不变，直到他们发球得1分后才交换发球区。

（二）场上顺序和位置

1. 自发球被回击后，由发球方的任何一人击球，然后由接发球方的任何一人击球，如此往返直至“死球”。

2. 自发球被回击后，运动员可以从网的各自一方任何位置击球。

（三）得分

1. 接发球方违例或因球触及接发球方场区内的地面而成死球，发球方得 1 分，原发球员交换场区继续发球；

2. 发球方违例或球触及发球方场区内的地面而成死球，接发球方得 1 分，发球方失去发球权，而接发球方成为发球方。

（四）发球顺序

运动员发球顺序和接发球顺序不得错误，一名运动员在一局比赛中不得连续两次击球。

（五）间歇与暂停

1. 当一方先得 11 分的时候，每局间歇不能超过 60 秒；比赛的第一局与第二局之间，及第二局与第三局之间允许不超过 120 秒的间歇。

2. 比赛的暂停

遇有不是运动员所能控制的情况，裁判员可根据需要暂停比赛；如遇特殊情况，裁判长可以要求裁判员暂停比赛；如果比赛暂停，已得分数有效，续赛时由该分数算起。

第五节　重点技术战术的评价与考核

一、重点技术的评价与考核

（一）考核项目

1. 正手发高远球。

2. 上手击高远球。

3. 反手发网前球。

学生在以上三项中自选两项考核，考核的两项各占专项成绩的 50%。

（二）考核方法和标准

1. 正手发高远球

方法：受试者站在左区或右区发球线后，用下手发高远球，每人连续发 10 个球，以发球成功率、球的落点、动作质量作为评分标准。

评分标准：

表 11-1

分　值	技　评　标　准
90～100	发球运作连贯、协调、流畅、完整，发力顺序正确，动作幅度大，自然、优美、球运行高而远，落点稳定，且在有效区域内。
80～90	发球动作连贯、协调、流畅、完整，发力顺序基本正确，落点较稳定。
70～80	发球动作较为连贯、协调、完整，发力顺序基本正确，落点较为稳定。
60～70	发球动作基本连贯，动作生硬，协调性差，落点一般。
60 分以下	发球动作不正确，不连贯，落点差，成功率低。

2. 后场击高远球

方法：一人隔网发高远球，受测者站中场位置准备接球，每人连续正手击球 10 个。

评分标准：

表 11-2

分　值	技　评　标　准
90～100	击球动作连贯、协调、流畅、完整，发力顺序正确，动作自然、优美，球运行高而远，落点稳定，且在有效区域内。
80～90	击球动作较连贯、协调、流畅、完整，发力顺序较正确，动作比较自然，落点稳定。
70～80	击球动作较为连贯、协调、完整，发力顺序基本正确，落点较为稳定。
60～70	击球动作基本连贯，发力顺序基本正确，落点一般。
60 分以下	击球动作不正确，不连贯，落点差，成功率低。

3. 反手发网前球

方法：受测者站在发球线后，用反手发网前球，每人连续发 10 个球，以发球成功率、球的落点，技术动作质量作为评分标准。

评分标准：

表 11-3

分　值	技　评　标　准
90～100	发球动作连贯、协调、完整、发力顺序正确，落点稳定，过网成功率高。
80～90	发球动作连贯、协调、完整，发力顺序正确，落点较稳定，过网成功率较高。
70～80	击球动作较为连贯、协调、完整，动作基本正确，落点较为稳定，过网成功率较高。
60～70	发球动作基本连贯、完整，落点一般，过网成功率一般。
60 分以下	发球动作不正确，不连贯、不协调，落点不稳定，过网成功率低。

二、重点战术的评价与考核

学生自由组合，两人对打，按 21 分制新规则进行比赛，每组 11 分球。教师观察学生的场上意识、步法移动和击球效果给予战术成绩。

第十二章 网 球

第一节 网球运动简介

一、网球的起源与发展

网球与高尔夫球、保龄球、桌球并称为世界四大绅士运动。网球运动的起源及演变可以用四句话来概括：孕育在法国，诞生在英国，开始普及和形成高潮在美国，现盛行全世界。1896年在雅典举行的第一届奥运会上，网球的男子单打与双打被列为正式比赛项目。后来，由于国际奥委会和国际网球联合会在"业余运动员"的定义上有分歧，已经连续进行了七届奥运会的网球比赛被取消，直到1984年的洛杉矶奥运会上，网球被列为表演项目。1988年的汉城奥运会上，网球又重新被列为正式比赛项目。

网球运动约在1885年传入我国的上海、广州等几个大城市，但仅在教会及教会学校中开展。从1910年旧中国第一届全运会开始，虽也举办和参加了多次全国及国际比赛，但参加人数少，运动水平低。解放后网球运动不断发展，技术水平迅速提高，特别是近几年，随着国际赛事的增多，中国选手走出国门不断经受国际大赛的洗礼，在技战术水平上有了很大的提高。2004年雅典奥运会上，孙甜甜、李婷夺得女子双打冠军，而后在2006年澳网、温网大赛中郑洁和晏紫又夺得女双冠军。2008年北京奥运会上，郑洁和晏紫拿到一枚铜牌，李娜则获得女单第四名。人们开始越来越多地关注网球，并积极参与到该项目中，掀起了"网球热"。

二、网球的健身特点

网球是一项深受人们喜爱且富有乐趣的体育活动。它既是一种消遣、增进健康的方式，也是一种艺术追求和享受；当然也是一项扣人心弦的竞赛项目。从事网球运动，文明高雅、动作优美，每打出一次好球，都会使人感到兴奋异常、畅快无比。

网球运动由最初的贵族运动发展成为一项老少皆宜的现代大众体育项目，与其特点是分不开的。它主要有以下特点：空中击球快速有力；发球方法独具一格；积分方式与众不同；比赛时间难以控制；比赛强度大；心理要求高。

网球运动具有较高的健身功能：

（一）增加健康，增强体质

网球运动是典型的有氧为主、无氧为辅的运动。经常参加可以提高人的心血管系统的能力，帮助降低人体的血脂，防止高血压。运动量的大小可以自己控制。经常打网球可以增强人的灵活性，提高人的反应速度，使人年轻，有朝气，有精力，防止老年痴呆。

（二）锻炼良好的心理素质

经常参加网球运动的训练和比赛，能学会很多控制自己情绪和调节自身心理的手段和方法，能很好地锻炼人的意志品质。

（三）培养勤奋好学的优秀品质

网球运动是一项技术性很强的体育项目，对于初学者而言，短期内掌握较难。网球的魅力是无穷的，但是想完全掌握也不是一件简单的事，这就要求初学者认真学习，勤学苦练，多向教练和球友请教，不断提高水平。

（四）陶冶良好的情操

网球场是结识朋友的好地方。小小的网球会使人们相识、交流、交心、知心。没有年龄的障碍，没有性别的阻挡，没有门第的高低。

第二节　网球课的教学设计

由于网球的独特魅力，大学生深深地被它吸引，高校为了适应学生和社会的需要，开设网球选项课。但是毕竟网球在中国刚刚起步，很多学校由于经费等问题，网球场馆很少，有的甚至没有正规的网球场，那就要利用学校现有的场地资源，合理地开发利用场地来上好网球课。本章内容主要解决这些问题。

一、教学目标

（一）初级阶段的教学目标

网球是小球中技术相对较难的球类运动，球拍较重，场地大，技术动作较难掌握，如果不掌握正确的动作要领，形成动力定型，很容易造成网球肘等损伤，因此在初级阶段，主要掌握正确的握拍方法和击球动作，形成正确的动力定型，对打练习中有一定的来回。掌握一定的战术，学会用脑子打球。

（二）提高阶段的教学目标

提高阶段主要提高击球的效果和性能，能打出上旋、切削和平击球；提高技战术水平，能根据场上的情况，灵活运用各种技术，在对打时能有较多的来回球。提高学生的场上意识和拼搏精神。

二、教学内容

（一）初级阶段的教学内容

1.技术

主要是掌握基本的握拍方法和基本步法，下手发球、发平击球，正手和反手的基本击球。

2.战术

初级阶段主要是首先把球发过网、打到对方的界内；在此基础上，打对方的薄弱环节（反手位），打对角线，因为过网路线长，过网高度低，成功率较高。

（二）提高阶段的教学内容

1.技术

在初级阶段掌握技术的基础上进行学习，学习发上旋球和切削球，提高发球的成功率；掌握正手上旋和下旋击球方法，并结合移动完成击球；学习截击球和高压球技术，并能根据场上情况灵活运用。

2.战术

提高阶段主要是学习发球上网、穿越球、底线球等战术，根据自己或对方的发球和回球质量采用合适的战术。

三、教学重点和难点

(一)初级阶段的教学重点和难点

初级阶段的技术教学重点即教学难点:处理好手腕、肘、肩的角度和位置,形成正确的动力定型;处理好人和球即击球点的关系(特别是移动后击球);把握击球的时机;击球时身体的协调用力。

(二)提高阶段的教学重点和难点

提高阶段的技术教学重点即教学难点:处理好人和球即击球点的关系(特别是移动后击球);把握击球的时机;击球时身体的协调用力。提高阶段主要是击打对方送过来的球,要根据来球的速度和路线,在迅速移动到位后将球击回,并要求回球质量高。

四、场地及学生组织

(一)充分运用多种场馆

初级阶段学习时可以充分利用舞蹈教室或健美操房的大镜子,让学生对镜子做徒手动作的模仿练习,便于及时作出信息反馈,有助于较快掌握动作,从而形成正确的动力定型。

充分利用校园内的墙壁(但要保证不影响其他人的工作和学习),做对墙击球练习。墙壁是最好的练习伙伴,无论你的水平多高,它总能把球回给你;回球的时间短,要求迅速移动调节自己的位置和作出较快的反应。

篮球和排球馆(场)都可以作为暂时的网球场。

(二)学生的组织

场地少而人多,可以采用分组、多球练习,尽量增加学生触球的机会。一般网球选修课的人数在20～30人左右,如果有两块场地,我们可以将人分两大组,每块场地10～15人,然后再进行分组,初学阶段主要是掌握动作阶段,所以可以再分为三个小组,第一组中有一个人抛球给第二组的同学击球,其余的几个人捡球(可采用用拍子捡球的方法);第三组的同学则可以进行徒手挥拍练习和颠球熟悉球感练习。一定数目的球后三组轮换。

在提高阶段,可以将学生进行分组循环。一组复习上次课的内容,主要是场地上多球练习;另一组则学习新的内容,可以对挡网或墙进行自抛球击球练习。两组循环。

第三节　网球初级阶段核心技术战术及学练方法

一、网球运动初级阶段的“核心”技术

网球技术包括无球技术和有球技术。无球技术包括握拍方法、准备姿势和移动。有球技术包括发球、接发球、截击球、放小球、挑高球、高压球。本节内容主要介绍初级网球技术的握拍方法、准备姿势和击球方法。

(一)握拍法

网球运动有三种基本的握拍方法,即东方式、大陆式、西方式。不同的握拍法可以产生不同的击球效果和打法。实践证明,不同的打法在世界上都获得过较好的成绩。

1.东方式握拍法

(1)正手握拍:以右手持拍为例。左手先握住拍颈,使拍面和地面垂直,然后手掌也垂直地面,手握拍柄如同与人握手,又称“握手式”握拍法。即用右手掌根与拍柄右上斜面贴紧,拇指垫握住拍柄的左垂直面,食指微离中指,食指下关节压住拍柄右垂直面。拇指与食指成

"V"型,对准拍柄的右上斜面和左上斜面的上端中间。

(2)反手握拍:从正拍握法把手向左转动(即把拍子向右转动),使拇指与食指成"V"型,对准拍柄的左上斜面与左垂直面的中间条线。用手掌根压住拍柄的右上斜面,食指下关节在右上斜面上。

2.大陆式握拍法

正反手均采用同一种握拍法,不需要变换动作,适宜截击和发球。握拍时用手掌根紧贴拍柄上部的平面,食指与其余三指稍微分开,食指上关节紧贴在右上斜面上,拇指垫贴在拍柄的左垂直面上。

3.西方式握拍法

(1)正手握拍:手掌心朝下,手掌的大部分放在拍柄的底部,手掌根贴在拍柄的右下斜面,拇指压在拍柄的上部上面,食指的下关节握住拍柄的右下斜面。拇指与食指的"V"形对准握柄右垂直面。

(2)反手握拍:在西方式正手握拍的基础上,把球拍上下颠倒过来,用同一拍面击球或手腕顺时针转,使拇指与食指的"V"形对准拍柄的左垂直面。食指下关节压住拍柄的上部手面,手掌根贴在左上斜面。

4.双手反手握拍

右手为东方式反手握拍法,握在球拍拍柄的底部,手掌根与拍柄对齐。左手握在右手的上方,作东方式正拍握拍法。该握拍法的优点在于对力量不足的学员双手反手比较容易,同时这种握拍法易于对来球加上旋和发力;且动作的隐蔽性强。缺点在于对步法要求精确。

(二)准备姿势

两脚开立略比肩宽,脚掌着地,脚跟抬起,身体重心置于两脚前脚掌之间,两膝微屈,并保持膝关节的良好弹性,上体放松微前倾,两眼注视对手或来球。球拍置于腹前,拍头指向前方略偏左,拍头微翘高于手腕。用正手握拍法轻握球拍,不持拍手轻扶拍颈,稳定球拍,减轻持拍手腕部的负担,辅助引拍,加快引拍速度。

(三)基本移动步法

1.滑步

两脚平行站立。向左滑步时左脚先向左侧迈出一步,右脚同时迅速跟上做滑步动作。滑步移动时身体重心变化快而移动速度较慢,宜在短距离移动中运用,通常在来球距体侧稍近时采用。

2.交叉步

两脚左右开立。向右侧交叉移动时身体稍向右转,左脚从右脚前向右后交叉迈出一步,然后右脚再向右侧方向跨出一大步,同时重心移至右脚,身体转向来球方向,保持击球前的姿势。其特点是步子大,动作快,便于制动。

3.跨步

跨步前膝部弯曲,上体前倾,身体重心移至跨出脚上。跨步时,一腿用力蹬地,另一腿向来球方向跨出一大步,后腿随重心前移自然跟上。其特点是跨距大,便于向前、斜前方降低重心回击反弹球或切削击球。

4.跑步

跑步时一脚蹬地起动,另一脚迅速向前跟上,两脚交替进行,两臂配合摆动,不要过早作击球动作的准备，直到接近球时才尽力去击球，其特点是移动速度快，便于随时改变方向。

5.垫步

垫步是网球运动中常用的一种步法。它是移动过程中最后一步的制动步法，要求两脚同时落地，身体重心下降，两手持球拍于体前，为下一步击球做准备。

学练方法：

(1)学生集体练习：准备姿势做好，听教师口令或手势运用各种步法移动练习。

(2)分组练习：两人一组，一人抛球，另一人运用各种步法在球落地前将球接到。

(3)球感练习：持拍拍球、垫球练习。

(四)基本击球技术

1.正手击球(图 12-1)

(1)准备姿势：面对球网，两脚开立，略宽于肩，稍屈膝，上体稍前倾，重心置于前脚掌。球拍指向正前方，几乎与地面平行。右手握拍(以右手握拍为例)，左手托住拍颈。两眼始终盯着来球.

图 12-1

(2)转体引拍：当判断球向正手方向飞来时，双脚迅速右转，肩右转 90°角，同时转髋，左脚向右前方上步，重心移至右脚，右手引拍于身体右后。肘部要自然弯曲下垂，手腕固定，左手在体前保持身体平衡。

(3)挥拍击球：将球拍迅速向前挥动，手腕固定，球拍从稍低于腰部处开始做弧线运动，逐步上升，向前挥动迎击球，击球时拍面基本垂直地面，同时将身体重心从右脚移至左脚。击球时身体随之转动，腰部带动大臂击球。

(4)随球动作：当球离开球拍后，击球动作不要停止，而是随出球方向挥一段距离，肘关节向前跟进，挥至左肩一侧，拍头指向天空。同时身体完全转过来，面对球网。在完成一次击球后，应立即回到准备姿势，为下一次击球做准备。

2.双手反手击球(图 12-2)

(1)准备姿势：身体正对球网，膝关节微屈，身体重心落于两脚前脚掌。左手托住球拍的拍颈，右手放松，注意观察并预判来球。

(2)引拍：上体充分向后转体，球拍以平坦的弧线向后引拍，膝关节弯曲，身体重心下降，右脚向前斜跨一步，眼睛始终盯着来球。

(3)击球：身体重心移至前腿，上体向前转体面向击球方向，拍头低于预期的击球点高度，然后向前并稍向上击球加速挥拍。击球点在右侧髋关节前面，拍面垂直地面。

(4)随挥动作：朝击球方向尽可能长的继续随挥，双腿继续伸展。球拍放低，准备好下一次击球。

图 12-2

3.学练方法

(1)徒手模仿动作:集体听教师口令原地做分解的慢动作,然后做完整动作。

(2)无球挥拍练习:集体原地挥拍练习、移动后挥拍练习。

(3)抗阻力挥拍练习:两人一组,一人挥拍做动作,另一人在其体后抓住拍头,使其体会腰部发力击球。

(4)击固定球练习:由分解动作逐渐过渡到完整的击球动作。

(5)击抛球练习:学生分组练习,一人抛球,其余人击球,循环击一定数量的球。

(五)发球与接发球

1.下手发球(图 12-3)

准备姿势:面对球网,两膝微屈,身体重心落在前脚掌,左手持球,右手持拍放松。

图 12-3

引拍阶段:上体向右后方扭转,球拍后摆,左脚向前上步,左手将球稍向上抛,两眼始终盯着球。

击球阶段:肩向前扭转,手腕关节微打开,在球落地前,在身体一侧的前面击球。

随挥阶段:击球后,击球手臂和球拍顶端尽可能长地向前上方随挥,重心前移,然后还原成准备姿势,准备下一次击球。

2.发平击球

准备姿势:侧对球网站立,前脚与端线约成 45°,指向右侧网柱,身体重心在左脚上,左手托住球拍的拍颈,手臂放松,稍微弯曲并保持在胸部的高度。

引拍阶段:双臂同时稍下放,在其最低点抛球手臂与击球手臂分开,但以不同的速度向上摆动;在眼睛的高度将球抛出,击球臂向后、向下、向上引拍,身体重心移至右腿上;在手臂伸展到最高点时,身体重心又移到左腿上,同时,通过髋关节前移,降低身体重心;左腿支撑身体向前、向上运动。

击球阶段：击球肩膀转向前面，前臂旋内，充分向前、向上伸展击球臂，在最高点击球，击球瞬间，拍面几乎垂直地面。

随挥阶段：击球后右前臂继续向外转动，球拍随挥至身体的左侧，左臂在体前的位置作相反运动。击球后随球上网或站在端线附近准备击球。

3. 学练方法：①徒手挥拍模仿练习；②抛球练习；③自抛球对墙发球练习；④发球区对网多球发球练习。

4. 接发球

准备姿势及站位：接发球的准备姿势只要能以最快的速度还击球就行。当对方发球前，可以膝盖弯曲，两腿分开；当对方抛球准备击球时，可以重心升起，两脚快速交替跳动，并判断来球迎前回击。接发球站位要根据对方的发球水平和自己的接发球水平、习惯、场地快慢和战术需要来确定，一般应站在对方能发到内外角的中角线上，接第一发球时站位稍后些，接第二发球时站位略前。

击球动作：根据对方发球好坏、速度快慢而定。动作一般介于底线正、反拍击球动作和截击球动作之间。对发球差的选手，可用自己的底线正、反拍动作来接对方的发球；而对发球好、速度快的选手，可用网前截击球的动作来接对方的发球，这样接出的球很有威胁。

学练方法：①底线附近无球情况下作接发球跑动、挥拍练习。②将学生分组进行发接对抗，为激发学生的学习积极性，进行计分。

二、网球运动初级阶段的"核心"战术

初级阶段的战术主要是保护自己的弱点，攻击对方的弱点。

1. 打对方的反手

每个人的反手一般都比正手弱，而且初中级选手的反手可能就是他最大的心病所在。所以不管和谁比赛，第一个原则就是打对方的反手。

2. 打对角球

因为球网中间是最低的，就减少了下网的机会；第二是对角的距离是最长的，减少了出界的机会；最后，你打过去以后，对方最好打的球也是对角球，所以你可以比打直线球少跑一些距离。

3. 打高球

在网球比赛中，最应该避免的就应该是下网球了。因为你打的球有三种可能的结果：下网、出界、界内，你的成功率为33.33%；而如果你把球都打过网，你的球就只有两种结果，界内和出界，那你的成功率就已经是50%了。

4. 绕到反手位打正手球

绕到反手位打正手球有两个明显的好处：一是保护了你的弱点；二是(如果你能把球打高一点到对方的反手的话)你攻击了对方的弱点。即使对方打一个直线，把球打到你的正手位的空当，你一般也能跑过去用正手打一个高球，然后复位。

5. 把球发过网

无论你的发球多臭，只要你能把它发过网，它有时还能帮你得分。

6. 把球打到界内

在开始学习比赛的阶段，最大的对手与其说是你的对手不如说是球网，把球打过网你就基本成功了一半，而一旦你能成功地把球打到界内，你就已经可以赢得大部分的比赛了！

第四节　网球提高阶段核心技术战术及学练方法

一、网球运动提高阶段的“核心”技术

（一）发球技术

1. 切削发球

这是一种以右侧旋转（略带下旋）为主的发球法。就是由球的右上往左下切削击球。由于切削发球的飞行轨迹及弹跳方向所定，该发球不但球速快，威胁大，而且容易提高发球命中率。为此被世界各国多数运动员所采用。

发球时把球抛到右侧斜上方，球拍快速从右侧中上方至左下方挥动。击球部位在球的中部偏右侧，使球产生右侧旋转。

2. 上旋发球

这是以上旋为主，侧旋为辅的发球法。由于球的上旋成分多于切削发球，使球产生一个明显的从上向下的弧形飞行轨迹过网，发力越强，旋转成分越多，弧形就越大，命中率也越高；落地后高反弹到对方的左侧，迫使对方离位接球，给对方造成很大压力，同时为发球上网带来足够的时间。

发上旋球时把球抛到头后偏左的位置，击球时身体尽量后仰成弓形，利用杠杆力量对球加旋转，球拍快速从左向右上方挥动，从下向上擦击球的背面，并向右带出，使球产生右侧上旋。

（二）正手击球

1. 上旋球

正手上旋球技术同平击球的技术环节相似，在挥拍时，球拍从下向上、向前擦击球的后下部，击球随挥后，球拍挥到左前上方。

2. 下旋球

来球时，引拍转体左肩对网，重心落在右脚上，拍头高于击球点；左脚向右前方跨出的同时，左手指向前面来球，以保持身体的平衡，由后上方向前下方挥拍，击球的后上部；身体重心移至前脚，击球后拍头随挥至身体左侧。

（三）截击球

截击球是网前进行的一种攻击性击球方法，当球还没落地并在空中飞行时（除高压球外），被凌空打掉，称为截击，亦称拦网。截击球在现代网球比赛中，是一项重要的得分手段。掌握好网前截击技术，对单打时的发球上网、随击球上网和双打中的上网，都有很大的帮助作用，同时也能使自己的技术水平提高到一个新的高度。

学练方法：①无球状态下挥拍动作练习；②两人对面击球；③上网练习。

（四）高压球

同截击球一样，属于上网击球技术，是用以对付对方的挑高球，其动作类似发球，在头部上空用扣杀动作还击来球。堪称击球中的一门“重炮”，是迅速制胜的锐利武器。采用高压球，合适的步法是前提，击球时不要迟疑。

（五）挑高球

挑高球技术在高水平的网球比赛中较少见，而在一般水平的网球比赛中运用较多。当一方在比赛中处于被动地位，而对手高压球水平也不很高的情况下，用挑高球来破坏对方的进攻节奏，使自己赢得时间回到有利的位置；或者挑球过顶，迫使对方退回底线救球，使自己上到网前，反守为攻，因此业余选手掌握此技术很有必要。

二、网球运动提高阶段的“核心”战术

高级战术在某种意义上和初级战术是差不多的，都是保护自己的弱点，攻击对方的弱点。但不同的地方在于，它所结合的心理成分更多。

（一）发球上网战术

发球上网就是依靠发球的优势，上网主动截击得分的战术。发球上网最大的好处在于：使对手始终处于一种受压抑的状态。因为你始终处于有利位置，对手回球的角度小，而且难以找到节奏，所以你很可能在精神上首先占得主动，然后是在分数上。

（二）穿越球战术

这是一种针对上网战术而产生的反击型战术。对付上网型选手的办法也是不要让他有节奏。具体地说，就是打不同的球给他，让上网的选手猜你会打什么球回去，当他失误增多，回球质量变差，就是你穿越他的时候了。

（三）底线球战术

高手们在攻击对方的弱点反手时，会先打几个球到对方的正手，然后突然把球打到反手，或结合上网，压迫对手，轻松得分；或打很高的上旋球到对方的反手，使对手打出质量不高的短球，再打开角度得分。

（四）放小球战术

通常是在对手远离球网的时候使用，让对手措手不及，就算对手疲于奔命地救到球，也很容易把球再次回到对手的身后空当得分。

第五节　主要规则解析

一、场地设备

（一）场地

一个长方形场地，长 23.77 米，宽 8.23 米，网高 1.07 米。

（二）球

球为白色或黄色，外表毛质均匀，接缝处没有缝线。球的直径为 6.35～6.67 厘米，重量为 56.7～58.5 克。

二、基本规则

（一）发球前的规定

发球员在发球前应先站在端线后、中点和边线的假定延长线之间的区域里，用手将球向空中任何方向抛起，在球接触地面以前，用球拍击球。球拍接触球时，就算完成发球。

（二）发球时的规定

发球员在整个发球动作中，不得通过行走或跑动改变原站立位置；两脚只准站在规定位置，不得触及其他区域。

(三)发球员的位置

每局开始,先从右区端线后发球,得或失一分后,应换到左区发球。发出的球应从网上越过,落到对面的对方发球区内,或其周围线内。

(四)发球失误

未击中球;发出的球,在落地前触及固定物(球网、中心带和网边白布除外);违反发球站位的规定;发球有两次发球权,发球失误后,应在原发球位置进行第二次发球。

(五)发球无效

发球触网后,仍然落到对方发球区内;接球员未作好接球准备;均应重发球。

(六)交换发球

每局比赛终了,交换发球权。

(七)交换场地

双方应在每盘的第1、3、5等单数局结束后,以及每盘结束双方局数之和为单数时交换场地。

(八)计分方法

(1)胜1局:每胜1球得1分,先胜4分者胜1局;双方各得3分时为"平分",平分后,净胜两分为胜1局。

(2)胜1盘:一方先胜6局为胜1盘;双方各胜5局时,一方净胜两局为胜1盘。

(3)决胜局计分制

在每盘的局数为6平时,有以下两种计分制:采用长盘制,一方净胜两局为胜1盘。短盘制时(决胜盘除外,除非赛前另有规定),先得7分者为胜该局及该盘(若分数为6平时,一方须净胜两分);首先发球员发第1分球,对方发第2、3分球,然后轮流发两分球,直到比赛结束;第1分球在右区发,第2分球在左区发,第3分球在右区发;每6分球和决胜局结束都要交换场地。

第六节　重点技术战术的评价与考核

一、技术考核与评价

(一)正手击球技术

方法:一人隔网用手抛球,学生站于底线位置准备击球;考生连续击正手球10个;教师以学生的击球成功率为达标依据,占技术分的50%;同时,教师以学生技术动作质量为技评标准,占技术分的50%。具体评分标准见表12-4。

规则:按最新《网球运动竞赛规则》执行。

(二)反手击球技术

方法:一人隔网用手抛球,学生站于底线位置准备击球;学生可以采用单手反手或双手反手击球(不能为反手削球);考生连续击反手球10个;教师以学生的击球成功率为达标依据,占技术分的50%;同时,教师以学生技术动作质量为技评标准,占技术分的50%。具体评分标准与正手击球相同,见表12-1。

表 12-1 正手击球技评评分标准

有效击球	技评标准	分值
10 个～7 个	击球动作正确、完整、流畅、连贯、协调，能做到主动迎击球，球的落点稳定，落点较深，随挥充分，回位快，步伐好，击球成功率高、节奏感好。	100～80
7 个～5 个	击球动作正确、完整、比较流畅、连贯，步伐较好，落点稳定、有回位意识，节奏感较好。	80～60
5 个及 5 个以下	不能较为正确、完整的完成击球动作，动作不够协调，步伐凌乱，回球成功率低，移动不积极。	60 分以下

(三)下手发球

方法：学员应站在底线后，分别在左区、右区发球各 10 个；以每人发球的成功次数计算达标成绩；教师根据学生的发球动作质量评定技评成绩，标准见表 12-2。

表 12-2 发球技评标准

有效击球	技评标准	分值
10 个～7 个	技术动作正确、完整、流畅、连贯、协调，发球成功率高，落点稳定、球速快，有明显的鞭打动作。	100～80
7 个～5 个	技术动作正确、完整、比较流畅、成功率较高、落点较稳定、球速较快，缺乏力量。	80～60
5 个及 5 个以下	动作基本正确，但不流畅，鞭打动作不明显、落点不稳定。	60 分以下

二、战术考核与评价

采用两人对打的组织形式。

方法：学生可自选陪考对象，或两人同时参加考试，并在上场前告诉任课教师考试人数为 1 或 2 人；考生上场前应准备好 5 个球；由任何一方发球后，开始计分打一局；教师根据学生的场上意识和移动步法以及击球的效果评定成绩。

第十三章 健美与健美操运动

近些年来，随着经济和科学技术的飞速发展，以及物质文明的不断提高，人们越来越注重健康投资，注意美化自己的生活。正是由于观念上的变化，健美与健美操运动不仅在我国，而且在世界范围内迅速兴起。然而，不少人对什么是健美与健美操运动、它的作用和特点是什么、发展概况如何等等并不清楚。下面就这些问题作简要介绍。

第一节 健美运动

一、发展概况

（一）国际健美运动发展简况

古代健美观念以古希腊比较具有代表性。每四年一届的古代奥林匹克运动.就是炫耀力量和人体健美的标志。公元130～200年，古罗马著名医生盖伦著书立说，倡导健美运动。到了18世纪，德国的体育活动家艾泽伦创造了各种形式的锻炼，它们既是现代竞技举重的起源，也是现代健美运动和力量举重的起源，如哑铃、吊环等运动。从19世纪起，德国人欧根·山道作为健美运动创始人，通过实践，创造摸索出了一整套锻炼肌肉的方法，并广为宣传，世人称之为“健美运动的开拓者和鼻祖”。20世纪初，健美在英、美等国得到了广泛的发展。1946年，加拿大人本·韦德和他的胞弟裘·韦德正式创建国际健美协会，并开始了正式国际业余健美锦标赛:20世纪40年代，女子健美在美国兴起。

（二）我国健美运动发展简况

现代健美运动从20世纪30年代起由欧美传入我国并发展起来。赵竹光先生是我国现代健美运动的开拓者，他创立了我国最早的健美组织“沪江大学健美会”。80年代是我国健美运动复兴的年代，群众性健美运动吸引了众多的男女老少积极参加，在此基础上，各级体育部门及有关人士也大力支持、积极倡导，并举办了各种形式的比赛。另外，各种宣传媒介对推动我国健美运动的开展也起了积极的作用。

二、对人体的作用

长期进行健美锻炼，能够发展肌肉，加大力量，促进健康，增强体质，改善体形体态，矫正畸形，调节心理活动，陶冶美好的情操，提高神经系统机能，培养顽强意志品质。

1.发展肌肉，增长力量。

健美运动一个突出的作用就是可以有效地发展全身肌肉，增长力量。在人体中，由肌肉、骨骼、关节和韧带等共同组成了运动器官，使机体得以进行各种各样的复杂而精细的运动，而一切运动的原动力都来源于那些大大小小的肌肉。由于健美评分的主要标准之一就是肌肉的发达程度，所以健美训练中要经常采用各种各样的杠铃、哑铃等负重动作，对全身各部位肌肉进行锻炼，特别是每次练习几乎达到极限，因此能够使肌肉得到强烈的刺激，从而使肌纤维变粗，肌肉中的毛细血管网增多，肌肉的生理横截面扩大，肌肉变得丰满结实而发达;又由于中枢神经系统调节机能的改善,特别是神经过程的强度和集中能力的提高,在力量训练的影响下,肌细胞内的肌动蛋白和肌球蛋白等收缩物质增多,脂肪减少。可以使肌肉的粘滞性减小。这些变化导致了肌肉力量的大幅增长,特别是某些局部肌肉群的力量能达到相当高的水平。例如,某些轻级别健美运动员卧推成绩能够在100千克以上,个别运动员甚至能用90千克的杠铃做弯举和颈后臂屈伸动作,由此可见其惊人的臂力。

2.促进健康,增强体质。

经常从事健美锻炼,能对心血管系统、呼吸系统和消化系统等各内脏器官的功能产生良好的影响。健美锻炼可使心肌增强,心腔容量增大,血管弹性增强。进而提高心脏的收缩力和血管的舒张力,使心脏搏动有力,心输出量增加,心跳次数也可减少到60次/分钟,这样心脏的休息时间就增多了。由于心脏的工作能力和储备能力都提高了,这就能够承受更大的负担量。健美锻炼还能使血液中的红血球、白血球和蛋白增加,从而提高身体的营养水平、代谢能力和对疾病的抵抗能力。健美锻炼对呼吸系统的机能也有良好的影响。它能提高呼吸深度,增加每次呼吸时的气体交换量,这既有利于呼吸肌的休息,又可提高呼吸系统的功能储备,从而有利于在激烈运动时满足气体交换的需要,提高机能水平。

健美锻炼还能提高消化系统的机能,因为肌肉活动时要消耗大量的营养物质(尤其是能量物质),这需要及时的补充。同时,肌肉的活动可促使肠胃的蠕动增强,消化液分泌增多,使消化和呼吸能力得到提高,食欲增加。可见,健美运动能有效地增进人体的健康水平,增强体质。

3.改善体形体态,矫正畸形体形。

体态主要是指整个身体及各主要部位的姿态是否端正优美。我国自古就很重视体态,强调一个人要站有站相,坐有坐相。俗话说:“站如松,坐如钟。”如果长时间不注意体态端正,就可能影响某些骨骼的正常发育。健美运动的各种动作能给予身体某些部位的生长以巨大的影响,促使骨骼生长和肌肉的发展。科学的训练还可以减少肌肉中的脂肪含量,达到消脂减肥的目的。这些变化都能有效地改善人体的体形和体态,如:三角肌发达了,肩部就显得宽阔;背阔肌增大了,就能使身体成美丽的倒三角形;腹肌发达了,就会使腹部扁平、坚实,男子变得体格魁梧,肌肉发达,英姿勃勃,风度翩翩,女子变得体态丰满,线条优美,明朗多姿,秀丽动人。正因为健美运动的各种动作能给予身体某些相应的部位以巨大的影响,所以当一个人的体形体态已经出现某些缺陷的时候,就可以有针对性地选择某些适当的运动进行锻炼,以达到矫正畸形的目的。例如。四肢肌肉发达不成比例者,可以采用先练差的一侧的方法使之发达起来,以达到匀称协调;含胸驼背者,可多练一些卧推举和扩胸动作,经过半年左右的锻炼,胸廓自然就会充实发展起来。健美运动由于有矫正畸形的作用,所以某些动作已被进一步用于医疗体育方面,用以帮助恢复肢体的某些功能。

4.调节心理活动,陶冶美好情操。

人的心理活动其本质乃是大脑对外界客观事物的反应。现代生活的紧张节奏,会使人产生紧迫感、压抑感,而紧张的体力劳动又会使人产生疲劳感。出现以上情况,可以通过睡眠、沐浴、放松按摩等恢复性措施加以调节,但神经的疲劳是产生深度疲劳的主要原因,因此除采用上述方法外,还可采用一些调节心理活动的积极措施,健美运动正好能起到这方面的作用。它通过卓有成效的锻炼效果来吸引人的注意力,如通过一段时间的锻炼后,肌肉增长了,多余的脂肪减少了,体形健美了,人的心理上就会产生一种满足感。通过优美明快的音乐，节奏明显而又活泼愉快的形体练习，可以调节人的心理活动，放松紧张的神经，转移和消除人的疲劳感、压抑感，使大脑得到积极性的休息。

健美运动还可以陶冶人的美好情操。爱美之心人皆有之，如果一个人执著地追求健与美，追求生活中的真、善、美，他就能自觉地抵制丑恶的现象，感到生活很充实，在学习和工作中就会精神振奋，精力充沛，注意力集中，充满信心。健美运动所带来的形体美、姿态美的良好变化，也会使人变得活泼开朗，朝气蓬勃。所以，健美运动是一种青春常在的运动，它可以调节人的心理活动，陶冶人的美好情操。

5. 提高神经系统机能，培养顽强的意志品质。

中枢神经系统是由脑和脊髓构成的，而其最高指挥机关则是大脑皮层。大脑皮层一方面管理和调节人体内部器官系统的活动，保持人体内部环境的平衡；另一方面则维持人体和外部环境的平衡。健美运动是在中枢神经系统支配下进行的。反过来，进行健美锻炼也能提高中枢神经系统的机能水平，它能够提高神经过程的强度和集中能力，提高均衡性和灵活性，从而提高有机体对外部环境的适应能力。经常坚持健美锻炼的人，一般能睡得熟，睡得深，很少患神经衰弱症。进行健美训练，肌肉经常要工作到极限，运动员要经常克服由于大运动量训练所带来的肌肉酸痛等疲劳感觉和各种困难，如果能持之以恒，坚持不懈，可以培养顽强的毅力和不怕苦、不怕累、不怕疼痛、不怕枯燥的顽强意志品质。

三、人体主要肌肉群的锻炼方法

（一）胸部肌肉的锻炼方法

胸部肌肉包括胸大肌、胸小肌、前锯肌等。

1. 卧推

作用：发展胸大肌、三角肌（前部）、肱三头肌和前锯肌。

做法：仰卧在卧推凳上，两手可采用不同握距握住横杠，将杠铃拿到胸上后，两臂用力控制住杠铃，缓缓地将横杠放在胸部乳头上（女子触胸即可），然后用力将杠铃向垂直上方推起直至两臂伸直（图 13-1）。

要点：将杠铃置于胸部时，胸要挺起，杠铃缓慢放在乳头上；用力推起时，要用胸大肌发力。

呼吸：放杠铃至胸和上推时吸气，两臂伸直后呼气。

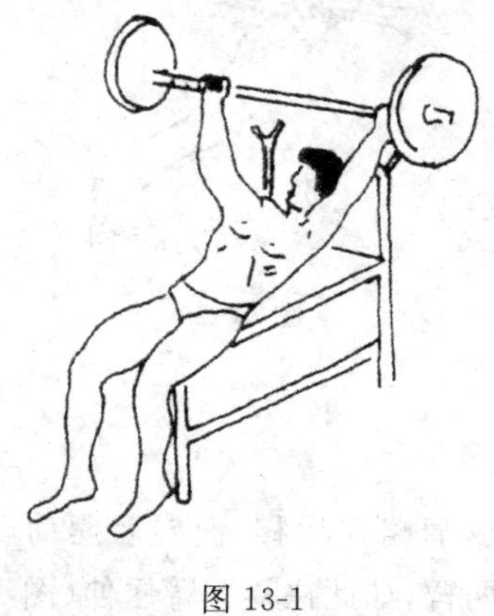

图 13-1

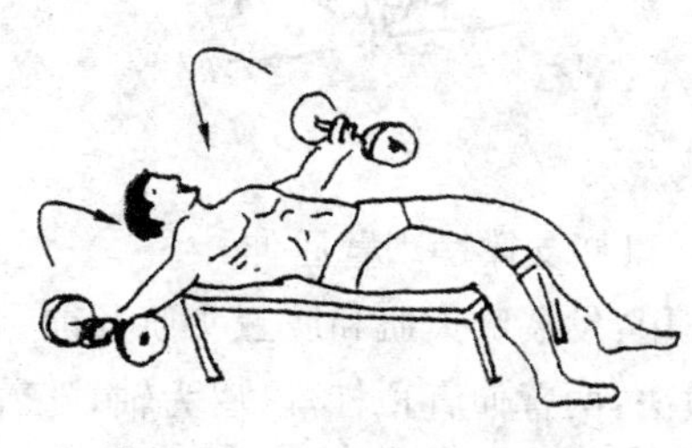

图 13-2

2. 仰卧飞鸟

作用:发展胸大肌、前锯肌和三角肌(前部)。

做法:两手握哑铃并置杠铃于胸前(掌心相对),然后仰卧在凳上。两臂伸直与身体垂直,两膝分开,脚踏地面,随即两臂缓缓向侧下分开(肘微屈)直至肘部低于体侧,这时胸部要高高挺起,腰部离凳,然后胸大肌用力收缩,将微屈而分开的两臂内收,至胸上伸直(图 13-2)。

要点:向下侧分两臂时,肘部要微屈并低于体侧,这样能有效地刺激胸大肌。

呼吸:两臂侧分及向上内收时吸气,臂接近伸直时呼气。

3. 仰卧直臂拉起

作用:发展胸大肌及肩带肌。

做法:仰卧在凳上,两手头后握住小杠铃,然后挺胸振臂,将杠铃举至胸部垂直上方,再控制杠铃下落至原位做第 2 次练习(见图 13-3)。

要点:做动作前要头后引臂至最低位,充分拉长胸大肌;做动作时要尽量想着用胸大肌发力。这样能有效地锻炼胸大肌,特别是其上半部肌力。

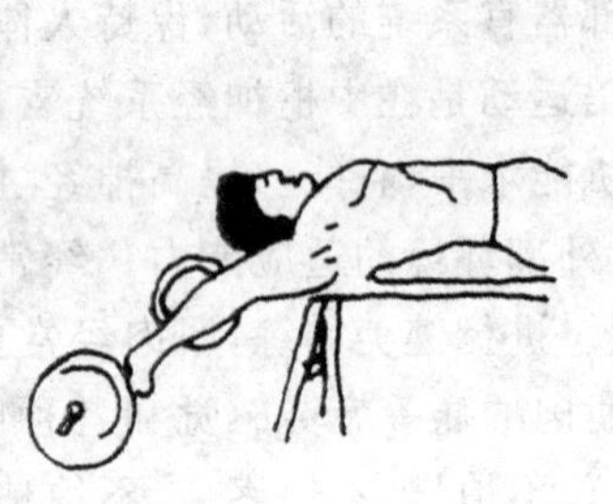
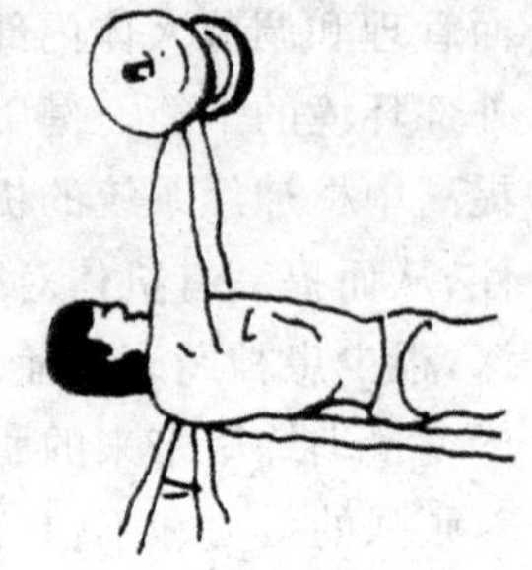

图 13-3

呼吸:用力时憋气,放铃时呼气。

4. 各种俯卧撑

作用:发展胸大肌、三角肌、肱三头肌和前锯肌。

做法:练习者俯卧撑后,同伴将两腿提起置于腰际,身体挺直,然后屈肘使胸部触地,立即伸直两臂算一次,反复练习直至疲劳再放下两腿(图 13-4)。

要点:屈肘时,要尽量拉长胸大肌;用力时,要注意胸大肌发力。

呼吸:刚开始做时,可一口气做好几次,而后每做一次前吸气,成俯卧撑以及单臂俯卧撑。

图 13-4

图 13-5

5. 双杠支撑摆动臂屈伸

作用:发展胸大肌和肱三头肌及前锯肌、三角肌。

做法:两臂伸直顶杠,以肩为轴,随着身体向前摆动,肩略向后移,而向后摆动至最高处时屈肘,腰部和腹部要放松,再向前摆动时要用力伸直两臂,如此往复摆臂屈伸(图 13-5)。

要点:支撑摆动时,肩部前后移动幅度应尽量减小;屈肘时,要用臂力控制住身体;起立时,胸大肌要积极参加协同用力。

呼吸：支撑摆动时，要自然呼吸，屈肘前吸气，向前摆动时呼气。

（二）背部肌肉锻炼方法

背部主要肌肉有斜方肌、菱形肌、背阔肌、背长肌、背短肌。

1．耸肩

做法：将杠铃从地面提起，身体伸直，两臂持铃下垂。做时用力向上耸肩（不屈肘）至最高位，然后复原再做（图 13-6）。

要点：向上耸肩时要注意斜方肌和肩胛提肘的积极用力，不得屈肘，另外要徐徐下降，做退让性工作。

呼吸：耸肩时吸气，复原时呼气。

图 13-6

图 13-7

2．弓身反飞鸟

做法：这个练习大体同俯卧反飞鸟，所不同的是这个练习不是俯卧在长凳上，而是弓身成水平状，然后两臂向后上振（肘微屈），使器械约与肩同高，而后慢慢复原再做（图 13-7）。

要点：弓身后要尽量保持原来的姿势，两臂用力向侧后上振、上背部肌肉用力收缩。三角肌后部也得到锻炼。

呼吸：后振时吸气，复原时呼气。

3．屈体划船

做法：上体前倾与地面平行，同伴在前用手扶头，用背阔肌收缩之力以及向上提肘之力将横杠提拉至胸腹部（图 13-8）。

要点：做此练习要模拟划船动作以加大动作幅度。

呼吸：弓身拉铃时吸气，自胸部放下杠铃时呼气。

图 13-8

4．下拉（在综合力量练习架上做）

做法：两臂拉住拉力架的把手，跪在地上或直立，而后用力下拉拉力器，使肘关节贴近身体两侧，把手挨近第 7 颈椎（图 13-9）。

要点：不论是直立还是跪姿，都应挺直身体，下拉时不要爆发式用力，还原时也要控制速度。

呼吸：下拉时吸气，还原时呼气。

图 13-9

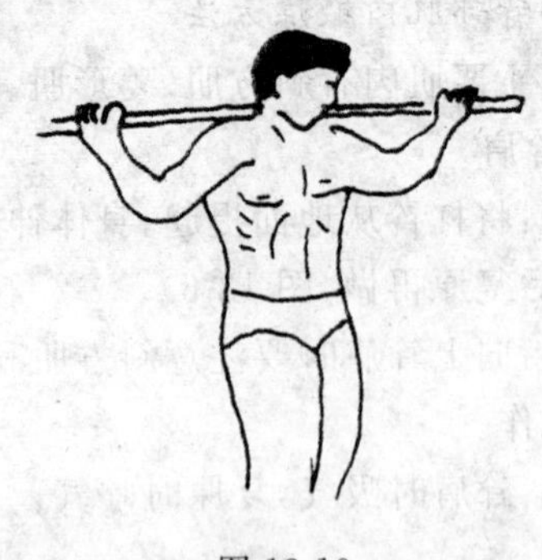

图 13-10

5. 宽握颈后引体向上

做法：两手采用宽握距，握住单杠成悬吊状态，然后用力屈肘使上体引向单杠，直至第 7 颈椎触及单杠算一次，再还原反复做(图 13-10)。

要点：做时一定不要借身体的摆动力，要注意动作的振幅，悬吊时肩要充分拉开，而上拉时第 7 颈椎要触及单杠。

呼吸：拉引时吸气，复原或悬吊状时呼气。

6. 负重体屈伸(山羊)

做法：俯卧在山羊或长凳上，两脚固定在肋木间(或由人扶持)，两手在颈后固定重物，做体前屈接挺身起练习；也可双人做挺身起练习，练习者俯卧在同伴并拢的两膝上做挺身起动作(图 13-11)。

要点：做时一定要使身体成反弓，背肌充分收缩；做静力练习时，要维持最大的肌紧张 6 秒左右。

呼吸：挺身或成反弓静止用力时吸气，并稍憋气，复原时立即呼气。

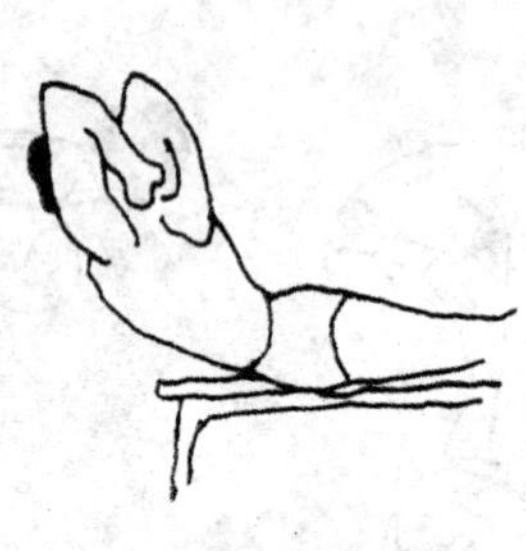

图 13-11

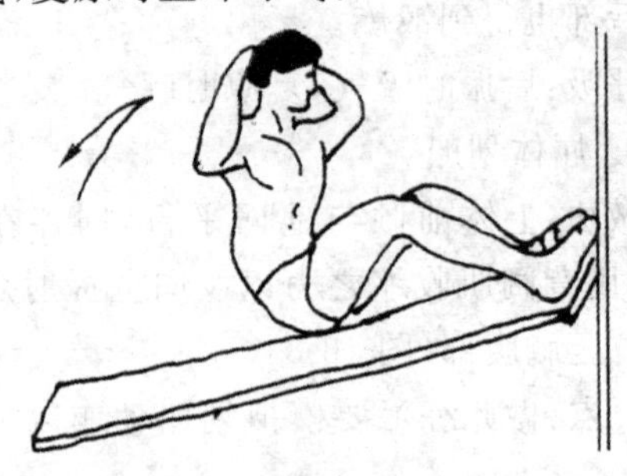

图 13-12

(三) 腹部肌肉锻炼方法

腹压肌位于骨盆与胸腔之间，主要有腹直肌、腹内外斜肌。

1. 仰卧起坐

作用：发展腹直肌、腹内外斜肌、髂腰肌和腹直肌(以上腹部为主)。

做法：仰卧在凳上或垫上(背部悬空难度大，效果更好)，两手抱头或负轻重物，下肢固定，快速收腹起坐，再慢慢倒体至水平后重复做(图 13-12)。

要点：斜板起坐效果更好，斜板角度越大对锻炼腹肌及髂腰肌效果越好。做时要在充分拉长腹直肌的基础上,尽量收腹折体,使胸腹部贴近大腿。倒体时要慢,折体时要稍快。

呼吸:起坐前吸气,还原时呼气。

2. 膝或直膝两头起

作用:采用无固定的两头起,对整个腹部均有锻炼意义。

做法:仰卧,两臂在头后伸直。数 1 时,收腹起坐,同时屈膝(或直膝)举腿,两臂前摆,手触脚面(或手抱弯曲的膝部)(图 13-13)。

3. 体旋转

作用:发展腹内、外斜肌的力量。

做法:身体直立,两腿分开约比肩宽,肩负杠铃做左右转体动作(图 13-14)。

图 13-13

图 13-14

要点:旋转时会产生一种离心力,这时要用对侧的腹内外斜肌加以控制,然后再向另一侧旋转。

呼吸:自然呼吸,不憋气。

(四) 肩部肌肉锻炼方法

上肢肌主要由三角肌、肱二头肌(和肱肌)、肱三头肌、前臂肌群及手肌组成。

1. 直臂前平举并上举

作用:发展三角肌前部等肌群。

做法:直立,两臂下垂持铃(杠铃、哑铃或杠铃片),直臂前平举静止 4~6 秒再上举至直臂支撑(图 13-15)。

要点:身体微前倾,用两臂上举之力,不得借助展体之力。

呼吸:上举时吸气,举直后呼气。

2. 直臂侧平举并侧上举

作用:发展三角肌中部等肌群。

做法:直立,两臂下垂持铃,做直臂侧平举,稍停,再上举成直臂支撑(图 13-16)。

要点:上抬两臂时肘可微屈,不得借助外力来抬臂。

呼吸:抬臂时吸气,放下时呼气。

3. 宽握颈后推

作用:这是一个发展上肢综合肌群的练习,它能发展三角肌(中束为主)、肱三头肌、胸大肌和前锯肌。宽握距对发展三角肌力有更好的效果。

图 13-15　　图 13-16

做法:将杠铃放置在颈后肩上,用伸臂之力将杠铃沿枕部上举至两臂在头上伸直(图 13-17)。

要点:上举时,三角肌、胸大肌开始用力,而后,肱三头肌接着用力,这时三角肌不应放松。

呼吸:上举前吸气,两臂伸直后调整呼吸。

图 13-17　　图 13-18

4. 宽握坐推

作用:发展三角肌前束、中束及肱三头肌,对胸大肌、前锯肌也有影响。

做法:同颈后宽推,不同之处是杠铃放在胸前,坐在凳上(图 13-18)。

5. 胸前弯举

做法:两脚开立,两臂持铃下垂,掌心向前,然后屈臂将杠铃(哑铃和铃片)弯举至胸前,再徐徐还原继续做。

要点:做动作前一定要伸直两臂,充分拉长肱二头肌;做时身体不要前后摆动,要完全用前臂及上臂屈肌之力慢慢将器械举起再慢慢放下器械。

呼吸:用力前吸气,放下器械时呼气(图 13-19)。

6. 颈后臂屈伸

做法:身体直立,两手正握小杠铃或 U 型杠铃(或铃片),肘高抬,上臂固定在耳侧,然后做臂屈伸动作,将杠铃等重物向上举起,直至两臂在头上伸直。

要点：肘要高抬，肘尖向上，两肘夹紧，用力时不得外分或借助其他力量。

呼吸：用力时吸气，直臂后呼气(图 13-20)。

图 13-19　　　　图 13-20

7. 腕弯举

做法：坐在凳上(或半蹲)，两手反握横杠(或重哑铃)，将腕关节垫放在膝关节上(或凳上)，肘关节紧贴大腿，然后手腕向上弯曲伸开的手指，同时用力上举(图 13-21)。

要点：肘、腕要固定，做前五指可微微伸开并握住横杠，腕弯举的动作要慢，这样可以有效地发展屈腕、屈指肌群的力量。如采用正握腕屈伸动作，则主要发展前臂背侧面伸指肌群的肌肉。其做法和反握相同，不同的是采用了正握。

图 13-21　　　　图 13-22

(五) 腿部肌肉锻炼方法

下肢肌主要有臀大肌、股二头肌、半腱肌、半膜肌、大收肌、股四头肌、小腿三头肌和屈足肌群。

1. 下蹲(深蹲、半蹲、静蹲等)

做法：将杠铃放在胸前做下蹲起立的叫前蹲。前蹲时，通常是两手握住放在蹲架上的杠铃，出肘将杠铃放在锁骨上，然后负铃向前走两步，离开深蹲架后保持挺胸直腰姿势慢慢下蹲(两腿可采取侧分或并腿)至大小腿夹角小于 90 度后再起立(图 13-22)。

将杠铃放置颈后慢慢下蹲而后起立叫后蹲。在无杠铃的情况可负人来练习，负人者最好在墙边或大树旁做，以便在失去重心时有所扶持以防止受伤(图 13-23)。

坐在凳上而后站立起叫坐蹲。下蹲至大小腿夹角在 90 度以上叫半蹲。从直立位置慢慢超负荷下蹲而后借外力(保护者的帮助)站起叫推让蹲。做时，两腿分开约与髋同宽，要挺起胸部，收紧腰部(图 13-24)。

负铃下蹲到一定位置(135 度或 90 度),膝角固定不动 6～8 秒者叫静蹲,它通过肌肉的等长工作,可不断提高肌肉的张力而发展力量。

要点:练习时,要记住下面两句话:"抬头挺胸腰收紧,慢慢下蹲快起立。"这样效果好,能防止受伤。

2. 腿蹬出(综合力量架上做)

做法:坐在练习器的凳上,两腿弯曲蹬住练习器,缓缓向前蹬出至两膝完全伸直屈足几次(图 13-25)。

图 13-23　　图 13-24　　图 13-25

说明:此练习能有效地发展股四头肌和股二头肌,对腰背无负担,因此能有效地防止腰背肌受伤,特别适合腰背力量软弱或腰背有伤者坚持腿力训练。

3. 坐姿腿屈伸

做法:坐在软面凳上,膝关节内缘紧贴凳面,足负重物(在力量练习架上则为足背贴练习器械)做腿屈伸动作。在综合力量架上练习,方法相同(在无器械的情况下,两人可做对抗性腿屈伸练习)(图 13-26)。

要点:腿屈伸是一个发展股四头肌的有效练习,做时要注意充分伸直两腿,然后慢慢还原。

4. 腿弯曲

做法:足负重物做连续弯举动作(直立或俯卧);也可俯卧在凳上,双脚勾住身后的橡皮筋拉力器(或综合练习架上的滚筒),两手抓住身前支撑物,两腿做弯举动作(图 13-27)。

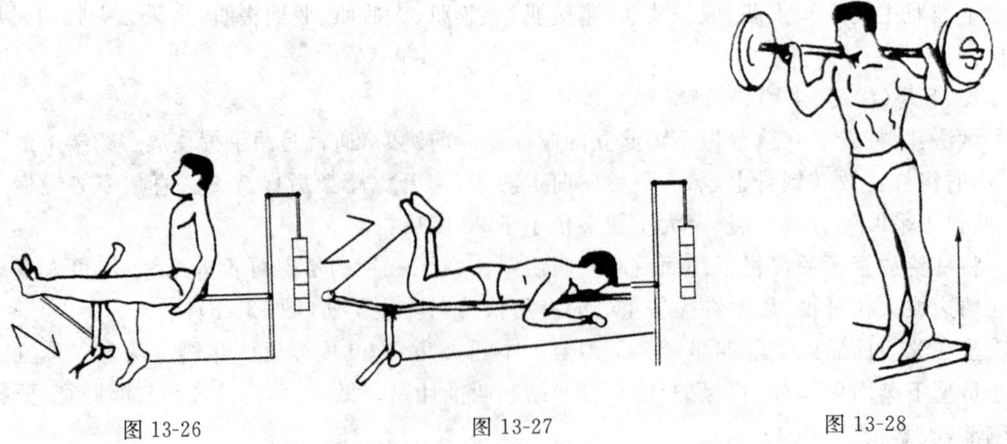

图 13-26　　图 13-27　　图 13-28

5. 负重提踵

做法：肩负杠铃，足趾下可垫木板或铃片，然后做直提踵动作，连续做(图 13-28)。

要点：做提踵时，应特别注意身体重心不要在做前有意前移，因为这样练习很容易，但效果极差。

四、健美的标准

“人的一切都应该是美的：容貌、衣裳、心灵、思想。”这是俄国著名作家契诃夫的名言，今天已为越来越多的青年所理解，他们在追求美的心灵、美的情操、美的衣饰的同时，也追求身体的健美。人体美是健、力、美三者的有机结合，它包含了肌肉和骨骼的发育情况、机体的完善程度、人体的外形美以及人体的精神气质。

(一) 男子健美的标准(表 13-1)

表 13-1　男子一般健美体围标准

身高/厘米	体重/千克	胸围/厘米	扩展胸围/厘米	上臂/厘米	大腿/厘米	腰围/厘米
153～155	50	94	97	32	48	65
155～157	52	94	98	32	49	65
157～160	54	95	98	33	50	66
160～163	56	95	101	33	51	66
163～166	59	98	102	34	52	68
166～169	61	100	103	34	53	69
169～171	63	100	104	35	53	69
171～174	65	102	105	35	54	70
174～177	67	103	107	36	55	71
177～180	70	103	108	36	55	72
180～183	72	104	109	37	56	72

1. 肌肉发达，健壮有力

早在古希腊，人们就崇尚人体美，他们认为，健美的人体应该具有宽阔的胸部、灵活而强壮的脖子。著名雕刻大师米隆所创造的“掷铁饼者”以其精湛的技艺塑造了人体健美的外形。诗人马雅可夫斯基曾经说过：“世界上没有更美的衣裳像结实的肌肉与新鲜的皮肤一样。”可见，发达的肌肉和健壮的体魄是人体美的重要因素。随着竞技健美运动的发展，人们对人体肌肉的发展更加重视，要求也越来越高。

2. 体形匀称，线条分明

对于健美的体形，不同国家、不同民族、不同的人，会有不同的看法，但是有一点是共同的，就是经常从事体育锻炼能使体型更匀称、更健美。为了研究人体，以脂肪所占比例和肌肉发达程度并参照肩宽和臀围的比例，一般体型划分为胖型、肌型(运动型)和瘦型三类。

(1)胖型。其特点是上(肩宽、胸围)、下(腰围、臀围)一般粗，腰围很大，腹壁脂肪多下坠，体重超标。

(2)肌型(运动型)。其特点是肩宽、背阔、腰细、体型呈“V”型，腹壁肌肉垒块明显，四肢匀称，肌肉发达，体重在标准体重加减 5%以上。

(3)瘦型。其特点与胖型与肌型相反，腰围小，但因胸腔小而上下一般细，肩窄、胸平、四肢细长、肌肉不丰富、脂肪极少，体重小于标准体重25%～35%。

肌型一般为标准体型，经常从事各项体育活动的人，特别是运动员，多为肌型。知道了体型分类，就可通过健美锻炼来改变自己的体型。

3. 精神饱满，积极向上

精神饱满其外在的表现是皮肤美、姿态端正、动作洒脱，其内在的表现则是有朝气、勇敢顽强、坚忍不拔。皮肤美是人体美的重要表现，皮肤也是健康状况的镜子，健康的人往往“红光满面”。此外，优雅的姿态和洒脱的动作也给人以美的印象。

(二) 女子健美标准(表 13-2)

表 13-2　女子一般健美体围标准

身高/厘米	体重/千克	扩展胸围/厘米	臀围/厘米	腰围/厘米
152～154	47.5	88	88	58
154～158	48.5	88	88	58
158～161	50	89	89	59
161～163	51.5	89	89	60
163～166	53	90	90	60
166～169	54.5	90	90	61
169～171	56	92	92	61
171～174	58	92	92	62
174～176	60	94	94	64
176～178	62.5	98	96	66

女子体型可谓千姿百态，但从健美的标准衡量，女子健美体型的特点是躯干呈三角形、四肢匀称、肌肉圆滑、胸部丰满、腰细臀圆、颈长腹平，从侧面观女性胸、腰、臀富于曲线美。

女子健美肌肉特点是肌肉发达，线条清晰，肌肉分布匀称和有别于男子的富有曲线美的肌肉清晰度。另外，女子健美标准还应该看言谈举止是否高雅，仪表和姿态是否端庄。因此，女子健美爱好者，在追求健美外表的同时，要努力提高自己的文化修养，真正把内在美与外在美融为一体。

(三) 姿态健美标准

姿态美指日常生活中人处于静止状态(坐、立、卧等)或从事一些基本技能活动(走、跑、跳、投等)时，身体各部位(如头、躯干、四肢)的相互关系应符合美学要求。

俗话说：“坐如钟、立如松、行如风、卧如弓”，具有一定的科学道理，它是对正确的坐、立、卧姿势的一种形象概括。有些人虽然五官端正、体形匀称，但因为身体各部分不能按美学要求协调配合，造成姿态不雅。

姿态健美是通过长期坚持不懈的形体训练获得的。每个人在体型、体态上都或多或少有些缺陷，但通过形体训练，有助于提高身体各部分的灵活性和协调性，使姿态和动作变得优美和谐。下面介绍 3 种日常生活中的基本身体姿态。

正确的坐姿应是保持身体的挺直姿势，用骨骼肌和肌肉支撑全身的重量，在前倾或侧倾时，应从腰际倾向前或侧面(图 13-29)。

正确的站立姿势应是挺胸、抬头、目平视、腹微收、立腰、胯上提、臀收紧、腿夹紧、脊椎挺直(图 13-30)。

正确的走姿是挺拔、自然、匀称。挺拔指保持整个身躯正直,抬头挺胸自然,双肩自然下垂,肘稍屈,协调在身体两侧摆动;均匀抬步,膝关节和脚尖对前方,着地时脚掌应由后向前匀称支撑身体的重量(图 13-31)。

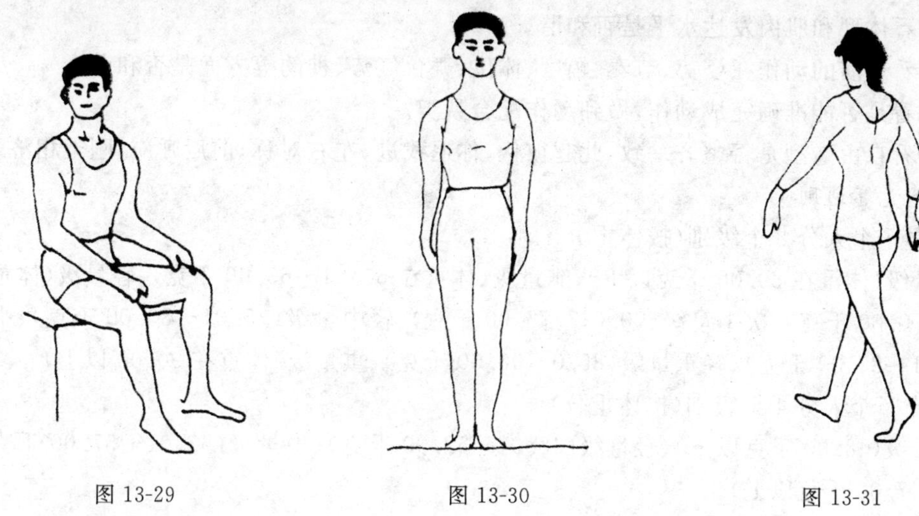

图 13-29　　图 13-30　　图 13-31

五、健美比赛规则

(一) 竞赛类别和比赛内容

健美比赛按竞赛的不同目的和举办方式分为锦标赛、冠军赛、精英赛、邀请赛等。

比赛内容有规定动作和自选动作两部分。男子单人规定动作有前展双肱二头肌、后展双背阔肌、侧展肱三头肱、前展腹部和腿部。女子单人规定动作有前双肱二头肌、侧展胸肌、后展胸肌、后展双肱二头肌、侧展肱三头肌、前展胸部和腿部。男、女混合双人规定动作有前展双肱二头肌、侧展胸部、后展双肱二头肌、侧展肱三头肌、侧展后展肱二头肌、前展腹部和腿部。

(二) 比赛程序

比赛分预赛(又称淘汰赛)、半决赛和决赛 3 个阶段。一般预赛不公开对外,也不赛自由造型。半决赛和决赛既有自由造型比赛,又有规定动作比赛。

(三) 裁判评分依据

1. 男子个人

(1) 看肌肉。看运动员的发达肌群,看他们的“三度”,即围度、力度和密度,占 60%。

(2) 看匀称。看平衡的骨架、端正而又比例协调的人体外观以及布局美观对称的肌肉形态,占 10%。

(3) 看造型。看肌肉控制能力,看全身各部位肌群的优美的造型,还要看规定动作的规范性和自由造型动作是否连贯流畅,以及气质是否与音乐、动作融为一体,是否有鲜明的个性,占 10%。

(4) 看仪表与气质。看运动员的形象、姿态、发型以及赛场表现,占 10%。

(5) 看皮肤。看全身皮肤的健康状况,有无文身、斑痕及着色是否恰当,占 10%。

2. 女子个人

(1) 体格健康、强壮,占 20%。

(2) 骨架匀称、举止优雅,占 20%。

(3) 肌肉发达、线条清晰、四肢比例合适、肌肉分布匀称,占 40%。

(4) 气质高雅,仪态端庄,占 20%。

3. 男女混合双人

(1) 看体型和肌肉发达水平是否和谐。

(2) 看表演的动作在姿势、节奏、幅度、体位、舞台气势、神韵等方面是否和谐。

(3) 看是否能准确完成动作,做到动作配合默契。

(4) 看自由造型是否整齐一致,此起彼伏,你退我进,左右对称,前后呼应,刚柔相济。

(四) 竞赛通则

1. 男子个人分 8 个级别(按体重分)

羽量级(体重在 60.00 千克以下)、雏量级(体重在 60.01～65.00 千克)、轻量级(体重在 65.01～70.00 千克)、次中量级(70.01～75.00 千克)、轻中量级(75.01～80.00 千克)、中量级(80.01～85.00 千克)、轻重量级(85.0～90.00 千克)、重量级(体重在 90.00 以上)。

2. 女子个人分 4 个级别(按体重分)

雏量级(48.00 千克以下)、轻量级(48.01～52.00 千克)、中量级(52.01～57.00 千克)、重量级(57.00 千克以上)。

(1) 女子青年分 3 个级别(21 周岁以下为青年组)

轻量级(体重在 65.00 千克以下)、中量级(体重在 65.01～70.00 千克)、重量级(体重在 80.00 千克以上)。

(2) 量体重

称量体重在预赛前一天晚上进行,男、女均穿比赛服。

(五) 比赛的有关规定

1.禁止运动员穿鞋,戴表、戒指、耳环、假发,吃口香糖,过分化妆等。

2.运动员不准文身、长发披肩等。

3.允许皮肤打油、着色,但不得勾画。

4.男子动作不得少于 15 个,时间不得超过 60 秒;女子动作不得少于 20 个,时间不得超过 90 秒;男、女混双及女双的自由造型则为 120 秒。

第二节 健美操运动

一、健美操简介及健身特点

(一) 健美操的发展简介

近几十年来,健美操已经风靡世界。早在 19 世纪,在欧洲一些国家开始出现了以身体活动和音乐伴奏相结合的韵律体操,并开办培养音乐体操教师的学校,将音乐体操作为体育教育的手段逐步传播。20 世纪 80 年代初,美、英、法及欧洲一些国家的健美操得到很快推广,电视节目中健美操形成“热点”,学校的体育教学大纲也将此列入其中。英国在 1956 年就建立了“大不列颠健美操协会”。该协会通过举办健美操教师训练班,向学员讲授解剖学、人体造型学、教学法以及大量的体操和舞蹈动作,为健美操的广泛发展奠定了基础。美国自

60年代以来兴起了一种健身舞，健身舞把徒手操和有扭动动作的现代舞结合起来，在节奏强烈、情绪欢快的摇滚乐伴奏下，做发展身体各部位的动作。据报道，美国跳健美操的人数超过1800多万，几乎与打网球人数不相上下。从1985年开始，美国还多次举行全国性的健美操比赛，使健美操发展到了竞技性阶段。目前，美国健美操运动处在世界领先地位，法国在美国之后也开始盛行健美操运动，应运而生的健美操中心遍布全国各地，仅在巴黎就有1000多个。据报道，法国目前做健美操的人数已超过法国体操联合会的人数，达到400多万人。日本、菲律宾、新加坡、香港等亚洲国家和地区，健美操也很流行，包括徒手健美操、艺术杂耍、韵律健美操、健身操、爵士健美操、迪斯科健美操等，形式多种多样。

现代健美操在我国发展的历史并不长，但发展速度却非常快。早在1937年就由康健书局出版了马约翰等人所著的《女子健美体操集》一书。书中以“貌美与体美”、“妇女健康的运动”、“中年妇女的美容操”、“增加内体美的五分钟美容操”、“女子健康柔韧操”等5个标题，阐述了人体美的价值、重要性和要求，介绍了徒手操的动作，其内容与现代女子健美操有诸多相似之处。随后，又出版了《男子健美操集》，这两本书以“增美之奇方”在我国流传。

自1979年以来，我国在北京、上海、广州等地相继举办了各种健美操班，其中有的以芭蕾舞基本动作为主，有的以现代舞动作为主，并结合我国具体情况创编了多种多样的徒手健美操、健美球操、棍操等。1985年，北京体育学院成立了健美操研究组，开设了健美操选修课。1985年4月，在广州举行了我国第一次女子健美操邀请赛，同年7月，在北京举行了首届“康康杯”儿童健美操比赛。1987年5月，在北京举行了首届“长城杯”健美操友好邀请赛，第一次把健美操列为正式比赛项目。1989年5月，国家体委(现国家体育总局)批准中国健美操协会在北京成立，这标志着我国此项运动进入了一个有序发展、科学指导的新阶段。随后，健美操运动在全国风风火火地开展起来。先是在北京、上海、广州等地举办训练班，一些体育院系也将此项列入体操教学大纲的内容，为其推广普及培养了大批骨干。此后，广州、天津、北京、南京等大城市相继举行全国性的健美操比赛，项目由少到多，内容不断充实，形式逐步完善，参与者的层次自然地进行分流，向国际接轨，逐步形成了竞技型和大众型两大类的运动架构。竞技健美操水平提高很快，新人辈出，为我国健美操运动的发展打下了坚实的基础。

第九届世界健美操锦标赛上，中国选手获得六人操冠军，同时获得团体第二名。这样，中国选手在该次世锦赛的5个单项中获得2金2银1铜，全面创造了中国队在世锦赛上的最好成绩。2006年健美操世界杯系列赛于11月1日至6日在泰国举行，中国队获得三人操、六人操冠军，女单、混双亚军。2008年健美操世界杯系列赛，中国队取得1金3银的好成绩，其中，六人操五次蝉联世界冠军，女子单人、三人、混双获得了亚军。中国竞技健美操这几年表现卓越，在国际舞台上产生了很大影响力。

（二）健美操的特点

健美操是在音乐伴奏下，以操化动作的方式，融入体操、舞蹈、武术等内容，组成单个动作或成套动作，通过参与者的身体练习，达到健身效果，追求完美体型的一项新颖运动项目。其特点大致可归纳为以下几个方面：

1. 锻炼的目的性

健美操的目的是在健身的基础上把形体美、姿态美、动作美和精神美有机地结合起来，注重外在美的训练，又强调内在美的培养。这种健与美的统一，是健美操本质特征的表现，也是健美操区别于其他健身操、卫生操的重要标志。

2. 编操的针对性和科学性

健美操的编操是以对象的性别、年龄、职业、身体状况等具体情况为依据，以人体生理学、解剖学、营养学、心理学、人体造型学、体育美学等多学科科学理论为指导进行的。每套操的动作结构、数量、顺序、时间、身体各关节的作用、形体、心率、氧代谢等诸多因素，都经过科学的测定和分析，因而具有明确的针对性和严密的科学性。

3. 动作的整体性

健美操的动作来源于体操中的徒手动作和队列队形，舞蹈中的现代舞，古典芭蕾和民族舞的基本动作等。但这些动作已不再是单纯的体操和舞蹈动作，而是按照健美操的特点，经过再创造所形成健美操的特有动作，使之具有讲求实效、简单易行、造型美观、活泼多变、富有弹性、小关节对称活动多等特点。这些动作通过科学有序的排列组合和重复，成为具有特定功能的动作整体。

4. 音乐的和谐性

音乐与健美操有着十分密切的关系，是健美操不可缺少的内容。与动作协调一致，具有鲜明的节奏，能够产生振奋人心的效果，使练习者进入意境，充分发挥自己的想象力，达到调节情绪、清除疲劳、陶冶情操的目的。

二、健美操初级阶段的基本功与组合

（一）初级阶段基本功

健美操的基本功包括基本动作和基本步法。

1. 基本动作

基本动作是健美操练习和进行群众性健身锻炼的基础。通过基本动作练习，可以掌握正确的动作技术，加大动作幅度，培养良好的动作形态。基本动作练习是按人体生理解剖结构分部位进行的，是一项专门性的练习，练习者可根据需要加以选择。

(1) 健美操常用的几种手型

健美操中的手型有多种，是从芭蕾舞、现代舞、迪斯科、武术中吸收和发展的。手型是手臂动作的延伸和表现，运用得好，会使健美操动作更加丰富多彩，生动活泼，更具有感染力。

A. 五指并拢的掌：五指伸直，相互并拢。大拇指末关节收回，指关节贴于食指旁，手掌是小臂的延伸(图 13-32)。

B. 五指分开的掌：五指伸直充分张开，手掌是小臂的延伸(图 13-33)。

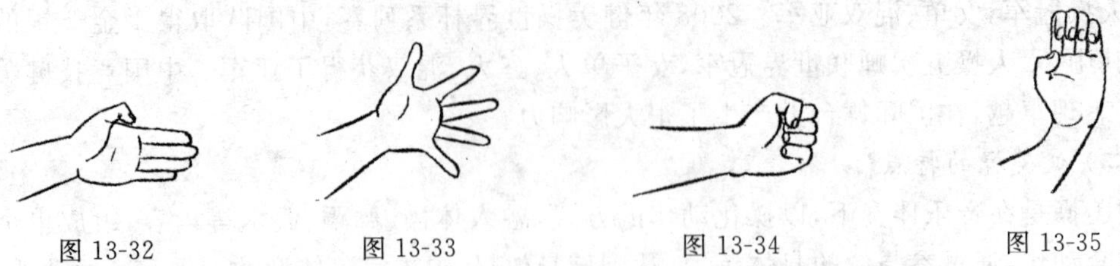

图 13-32　　图 13-33　　图 13-34　　图 13-35

C. 实心拳：四指卷握，大拇指末关节压住食指、中指的第二关节(图 13-34)。

D. 空心拳：四指卷屈，大拇指末关节压住食指、中指的末关节，拳成空心状(图 13-35)。

E. 屈指掌：手掌用力上翘，成立掌式，五指屈指并拢(图 13-36)。

F. 芭蕾舞手式：五指微屈，后三指并拢，稍内收，拇指内扣(图 13-37)。

G. 西班牙舞手式：五指用力，小指、无名指、中指自掌指关节处依次屈，拇指稍内扣（图13-38）。

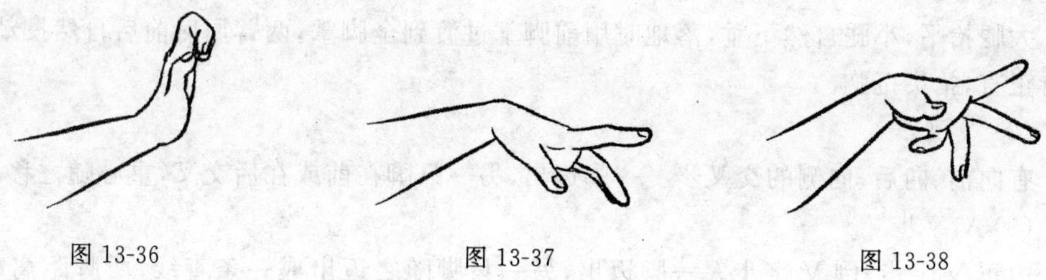

图 13-36　　图 13-37　　图 13-38

(2) 头颈动作

形式：屈、转、平移、绕及绕环。

方向：向前的、向后的、向左的、向右的屈和平移；向左的、向右的转和绕、绕环。

要求：做各种形式的头颈动作时，节奏一定要慢，上体保持正直。

(3) 肩部动作

形式：单肩的、双肩的提肩和沉肩；收肩和展肩；单肩的、双肩的绕和绕环；振肩。

方向：向前的、向后的绕及绕环。

要求：①提肩、沉肩时，两肩在同一额状面上尽量上下运动；②收肩、展肩的幅度要大，肩部要平；③振肩动作要有速度、力度和弹性。

(4) 上肢动作

形式：由举、屈伸、绕、绕环、振、旋等动作组成。

举：指以肩关节为轴，臂的活动范围不超过 180°而停止在某一部位的动作，包括双臂和单臂的前、后、侧、侧上、侧下举。

屈伸：指肘关节产生一定的弯曲角度，包括胸前屈、胸前单屈、肩侧屈、肩上侧屈和前屈、腰间屈、头后屈。

绕及绕环：指单臂和双臂向内、外、前、后做 180°以上、360°以下的弧形运动。

振：指以肩为轴，臂用力摆至最大幅度，包括上举后振、下举后振、侧举后振。

旋：以肩或肘为轴做臂旋内或旋外的动作。

要求：①上体保持正直，位置要准确，幅度要大，力达身体最远端；②做臂的摆动、绕及绕环，肩拉开用力。

(5) 胸部动作

形式：含胸、展胸、移胸。

要求：练习时收腹、立腰。

(6) 腰部动作

形式：腰的屈、转、绕和绕环。

方向：有向前、向后、向左、向右。

要求：①腰前屈、转时，上体立直；②腰绕和绕环时，速度放慢。

(7) 学练方法

A. 新授动作时采用集体练习，教师前面领做，学生模仿练习。

B. 学生初步掌握动作要领后，跟随音乐面对镜子自由分组练习。

C. 跟随音乐的节奏进行各种基本动作的练习。

2. 健美操的基本步伐

(1) 踏步

大腿抬平，小腿自然下垂，落地时用前脚掌过渡到全脚掌，两臂屈肘前后自然摆动，身体保持正直，抬头挺胸。

(2) 交叉步

有向前、向后、向侧的交叉步。一脚迈出，另一只脚在前或在后交叉，重心随之移动。

(3) V字步

由正V字步、倒V字步。一脚迈出，另一只脚随之迈出成一条直线，两脚距离略比肩宽，两膝自然弯曲，然后依次收回。

(4) 开合跳(图13-39)

跳起分开落地，髋部、脚尖外开，膝关节在同方向弯曲。蹬地还原时，脚跟并拢，膝缓冲。动作要有起伏、连贯、有弹性。

图13-39

图13-40

图13-41

(5) 单踢腿跳(图13-40)

动力腿屈膝后摆，两膝之间要靠拢，前弹时不要过分用力，膝关节、髋关节运动伸展要有控制，脚尖绷直，然后换另腿做。

(6) 踢腿跳(图13-41)

一腿屈膝后摆，髋和膝在一条线上；跑跳过程中，膝、踝关节充分缓冲，手臂可自然摆动。

学练方法：①新授动作时采用集体练习；②学生初步掌握动作要领后，面对镜子自由分小组练习；③两人一小组，互帮互助练习。

(二) 初级阶段健美操组合

基本步法组合操其目的在于使练习者通过本套操的练习，能够熟练掌握基本步法与基本手型的配合，并通过此套操的练习，达到热身的目的。这是一套适合于初学者练习的体操。

1. 手臂组合动作

(1) 手臂屈伸(4×8拍)

预备姿势：左腿前弓步，两臂屈肘于股侧握拳。

第一个八拍

1拍，两臂向前冲拳，拳心向下；

2拍，还原；

3～4拍，同1～2拍；

5拍，上体稍前倾，大臂不动，小臂向后伸直，拳心向下，头向右转稍前倾；

6拍，还原；

7～8 拍，同 5～6 拍。

第二个八拍　同第一个八拍，但向右转 180°成右弓步。

第三个八拍

1～2 拍，左顶髋，右腿屈膝内扣，同时左臂侧举，右臂肩上屈，拳心向下；

3～4 拍，同 1～2 拍，但方向相反；

5～8 拍同 1～4 拍。

第四个八拍　同第三个八拍，但速度快一点。

(2) 手臂摆动(8×8 拍)

预备姿势：并步站立，两臂自然下垂(兰花手型)。

第一个八拍

1～2 拍，两膝弹动一次，同时两臂摆至前平举；

3～4 拍，两膝弹动一次，同时两臂摆至侧后举；

5～6 拍，两膝弹动成起踵，同时两臂经侧摆至上举，掌心向外；

7～8 拍，两膝弹动一次，两臂落下。

第二个八拍　同第一个八拍，但第八拍成分腿半蹲，两臂侧平举。

第三个八拍

1～2 拍，左顶髋，同时右臂摆至上举，手心向外，左臂摆至下举，手心向内；

3～4 拍，同 1～2 拍，但方向相反；

5～8 拍同 1～4 拍。

第四个八拍　同第三个八拍。

第五至八个八拍　同第一至第四个八拍，但第八个八拍成并腿直立。

(3) 手臂绕及绕环(8×8 拍)

预备姿势：并步直立。

第一个八拍

1～2 拍，滚动步，两臂侧举，推掌向前小绕环；

3～4 拍，同 1～2 拍，但方向相反；

5～8 拍同 1～4 拍。

第二个八拍　同第一个八拍，但方向相反。

第三个八拍

1～3 拍，大臂不动，小臂以肘关节为轴，向下做垂直绕环，一拍一周；

4 拍，小臂伸直，五指分开，掌心向前；

5～8 拍同 1～4 拍，但方向相反。

第四个八拍　同第三个八拍。

第五个八拍

1～2 拍，提踵立，两臂经上向后大绕环一周；

3～4 拍、5～6 拍，同 1～2 拍；

7～8 拍，屈膝半蹲，同时两臂前摆至胸前上屈，握拳。

第六个八拍　同第五个八拍，但方向相反，成分腿站立。

第七个八拍

1～2 拍，滚动步，两臂侧举，推掌向前小绕环；

3～4 拍、5～8 拍、7～8 拍同 1～2 拍。

第八个八拍　同第一个八拍，但方向相反。

学练方法：①新授动作时采用集体练习；②学生初步掌握动作要领后，面对镜子自由分小组练习；③两人一小组，互帮互助练习。

2. 髋部动作组合

这套髋部动作组合是由健美操基本动作之一——髋部动作，配以健美操手臂的特色动作组合而成，主要是躯干和上肢运动，它包括左右顶髋、臂屈伸及挥摆等。这套操有助于训练髋部运动的灵敏性和躯干与上肢配合运动的协调性。这套组合的特点是：短小（共 3×8 拍），便于记忆，学习后可有充分时间反复练习，攻克难点。通过变换方向重复练习，还可以提高兴趣，增大运动量。

顶髋动作要领：原地顶髋是健美操髋部动作中最基本的一种。开立后左（右）腿屈膝内扣，同时向右（左）顶髋，上体保持正直。

预备节（1×8 拍）

预备姿势：开立，两手叉腰。

1～4 拍保持预备姿势。

5 拍，左腿屈膝内扣，同时向右顶髋。

6 拍，右腿屈膝内扣，同时向左顶髋。

7～8 拍同 5～6 拍。

第一个 8 拍

1 拍，左腿屈膝内扣，同时向右顶髋，两臂胸前平屈（拳心向下）。

2 拍，右腿屈膝内扣，同时向左顶髋，两臂下伸（拳心向后）。

3～4 拍同 1～2 拍。

5 拍腿和髋同 1 拍，同时两臂经侧至头上交叉 1 次后成上举（五指并拢，掌心向前，两臂交叉时左手在前），抬头。

6 拍，腿和髋同 2 拍，同时两臂头上交叉 1 次后成上举（两臂交叉时右手在前）。

7 拍，腿和髋同 1 拍，同时两臂肩侧屈（手指触肩），头向右转。

8 拍，腿和髋同 2 拍，同时两管还原至体侧（掌心向内），头还原。

第二个 8 拍

1 拍，腿和髋同第一个 8 拍的 1 拍，同时左臂胸前屈（拳心向后）。

2 拍，腿和髋同第一个 8 拍的 2 拍，同时右臂胸前屈（拳心向后）。

3 拍，腿和髋同 1 拍，同时左臂前伸（五指分开，掌心向内）。

4 拍，腿和髋同 2 拍，同时右臂前伸（五指分开，掌心向内）。

5～6 拍，自左脚起踏步走 2 步，同时两手胸前击掌 2 次。

7 拍，双脚起跳成开立，同时两手叉腰。

8 拍，不动。

音乐选择：旋律清晰、节奏感强的迪斯科音乐，速度为 24 拍/10 秒。

要求：髋部动作幅度大，节奏感强；上肢动作到位，有力度，与髋部动作配合协调。

变换方向复习健美操髋部动作组合：改变组合中第二个 8 拍 5～6 拍踏步走的方向，可向左(右)转 90°、180°、360°等，从而使练习者面向新的方向做操。如若干人转向不同，还可形成面对面、背对背等场面，使整套组台练习更加活跃。多次变方向的重复练习，有助于激发练习者的兴趣，发展协调性和表现力，进一步提高动作质量，加大运动量，提高锻炼效果。

三、健美操提高阶段核心基本功与组合的学练方法

(一) 提高阶段基本功

1. 基本动作

(1) 髋部动作

形式：有顶髋；提髋；摆髋；绕和髋绕环。

方向：向前、向后、向左、向右。

要求：髋部练习时，上体放松。

(2) 躯干波浪动作

方向：向前、向后、向左、向右。

要求：波浪时，动作协调连贯。

(3) 地上基本姿态

形式：坐(直角坐、分腿坐、跪坐、盘腿坐)；卧(仰卧、俯卧、侧卧)；撑(仰撑、俯撑、跪撑)等。

要求：①做各种坐姿时，收腹、立腰、挺胸；②撑时，腰背紧张。

学练方法：①新授动作时采用集体练习；②学生初步掌握动作要领后，面对镜子自由分小组练习；③两人一小组，互帮互助练习。

2. 健美操步伐

(1) 吸腿跳(图 13-42)

膝抬起，大腿平行地面，小腿垂直于地面，脚面绷直，落地时由脚尖过渡到脚跟；两腿交替进行。跳起时，脚离地，身体保持正直。

(2) 踢腿跳(图 13-43)

一腿前踢，腿要抬得更高，膝盖伸直，收腹立腰；落地还原到位，两腿交替进行。

图 13-42　　图 13-43　　图 13-44

(3) 弓步跳(图 13-44)

一腿后摆由脚尖过渡到前脚掌(脚后跟不需要着地)，脚尖向前；身体稍前倾，立腰收腹；还原时屈膝缓冲。换另腿做，方向相反。

（二）跳跃动作组合

第一个八拍

1拍，左脚向前跑，同时右腿后屈，两臂经胸前屈向侧打开至肩侧（握拳，拳心向内）；

2拍，右脚向前跑，同时左腿后屈，两臂屈肘内收于胸前（拳心向后）；

3拍，同1拍；

4拍，同2拍；

5～8拍同1～4拍。

第二个八拍

1拍，右腿原地跳，同时左腿屈膝上提，左手叉腰，右臂胸前屈（推拳，拳心向右）；

2拍，左腿还原，同时两臂屈肘旋内向右打开至肩侧屈（拳心向前）；

3拍，右腿原地跳，同时左腿前踢，右臂前伸（五指分开，掌心向左）；

4拍，还原；

5～8拍，同1～4拍，但方向相反。

第三个八拍

1～2拍，向左跑两步，臂自然摆动；

3～4拍，左腿跳转180°，成左腿支撑，右腿前举，同时左臂上举，右臂侧举；

5～8拍，同1～4拍，但方向相反。

第四个八拍

1～2拍，左脚跳两次，同时右腿向侧摆，右臂体前下伸（五指分开，掌心向内），左臂体侧肘上提；

3～4拍，同1～2拍，但方向相反；

5拍，同1～2拍，但左脚仅跳一次；

6拍，同5拍，但方向相反；

7～8拍，同5～6拍。

第五个八拍

1～2拍，左右脚一次交替跑两次，同时左臂向内绕环成肩侧屈（握拳，拳心向内）；

3～4拍，脚同1～2拍，同时右臂向内绕环成肩侧屈（握拳，拳心向内）；

5拍，向左转体跑，同时两臂胸前屈；

6拍，向左转体跑，同时两臂屈肘扩胸；

7拍，同5拍；

8拍，向左转体跑，同时两臂上举，拳心相对。

第六个八拍

1拍，分腿跳成开立，同时两臂由内向外大绕环；

2拍，跳成开立，同时两臂下落至斜上举；

3～4拍，同1～2拍；

5拍，跳成开立，同时两臂前举；

6拍，跳成开立，同时两臂还原至体侧；

7拍，跳成开立，同时两臂胸前平举（屈腕，手臂相对）；

8拍，跳成开立，同时两手伸腕合掌于胸前。

第七个八拍

1拍，跳成开立，同时两臂上伸（两手合掌）；

2拍，跳成开立，同时两臂前伸成胸前平屈（两手合掌）；

3～4拍，同1～2拍；

5拍，跳成开立，同时合掌推至右侧；

6拍，跳成开立，同时合掌还原于胸前；

7拍，跳成开立，同时合掌推至左侧（屈腕，手臂相对）；

8拍，同6拍。

第八个八拍

1拍，拍手；

2拍，跳成弓步，同时上体向左转90°，左臂肩前平屈（五指分开，掌心向内）；

3～4拍，同1～2拍，但方向相反；

5～8拍，同1～4拍。

第九个八拍

1拍，左脚原地跑，同时右腿屈膝后踢，两臂体前交叉（掌心向后）；

2拍，右脚原地跑，同时左腿屈膝后踢，两臂旋外到体侧斜下举（掌心向前）；

3拍，脚同1拍，同时两臂肩侧屈（掌心向前，拇指触肩）；

4拍，脚同2拍，同时两臂斜上举（拳变掌，掌心向前）；

5～8拍，同1～4拍。

第十个八拍

1拍，右腿摆腿跳，同时左臂侧屈（拳心向内），右臂侧下屈（掌心向下），头向左侧；

2拍，还原跳成并立；

3～4拍，同1～2拍；

5～8拍，原地后踢腿跑4步，同时两臂左前上举，击掌4次。

学练方法：①分组练习和集体练习交叉进行；②问答形式，采用使学生提问教师回答的形式，改变“教师讲、学生听”的被动教学状况，活跃课堂气氛，生动活泼地展开教与学活动；③汇报表演的形式，提高学生练习的积极性。

四、主要规则解析

（一）竞赛通则

1. 竞赛项目

男子单人，女子单人，混合双人，男子3人，女子3人，混合6人（男3人女3人）。

2. 运动员年龄

参加成年组竞赛的运动员年龄在18～35岁之间，参加少年组竞赛的运动员在竞赛之年不小于12岁。

3. 运动员服装

运动员需穿适合运动的健美操服和运动鞋，着装整洁、美观、大方，不允许使用悬垂饰物，例如：皮带、飘带和花边等；女运动员的头发须梳系于后，头发不得遮住脸部；允许化淡妆，禁止戴首饰。

(二) 竞赛内容和时间

1. 比赛时间

健美操只进行自选动作比赛,自选动作必须符合规则要求。成套动作的时间为2分30秒～3分(计时由动作开始到动作结束)。

2. 音乐

运动员必须自备录音带,录音必须在空白磁带的"A"面开头。运动员采用的各项比赛的录音带,必须事先在录音带盒的端面标明运动员的所属队名、姓名和竞赛项目的名称,并在运动员报到时将登记卡交给大会。

(1)音乐的速度:每10秒钟22～26拍。

(2)成套动作允许有2×8拍的音乐前奏,在成套动作结束时音乐应同时停止。

(3)参加比赛的队需自备比赛音乐,并将音乐录在高质量空白磁带的A面开头。

3. 竞赛程序和计分方法

(1) 竞赛程序

比赛分为预赛和决赛两种,凡参赛队均须参加预赛。预赛前6名者进入决赛,不足6名时,递减1名录取。

(2) 计分方法

凡报名参加竞赛的运动员,均需参加预赛。预赛中取得前6名成绩的运动员可参加决赛。预赛中团体总分为各单项成绩之和。得分多者,名次列前,总分相等时,以单项中高分多者名次列前;成绩相等,名次并列,下一名次为空额。比赛中得分高者名次列前,如遇得分相等,按艺术分高者名次列前,再相等名次并列,无下一名次。

参加决赛的前6名运动员所获得的预赛得分和决赛得分之和,为决赛总分,以预赛总分多者,名次列前;成绩相等,名次并列,下一名次为空额。

(3) 评分方法

比赛采取公开示分方法,裁判员评分精确到0.1,运动员得分精确到0.01。

成套动作的评分因素包括艺术分10分和完成分10分,总分为20分。各组裁判员评分去掉最高分与最低分,所剩分数或所剩分数的平均数为运动员的艺术分或完成分,两个分数相加为总分。从总分中减去裁判长的评分为最后得分。

4. 参赛队人数要求

每队6人(男3人、女3人),每个运动员兼项最多不得超过三项。

5. 男子3人、女子3人、混合6人竞赛场地要求

比赛场地为10×10平方米的地板或地毯,标记带为5厘米宽的红色或黑色带,标记带是场地的一部分。

6. 男子单人、女子单人、混合双人竞赛场地要求

场地为9×9平方米的地板或地毯,并用5厘米宽的白色标志固定(该带宽计算在9平方米之内)。

五、重点组合的评价与考核

(一)考核内容

根据所学的手臂和跳跃组合动作自编健美操(舞蹈)成套:2分钟。

60～69分:动作较流畅,与音乐较合拍。

70～79 分:动作较流畅,舒展,规范,表现得体,与音乐相配。

80～89 分:动作清晰、自如、较优美、舒展、动作力度适中,与音乐合拍,编排合理,有一定表现力。

90 分以上:动作清晰、自如、优美、舒展、动作力度运用自如,编排较有特色,与音乐配合协调,表现力好。

(二)考核办法

采用一次性考试,在音乐伴奏下,运动员独立完成,裁判严格按考核标准客观地予以评分。

第十四章　武　术

第一节　武术简介及锻炼价值

一、武术简介

武术是以技击动作为主要内容，以功法、套路、搏斗为运动形式，注重内外兼修的中国传统体育项目。中国武术在华夏土地上延绵了数千年，历史悠久并植根于民间。它来源于人们的生产实践、军事战争和社会活动，在中国文化的长期熏陶哺育下，具有鲜明的民族文化特色，世代相传，历久而不衰，逐渐成为民族传统体育项目。武术具有多彩的形式、丰富的内容、深邃的文化意蕴，具有健身防身、修性、竞技、娱乐等多方面的社会功能，无愧为中华民族创造的文化精粹，不仅为广大群众喜闻乐见，而且得到世界上越来越多的人们的青睐。

二、武术运动的锻炼价值

武术的丰富内容，不仅有套路练习形式，还有对抗练习形式。套路练习中不仅有拳术，还有多种器械；不仅有单人练习，还有对练，并且还有多种拳种和流派。这些不同的练习形式和内容各有其不同的运动特点，所以对人体健康有多方面的影响，并相互补充，可以全面地促进人的身体健康水平。

(一)内外兼修、增强体质

武术历来是"武"、"健"并重的，与其他运动相比，对人体各个肌肉群的相应运动中枢之间的协调关系要求较高，而锻炼方法也有所不同，注重"内"与"外"的整体修炼。所谓内，即心、神、意、气等内在的心智活动。所谓外，即手、眼、身法、步等外在的形体活动。运动中，其形体必须是中正安舒，左顾右盼，支撑八面。其心智必须是排除杂念，达到心动形随，意发神传，手与足合，肘与膝合，肩与胯合，心与意合，意与气合，气与力合；手到，眼到，身到，步到，一动无有不动，一静无有不静，周身上下无处不合、无处不动，浑然一体。这种练功法，对外能利关节、强筋骨、壮体魄，对内能理脏腑、通经脉、调精神，使身心得到全面的锻炼。

(二)具有广泛的适应性

武术运动不仅锻炼价值高，而且内容丰富、形式多样，不同的拳术和器械有着不同的动作结构、技术要求、运动风格和运动量，它可以不受年龄、性别、体质、时间、季节、场地和器材的限制，人们可以根据自己的需要和条件，选择合适的项目来进行锻炼，这给开展群众性的体育活动提供了方便条件。如前所述，武术有不同风格特点的长拳、太极拳，这些拳术套路的动作结构、技术要求、运动风格和运动量都有所不同，易于普及和推广，这就使武术运动具有广泛的适应性。

(三)具有陶冶情操的作用

武术不仅有健身和技击价值，而且富有浓郁的艺术色彩。表现在运动中攻与防、虚与实、刚与柔、开与合、快与慢、动与静、起与伏等交替变化形成的强烈的动感、均衡的势态、恰当的节奏、和谐的韵律，使人百看不厌。就单个动作而言，讲究上、中、下三盘错落，高有鹰击长空的气概，低有鱼翔浅底的雅趣，如“大跃步前穿”，忽地凌跃而起，忽地又伏身而下，似长风出谷，若燕子抄水，妙不可言。其套路运动变化，讲究动之如涛、静之如岳、起之如猿、轻之如叶、重之如铁、缓之如鹰、快之如风等充满着矫健、敏捷、洒脱、舒展而遒劲的美，使人的情感在演练中受到陶冶，提高自身的修养和审美能力。

(四)能锻炼防身自卫能力

攻防的技击性是武术运动的特点。现代套路运动的表现形式，仍以体现攻防实战方法的动作为基本内容。如：各种手法、腿法、摔法、跌扑滚翻等动作，每一个动作都暗含着不同的用意。因此，通过练习，不仅能强壮身心，还能锻炼防身自卫的能力。

武术锻炼对人的力量、耐力、速度、灵敏、柔韧等各种身体素质都有良好影响，不同的人可以根据个人不同的爱好和条件，选择适合自己的武术内容进行锻炼，以达到更好地增强体质的目的。

第二节　武术运动的基本方法

一、武术初级阶段基本功

(一)基本手型

1.拳

五指卷拢，握紧为拳。它可分为封眼拳、方拳和顶心拳等。

拳心：手心的一面称为拳心。

拳背：手背的一面称为拳背。

拳面：食指、中指、无名指和小指第一节指骨相并形成的平面称为拳面。

拳眼：拇指根部与食指相叠而成的螺旋形圆窝称为拳眼。

拳轮：小指一侧酌螺旋圆窝称为拳轮。

2.掌

五指伸直称为掌。

掌背：手背的一面称为掌背。

掌心：手心的一面称为掌心。

掌指：手指的前端称为掌指。

掌外沿：小指的一侧称为掌外沿。

3.勾

五指撮在一起，腕关节弯曲称为勾。

勾尖：五指撮在一起的端头称为勾尖。

勾顶：腕关节弯曲凸起处称为勾顶。

(二)肩臂练习

1.压肩

预备姿势：面对肋木站立，距离一大步，两脚左右分开，与肩同宽或稍宽。

动作方法：两手抓握肋木，上体前俯(挺胸、塌腰、收髋)并做下振压肩动作。利用肋木压肩时，也可由另一人骑坐在练习者背上，随着练习人的下振动作，有节奏地给以助力。也可以面对面站立，互相扶按肩部，做体前屈的振动压肩动作。

2.双臂绕环

预备姿势：两脚开立，与肩同宽，两臂垂于体侧。

动作方法：

(1)前后绕环：左右两臂依次做绕环动作。左臂由下向前、向上、向后做向前绕环；右臂由上向后、向下、向前做向后绕环。然后再做反方向的绕环。

(2)左右绕环：左右两臂同时向右、向上、向左、向下划立圆绕环，然后再反方向划立圆绕环。

(3)交叉绕环：两臂直臂上举，左臂向前、向下、向后、右臂向后、向下、向前，同时于身侧划立圆绕环。练习时可左右交替进行。

3.仆步抡拍

预备姿势：两脚开立，略宽于肩，两臂垂于体侧。

动作方法：左脚向左迈出一步成左弓步，上体随之左转，同时右臂向左前下方伸出，左掌手心向里；掌指向下，插于右臂肘关节处。上动不停，上体右转成右弓步，同时右臂直臂由左、向上、向右抡臂划弧至右上方，左掌下落至左下方。上动不停，上体右后转，同时右臂直臂向下、向后抡臂划弧至后下方，左臂直臂向上、向前抡臂划弧至前上方。上动不停，上体左转成右仆步，同时右臂直臂向上、向右、向下抡臂划弧至右腿内侧拍地；左臂向下、向左抡臂划弧停于左上方。练习时，左右交替进行。右仆步抡臂动作，称右仆步抡拍；左仆步抡臂动作，称左仆步抡拍。

(三)基本腿法

1.正踢腿

预备姿势：两脚并立，两手立掌或握拳，两臂侧平举。

动作方法：左脚向前上半步，左腿支撑，右脚脚尖勾起向前额处猛踢。两眼向前平视。练习时左右交替进行。

2.侧踢腿

预备姿势：与正踢腿同。

动作方法：右脚向前上半步，脚尖外展，左脚脚跟稍提起；身体略右转，左臂前伸，右臂后举。随即左脚脚尖勾紧向左耳侧踢起，同时右臂屈肘上举亮掌，左臂屈肘立掌于右肩前或垂于裆前；眼向前平视。踢左腿为左侧踢，踢右腿为右侧踢。

3.外摆腿

预备姿势：与正踢腿同。

动作方法：右脚向右前方上半步，左脚尖勾紧，向右侧上方踢起，经面前向左侧上方摆动，直腿落在右腿旁。眼向前平视。左掌可在左侧上方击响。练习时左右交替进行。

4.里合腿

预备姿势：与正踢腿同。

动作方法：左脚向右前方上半步，左脚脚尖勾起里扣并向左上方踢起，经面前向右侧上方直腿摆动，落于右脚外侧，右手掌可在右侧上方迎击左脚掌(击响)，也可不做击响动作。眼向前平视。练习时，左右腿交替进行。

5.弹腿

预备姿势:两腿并立,两手叉腰。

动作方法:右腿屈膝提起,大腿与腰平,右脚绷直。提膝接近水平时,要迅速猛力挺膝,向前平踢(弹击),力达脚尖。大腿与小腿成一直线,高与腰平,左腿伸直或微屈支撑。两眼平视。

6.蹬腿

预备姿势:与弹腿同。

动作方法:与弹腿同,惟脚尖勾起,力点达于脚跟。

7.侧踹腿

预备姿势:两脚并立,两手叉腰。

动作方法:两腿左右交叉,右腿在前,稍屈膝。随即右腿伸直支撑,左腿屈膝提起,左脚里扣,脚跟用力向左侧上方踹出,高与肩平,上体向右侧倒,眼视左侧方。练习时,左右可交替进行。

8.扫腿

(1)前扫腿

预备姿势:两脚开立,两臂垂于体侧。

动作方法:左脚向右腿后插步,同时两手由下向左、向上、向右弧行摆掌,右臂伸直,高与肩平,成侧立掌;左掌附于右上臂内侧,掌指向上。头部右转,目视右方。

上体左后转180°,左臂随体转向左后方平搂至体左侧,稍高于肩;右臂随体转自然平移至体右侧,掌心朝前,掌指朝右下方。上体继续左转,左脚尖外撇。右掌从后向上、向前屈肘降落;同时,左臂屈肘,掌指朝上从右臂内侧向上穿出,变横掌架于头部左上方,拇指一侧向下。随即右掌下降并摆向身后变勾手,勾尖朝上。在左脚尖外撇的同时,左腿屈膝,左脚跟抬起,以左脚前掌碾地,右腿平铺,脚尖内扣,脚掌着地,直腿向前扫转一周。

(2)后扫腿

预备姿势:两腿并立,两臂垂于体侧。

动作方法:左脚向前开步,左腿屈膝半蹲,右腿挺膝伸直,成左弓步;同时两掌从两腰侧向前平直推出,掌指朝上,小指一侧朝前;眼看两掌尖。

左脚尖内扣,左腿屈膝全蹲,成右仆步姿势,同时上体右转并前俯。两掌随体右转在右腿内侧扶地,右手在前。随着两手撑地,上体向右后拧转的惯性力量,以左脚前掌为轴,右脚贴地向后扫转一周。

(四)基本步型

武术套路中五种基本步型是马步、弓步、仆步、歇步和虚步。

1.弓步

左脚向前一大步(约为本人脚长的4～5倍),脚尖微内扣,左腿屈膝半蹲(大腿接近水平),膝与脚尖垂直。右腿挺膝伸直,脚尖内扣(斜向前方),两脚全脚着地,上体正对前方,眼向前平视,两手抱拳于腰间。弓右腿为右弓步,弓左腿为左弓步。

2.马步

两脚平行开立(约为本人脚长的3倍),脚尖正对前方,屈膝半蹲,膝不超过脚尖,大腿接近水平,全脚着地,身体重心落于两腿之间;两手抱拳于腰间。

3.虚步

两脚前后开立，右脚外展45°，屈膝半蹲，左脚脚跟离地，脚面绷平，脚尖稍内扣，虚点地面，膝微屈，重心落于后腿上。两手叉腰。眼向前平视。左脚在前为左虚步，右脚在前为右虚步。

4.仆步

两脚左右开立，右腿屈膝全蹲，大腿和小腿靠紧，臀部接近小腿，右脚全脚着地，脚尖和膝关节外展，左腿挺直平仆，脚尖里扣，全脚着地。两手抱拳于腰间。眼向左方平视。仆左腿为左仆步，仆右腿为右仆步。

5.歇步

两腿交叉靠拢全蹲，左脚全脚着地，脚尖外展，右脚前脚掌着地，膝部贴近左腿外侧，臀部坐于右腿接近脚跟处；两手抱拳于腰间，眼向左前方平视。左脚在前为左歇步；右脚在前为右歇步。

二、初级长拳(第三路)

预备势

两脚并步站立，两臂垂于身体两侧，五指并拢贴靠腿侧，眼向前平视。

1. 虚步亮掌

右脚向右后方撤步成左弓步；右掌向右、向上、向前划弧，掌心向上；左臂屈肘，左掌提至腰侧，掌心向上。目视右掌。右腿微屈，重心后移。左掌经胸前从右臂上向前穿出伸直；右臂屈肘，右掌收至腰侧，掌心向上。目视左掌。重心继续后移，左脚稍向右移，脚尖点地，成左虚步。左臂内旋向左、向后划弧成勾手，勾尖向上，右手继续向后、向右、向前上划弧，屈肘抖腕，在头前上方成亮掌(即横掌)，掌心向前，掌指向左；目视左方。

2.并步对拳

右腿蹬直，左腿提膝，脚尖里扣，上肢姿势不变。左脚向前落步，重心前移。左臂屈肘，左勾手变掌经左肋前伸；右臂外旋向前下落于左掌右侧，两掌同高，掌心均向上。右脚向前上一步，两臂下垂后摆。左脚向右脚并步，两臂向外向上经胸前屈肘下按，两掌变拳，拳心向下，停于小腹前；目视左侧。

第一段

3.弓步冲拳

左脚向左上一步，脚尖向斜前方；右腿微屈，成半马步；左臂向上向左格打，拳眼向后，拳与肩同高；右拳收至腰侧，拳心向上；目视左拳。右腿蹬直成左弓步；左拳收至腰侧，拳心向上；右拳向前冲出，高与肩平，拳眼向上；目视右拳。

4.弹腿冲拳

重心前移至左腿，右腿屈膝提起，脚面绷直，猛力向前弹出伸直，高与腰平；右拳收至腰侧，左拳向前冲出；目视前方。

5.马步冲拳

右脚向前落步；脚尖里扣，上体左转；左拳收至腰侧，两腿下蹲成马步，右拳向前冲出；目视右拳。

6.弓步冲拳

上体右转90°，右脚尖外撇向斜前方，成半马步；右臂屈肘向右格打。拳眼向后，目视右拳。左腿蹬直成右弓步；右拳收至腰侧；左拳向前冲出；目视左拳。

7. 弹腿冲拳

重心前移至右脚，左腿屈膝提起，脚面绷直，猛力向前弹出伸直，高与腰平；左拳收至腰侧，右拳向前冲出；目视前方。

8. 大跃步前穿

左腿屈膝，右拳变掌内旋，以手背向下挂至左膝外侧，上体前倾，目视右手。左脚向前落步，两腿微屈，右掌继续向后挂，左拳变掌，向后、向下伸直；目视右掌。右腿屈膝向前提起，左腿立即猛力蹬地向前跃出；两掌向前向上划弧摆起；目视左掌。

右腿落地全蹲，左腿随即落地向前铲出成仆步；右掌变拳抱于腰侧，左掌由上向右向下划弧成立掌，停于右胸前；目视左脚。

9. 弓步击掌

右腿猛力蹬直成左弓步；左掌经左脚面向后划弧至身后成勾手，左臂伸直，勾尖向上；右掌由腰侧变掌向前推出，掌指向上，掌外侧向前；目视右掌。

10. 马步架掌

重心移至两腿中间，左脚脚尖里扣成马步，上体右转；右臂向左侧平摆，稍屈肘；同时左勾手空掌由后经左腰侧从右臂内向前上穿出，掌心均朝上；目视左手。右掌立于左胸前；左掌左上屈肘抖腕，亮掌于头部左上方，掌心向前；目视右掌。

第二段

11. 虚步栽拳

右脚蹬地，屈膝提起；左腿伸直，以前脚掌为轴向右后转体 180°；右掌由左胸前向下经右腿外侧向后划弧成勾手；左臂随体转动并外旋，使掌心朝右；目视右手。右脚向右落地，重心移至右腿上，下蹲成左虚步；左掌变拳下落于左膝上，拳眼向里，拳心向后；右勾手变拳，屈肘架于头右上方，拳心向前；目视左方。

12. 提膝穿掌

右腿稍伸直。右拳变掌收至腰侧，掌心向上；左拳变掌由下向左向上划弧盖压于头上方，掌心向前。右脚蹬直，左脚屈膝提起，脚尖内扣；右掌从腰侧经左臂内向右前上方穿出，掌心向上；左掌收至右胸前成立掌；目视右掌。

13. 仆步穿掌

右脚全蹲，左脚向左后方铲出成左仆步；右臂不动，左掌由右胸前向下经左腿内侧，向左脚面穿出；目随左掌转视。

14. 虚步挑掌

右脚蹬直，重心前移至左脚，成左弓步。右掌稍向下降，左掌随重心前移向前挑起；右脚向左前方上步，左腿半蹲，成右虚步；身体随上步左转 180°。在右脚上步的同时，左掌由前向上、向后划弧成立掌，右掌由后向下、向前上挑起成立掌，指尖与眼平；目视右掌。

15. 马步击掌

右脚落地，脚尖外撇，重心稍升高并右移，左掌变拳收回腰侧；右掌俯掌向外掳手。左脚向前上一步，以右脚为轴向右后转体 180°，两腿下蹲成马步；左掌从右臂上成立掌向左侧击出；右掌变拳收至腰侧；目看左掌。

16. 叉步双摆掌

重心稍右移，同时两臂向下向右，掌指均向上；目视右掌。右脚向左腿后插步，前脚掌着地。两臂继续由右向上向左摆，停于身体左侧，均成立掌；右掌停于左肘窝处；目随双掌转视。

17.弓步击掌

两腿不动；左掌收至腰侧，掌心向上；右掌向上向右划弧，掌心向下；左脚后撤一步，成右弓步；右掌向下向后伸直摆动，成勾手，勾尖向上；左掌成立掌向前推出；目视左掌。

18.转身踢腿马步盘肘

两脚以前脚掌为轴向左后转体180°。转体的同时，左臂向上向前划半立圆，右臂向下后划半圆。右臂向下成反臂勾手，左臂向上成亮掌。右腿伸直，脚尖勾起，向额前踢。右脚向前落地，脚尖里扣。右手不动，左臂屈肘下落至胸前，左掌心向下。目视左掌。上体左转90°，两腿下蹲成马步；同时左掌向前向左平捞变拳收至腰侧，右勾手变拳，右臂伸直，由体后向右向前平摆，至体前时屈肘，肘尖向前，高与肩平，拳心向下；目视肘尖。

第三段

19.歇步抡砸拳

重心稍升高，右脚尖外撇；右臂由胸前向上向右抡直；左拳向下向左，使臂抡直；目视右拳。上动不停，两脚以前脚掌为轴，向右后转体180°，右臂向下向后抡摆，左臂向前随身体转动；紧接上动，两腿全蹲成歇步；左臂随身体下蹲向下平砸，拳心向上，臂微屈；右臂伸直向上举起；目视左拳。

20.仆步亮掌

左脚由右腿后抽出，向前一步，左腿蹬直，右腿半蹲，成右弓步。上体微向右转。左拳收至腰侧、右拳变掌向下经胸前向右横击掌。右脚蹬地屈膝提起，上体右转。左拳变掌从右掌上向前穿出，掌心向上；右掌平收至肘下。右脚向右落步，屈膝全蹲，左腿伸直，成仆步。左掌向下、向后划弧成勾手，勾尖向上；右掌向右、向上划弧微屈，抖腕成亮掌，掌心向前。头随右手转动，至亮掌时，目视左方。

21.弓步劈拳

右腿蹬地立起，左腿收回并向左前方上步。右掌变拳收至腰侧，左勾手变掌由下向前上经胸前向左做掳手。右腿经左腿前方向左绕上一步，左腿蹬直成右弓步。左手向左平掳后再向前挥摆，虎口朝前。在左手平掳的同时，右拳向后平摆，然后在向前向上做抡劈拳，拳高与耳平，拳心向上，左掌外旋接扶右前臂。目视右拳。

22.换跳步弓步冲拳

重心后移，右脚稍向后移动；右拳变掌，臂内旋，以掌背向下划弧挂至右膝内侧；左掌背贴靠右肘外侧，掌指向前；目视右掌。右腿自然上抬，上体稍向左扭转；右掌挂至体左侧，左掌伸向右腋下，目随右掌转视。右脚以全脚掌用力向下震跺，与此同时，左脚急速离地抬起。右手由左向上向前掳盖，而后变拳收至腰侧；左掌伸直向下、向上、向前屈肘下按，掌心向下。上体右转，目视左掌。左脚向前落步，右腿蹬直成左弓步；右拳向前冲出，拳高与肩平；左掌藏于右腋下，掌背贴靠腋窝；目视右拳。

23.马步冲拳

上体右转90°，重心移至两腿中间，成马步。右拳收至腰侧，左掌变拳向左冲出，拳眼向上；目视左掌。

24.弓步下冲拳

右脚蹬直，左腿弯曲，上体稍向左转，成左弓步；左拳变掌向下经体前向上架于头左上方，掌心向下；右拳自腰侧向左前斜下方冲出；目视右拳。

25. 叉步亮掌侧瑞腿

上体稍向右转。左掌由头上下落于右手腕上，右拳变掌，两手交叉成十字；目视双手。右脚蹬地并向左腿后插步，以前脚掌着地；左掌由体前向下向后划弧成勾手，勾尖向上；右掌右前向右向上划弧抖腕亮掌，掌心向前；目视左侧。重心移至右腿，左腿屈膝提起，向左上方猛力蹬出；上肢姿势不变，目视左侧。

26. 虚步挑拳

左脚在左侧落地；右掌变拳稍后移，左勾手变拳由体后向左上挑，拳背向上；上体左转180°，微含胸前俯；左拳继续向前向下划弧上挑，右拳向下向前划弧挂至右膝外侧，同时右膝提起。目视右拳。右脚向左前方上步，脚尖点地，重心落于左脚，左腿下蹲成右虚步。左拳向后划弧收至腰侧，拳心向上；右拳向前屈臂挑出，拳眼斜向上，拳与肩同高；目视右拳。

第四段

27. 弓步顶肘

重心升高，右脚踏实；右臂内旋向下直臂划弧以拳背下挂至右膝内侧，左拳不变；目视前下方。左腿蹬直，右腿屈膝上抬；左拳变掌，右拳不变；两臂向前向上划弧摆起；目随右拳转视。左脚蹬地起跳，身体腾空，两臂继续划弧至头上。右脚先落地，右腿屈膝，左腿向前落步，以前脚掌落地；同时两臂向右向下屈肘停于右胸前，右拳变掌，左掌变拳；右掌心贴靠左拳面；左脚向左上一步，左腿屈膝，右腿蹬直成左弓步；右掌推左拳，以左肘尖向左顶出，高与肩平。目视前方。

28. 转身左拍脚

以两脚前脚掌为轴向右后转体180°。随着转体，右臂向上、向右向下划弧抡摆，同时左拳变掌向下、向后、向前上抡摆；左腿伸直向前上踢起，脚面绷平；左掌变拳收至腰侧，右掌由体后向上、向前拍击脚面。

29. 右拍脚

左脚向前落地，左拳变掌向下向后摆，右掌变拳收回腰侧。右脚伸直向前踢起，脚尖绷平。左拳变掌由后向上向前拍击右脚面。

30. 腾空飞脚

右脚落地，左脚向前摆起，右脚猛力蹬地跳起，左腿屈膝继续前上摆。同时右拳变掌向前向上摆起，左掌先上摆而后下降拍击右掌背。右腿继续上摆，脚面绷平。右掌拍击右脚面，左掌由体前向后上举。

31. 歇步下冲拳

左、右脚先后相继落地. 左掌变拳收至腰侧。身体右转90°，两腿全蹲成歇步。右掌抓握、外旋变拳收至腰侧；左拳由腰侧向前下方冲出，拳心向下；目视左拳。

32. 仆步抡劈拳

重心升高，右臂由腰侧向体后伸直，左臂随身体重心升高向上摆起。以右脚前脚掌为轴，左腿屈膝提起，上体左转270°。左拳由前向后下划立圆一周；右拳由后向下向前上划立圆一周。左腿向后落一步，屈膝全蹲，右腿伸直，脚尖里扣成右仆步。右拳由上向下抡劈，拳眼向上；左拳后上举，拳眼向上；目视右拳。

33. 提膝挑掌

重心前移成右弓步；同时右拳变掌由下向上抡摆，左拳变掌稍下落，右掌心向左，左掌心向右；左、右臂在垂直面上由前向后各划立圆一周；右臂伸直停于头上，掌心向左，掌指向上；左臂伸直停于身后成反勾手；同时右腿屈膝提起，左腿挺膝伸直独立；目视前方。

34. 提膝劈掌，弓步冲拳

下肢不动；右掌由上向下猛劈伸直，停于右小腿内侧，用力点在小指一侧；左勾手变掌，屈臂向前停于右上臂内侧，掌心向左；目视右掌。右脚向右落地；身体右转 90°；同时左掌变拳收至腰侧，右臂内旋划弧做劈掌；上动不停，左腿蹬直成右弓步；右手抓握变拳收至腰侧，左拳由腰侧向左前方冲出；目视左拳。

结束动作

35. 虚步亮掌

右脚扣于左膝后，两拳变掌，两臂右上左下屈肘交于体左前；目视右掌。右脚向右后落步，重心后移，右腿半蹲，上体稍右转；同时右掌向上、向右、向下划弧停于左腋下；左掌向左、向上划弧停于右臂上与胸前，两掌心左下右上；目视左掌。左脚尖稍向右移，右腿下蹲成左虚步；左臂伸直向左、向后划弧成勾手；右臂伸直向下、向右、向上划弧抖腕亮掌，掌心向前；目视左方。

36. 并步对拳

左腿后撤一步，同时两掌从两腰侧向前穿出伸直，掌心向上；右腿后撤一步，同时两臂分别向体后下摆；左脚后退半步向右脚并拢；两臂由后向上经体前屈臂下按，亮掌变拳，停于腹前，拳心向下，拳面相对；目视左方。

还原，两臂自然下垂，目视正前方。

第三节 二十四式简化太极拳

一、提高阶段基本功

(一)腾空飞脚

预备姿势：并步站立。

动作方法：右脚上步，左腿向前、向上摆踢，右脚蹬地跃起，身体腾空，两臂由下向前、向头上摆起，右手背迎击左手掌。在空中，右腿向前上方弹踢，脚面绷直，右手迎击右脚面；同时左腿屈膝，左脚收控于右腿侧，脚面绷直，脚尖向下。左手在击响的同时摆至左侧方变勾手，勾尖向下，略高于肩。上体微倾，两眼平视前方。

(二)旋风脚

预备姿势：开步站立。

动作方法：左脚向左上步，同时左手向前、向上摆起，右臂伸直向后、向下摆动。右腿

随即上步，脚尖内扣，准备蹬地踏跳。左臂向下摆并屈肘收至右胸前，同时左臂向上、向前抡摆，上体向左旋转前俯。重心右移，右腿屈膝蹬地跳起，左腿提起向左上方摆，上体向左上方翻转，同时两臂向下、向左上方抡摆。身体旋转一周，右腿作里合腿，左手在面前迎击右脚掌，左腿自然下垂。身体旋转一周，右腿作里合腿，左手在面前迎击右脚掌，左腿自然下垂。

(三)高虚步亮掌

预备姿势:开步站立。

动作方法:右臂向前上方弧形摆掌,同时左臂屈肘,左掌收于左腰间,上体微左转,目随右掌。右掌经体前向左、向下、向右、向头上抖腕亮掌,掌心向前,掌指朝左;同时左掌从右臂内穿出,经胸前向上、向左摆至左侧,掌指朝上,高与肩平。右脚在右臂抖腕亮掌的同时收于体前,脚尖虚点地面,成高虚步。头部左转,两眼随右掌抖腕亮掌转视左侧。

二、提高阶段基本套路——二十四式太极拳

太极拳,又称太极十三势,是根据我国古典哲学太极原理而命名的拳术。在技术上,太极拳要求心静体松,呼吸自然,中正安舒,柔和缓慢,连贯协调,虚实分明。太极拳刚柔相济,很适宜于青少年锻炼,目前已成为深受人们欢迎的健身运动项目。

以下介绍的简化太极拳,是国家体委组织专家在传统太极拳的基础上整编而成的,整个套路左右对称,动作简练、流畅,难度适中,易学易记。全套共24个动作,往返两次,共4段,适合初学者练习。

1.起势

(1)身体自然直立,两脚开立,与肩同宽,两臂自然下垂,两手放在大腿外侧。眼向前平视。

(2)两手慢慢向前平举,高与肩平,手心向下。

(3)上体保持正直,两腿屈膝下蹲,同时两掌轻轻下按,两肘下垂与两膝相对;眼平视前方。

2.左右野马分鬃

(1)上体微向右转,身体重心移至右腿上;同时右臂收在胸前平屈,手心向下,左手经体前向右下划弧放在右手下,手心向上,两手心相对成抱球状;左脚随即收到右脚内侧,脚尖点地;眼看右手。

(2)上体微向左转,左脚向左前方迈出,右脚跟后蹬,右腿自然伸直,成左弓步;同时上体继续向左转,左右手随转体慢慢分别向左上右下分开,左手高与眼平(手心斜向上),肘微屈;右手落在右胯旁,肘也微屈,手心向下,指尖向前;眼看左手。

(3)上体慢慢后坐,身体重心移至右腿,左脚尖翘起,微向外撇(大约45°～60°),随后脚掌慢慢踏实,左腿慢慢前弓,身体左转,身体重心再移至左腿;同时左手翻转向下,左臂收在胸前平屈,右手向左上划弧放在左手下,两手心相对成抱球状;右脚随即收到左脚内侧,脚尖点地;眼看左手。

(4)右腿向右前方迈出,左腿自然伸直,成右弓步;同时上体右转,左右手随转体分别慢慢向左下右上分开,右手高与眼平(手心斜向上),肘微屈;左手落在左胯旁,肘也微屈,手心向下,指尖向前;眼看右手。

(5)与(3)解同,只是左右相反。

(6)与(4)解同,只是左右相反。

3.白鹤亮翅

(1)上体微向左转,左手翻掌向下,左臂平屈胸前,右手向左上划弧,手心转向上,与左手成抱球状;眼看左手。

(2)右脚跟进半步,上体后坐,身体重心移至右腿,上体先向右转,面向右前方,眼看右手；然后左脚稍向前移，脚尖点地，成左虚步，同时上体再微向左转，面向前方，两手随转体慢慢向右上左下分开，右手上提停于右额前，手心向左后方，左手落于左胯前，手心向下，指尖向前；眼平看前方。

4.左右搂膝拗步

(1)右手从体前下落，由下向后上方划弧至右肩部外侧，臂微屈，手与耳同高，手心向上；左手上起由左向上、向右下方划弧至右胸前，手心向下；同时上体微向左再向右转；眼看右手。

(2)上体左转，左脚向前(偏左)迈出成左弓步。同时右手屈回，由耳侧向前推出，高与鼻尖平；左手向下由左膝前搂过落于左胯旁；眼看右手手指。

(3)上体慢慢后坐，重心移至右腿上，左脚尖跷起微向外撇；随即左腿慢慢前弓，身体左转，重心移至左腿上，右脚向左脚靠拢，脚尖点地；同时左手向外翻掌由左后向上划弧至左肩外侧，肘微屈，手与耳同高，上平举，手心向上；右手随转体向上、向左下划弧落于左肩前，手心向下；眼看左手。

(4)与(2)解同，惟左右相反。

(5)与(3)解同，惟左右相反。

(6)与(2)解同。

5.手挥琵琶

右脚跟进半步，上体后坐，身体重心移至右腿上，左脚略提起稍向前移，变成左虚步，脚跟着地，膝部微屈；同时左手由左下向上举，高与鼻尖平，臂微屈；右手收回放在左臂肘部里侧；眼看左手食指。

6.左右倒卷肱

(1)右手翻掌(手心向上)经腹前由下向后上方划弧平举，臂微屈；左手随之翻掌向上，左脚尖落地，眼随着向右转体先向右看，再转看左手。

(2)右臂屈肘回收，右手由耳侧向前推出，手心向前，左手回收经左肋外侧向后上划弧平举，手心向上；右手随之再翻掌，向上；同时左腿轻轻提起向左后侧方退一步，脚尖先着地，然后慢慢踏实，重心在左腿上，成右虚步；眼随转体左看，再转看右手。

(3)与(2)解同，惟左右相反。

(4)与(2)解同。

(5)与(2)解同。

7.左揽雀尾

(1)身体慢慢向右转；左手自然下落经腹前划弧至右肋前，手心向上；右臂屈肘，手心转向下，收至右胸前，两手相对成抱球状；同时右脚尖微向外撇，左脚收回靠拢右脚，左脚尖点地。

(2)左脚向左前方迈出，上体微向左转，右脚跟向后蹬，脚尖微向里扣成左弓步。同时左臂向左绷出(即左臂平屈成弓形，用前臂外侧和手背向左侧推出)，高与肩平，手心向后；右手向右下落放于右胯旁，手心向下；眼看左前臂。

(3)身体微向左转，左手随之前伸翻掌向下，右手翻掌向上，经腹前向上、向前伸至左腕下方；然后两手下捋，上体稍向右转，两手经腹前向右后方划弧，直至右手手心向上，高与肩齐，左手手心向后平屈于胸前，同时重心移至右腿上；眼看右手。

(4)上体微向左转,右臂屈肘收回,右手附于左手腕里侧(相距约5厘米),双手同时向前慢慢挤出,左手心向后,右手心向前,左前臂要保持半圆。同时身体重心前移变成左弓步;眼看左手腕部。

(5)右手经左腕上方向前、向右伸出与左手齐,手心向下;左手翻掌向下,两手向左右分开,与肩同宽;然后上体后坐,重心移至右腿上,左脚尖翘起;两手屈肘回收至胸前,手心向前下方;眼向前平看。

(6)上势不停,两手向前、向上按出,手腕部高与肩平,同时左腿前弓成左弓步;眼平看前方。

8.右揽雀尾

(1)上体后坐并向右转,重心移至右腿上,左脚尖里扣;右手向右平行划弧至右侧,然后由右下经腹前向左上划弧至左肋前,手心向上;左手翻掌向下平屈胸前与右手成抱球状;同时重心再移至左腿上,右脚向左靠拢,脚尖点地。

(2)同"左揽雀尾"(2)解,将左变为右即可。

(3)同"左揽雀尾"(3)解,将左变为右即可。

(4)同"左揽雀尾"(4)解,将左变为右即可。

(5)同"左揽雀尾"(5)解,将左变为右即可。

(6)同"左揽雀尾"(6)解,将左变为右即可。

9.单鞭

(1)上体后坐,重心逐渐移至左腿上,右脚尖里扣;同时上体左转,两手(左高右低)向左运转,至左臂平举于左侧,右手经腹前运至左肋前(左手心向左,右手心向后上方);眼看左手。

(2)身体重心再渐渐移至右腿上,左脚向右脚靠拢,脚尖点地;同时右手向右上方划弧至右侧方时变勾手,臂与肩平;左手向下经腹前向右上划弧停于右肩前,手心向后;眼看左手。

(3)上体微向左转,左脚向左侧方迈出,右脚跟后蹬成左弓步;在身体重心移向左腿的同时,左掌慢慢翻转向前推出,手心向前,手指与眼齐平,臂微屈;眼看左手。

10.云手

(1)重心移至右腿上,身体向右转,左脚尖里扣;左手经腹前向右上划弧至右肩前,手心斜向后,同时右手变掌,手心向右;眼看左手。

(2)身体重心慢慢左移;左手由面前向左侧运转,手心渐渐转向左方;右手由右下经腹前向左上划弧至左肩前,手心斜向后,同时右脚靠近左脚,成小开立步(两脚距离约10～20厘米);眼看右手。

(3)右手继续向右侧运转,左手经腹前向右上划弧至右肩前,手心斜向后;同时右手翻转,手心向右,左脚向左横跨一步;眼看左手。

(4)同(2)解。(5)同(3)解。(6)同(2)解。

11.单鞭

(1)右手继续向右运转,至右侧方时变成勾手;左手经腹前向上划弧至右肩前,手心向内,身体重心落于右腿,左脚尖点地;眼看左手。

(2)上体微向左转,左脚向左侧方迈出.,右脚跟后蹬成弓步;在身体重心移向左腿的同时,左掌慢慢翻转向前推出,成"单鞭"式。

12. 高探马

(1)右脚跟进半步，身体重心移至右腿上；右勾手变成掌，两手心翻转向上，两肘微屈，同时身体微向右转，左脚跟渐渐离地，成左虚步；眼看左手。

(2)上体微微左转，右掌经耳旁向前推出，手心向前，手指与眼同高；左手收至左侧腰前，手心向上；同时左脚微向前移，脚尖点地；眼看右手。

13. 右蹬脚

(1)左手手心向上，前伸至右手腕背面，两手相互交叉，随即两手分开自两侧向下划弧，手心斜向下；同时左脚提起向左前方近步成左弓步。

(2)两手由外围向里圈划弧合抱于胸前，右手在外，手心均向后；同时右脚向左脚靠拢，脚尖点地；眼平看右方。

(3)两臂左右分开平举，手心均向外，同时右脚提起向右前方慢慢蹬出；眼看右手。

14. 双峰贯耳

(1)右腿收回，膝盖提起，左手由后向上、向前下落，右手心也翻转向上，两手同时向下划弧分落于右膝盖两侧，手心均向上。

(2)右脚向右前方落下变右弓步，同时两手下垂，慢慢变拳，分别从两侧向上向前划弧至脸前成钳状，拳眼都斜向后(两拳中间距离约 10～20 厘米)。眼看右拳。

15. 转身左蹬脚

(1)重心渐渐移至左腿上，右脚尖里扣，上体向左转，同时两拳变掌，由上向左右划弧分开平举，手心向前；眼看左手。

(2)重心再移至右腿上，左脚靠近右脚内侧，脚尖点地；同时两手由外围向里圈划弧合抱于胸前，左手在外，手心均向后；眼平看左方。

(3)两臂左右分开平举，手心均向外，同时左脚提起向左前方慢慢蹬出；眼看左手。

16. 左下势独立

(1)左腿收回平屈，右掌变成勾手，然后左掌向上、向右划弧下落，立于右肩前。眼看右手。

(2)右腿慢慢屈膝下蹲；左腿向左侧(偏后)伸出，成左仆步；左手下落向左下经左腿内侧穿出；眼看左手。

(3)以左脚跟为轴，脚尖向外扭直(略外撇)，随着右腿后蹬，左腿前弓，右脚尖里扣，上体微向左转并向前起身；同时左臂继续向前伸出(立掌)，掌心向右，右勾的手下落，勾尖向后；眼看左手。

(4)右腿慢慢提起平屈(成独立式)；同时右勾手下落变成掌，并由后下方顺右腿外侧向前摆出，屈臂立于右腿上方，肘与膝相对，手心向左；左手落于左胯旁，手心向下；眼看右手。

17. 右下势独立

(1)右脚下落于左脚前，脚尖点地，然后以左脚掌为轴向左转体，左脚微向外撇；同时左手向后平举变成勾手，右掌随着转体向左侧划弧，立于左肩前，掌心斜向后；眼看左手。

(2)同“左下势独立”(2)解，将左变为右即可。

(3)同“左下势独立”(3)解，将左变为右即可。

(4)同“左下势独立”(4)解，将左变式右即可。

18. 左右穿梭

(1)身体微向左转，左脚向前落地，脚尖外撇，右脚跟离地成半坐盘式；同时两手在左胸前成抱球状（左上右下）；然后右脚向左脚内侧靠拢，脚尖点地；眼看左前臂。

(2)右脚向右前方迈出成右弓步，同时右手由面前向上举并翻掌停在右额前，手心斜向上；左手先向左下再经体前向前推出，高与鼻尖平，手心向前；眼看左手。

(3)身体重心略向后移，右脚尖稍向外撇，随即体重再移至右腿上，左脚跟进，附于右脚内侧，脚尖点地；同时两手在右胸前成抱球状（右上左下）；眼看右前臂。

(4)与(2)同，惟左右相反。

19. 海底针

右腿向前跟进半步，左腿稍向前移，脚尖点地，变成左虚步；同时身体稍向右转，右手下落经体前向后、向上提起，并由右耳旁斜向前下方插出，指尖向下；与此同时，左手向前、向下划弧落于左胯旁，手心向下；眼看前下方。

20. 闪通臂

上体稍右转，左脚向前迈出成左弓步；同时右手由体前上提，掌心向上翻，右臂平屈于头上方，拇指朝下；左手上起向前平推，高与鼻尖平，手心向前；眼看左手。

21. 转身搬拦捶

(1)上体后坐，重心移至右腿上，左脚尖里扣，身体向右后转，然后重心再移至左腿上；同时，右手随着转体而向右向下（变拳）经腹前划弧至左肘旁，拳心向下；左掌上举于头前方，掌心斜向上；眼看前方。

(2)向右转体，右拳经胸前向前翻转撇出，拳心向上，左手落于左胯旁；同时右脚收回后再向前迈出，脚尖外撇；眼看右拳。

(3)身体重心移至右腿上，左脚向前迈一步；左手上起经左侧向前平行划弧拦出，掌心向前下方，同时右拳收到右腰旁，拳心向上；眼看左手。

(4)左腿前弓变成左弓步，同时右拳向前打出，拳眼向上，高与胸平，左手附于右前臂里侧；眼看右拳。

22. 如封似闭

(1)左手由右腕下向前伸，右拳变掌，两手心向上慢慢回收；同时身体后坐，左脚尖翘起，重心移至右腿；眼看前方。

(2)两手在胸前翻掌，向前推出，腕与肩平，手心向前；同时左腿前弓变左弓步；眼看前方。

23. 十字手

(1)身体重心移至右腿上，左脚尖里扣，向右转体；右手随着转体动作向右平摆划弧，与左手成两臂侧平举，肘部下垂；同时右脚尖随着转体稍向外撇，成右弓步；眼看右手。

(2)身体重心慢慢移至左腿，右脚尖里扣，然后右脚向左收回与左脚成开立步，两脚距离与肩同宽；同时两手向下经腹前向上划弧交叉于胸前，右手在外，手心均向后，成十字手；眼看前方。

24. 收势

两手向外翻掌，手心向下，慢慢下落于两胯外侧。眼看前方。

第四节　基本套路的评价与考核

(一)初级长拳第三路评分标准

90～100 分:熟练掌握长拳的运动特点,全套动作练习精神饱满,动作准确,姿势优美,无明显失误。

80～89 分:基本掌握长拳的运动特点,全套动作练习精神饱满,动作准确,姿势优美,难度动作有失误。

70～79 分:能够顺利完成全套动作练习,动作准确,难度和个别动作有明显失误。

60～69 分:全套动作掌握不熟悉,但动作基本准确,且经重做能够完成。

60 分以下:无法完成全套动作练习,且经重做无法完成。

(二)二十四式太极拳的评分标准

考试满分为 100 分,其中 25 分为动作的姿态、重心、稳定,30 分为动作的难度,如云手、左右蹬脚、左右下势独立、搬拦捶。20 分为动作的完成分,25 分为动作的节奏等。

80～100 分:熟练掌握太极拳的运动特点和完成全套动作练习,动作的基本技法准确,无明显失误。

70～79 分:基本掌握太极拳的运动特点,能完成全套动作练习,动作的基本技法比较准确,个别动作明显失误。

60～69 分:了解太极拳的运动特点,全套动作掌握不熟练,个别动作明显失误或遗忘,经重做能完成。

60 分以下:基本了解太极拳的运动特点,全套动作掌握不熟练,且有明显失误或遗忘,经重做不能完成。

第五节　防身术

一、锻炼价值

任何武术拳种、流派都包含着丰富的攻防技击方法,防身术便是以实际需求为目的,从自卫防身的角度出发,吸收中华武术之精华创编而成的。它不以套路的形式出现,没有多余的花架子,其特点是:以自卫防身为主,动作简单利索,招法简洁实用,一招制胜。击打要害、反拿关节及踢、打、摔、拿等技法和人体各个部位都可以成为防身自卫的攻击武器。“远拳、近肘、靠身胯,不远不近弹踢把脚下。”这句顺口溜概括了人体基本防卫技术在不同场合的应用。

通过防身术的学习,不仅能提高自我防卫能力,还可以起到锻炼身体、增强体质、健美体态、丰富生活等作用,而且对于培养沉着、冷静、勇敢、果断、自信的心理素质也有着很好的作用。

二、防身术的心理防卫

防卫自身,除必须具备一定的防卫技能、技巧和身体素质外,更应具备良好的防卫心理素质,心理防卫是必不可少的精神力量。从心理学的角度来看,人的心理对其言论和行为有着很大的影响作用,它能直接控制人的情感和支配人的行为。心理防卫是能否成功地运用防身术的保障。

三、常见的基本攻击技术及攻击要点

（一）拳（图 14-1、图 14-2、图 14-3、图 14-4、图 14-5）

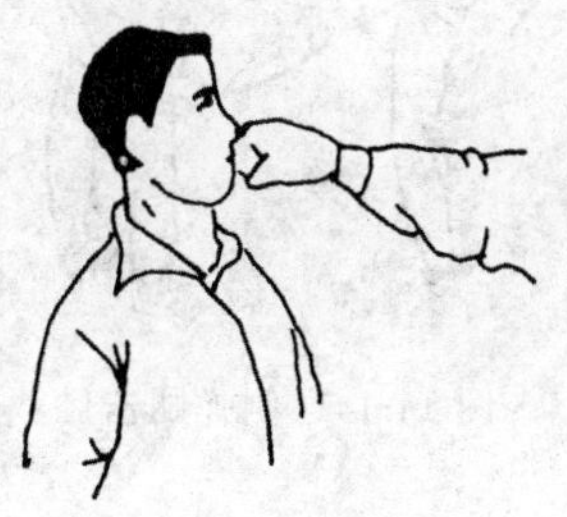

图 14-1 直拳击面部

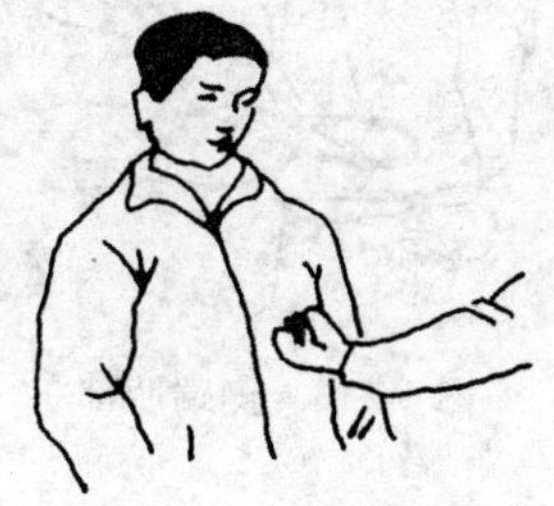

图 14-2 勾拳击腹

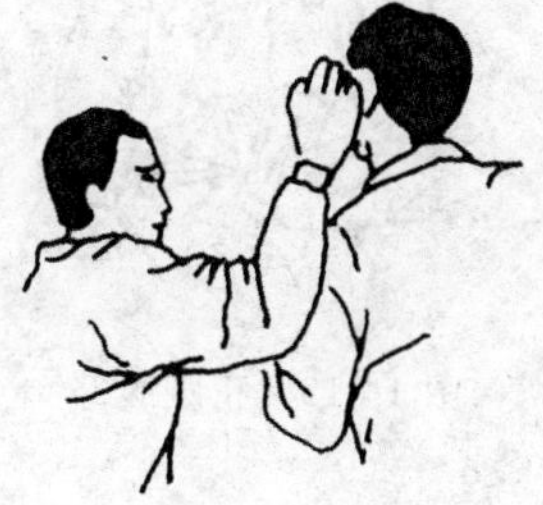

图 14-3 摆拳击太穴

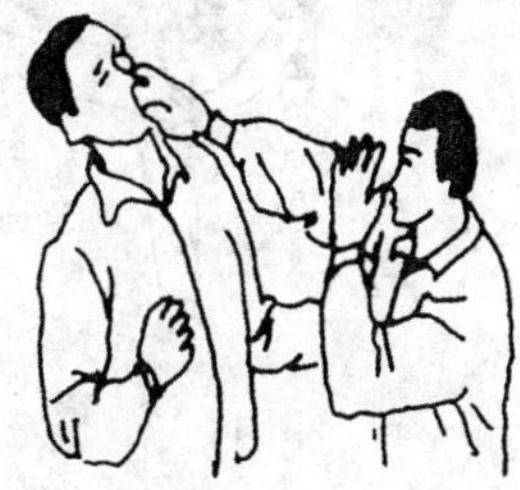

图 14-4 小拳击面

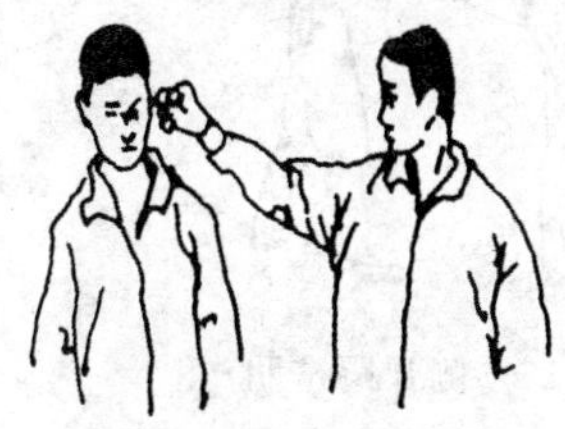

图 14-5 劈拳击面部

（二）掌、指（图 14-6、图 14-7、图 14-8）

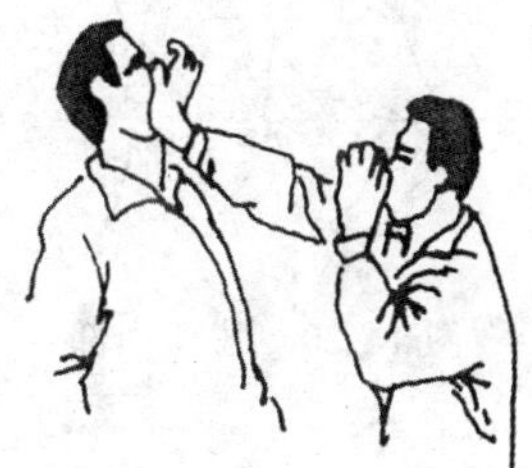

图 14-6 立掌击下颌

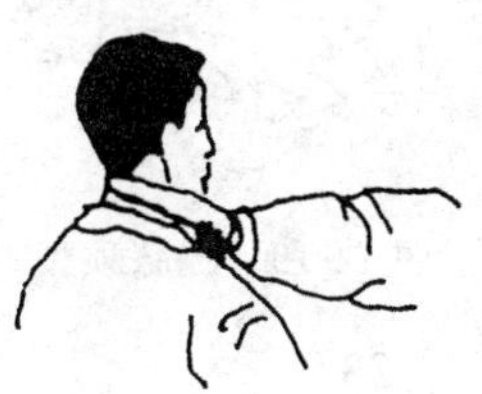

图 14-7 顺掌砍颈部

图 14-8 双指击眼睛

（三）肘（图 14-9、图 14-10）

图 14-9 顶肘击肋部

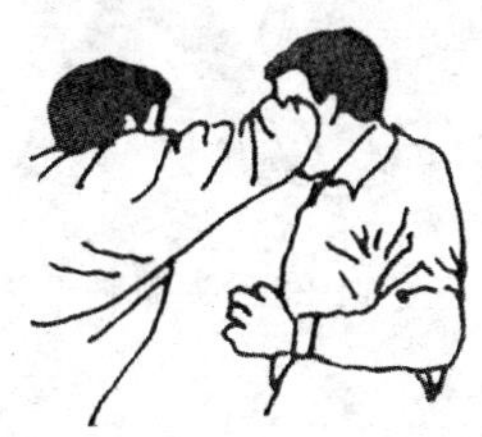

图 14-10 横肘击头

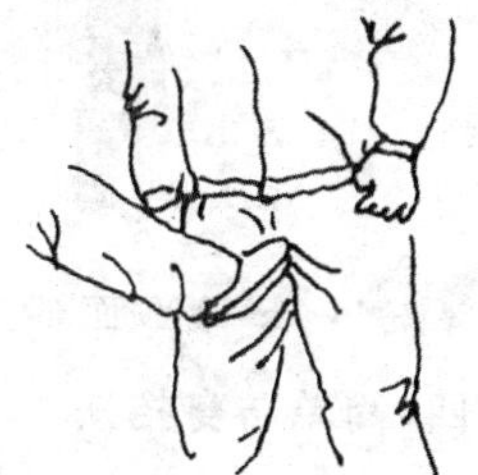

图 14-11 弹腿踢裆部

（四）腿脚（图 14-11、图 14-12、图 14-13、图 14-14、图 14-15、图 14-16、图 14-17、图 14-18）

（五）膝（图 14-19、图 14-20）

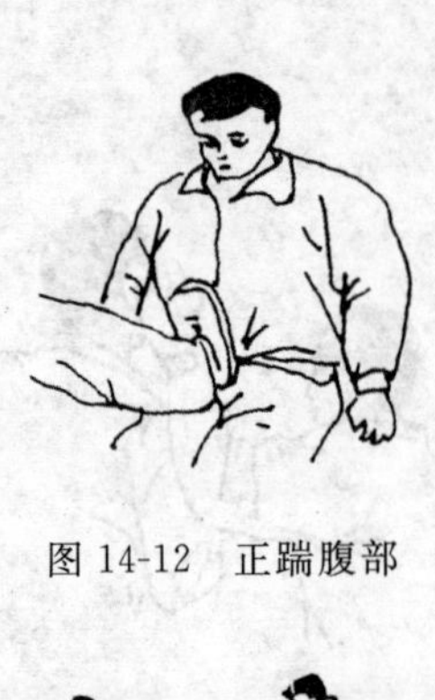

图 14-12　正踹腹部

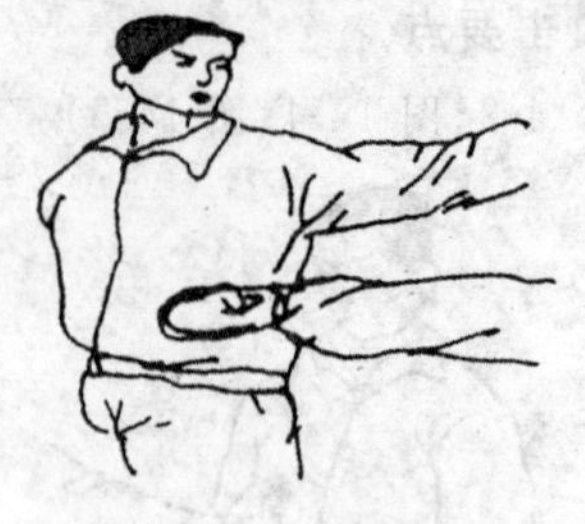

图 14-13　侧踹肋部

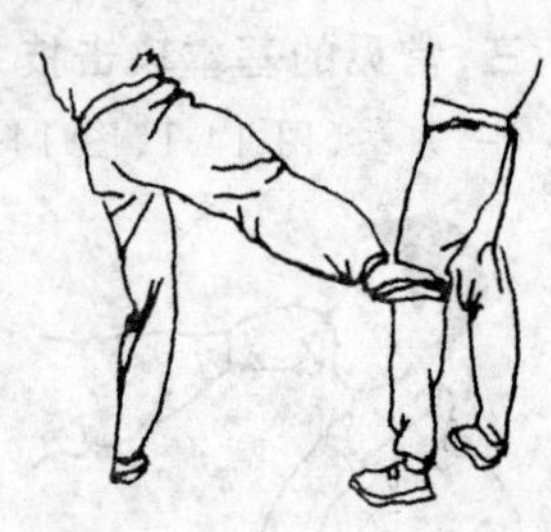

图 14-14　侧弹腿击膝

图 14-15　侧弹踢击肋

图 14-16　点腿击下颌

图 14-17　后蹬腿击胸

图 14-18　下砸腿击胸

图 14-19　提膝顶腹

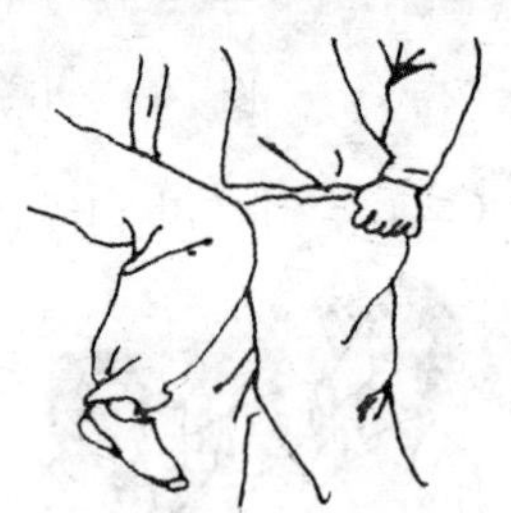

图 14-20　膝顶裆部

(六) 头(图 14-21、图 14-22、图 14-23)

图 14-21　额顶面部

图 14-22　头撞胸部

图 14-23　头顶部面

四、简单防身招法

(一) 托(压)腕抽指(图 14-24、图 14-25、图 14-26)

对方将我手指抓住,我另一手握住对方手腕,用力向上托(或下压),被抓手指迅速抽出。

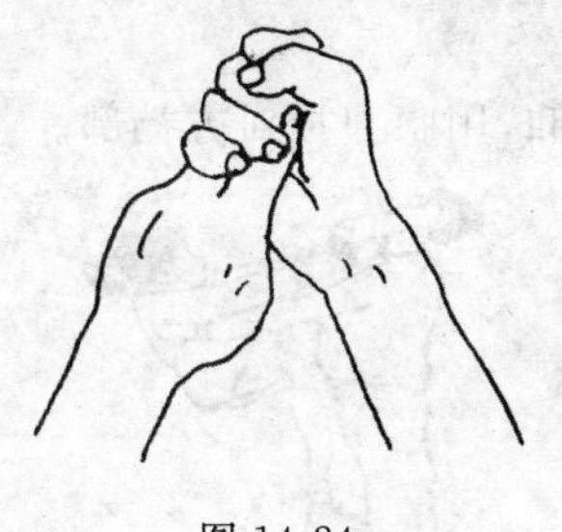

图 14-24

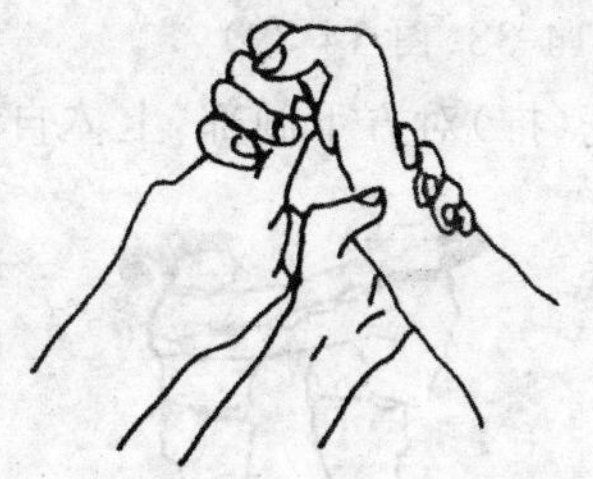

图 14-25

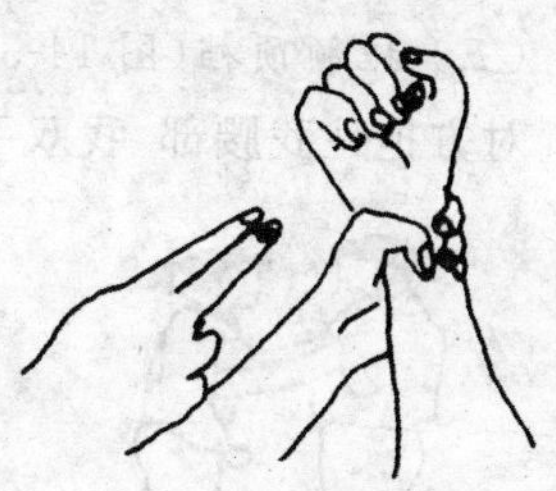

图 14-26

（二）手压肘（图 14-27、图 14-28、图 14-29 和图 14-30）

对方抓住我手腕，我另一手立即扣握住对方手腕，同时双臂屈肘，被抓手上翻，抓握住对方手腕，向前上步，转体，同时用肘下压对方肘关节。

图 14-27

图 14-28

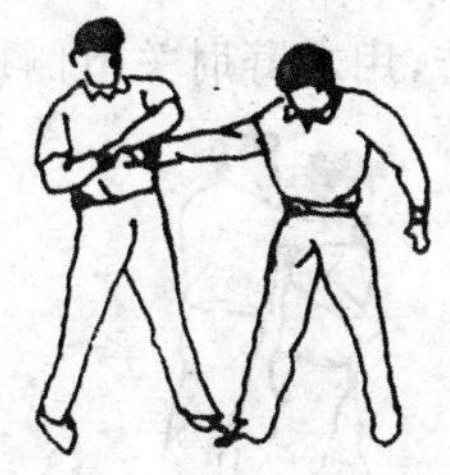

图 14-29

图 14-30

（三）扣腕砍颈（图 14-31、图 14-32、图 14-33）

对方抓住我头发，我一手扣握住对方手腕，同时一手成掌，掌心向上，用掌外沿猛砍对方侧颈部。

图 14-31

图 14-32

图 14-33

（四）翻腕压肘（图 14-34、图 14-35、图 14-36）

对方抓住我胸前衣领，我一手扣住对方抓我衣领之手，上前一步，同时转体，别其小腿，另一手按对方肘关节。

图 14-34

图 14-35

图 14-36

（五）托领顶裆（图 14-37、图 14-38、图 14-39）

对方抱住我腰部，我双手上托（推）对方下颌部，上体自然后仰，用膝狠顶对方裆部。

图 14-37

图 14-38

图 14-39

（六）顶肋击面（图 14-40、图 14-41、图 14-42、图 14-43）

对方双臂（手）搂抱住我双臂及胸部，我向前上步，双臂屈上提（架）对方双臂，右手抓住对方左手腕，同时身体左转，用左臂肘关节侧顶对方左肋，松开右手，用右拳击其左侧下颌。

图 14-40

图 14-41

图 14-42

图 14-43

（七）屈腿蹬腹（图 14-44、图 14-45、图 14-46）

我倒地仰卧，对方双手掐我颈部，我立即屈抬右腿蹬其腹部，左脚上踢其裆部。

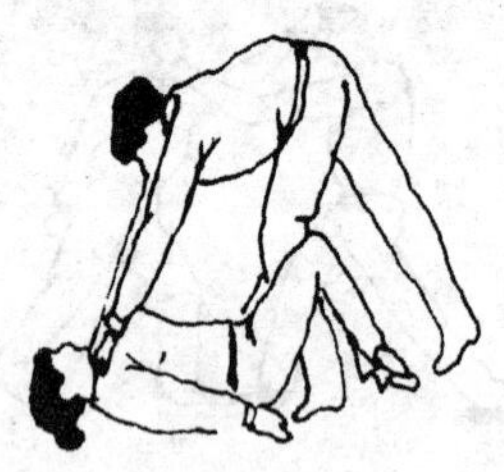
图 14-44

图 14-45

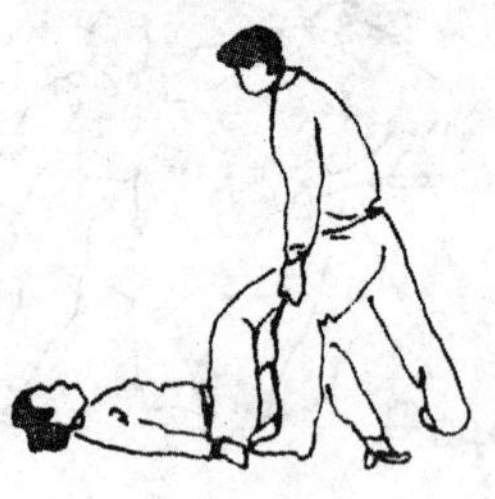
图 14-46

第十五章　跆拳道

第一节　跆拳道简介

跆拳道，是一项利用拳和脚进行搏击的对抗性运动，它通过竞赛、品势和功力检验等运动形式，使练习者增强体质，掌握技、战术，并培养坚忍不拔的意志品质。

跆拳道的本意由三个方面组成：跆是表示以脚踢；拳是以拳头击打；道是一种精巧的艺术方法，同时也是对练习者在道德修养方面的要求。传统的跆拳道包括套路(品势)、兵器、擒拿、摔锁、对练自卫术和其他基本功夫。现代竞技跆拳道只是传统跆拳道的一部分，它技术动作简单、实用、易学，寓搏击、规范、教育于一身，不需要花费太多的时间就能达到健身、防身、修身的效果，是一项在全世界都受欢迎的搏击运动项目，有世界“第一搏击运动”之称。

1966 年，成立了国际跆拳道联盟(ITF)，崔泓熙任首届联盟主席。1973 年 5 月，世界跆拳道联盟(WTF)在韩国汉城(现名“首尔”)成立，金云龙当选为主席。1975 年，世界跆拳道联盟被正式接纳为国际体育联盟的会员。截至 1998 年，世界跆拳道联盟已有会员国 144 个。

1992 年 10 月 7 日，中国跆拳道协会筹备小组的成立，标志着中国跆拳道运动的正式开始。由于我国跆拳道起步晚，招收的第一批运动员大多是半路出家，与韩国、美国、欧洲等一些普及早、基础厚的国家相比，存在一定的差距。1995 年 5 月，首届全国跆拳道锦标赛在北京体育大学举行。

1997 年 11 月，在香港举办的世界跆拳道锦标赛上，我国运动员获得女子 43 千克级银牌和男子 58 千克级的铜牌，这是刚刚起步的中国跆拳道首次获得国际大赛的奖牌；接着在 1998 年越南举行的第 13 届亚洲跆拳道锦标赛上，贺璐敏为我国赢得了第一枚亚洲跆拳道比赛金牌，在 1999 年 6 月举行的第 7 届世界女子跆拳道锦标赛上，王朔获得了 55 千克级的冠军；2000 年 4 月，在法国里昂跆拳道世界杯比赛中，贺璐敏、孔凡桃分别摘取 67 千克级和 47 千克级桂冠，中国女队获得了团体总分第二名；2000 年 9 月 30 日悉尼奥运会上，陈中第一次在奥运跆拳道冠军榜上留下了中国人的名字，是中国跆拳道发展进程中的里程碑。2004 年雅典奥运会，我国跆拳道再一次显示了后来居上的气势，陈中与罗薇顽强拼搏，最终获得女子 67 千克级和 67 千克以上级别的两枚金牌，为祖国赢得荣誉。我国男子跆拳道水平离世界水平还有一定差距，但正迎头赶上，2005 年东亚运动会，刘哮波成为中国第一个男子跆拳道亚洲冠军。

第二节 跆拳道课的教学设计

本课程是学生以身体练习为主要手段，通过合理的、科学的体育锻炼过程，增强体质、增进健康和提高体育素养为主要目标，选择了跆拳道的基本理论知识，以及一些适合学生课堂学习的基本技术，本着循序渐进的原则，使学生能系统地学习和掌握跆拳道基本技术。通过跆拳道选修课理论教学，让学生了解体育的基本理论知识、运动损伤、科学锻炼方法、自我锻炼评价以及运动与健康等基本知识。

通过学习，让学生掌握通过跆拳道运动锻炼身体的方法和手段，全面提高身体素质，强健体魄。

本课程的教学重点是跆拳道的基本理论知识和最基础的基本技术，提高阶段的技术和动作组合属于教学的难点，可视学生的掌握情况选择性地学习。

一、跆拳道教学的组织形式

跆拳道教学的组织形式是根据教学的具体任务、内容和对象的特点决定的。一般包括理论和实践两大部分。理论教学一般采用理论课、自学辅导、电化教学（电影、幻灯、录像等）、课堂讨论、课外作业等形式；实践教学中一般采用技术课、教法作业、教学实习、教学比赛、课外作业等形式。

二、跆拳道教学的练习方法

教师组织练习的方法、学生练习的次数和时间，要根据学生的基础及上课的总时间、教材的难易来决定。在跆拳道教学中，一般常采用的组织练习方法有下列几种：

（一）个人练习法

学生单独一人练习，根据自身条件来理解动作、体会动作，不受他人的干扰。

（二）配对练习法

由于跆拳道比赛是两人的直接对抗，在掌握了基本动作后，应多进行双人的配对攻防练习。尤其是带上护具后进行配对双人练习时，要明确练习目的，强调安全性，防止受伤。

（三）分组练习法

在固定某一练习或进行循环练习时可多采用分组练习法，如 5 人一组轮流踢沙袋或踢脚靶等。一般是将体重相近的几个学生分为一组，或是将水平相近的几个学生分为一组，在练习中要互相配合，互相鼓励。在休息间歇时，同组成员可互相指出优点和缺点，以共同进步。

（四）集体练习法

一般在学习新动作或教师领做动作时采用，主要强调动作的规范性，要求令行禁止。教师应及时纠正。

（五）模拟实战练习法

模拟比赛进行教学实战练习并进行针对性的讲解，使学生提高实际运用能力。

三、教法步骤

在跆拳道的教学过程中，一般可采用以下几个步骤教学：

(1)先由教师完整地示范动作，使学生有一个全面的直观印象，然后可分解示范并讲解，将动作分为几个部分，包括步法、路线过程、先后顺序、部位高低、易犯错误与纠正方法等。

(2)学生跟随教师进行动作模仿,教师应抓重点讲要领,先让学生掌握动作的基本结构,然后再强调细节,直到学会完整动作为止。此时教师应及时发现带有普遍性的错误并给予纠正,也可单独辅导。

(3)先慢后快,先掌握基本动作,然后再在速度、力量方面进一步强化。从一开始学动作就要求动作规范,教师应讲解动作的难点和使用时机,使学生逐步掌握动作的正确练习方法。

(4)在学生基本掌握了动作要领后,要求按规定动作,两人配合演练,并要互相照顾,点到为止。注意避免伤害。在进一步熟练的情况下,可进行一定程度的实战练习,使技术在实战中得到改进和提高。

(5)在学生练习和纠正错误动作后,再经过反复练习,并增加接近实战的各种要求,使学生逐步提高练习的速度和灵活运用技术的能力,直至基本掌握技术为止。

(6)要求学生根据竞赛规则作实战练习,充分发挥自身优势,利用所学技战术,争取战胜同伴,同时尽量避免运动损伤的发生。通过实战检验学生掌握技术的熟练程度,进一步提高学生的实战能力。

第三节　跆拳道初级阶段基本技术及学练方法

一、基本姿势

(一)标准姿势

左脚在前称为左势,右脚在前称为右势(以下以左势为例)。

动作规格:两脚前后开立与肩同宽,前脚尖45°斜向右前方,后脚跟抬起,膝关节微屈,重心落在两脚中间;上身自然直立,45°斜向右前方,双手握拳、拳心相对,两臂弯曲置于胸前;头部直立向前,目视正前方。

(二)侧向姿势

动作规格:身体完全侧向,前后脚在一条直线上。其他部位同标准姿势。

二、基本站位

(一)开式站位

指和对方体前相对应的站位,即自己的身体前面相对对方的身体前面。包括左势对右势和右势对左势两种形式。

(二)闭式站位

指和对方的体前侧不相对应的站位,即自己的体前对应对方的体后。包括左势对左势和右势对右势两种站位形式。

三、基本步法

跆拳道是一种以腿法为主的武技,实战中步法的灵活运用对保证充分发挥腿的威力、取得实战的胜利具有极其重要的意义。腿法使用时多以后腿进攻,因此跆拳道的步法具有鲜明的特点,即重心落在两脚之间或偏于前脚,而且身体姿势大都以侧向站位,以便保护身体和正面要害部位和使后腿通过拧腰转髋发力,增加击打的力量和速度。

常用的基本步法包括以下几种:

(一)前进步

标准实战姿势开始,两脚成斜马步,两手握拳置于胸前。前进时后脚蹬地向前迈步,身体侧转成另一侧斜马步,可连续进行。这是前进步中的一种上步,注意拧腰转髋。前进时,后脚蹬地,前脚向前滑行称为前滑步;后脚蹬地,前脚向前跳跃称为前跃步。前滑步和前跃步都属于前进步,是主动进攻时采用的步法。也可用于假动作,配合两手臂的动作进行,便于快速接近对方。

(二)后退步

由标准实战姿势开始,前脚掌用力蹬地,后脚先退后一步,前脚随即后退,两脚以及身体仍保持原来姿势。若前脚掌蹬地后,后脚沿地向后滑行一步,前脚随即同样向后滑行一步,两脚以及身体仍保持原来姿势,叫做后滑步退。这种步法可以拉开和对手的距离,避开对方的进攻,准备做反击动作。

(三)后撤步

从标准实战姿势开始,以后脚前脚掌为轴,前脚抬起向后经后脚内侧向后撤一步,形成和原来相反的实战姿势。后撤步可根据实战需要左右变化,调整与对方的相对距离,准备进行攻击或反击。

(四)跳换步

由标准实战姿势开始,两脚同时蹬地使身体腾空,空中两脚前后交换,同时转体;落地时身体姿势成另一侧的准备姿势。跳换步的腾空不宜高,略离地即可;换步时,要拧腰转髋,迅速敏捷,其目的是干扰对方的攻防思路,选择适于自己进攻的方位和转换自己身体的得分部位使对方不能得分。

四、跆拳道基本进攻技术

跆拳道的基本进攻技术主要包括拳法和脚踢法,这些技法组成了跆拳道的基本形式。只有练好基本进攻技术,才能为今后的实战提高打下基础,才有可能成为优秀的跆拳道选手和跆拳道实战家。所以,必须认真学习基本技术,体会基本技术的动作含义,揣摸研究基本技术的实际运用规律,为今后的提高打下坚实的基础。

(一)拳法

拳法是跆拳道中最基本而又非常重要的技术。出拳的基本原则是从腰间发力将拳击出,抱拳于腰间时拳心向上,拳击的过程中要做手臂的内旋动作,拳击至最远端时手臂伸直,拳心向下,击打目标后放松收回。

(二)脚踢法

跆拳道以其变幻莫测、优美潇洒的腿法闻名于世,被世人称为踢的艺术,这是跆拳道区别于其他格斗术的一个重要特点。跆拳道的腿法讲究变化多样和灵活多变,对人体的柔韧性、大脑反应的灵敏性、身体运动的稳定性都有很高的要求,是对人体机能和体能的综合考验。

1.前踢

实战姿势开始(图 15-1)。右脚蹬地髋关节向左旋转,双手握拳置于体侧;同时,右腿以髋关节为轴屈膝上提(图 15-2);当大腿抬至水平或稍高时,髋关节向前送,向前顶,小腿以膝关节为轴快速向前上方踢出,力达脚尖,整条腿蹦直(图 15-3);踢击后迅速放松,右腿沿原路线弹回,将右脚放置在左脚前面,仍成实战姿势。

练习方法:采用分解教法,先练提后腿,同时向前送髋;再练弹出小腿;完整练习前踢动作并能熟练使用。

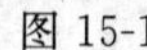
图 15-1

图 15-2

图 15-3

2.侧踢

实战姿势开始(图 15-4);右脚蹬地右腿以髋关节为轴屈膝提起,两手握拳置于体侧(图 15-5);随即左脚以前脚掌为轴外旋 180°,髋关节向左旋转,右腿以膝关节为轴向前蹬伸,右脚快速向右前上方直线踢出,力点在脚跟(图 15-6)。发力后沿起腿路线收腿、放松,重心落下(原处或向前均可),再次回到实战姿势。

图 15-4

图 15-5

图 15-6

练习方法:先练习提腿转髋动作;再练习平蹬腿动作;完整练习侧踢动作。

3.劈腿

实战姿势开始(图 15-7)。右脚蹬地,重心前移至左脚;同时,右腿以髋关节为轴屈膝上提,两手握拳置于胸前(图 15-8);随即充分送髋,上提膝关节至胸部,右小腿以膝关节为轴向上伸直,将右腿伸直举于体前,右脚过头(图 15-9);然后放松向下以右脚后跟(或脚掌)为力点劈击,一直到地面,成实战姿势。

图 15-7

图 15-8

图 15-9

练习方法:开始练习时可扶物先练提腿、提膝和上举腿动作;练习下劈腿的动作;先扶物，动作熟练后，再进行徒手练习；完整练习劈腿动作。

4. 推踢

实战姿势开始(图 15-10)。右脚蹬地，右脚以髋关节为轴提膝前蹬，用右脚脚掌向前蹬推脚掌，推力向正前方(图 15-11)。

图 15-10

图 15-11

第四节 跆拳道提高阶段脚法的核心技术及学练方法

一、横 踢

(一)动作方法

实战姿势开始。右脚蹬地，重心前移至左脚，右脚屈膝上提，两拳置于胸前；左脚前脚掌碾地内旋，髋关节左转，左膝内扣；随即左脚掌继续内旋至 180°，右腿膝关节向前抬至水平状态，小腿快速向左前横向踢出；击打目标后迅速放松收回小腿，右腿落回原地成实战姿势(图 15-12)。

(二)练习方法

先练前踢，待熟练后再练横踢；提后腿(提膝)，同时转髋，弹出小腿；熟练后可练习横踢击打头部(高横踢)。

图 15-12

二、后 踢

(一)动作方法

实战姿势开始，转身后腿后撤背对对方(图 15-13)。重心后移至左脚，右脚蹬地后屈膝提起，右脚贴近左大腿，两手握拳置于胸前(图 15-14)；随即左脚蹬地伸直，右脚自左大腿内侧向后方直线踢出，力达脚跟(图 15-15)；踢击后右脚按原路线快速收回，成实战姿势。

图 15-13·

图 15-14

图 15-15

(二)练习方法

开始练习时可手扶支撑物,体会后蹬的感觉;练习转身同时提关节的动作;平伸后蹬;进行完整的后踢动作练习,可采用踢打固定靶练习;练习反击后踢。

三、后旋踢

(一)动作方法

实战姿势开始。两脚以两脚掌为轴均内旋约 180°,身体随之右转约 90°,两拳置于胸前;上体右转,与双腿拧成一定角度,右脚蹬地将蹬地的力量与上体拧转的力量合在一起,将右腿向后上以髋关节为轴直腿摆起,右脚继续向右后旋摆鞭打,同时上体右转,带动右腿弧形摆至身体右侧,右腿屈膝回收落地(图 15-16)。

图 15-16

(二)练习方法

支撑脚前脚掌着地转动,转身同时向后蹬伸腿;右腿向后摆动;先练习身体原地转动 360°;右腿开始摆动时不要求高度,以后再逐渐升至摆动高度;进行完整的后旋踢动作练习。

第五节　主要规则解析

制定跆拳道竞赛规则的目的是保证世界跆拳道联盟、洲际联盟及其会员国协会主办或组织的各级跆拳道竞赛公平顺利地进行。执行统一的规则,保证了全世界范围内的跆拳道竞赛规范化,不符合这一基本规则的竞赛不能视为跆拳道竞赛。它适用于世跆联、洲际联盟及其会员国协会主办或组织的所有跆拳道竞赛。

跆拳道竞赛的比赛场地为 12 米×12 米、水平的、无障碍物的正方形场地。场地应为有弹性的垫子,有必要时,比赛场地可根据需要置于高出地面 1 米的平台上,但为保证运动员安全,边界线外应有与地面夹角小于 30°角的斜坡。

一、比赛场地的划分

12 米×12 米的区域称为比赛区，比赛区的最外边向内 1 米宽的不同颜色区域提醒运动员不要越出边界线。如果整个场地为同一颜色，需用 5 厘米宽的白线标示出比赛区最外沿向内 1 米宽的区域，此线称为注意线。

二、运动员

参赛运动员需穿世跆联认可的道服和护具。参赛运动员应戴好护身、头盔、护裆、护臂、护腿、护齿后进入比赛区，其中护裆、护臂、护腿应戴在道服里面。运动员可携带经世跆联认可的护具以备自用。

除了头盔，头上不允许戴任何东西。护齿的颜色只能是白色或透明的，但是经医生诊断宣布使用护齿可能对该运动员造成危害，运动员可免除戴护齿的比赛要求。

禁止运动员使用世跆联和国际奥委会《反兴奋剂条例》规定的药品。如果违反规定，将取消其比赛成绩，并将比赛成绩递补给下面的选手。

三、体重级别

跆拳道比赛是通过直接身体接触，激烈身体对抗，按规则要求决定胜负的项目。为了尽可能减少对人体的击打，保证运动员的安全，同时使比赛在公平竞争的条件下使用技术，所以设置了体重分级体系。男、女运动员分别在各自的性别和级别组进行比赛（表 15-1、表 15-2）。

表 15-1 体重分级（单位：千克）

级别	男子	女子
Fin(鳍量级)	54 以下	47 以下
Fly(蝇量级)	54～58	47～51
Bantam(雏量级)	58～62	51～55
Feather(羽量级)	62～67	55～59
Light(轻量级)	67～72	59～63
Welter(次中量级)	72～78	63～67
Middle(中量级)	78～84	67～72
Heavy(重量级)	84 以上	72 以上

表 15-2 奥运会体重级别（单位：千克）

男子	女子
58 以下	49 以下
58～68	49～57
68～80	57～67
80 以上	67 以下

四、比赛种类和时间

跆拳道竞赛分为个人赛和团体赛两种。

（一）个人赛

一般在同一体重级别的运动员之间进行，有必要时，可以把相邻两个级别合并产生一个新的级别进行。任何运动员都不允许在一次赛事中参加超过1个以上级别的比赛。奥运会跆拳道竞赛采用个人赛制。

(二)团体赛

团体赛按体重级别可分为5人制、8人制和4人制的团体比赛。

跆拳道比赛时间规定：

男子比赛为3局，每局比赛3分钟，局间休息1分钟。女子和世界青年锦标赛比赛为3局，每局比赛2分钟，局间休息1分钟。经世跆联批准，男子比赛也可设为每局2分钟。

五、允许的技术和攻击的部位

(一)允许的技术

1.拳的技术：使用直拳技术攻击。

2.脚的技术：使用踝骨以下脚的部位攻击。

(二)允许攻击的部位

1.躯干：允许使用拳和脚的技术攻击躯干被护具包裹的部位，但禁止攻击后背脊柱。

2.头部：指头部除后脑外的部位，即除后脑以外包括双耳在内的整个头面部。只允许用脚的技术攻击。

六、有效得分

使用允许的技术，准确、有力地击中身体合法得分部位为得分。

有效得分可分为：击中护胸得1分；击中头部得2分；运动员被击倒，主裁判读秒的情况下，再加1分；比分为三局比赛得分总和。

准确，指合法的攻击技术全部接触在对手合法的目标范围之内；有力，表现为两种情况：当使用电子护胸时，由护胸中的电子感应器自动记分，当无电子护胸时，则由裁判员根据场上运动员的身体因被对手击打而有突然的位移来加以判断。

七、犯规行为及判罚

1.任何犯规行为将由主裁判判罚。

2.处罚分为“警告”和“扣分”。

3.两次“警告”扣1分，警告次数为奇数时，最后一次不计。

4.一次“扣分”扣1分。

5.犯规行为。

下列行为属于犯规行为，给予“警告”处罚：

(1)越出边界线。

(2)倒地、伪装受伤、转身背向对手逃避进攻等回避比赛的判罚。

(3)抓、搂抱或推对手，用膝部顶撞对手，用拳攻击对手头部或用脚攻击腰部以下部位。

(4)教练员或运动员使用不合理言语或做出任何不良行为。

下列行为属于犯规行为，给予“扣分”处罚：

(1)发出“暂停”口令后攻击对手，或攻击已倒地对手。

(2)抓住对手进攻的脚将其摔倒，或用手推倒对手。

(3)故意用手攻击对手面部。

(4)教练员或运动员打断比赛进程或使用过激言语、行为严重违反体育道德。

6.运动员故意不服从竞赛规则或主裁判命令，主裁判可在1分钟后判其“犯规败”。

7. 犯规累计扣 4 分者，主裁判判其“犯规败”。

8. “警告”和“扣分”按三局累计。

八、获胜方式

（一）击倒胜（KO 胜）

当运动员被合法技术击倒，读秒至“8”时仍不能表示继续比赛，主裁判员宣布比赛结果。

（二）主裁判终止比赛胜（RSC 胜）

如果主裁判或大会临场医生判断运动员即使在 1 分钟恢复时间后仍不能继续比赛，或运动员不服从主裁判继续比赛命令，主裁判应结束比赛，宣布另一方获胜。

（三）比分或优势胜

胜负取决于最后比分或优势判定。

（四）弃权胜

运动员在比赛中受伤或其他原因弃权；运动员在休息时间后不继续比赛或没有听从命令开始比赛；教练员向比赛场地抛毛巾示意弃权。

（五）失去资格胜

运动员称量体重不合格或比赛前失去运动员身份。

（六）主裁判判罚犯规胜

运动员累积扣分 4 分或主裁判根据规则精神在运动员未被累计扣 4 分的情况下，判其直接或 1 分钟后犯规败。

第六节　重点组合的评价与考核

一、进攻→防守（即先进攻再防守）

（一）右横踢→左后踢

考核要点：右横踢可以使假动作，趁对方反击时用后踢重创对手。

（二）右下劈→左下劈

考核要点：两个动作要连贯。

二、进攻→进攻（即连续进攻）

（一）左横踢→右横踢

考核要点：如果左横踢踢空，右横踢要快速连接。

（二）右前横踢→左横踢

考核要点：前横踢启动要突然。

第三篇

保健休闲

第十六章　体育保健

体育保健是指通过体育运动，保持健康和增进健康。其主要目的是促进体育运动参加者的身体发育，提高身体素质，增进健康，提高生活质量。同时，使体育运动参加者运用体育保健的知识和方法，科学地进行体育锻炼，促进生长发育，提高免疫机能，增强身体素质。

第一节　保健按摩

保健按摩是通过对人体特定部位施行各种手法，疏通经络，调和气血，促进新陈代谢以增进健康和治疗疾病的一种方法。它是我国古老的传统健身术之一。

一、面部按摩

（一）摩面

两手洗净，搓热，从发际到下颌，从下颌到发际往返按摩面部10～20次。

此功可以改善面部血液循环，持之以恒，可少生皱纹，保持健美。上下往返进行，是为了使面部肌肉得到全面锻炼，不向下坠。

（二）摩太阳穴

用两手拇指指腹揉按太阳穴10→20次，再由眉梢稍用力捋至太阳穴10余次。此功有助于防治头痛、头晕、眼疾等。

（三）摩眼

两中指对搓热，闭目，从内眼角向外微用力摩至外眼角为1次，可摩10～20次。

用两食指分别点按丝竹空穴（眉外梢处）、攒竹穴（眉内梢处）、精明穴（眼内角处）、四明穴（眼下处）各10～20次。

向一方向转眼球10次，再向反方向转10次。如可能，遥望天空片刻。人称此功为运眼功。

摩眼不仅有助于防治各种眼病，而且中医认为眼是人体阳气之窗口，肝开于目，因此此功还有助于增进全身健康。

（四）摩鼻

两手食指对搓发热后，由上而下、由下而上往返摩鼻两翼10～20次。

久练此功有利于分泌正常的鼻黏液（即鼻涕，在正常的鼻黏液中含有杀菌物质），也可促进鼻黏膜上皮细胞的纤毛摆动，从而将混合在分泌液中的灰尘、细菌从咽部排出，增强抗病能力。它能预防感冒和鼻炎等。

（五）按印堂

用一指尖掐按人中穴（两眉之间），按顺利针和逆时针方向各揉转30～50次，然后再用手指点10～20次。

刺激人中穴既可使呼吸中枢兴奋，增加呼吸频率和深度，又能使内脏血流量增加，改善全身血液供应，特别是能使脑血管扩张，改善脑供血情况，有抗休克、防治脑贫血和低血压等症之功效。但高血压患者不宜练此功，或者减轻刺激强度和次数。

中医理论认为，人中穴是女性生殖器官在面部的投影，因此点按此穴可增强女性生殖系统的功能，有助于防治女性生殖器的病变(如月经不调、痛经等)。

二、头部按摩

(一)按头

用两手指甲尖均匀地轻啄和点按整个头部。轻啄是用指甲一啄即起；点按是用指甲微用力点按片刻，使头部感到有些微痛为止。如此反复进行。

此功能起到一定的头针疗法的作用，长久坚持，对脑源性疾病所引起的肢体瘫痪、麻木、失明、失语等症有一定疗效。

(二)捋头

两手拇指分别按在两太阳穴，其他四指则同时经头顶、头后捋至颈两侧为止。如此10次左右，有助于防治高血压。

(三)点风池

用拇指或中指按后脑风池穴和颈下大椎穴。点按风池穴有助于降血压和防治后头痛。点按大椎穴，有助于防治背颈痛，还有一定的退热消炎作用。

(四)头部按摩作用

头是中枢神经系统所在的部位，大脑支配着人体的一切生命活动，因此大脑组织血管和神经纵横交错，异常丰富，其代谢率也高，耗氧量约占全身的20%左右，血流量约占全身的16%左右，加上大脑神经细胞对供氧不足极为敏感，所以脑组织必须经常保持充足的血液供应。坚持头部和脸部按摩，可以促进大脑和脑神经的血液供应，增强其功能。

三、耳部按摩

(一)鸣天鼓

两手心紧按两耳，食指在上，中指在下，使二指相叠后食指骤然滑下弹击后脑10余次，然后两手心骤然抬离两耳10余次，如此一开一闭以震动耳膜，加强听觉。

(二)擦耳壳

两手掌同时摩擦两侧耳壳(可使耳壳前后对折)20～30次，至耳壳发热为止。

(三)揉耳窝

两手食指指腹同时按揉两侧耳壳的耳甲艇(耳轮脚上面的凹窝)10～20次。再按揉耳甲腔(耳轮脚下面的耳窝)10～20次。

(四)拉耳轮

两手拇指和食指分别同时由耳轮上端向下端捋两侧耳垂20～30次，也可揉摩耳轮几十次；然后，紧握两耳分别向上、向外、向下用力提拉耳轮各3～5次。

(五)耳部按摩的作用

耳壳的神经、血管和淋巴分布丰富，特别在耳腔、三角窝处交叉吻合成丛。中医理论认为，各条经络都直接或间接经过耳部，因此耳与脏腑有密切联系，人体各部位或内脏的生理、病理情况都直接和耳有关，所以在耳壳的一定反应点上进行刺激和点按，可以调整和恢复人体相应部位的生理机能，有助于防治疾病。

四、嘴部按摩

(一)按嘴边

用一个或几个手指指腹揉按嘴的四周,力达齿龈,以加强齿龈的血液循环,可防治牙周病,加固牙齿。

(二)叩齿

上下牙互相叩击 20～30 次。叩齿有助于咽鼓管和鼻组管的通畅,可震动耳鼓膜,轻微刺激大脑,所以有助于提高听力和预防耳鸣等,同时又能醒脑清神。此功还可促进牙周膜、齿龈等部位的血液循环,增加牙齿的营养供应,所以能固齿,并防止牙病发生。例如,有的人坚持早晚各叩齿 200 次,竟治好了牙周炎。

(三)搅舌

舌头在口腔内部和牙齿外面各转动 10～20 周。搅动时,两颊肌肉要随之配合用力推动。搅动时,口内分泌的唾液必然增加,可以分几次咽下。每次咽前,都要鼓漱 10～20 次,然后分 3 次小口咽下,意想咽到了丹田。古人称此功为咽津或鼓漱。

坚持叩齿、搅舌和按摩嘴四周,两颊肌肉必随之配合用力活动,所以咬肌不易萎缩,面颊部不易塌陷;咀嚼有力,牙齿不易松动和脱落;此外,唾液内含淀粉酶、溶菌酶和分泌性抗体等物质,既可帮助消化食物,又有杀菌、抗病毒等作用,有助于清洁口腔,提高口腔黏膜的功能。所以,古人高度重视"咽津"功,许多古代医学著作中均推荐此功。

此功可在饭后立即进行。晨起可先用水漱口后再叩齿、搅舌等。

五、颈部按摩

(一)摩颈

左手掌横放在后颈部,向左前方摩擦,以左下颚骨下方到喉部止,如此做 10～20 次。

(二)摩喉

1. 一手拇指、食指揪住喉部肌肉用力拉起,然后放开,一揪一放为 1 次,共做 10～20 次。

2. 仰头,两手手指微屈成轻握拳,用食指、中指、无名指和小指的指背摩擦喉部,至发热为止。

3. 左手拇指按在喉左侧,其余四指按在喉右侧,由上而下轻轻摩擦 10～20 次;再换右手如法做 10～20 次。

(三)颈部按摩的作用

喉黏膜是人体最弱、最易受到病菌侵害的部位之一,所以感冒多患喉炎。多练此功有助于喉部的血液循环,可增强抗病能力,有人用此功治好过多年不愈的慢性喉炎。

六、上肢按摩

(一)敲指

两手五指分开,先对敲两手虎口 10～20 次;然后,再两手十指交叉对敲两手四指指根部 10～20 次。此功有称"敲人邪",能防治手指麻木。

(二)敲劳宫穴

一手半握拳,敲另一手手背(背劳宫穴)和掌心(内劳宫穴),两手各敲 10～20 次。

(三)敲腕

两手半握拳,掌根对敲(大陵、腕骨二穴),再对敲腕背(阳池穴),再敲打第一、二掌骨之间(合谷穴),再敲打第五掌骨外侧(后溪穴),各 10～20 次。

（四）拍臂

一手握拳从腕拍打至肩，要拍遍整个上肢（两臂均拍）。

（五）揉肩

两手搓热，右手按在左肩端用力一握一松揉摩10～20次，然后换右肩同样做10～20次。此功可防治肩病和肩周炎等。

七、胸腹按摩

（一）捋胸

两手搓热，贴于胸前，十指顺肋间（骨缝）用力捋擦10～20次，然后两手交替从喉部向下捋擦到膻中穴（心窝处）或大腿根10～20次。

（二）按胸

两手十指指甲尖用力点按整个胸部，每点按一处停片刻，有病的部位（如肝、心、肺有病的部位）可以较长时间点按。

（三）揉腹

两手搓热，一手绕肚脐（丹田）逐渐扩大回旋范围，揉摩10～20次。此功的作用是：第一，揉中脘穴，有健脾和胃、化湿降逆等作用，能调节胃肠的蠕动和分泌功能，有助于防治食物郁积、胃溃疡、胃肠神经官能症、便秘、神经性腹泻以及结肠功能紊乱等。第二，揉气海、关元穴，除可防治肠道疾病、增强腹肌张力外，还有助阴益气、温阴固脱、调节冲脉和经脉、理胞宫、调气摄血等作用。据报道，刺激气海、关元穴还能增强机体免疫功能，提高抗体效能，强壮身体，补肾益气，提高泌尿生殖系统功能。它还有助于防治胃脱垂、子宫脱垂、直肠脱垂、遗尿、遗精、阳痿、早泄等，也可防治女性月经不调等症。

（四）按腹

右手中间三指或拇指伸直，左手扶在右手背上，按满腹各处，次数不限，重要的是每点按一处，要下按到能忍受的程度，停片刻再慢慢抬起。一处可按2～3次。这种点按必然可按到腹部诸穴，使内脏血液加大循环。

按腹多采取仰卧姿势，一般循任脉（腹正中线）及其两侧点，按七八处即可。

按腹的作用是：第一，可直接按摩、牵拉腹内脏器，特别是肠胃、肝脾等。加快其血液循环，调节胃液、胆汁、胰液和肠液的分泌量，提高消化和吸收功能，防治各种疾病。第二，能大大减少腹腔和内脏中的淤血。第三，有显著的催眠作用，点按几个穴位后，常会在不知不觉中入睡。

腹部按摩时应注意：第一，女性腹壁较软，脂肪较厚，肌层较弱，盆腔内又有女性生殖器官，因此按摩时应用力轻些，多采用仰卧位，或向上揉按时多用些力，向下揉按时少用些力。第二，腹内有恶性肿瘤或胃肠穿孔，内脏出血、阑尾炎或腹膜炎等症者，绝对禁忌按摩腹部。第三，不要在过饱或过饥时进行腹部按摩。第四，夏天汗多，或腹部有皮肤病者，可选练点按、或轻叩方法，也可按揉各穴位来代替。第五，按摩后，胃肠蠕动增强，往往会出现腹内发响（肠鸣音）、放屁、嗳气、热感或饥感等现象，这是正常反应。

第二节 运动保健

八段锦,是在导引和五禽戏之后发展起来的简单易行的保健体操。由于锻炼效果好,而且不受环境场地的限制,随时可做,运动量适中,因而受到人们的喜爱。

一、提地托天理三焦(图 16-1)

预备势:立正。

1 动,左脚向左侧横上一步,两腿屈膝成马步;同时两臂侧平举,高度同肩;然后两臂屈肘,两掌经脸前平摆至胸前,掌指相对,掌心朝下;目视前方。

2 动,上动略停,两脚伸膝站起;同时两掌内旋翻腕,沿面前向头上托起,掌指相对,掌心朝下;目视两掌。

要点:两掌心尽力上托,并与伸膝协调一致。

图 16-1

3 动,上动略停,两脚屈膝成马步,上体前俯;同时两臂屈肘,两掌经面前下按,高度同踝,掌指朝前;目视两掌。

4 动,上动不停,两掌向左,经前,向右,再向后沿顺时针方向划平圆 3 次;然后两掌变拳,拳心朝后;上体抬起;目视前方。

要点:划圆时,应以腰带臂,动作柔和连贯。

5 动,上动略停,两腿伸膝站起,同时两臂屈肘上提,至胸前两拳变掌,两掌经面前内旋上托,至头顶上方,掌指相对,掌心朝上,目视两掌。

要点:两臂屈肘上提如提物状,并与两腿蹬伸协调配合。

6、7、8 动与 3、4、5 动同,惟 8 动当两臂屈肘上提至胸前变掌后略停。

还原,左脚收回至右脚侧,同时两掌经面前向上、向两侧分开下落至两大腿外侧成预雀势,目视前方。

“三焦”是指人体躯干的上、中、下 3 个部位的内脏。上焦指的是胸腔,中焦指的是腹腔,下焦指的是盆腔。

二、左右开弓似射雕(图 16-2)

预备势:立正。

1 动,上体左转,左脚向左上一步屈膝成左弓步;同时两臂前平举,右手握拳、拳眼朝上,左手拇指翘起,其余四指第 1、2 指节回屈(如拉弓弦状),手心朝左;目视前方。

2 动,上动不停,上体右转,腿屈右膝成马步,同时右臂屈肘向右侧平拉,左臂沉肩,直臂外撑;目视左方。

3 动,上动略停,两腿略伸膝站立,同时上体略左转,两臂放松略前伸;目视左前方。

图 16-2

4 动,上动不停,上体略右转;两腿屈膝成马步,同时,右臂屈肘向右侧平拉,左臂沉肩,直臂外撑;目视左方。

要点:前撑后拉需用力,并应尽量拉开。

5、6、7、8 动与 1、2、3、4 动同,惟方向相反。另外,左右交替时需经过预备势。

还原:左右各做两次,然后还原成预备势。

三、调整脾胃臂单举(图 16-3)

预备势:立正。

1 动,上体左转,左脚向左上一步屈膝成左弓步;同时左掌外旋上提收至腰侧,掌心朝上,右掌经前左上摆动,至左肩前成摆掌,掌心朝下;目视前下方。

图 16-3

2 动,上动略停,上体右后转,左脚蹬地、右腿屈膝成右弓步;同时,右掌随转体经前、右,向后搂摆,左掌沿耳侧向头上方撑出,掌指朝右;目视左掌。

要点:右掌搂摆时,上体略前俯,以加大搂摆幅度;左臂尽量撑直,并与左腿成一条直线。

3 动,上动略停,上体略左转,左右肩臂略放松回撤;目视前方。

4 动,上动不停,上体右转,同时,两掌用力向外撑出;目视左掌。

5、6、7、8 动与 1、2、3、4 动同,惟方向相反。另外,左右交替时,前举之臂需先屈肘摆掌后,再向前搂摆。

还原:左右各做两次,还原成预备势。

四、五劳七伤向后瞧(图 16-4)

预备势:立正。

1动，上体左转，左脚向左上一步屈膝成左弓步；同时，左掌外旋上提收至腰侧，掌心朝上，右掌经前向左上摆，至左肩前成摆掌，掌心朝下；目视前下方。

2动，上动略停，上体右后转，左脚蹬地右腿屈膝成右弓步；同时右掌随转体经前、右，向后搂摆，左掌沿耳侧向头上方撑出；掌指朝右；然后，头用力右后转，并略停片刻；目视左脚跟。

要点：两掌尽量外撑，腰部拧紧，头尽量向右转摆。

3动，上动略停，头左转还原向前方；左臂屈肘于胸前，左掌下落至右肩前成摆掌，掌心朝下，同时右臂屈肘，右掌外旋上提收至腰侧，掌心朝上；目视前下方。

图16-4

4动与2动同，惟方向相反。

还原：左右各做两次，然后还原成预备势。

"五劳五伤"指的是5种脏器的劳损。中医认为："心劳血损，肝劳神损，肺劳气损，脾劳食伤，肾劳精损。"其病因是"久视伤血，久卧伤气，久坐伤肉，久立伤骨，久行伤筋"。

五、摇头摆尾去心火(图16-5)

预备势：立正。

1动，左脚向左横上一步，略宽于肩，两脚尖朝前；上体前俯，两手分别抓握左右踝关节，拇指在里；目视两脚中间。

2动，上动略停，右腿略屈膝，左腿向右蹬伸，使臀部向右侧摆；同时头部向左侧摆动。目视左脚外侧。

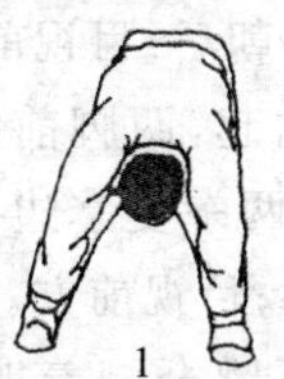

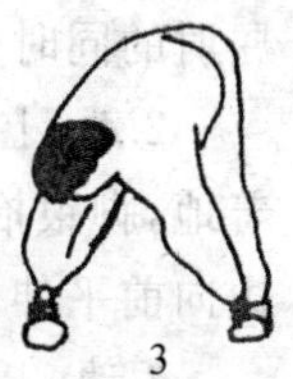

图16-5

3动，上动不停，右腿伸膝蹬直，臀部回摆至原位，同时头部也摆回原位。目视两脚中间。

要点：摇头、摆尾应与腿部的屈伸协调一致。

4、5动与2、3动同，惟方向相反。

还原：左右交替各做4次，然后起身还原成预备势。

六、双手搬足除心疾(图16-6)

预备势：立正。

1动，左腿屈膝提起，两手抓握左脚掌。目视左脚。

2动，上动略停，右腿膝略屈、重心略下降；同时，左腿缓缓伸膝向前蹬出，高度同髋，脚尖朝上；目视前方。

要点：双手搬足要抓紧脚掌；外蹬要缓慢并与支撑腿的屈膝、重心的下降协调配合。

3 动，上动略停，左腿屈膝回收并下落，当左脚下落至垂直面时，双手松开，左脚继续下落至地面支撑成预备势。

图 16-6

4、5 动与 1、2 动同，惟搬右足。

还原：左右交替各做两次，然后还原预备势。

七、攥拳怒目增气力(图 16-7)

预备势：立正。

1 动，左脚向左横上一步，两腿屈膝成马步；同时两臂屈肘上提，两掌变拳抱于腰间，拳心朝上。目视前方。

2 动，上动略停，两腿伸膝蹬直；同时上体略前俯，两拳变掌经下、向前伸出，高与肩平，掌心朝下。目视两掌。

图 16-7

3 动，上动不停，两腿屈膝成马步，上体抬起；同时，两臂屈肘快速后拉，两掌边后撤边变拳握紧至腰侧成抱拳，拳心朝上。目视前方。

要点：两拳要握紧，并与马步协调一致。马步抱拳时，两目尽量睁大，怒视前方。4、5、6 动与 1、2、3 动同，惟方向相反。

还原：左右交替各做两次(交替时需经过预备势)，然后还原成预备势。

八、马上七颠百病消(图 16-8)

预备势：立正。

1 动，左脚向左横上一步，两腿屈膝成马步；同时，两掌外旋，两臂前平举，高度同肩，然后，两臂屈肘，使大小臂折叠，大臂下落至垂直，两掌在屈肘的同时变拳，停于肩前，拳心朝后；目视前方。

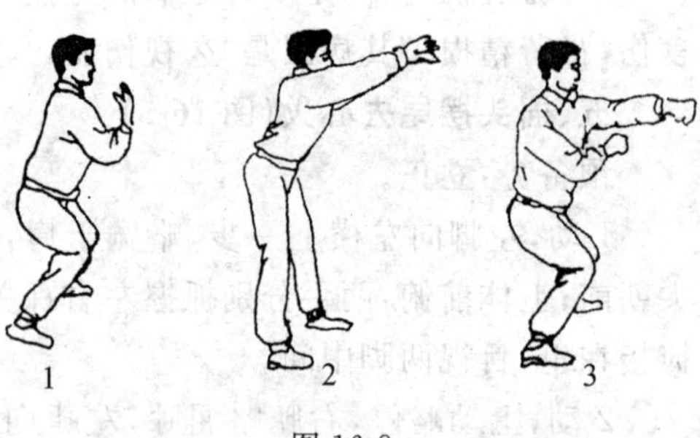
图 16-8

2 动，上动略停，两脚伸膝站起，两脚前脚掌着地，脚跟抬起，上体略向前俯；两拳变掌边内旋边向前平伸，高于肩干，手背相对；目视前方。

3 动，上动不停，两脚屈膝下蹲全脚着地、成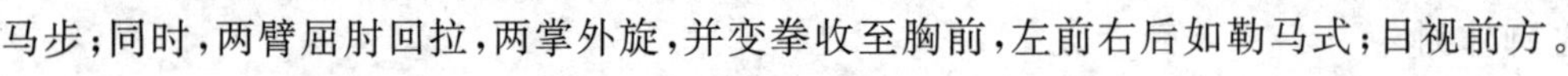马步；同时，两臂屈肘回拉，两掌外旋，并变拳收至胸前，左前右后如勒马式；目视前方。

要点：上肢的勒马式与下肢的骑马式协调配合。

4 动，上动略停，两脚前脚掌着地，脚跟提起，然后，迅速落下；目视前方。

要点：两脚跟提慢落快；全身保持放松。

还原：如此重复进行，共颠 7 次后，还原成预备势。

第三节　运动损伤的预防和处理

一、运动损伤概述

运动损伤指在体育运动过程中所发生的各种损伤。它的发生与体育健身安排、运动项目与技术动作、体育锻炼水平、运动环境与条件等因素有关。

（一）运动损伤产生的原因

造成运动损伤的原因是多方面的，既与锻炼者的运动基础、体质水平有关，也与运动项目的特点、技术难度及运动环境等因素有关。

1.运动前准备活动不充分，特别是缺乏有针对性的准备活动，致使运动器官、内脏器官机能没有达到运动状态，造成损伤。

2.运动情绪低下，或在畏难、恐惧、害羞、犹豫以及过分紧张时发生伤害事故。有时因缺乏运动经验、缺乏自我保护能力致伤。例如，体操运动中由于紧张、恐惧发生落地时用肘部或直臂撑地，造成肘关节或尺、桡骨损伤。

3.身体素质差、技术动作不正确。例如，短跑容易发生肌肉拉伤，原因就是下肢或腰部力量不足。此外，缺乏技术训练、动作要领掌握不好，很容易发生因错误动作引起的损伤，如篮球、排球运动中易引起手指关节挫伤。

4.教学、训练中运动量安排不合理、组织方法不当。在组织教学、训练过程中，不遵守训练原则，不从实际出发，没有充分认识到不同年龄、性别、解剖生理及心理特点，健康状况及身体素质、运动能力等的差异，而是千篇一律对待。运动量安排不是从小到大，从简单到复杂，循序渐进，逐步提高。

5.运动场地狭窄，地面不平坦，器械安置不当或不牢固，锻炼者拥挤或多种项目在一起活动，容易造成各种损伤。

（二）运动损伤的预防

1.认真做好准备活动，对可能发生运动损伤的环节和易伤部位，要及时采取预防措施。

2.合理组织安排锻炼，合理安排运动量，防止局部运动器官负担过重。

3.加强保护与帮助，特别要提高自我保护能力。例如，摔倒时，立即屈肘低头，团身滚动，切不可用直臂或肘部撑地。

4.加强场地、器械安全监督。严格实施场地、设备卫生监督，场地、器械和防护用品要定期进行卫生安全检查，及时维修。禁止穿不合适的服装（鞋）进行活动。

二、运动损伤的急救

（一）运动损伤的急救处理

发生运动损伤时，要及时进行合理而有效的急救，分秒必争地采取急救措施，然后把受伤者安全迅速送到医院。运动损伤发生时，如果处理不当，轻则会加重损伤，导致感染，增加病人的痛苦，重则致残或危及生命。

（二）急救原则

现场急救比较复杂，必须抓住主要问题急救。如发现休克，应先抗休克——针刺人中、内关穴，并及时进行人工呼吸。如伴有出血，应同时施行止血，再作其他处理。

急救人员必须分工明确，并具有高度的责任感和救死扶伤的崇高品德；要临危不惧，判断正确，有条不紊地抢救；要有熟练、正确的抢救技术和丰富的临场经验。

（三）急救方法

1.止血法

（1）冷敷法。冷敷可以使血管收缩，减少局部充血，降低组织温度，抑制神经感觉，从而达到止血、止痛和减轻局部肿胀的作用。

冷敷止血法常用于急性闭合性软组织损伤。最简便的方法是：用冷水冲洗或用冷毛巾敷于伤处,或将冰块装入热水袋(或塑料袋)内进行外敷,用冰块在治疗部位来回移动,每次约 20～30 分钟。有条件的可使用氯乙烷喷射。

(2)抬高伤肢法。将肢体抬高,使出血部位高于心脏,从而使出血部位的血压降低,减少出血。此法适用于四肢毛细血管及小静脉出血。

(3)压迫法。可分为止血带法、包扎法、指压法等。

①止血带法。常用的止血带有皮管、皮带、布条、毛巾等。采用此法止血时,应先将患肢抬高,然后在患处上方缚扎止血。缚扎时最好加垫,以防缚扎太紧,造成肢体组织坏死。这种方法不能缚扎时间太长,一般 2～3 小时即可解掉。

②包扎法。主要有绷卷包扎法,如环形包扎法(图 16-9)、螺旋形包扎法(图 16-10)、反折螺旋形包扎法(图 16-11)、"8"字形包扎法(图 16-12)。

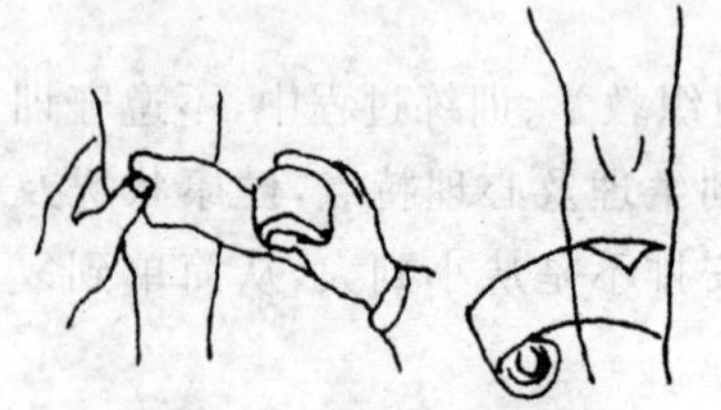
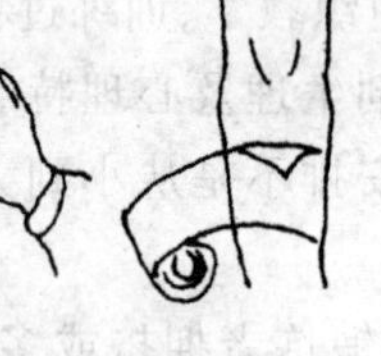

图 16-9　环形包扎法

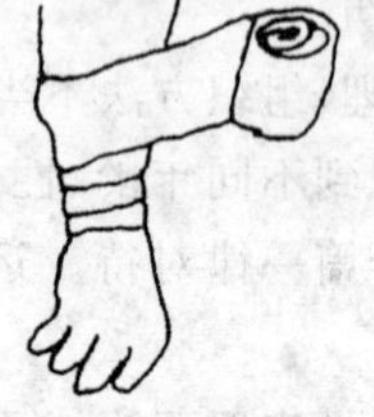

图 16-10　螺旋形包扎法

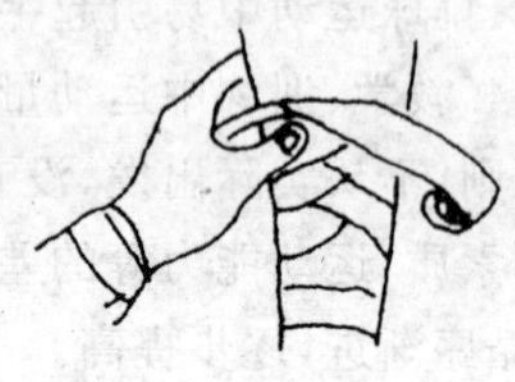

图 16-11　反折螺旋形包扎法

③指压法。分为直接指压法和间接指压法。

直接指压法:即用指直接压迫出血部位,最好敷上消毒纱布后进行指压。

间接指压法:即用指腹压迫在出血动脉近心端搏动的血管处,压迫在相应骨面上,阻止出血,达到止血目的。

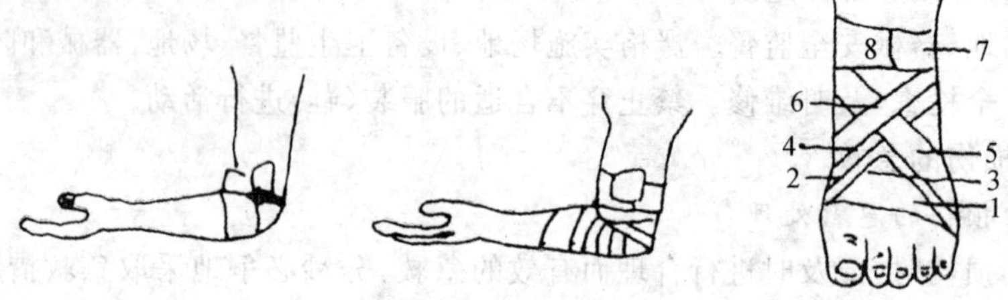

图 16-12　"8"字型包扎法

头部出血,压迫点在耳屏前方,用手指摸到搏动后将该动脉压向颞骨面(图 16-13)。

面部出血,压迫点在下颌角前面约 1.5 厘米的地方,用手指摸到搏动后正对下颌压迫(图 16-14)。

肩部和上臂出血,压迫点在锁骨上方,用手指将该动脉向后内正对第一肋骨压迫(图 16-15)。

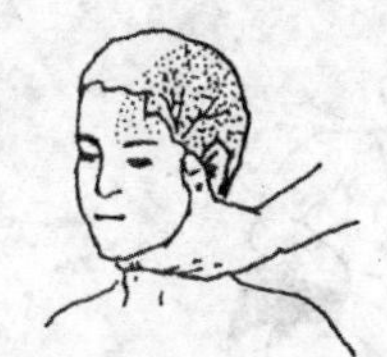

图 16-13　头部止血法

图 16-14　面部止血法

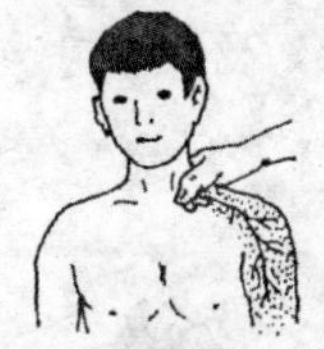

图 16-15　肩部和上臂止血法

前臂及手部出血，压迫点在上臂内侧下端肱动脉处(摸到有搏动处)(图 16-16)。

大腿、小腿部出血，压迫点在腹股沟皱纹中点搏动处股动脉，用手掌或拳向下方的股骨面压迫(图 16-17)、胫骨前动脉压迫(图 16-18)。

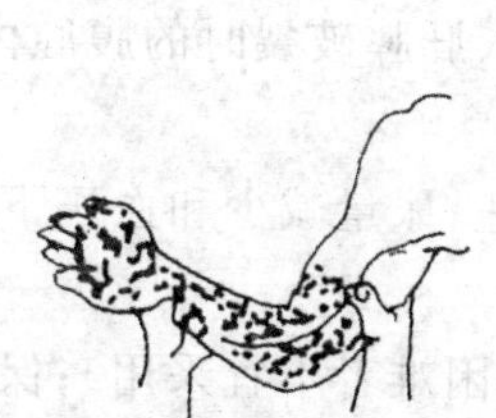

图 16-16　前臂和手部止血法

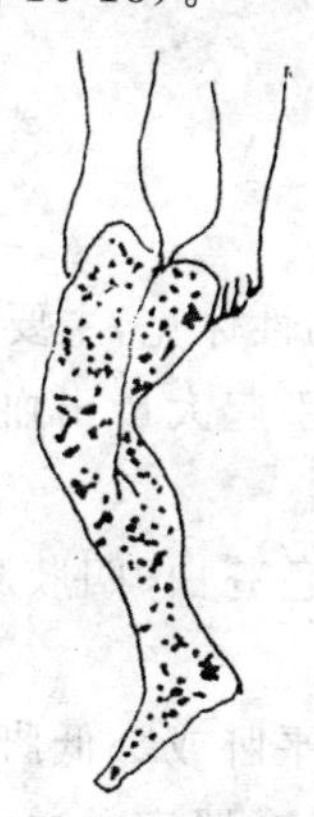

图 16-17　股骨面压迫止血法

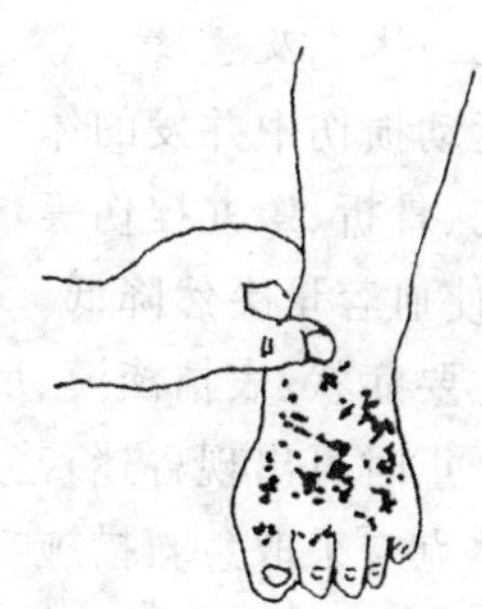

图 16-18　胫骨前动脉压迫止血法

2. 人工呼吸法

人工呼吸法有口对口呼吸法和仰卧心脏胸外挤压法两种(图 16-19)。

(1)口对口人工呼吸法。进行时，将患者仰卧，头部后仰，托起下颌，捏住鼻孔，压住环状软骨(即食道管)，防止空气吹入胃中；急救者随即深吸一口气，两口相对，将大口气吹入患者口中，吹气后将捏鼻子的手松开。如此反复进行。吹气频率每分钟约 16～18 次，直至患者自主恢复呼吸为止。

(2)心脏胸外挤压法。进行时，将患者仰卧，急救者两手上下重叠，用掌根置于患者的胸骨下半段处，借助于体重和肩臂力量，均匀而有节律地向下施加压力，将胸壁下压 3～4 厘米为度，然后迅速地将手松开，使胸壁自然弹回。如此反复进行。每分钟以 60～80 次的节律进行，直至恢复心脏跳动为止。

(四)溺水及急救

溺水时，水经口鼻进入肺内，造成呼吸道阻塞，或因吸水的刺激引起喉痉挛，使气体不能进出，引起窒息，时间稍长，就有生命危险。

急救步骤：

1. 立即将溺水者救到岸上，清除口腔中的分泌物和其他异物，并迅速进行倒水。急救者一腿跪地，另一腿屈膝而立，将溺水者匍匐在膝盖上，头部下垂，按压其腹、背部，使溺水者口、嘴及气管内的水排出(图 16-20)。

2. 立即进行人工呼吸。若心跳已停止，应同时施行人工呼吸和心脏胸外挤压。人工呼吸和心脏胸外挤压以 1∶4 的频率进行，急救者之间应密切配合，积极而尽心地抢救，必要时

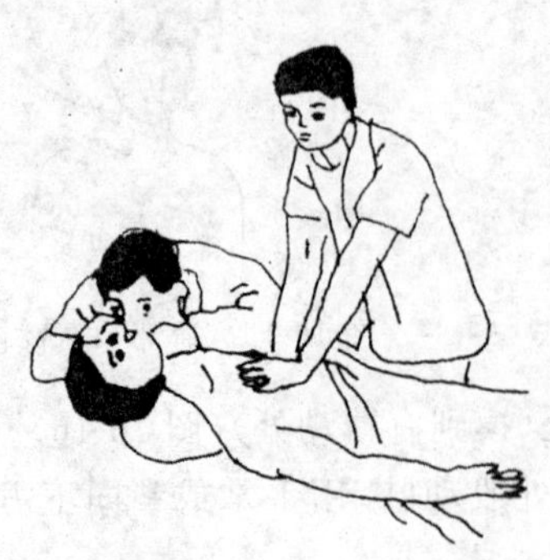
图 16-19　人工呼吸法

图 16-20　使溺水者倒水法

及时送医院。

（五）休克及急救

运动损伤中并发的休克多见于外伤性休克，主要是损伤引起剧烈疼痛所致，多见于脑脊髓损伤、骨折、睾丸挫伤等。另外，损伤引起大量出血，如腹部挫伤、肝脾破裂时的腹腔内出血，会使血容量突然降低。

主要症状：表情淡漠、反应迟钝、面色苍白、四肢厥冷、脉搏细速、尿量减少和血压下降。休克严重时可出现昏迷，甚至死亡。.

休克应采取急救措施，使患者安静平卧或头低脚高仰卧（呼吸困难者不宜采用）；保暖，但不要过热，以免皮肤血管扩张，影响生命器官的血液灌注量；保持呼吸道通畅，昏迷患者，头应侧偏，并将其舌牵出口外，必要时可给氧或进行人工呼吸；针刺或按摩"人中"、"百会"、"涌泉"、"内关"、"合谷"等穴；如有外伤出血，应及时采用适当的方法止血，疑有内脏出血者应迅速送医院抢救。

三、运动损伤及处理

（一）软组织损伤

软组织损伤可分为开放性损伤和闭合性损伤两种。前者有擦伤、撕裂伤、刺伤、切伤等；后者有挫伤、肌肉拉伤、肌腱腱鞘炎等。

1. 擦伤。运动时皮肤受到粗糙物体相互摩擦而引起损伤，如跑步时摔倒，体操运动时身体擦磨器械受伤。擦伤后，皮肤会出血，或有组织液渗出。

小面积擦伤，采用红药水涂抹伤口即可。大面积擦伤，应先用生理盐水洗净伤口，然后涂抹红药水，再用消毒布覆盖，最后用纱布包扎。

2. 撕裂伤。在剧烈、紧张运动，或受到突然强烈撞击时，会造成肌肉撕裂。其中包括开放性损伤和闭合性损伤。常见的有眉际撕裂、跟腱撕裂等。开放性损伤会顿时出血，且伤口周围肿胀。闭合性损伤触及时凹陷，剧烈疼痛。

轻度开放性损伤，用红药水涂抹伤口即可。裂口大时，需止血和缝合伤口，必要时，可注射破伤风抗毒血清，以防破伤风症。如肌腱断裂，则需手术缝合。

3. 挫伤。因撞击器械或练习者之间相互碰撞而造成挫伤。单纯挫伤在损伤处出现红肿，皮下出血，并有疼痛。内脏器官损伤时，则出现头晕、脸色苍白、心慌气短、出虚汗、四肢发凉、烦躁不安，甚至休克。

发生挫伤后，在 24 小时内，可冷敷或加压包扎，抬高患肢或外敷中药；24 小时后，可按摩或理疗。进入恢复期，可进行一些恢复性锻炼。如果怀疑内脏损伤，应迅速送医院检查和治疗。

4.肌肉拉伤。通常在外力直接或间接作用下，肌肉过度主动收缩或被动拉长时会引起肌肉拉伤。肌肉拉伤对于准备活动不充分，动作不协调，以及肌肉弹性、伸展性、肌力差者更易发生。肌肉拉伤后伤处肿胀、压痛、肌肉痉挛，触诊时可摸到硬块。严重的肌肉拉伤是肌肉撕裂。

发生肌肉拉伤时，轻者应即刻冷敷，抬高患肢，局部加压包扎，24 小时以后以轻手法按摩及理疗。肌肉大部分或完全断裂者，在加压包扎急救后，应立即送医院手术治疗。

（二）关节扭伤

1. 踝关节扭伤。踝关节外侧副韧带最容易扭伤。在跑、跳练习中，运动者处于腾空阶段时，足就自然有跖屈内翻的倾向。如果落地重心不稳，向一侧倾斜或踩在他人的脚上，或发生踩球、陷入坑内等情况，就会以足的前外侧着地、内翻，而导致外侧副韧带扭伤。

主要症状：伤后疼痛、肿胀，外侧副韧带明显有压痛、皮下淤血，行走困难，严重者外侧韧带完全断裂，患肢不能持重，出现跳跃式跛行。

发生关节扭伤后，应立即冷敷，抬高伤肢，用绷带固定包扎，制动 4～7 天，配合新伤药消肿、止痛。轻者 24 小时后可进行按摩；较重者，用石膏固定 3～4 周，并配合按摩、外敷与内服舒筋活络中药、针灸、理疗等治疗，但要加强功能锻炼，以免出现肌肉力量减弱。

2. 膝关节扭伤。常见的有膝关节侧副韧带扭伤及十字韧带扭伤。膝关节的稳定性，主要靠两侧副韧带及前后十字韧带维持。当膝关节伸直时，两侧副韧带即紧张维护膝关节；当膝关节屈曲（约 130°～150°），小腿突然外展外旋，或足及小腿固定，大腿突然内收内旋时，会使内侧韧带扭伤。如踢足球时“二人对脚”；跳箱落地不正确，身体失去平衡；或关节外侧受到暴力冲击等，均可造成内侧韧带扭伤。当膝关节屈曲，小腿突然外旋时，可能发生外侧副韧带扭伤。

主要症状：膝关节疼痛、肿胀、压痛，严重者发生韧带断裂，患肢不能持重，不能行走，有可能伴有半月板撕裂，膝关节活动障碍、膝不稳、软弱无力，甚至倒在地上。

轻微扭伤者，疼痛、肿胀不明显，停止活动 2～3 天，外敷新伤药，24 小时后进行按摩。

严重扭伤者，应制动 2～3 天，冷敷、加压包扎，抬高患肢休息 2～3 天，外敷新伤药，48 小时后进行按摩、理疗，加强托板固定。加强股四肌静力收缩的练习，每日做 2～3 次。10 天后加强力度按摩手法，并做直腿抬练习。2～3 周以后解除托板固定，开始练习走路。

3. 急性腰扭伤。人体在负重活动或体位变换时，腰部肌肉、韧带、筋膜、滑膜等受到牵扭、扭转，或肌肉骤然收缩，使少数纤维被拉断，扭转或小关节微动错缝，称急性腰部扭伤。运动时，身体重心不稳定或肌肉收缩不协调，引起的腰部扭伤，多数是因腰部负荷过重，脊柱运动时超过了正常生理范围，如挺身式跳远中展体过大，举重上挺时过分挺胸塌腰，技术动作错误，直膝弯腰提重物等。

主要症状：肌肉轻度扭伤，患处隐疼，随意运动受限，24～48 小时后疼痛达最高峰，棘上韧带与棘间韧带扭伤，受伤当时即感到局部突然撕裂样疼痛，过度前弯时疼痛加重，伸展时疼痛较轻。疼痛点比较表浅，在棘突与棘突之间。腰背筋膜扭伤，多发生在骶棘肌鞘部和髂脊上、下缘，伤处有明显压痛点，弯腰和腰扭转时疼痛加重。

发生腰部急性扭伤后，应让患者平卧硬板床休息，但腰部要垫一薄枕放松腰肌。冷敷制动后，敷新伤药，24 小时后轻按摩，逐日按摩加重，理疗、针灸，轻者休息 2～3 天，较重者需休息一周左右。加强腰腹的力量与伸展性练习，达到功能恢复和预防的效果。

4. 肘关节扭伤(标枪肘)。前臂突然被迫外展、旋后，或屈手肌群和旋前圆肌突热收缩，使肘部肌肉、韧带受到牵拉，纤维断裂受伤，如投标枪、手榴弹、垒球时的鞭打动作易引起肘内侧副韧带扭伤，体操倒立支撑时肘关节易受伤。

主要症状：肘内侧疼痛，肘关节伸展活动受限，肘关节生软、局部肿胀、皮下淤血，前臂抗阻力疼痛加重。

发生肘关节扭伤后，应对患肢即刻冷敷，加压包扎，敷新伤药，24 小时后进行按摩、理疗，疼痛严重者，局部注射强的松龙治疗。

(三)关节脱位

关节脱位是指关节面失去正常的联系，俗称为脱臼。根据脱位的程度可分为半脱位和完全脱位；前者关节面部分错位，后者关节面完全脱离原来位置。运动中发生的关节脱位，一般是由间接外力所致，如摔倒时手撑地，俯卧式跳高时落地姿势不对，可引起肘关节脱位或肩关节脱位。

主要症状：受伤关节疼痛、压痛和肿胀，关节功能丧失，畸形；关节脱位时伴有软组织损伤、出血或周围神经受牵扯等。如肩脱位时呈“方肩”，则伴有肢体缩短。

对伤者应立即用夹板和绷带在脱位所形成的姿势下固定伤肢，保持伤员安静，尽快送医院处理。肩关节脱位时，取三角巾两条，分别折成宽带，一条悬挂前臂，另一条绕过伤肢上臂，于肩侧腋下缚结。肘关节脱位时，将铁丝夹板弯成合适的角度，置于肘后，用绷带缠稳，再用小悬臂带挂起前臂。如无铁丝夹板，可直接用大悬臂带包扎固定。

(四)骨折

骨的完整性和连续性遭到破坏性损伤，称为骨折。骨折根据损伤处周围软组织的病理情况，可分闭合性骨折和开放性骨折。运动中发生的骨折大多为闭合性骨折。造成骨折的原因主要是身体某部位受到直接或间接的暴力撞击，如在踢足球时，小腿被踢造成胫骨骨折；摔倒或跪倒时，手臂直接撑地，引起尺骨、桡骨骨折或髌骨骨折等。常见的骨折有肱骨骨折、前臂骨骨折、手骨骨折、大腿骨折、小腿骨折、肋骨骨折、脊柱骨骨折等。

主要症状：患处立即出现肿胀，皮下淤血，有剧烈疼痛(活动时加剧)，肢体失去正常功能，肌肉产生痉挛。有时骨折部位发生变形。移动时，可听到骨摩擦声。严重骨折时，伴有出血和神经损伤、发烧、口渴、休克等全身性症状。

发生骨折后，为了避免骨折端造成新的损害(刺伤血管、神经及周围软组织)，预防休克，减轻疼痛，便于转送，要对损伤部位做适当的固定。

有休克症状者，应先抗休克。抗休克的措施是：取头低脚高平卧位，保暖；迅速请医务人员到现场给氧气或服镇痛药。休克期过去，用长短合适的夹板固定伤肢。

1. 锁骨骨折固定法：用 3 条三角巾折成宽带，两条做成环套于肩，另一条在背部将两环拉紧打结(图 16-21)。

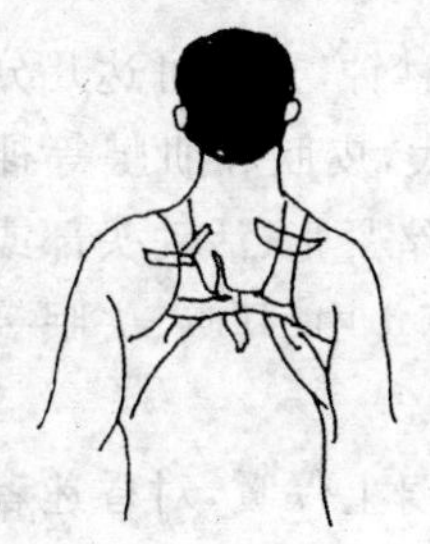
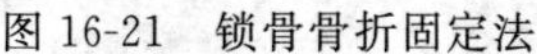

图 16-21　锁骨骨折固定法

图 16-22　肱骨骨折固定法

图 16-23　前臂骨折固定法

2.肱骨骨折固定法:取一合适夹板,置于伤肢外侧(最好内侧同时置放一块),用叠成带状的三角巾固定骨折的上下两端,再用小悬带将前臂吊起,最后用三角巾把伤肢绑在躯干上加以固定(图 16-22)。

3.前臂骨折固定法:伤员前臂掌心和掌背侧各放一块夹板,用三角巾宽带绑扎固定后,以大悬壁带悬挂胸前(图 16-23)。

4.股骨骨折固定法:用三角巾 5～8 条,折叠成宽带,分段放好。取长夹板两块,分别置于伤肢的外侧和内侧。外侧夹板自腋下至足底,内侧夹板自腹股沟至足底。放好后用上述宽带固定夹板,在外侧打结(图 16-24)。

5.小腿骨折固定法:夹板两块,一块在外侧,自大腿中部至足部,另一块在内侧,自腹股沟至足部,然后用宽带 4～5 条分段固定(图 16-25)。

图 16-24　股骨骨折固定法

图 16-25　小腿骨折固定法

6.脊柱骨折临时固定与搬运:由 3～4 人同时托住头、肩、臀和下肢,把伤员身体平托起来。放上平板担架,最好使伤员俯卧后搬运。绝对不能抱头、抬脚,以免脊柱极度弯曲,加重对脊髓的压迫和损伤(图 16-26)。

7.颈椎骨折时的搬运:应由 3 人搬运,其中 1 人专管头部牵拉固定,使头部与身体呈直线位置,将伤员仰放在硬板床上,在颈下放一小垫,不用枕头,头颈两侧用沙袋或衣服垫好,防止头部左右摇动(图 16-27)。

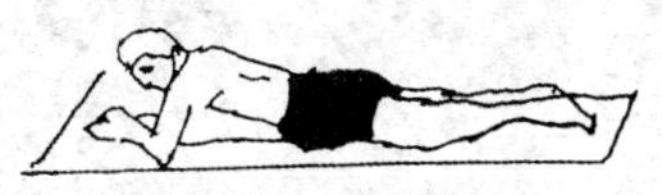

图 16-26　脊柱骨折固定法

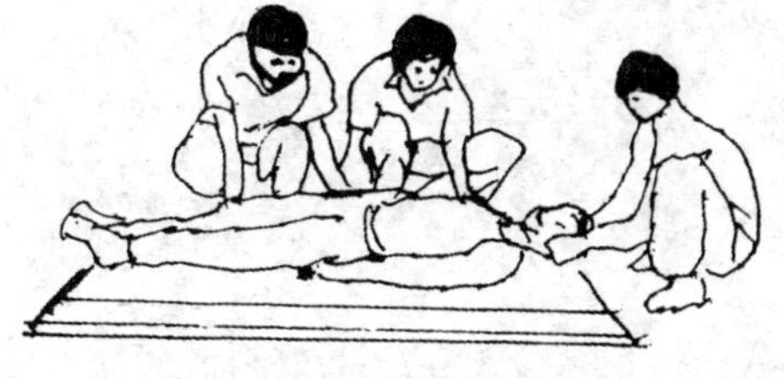

图 16-27　颈椎骨折固定法

(五)脑震荡

由于头部受到暴力直接打击或撞击,如在体育运动中,头部被棒(垒)球棒击打或从器械上摔倒时头部撞击地面时发生脑震荡。此外,头部遭受间接的冲击力,如从高处摔下,臀部先着地反作用力传到头部，也可发生脑震荡。

主要症状：伤后当即昏迷，病人出现短时间的意识丧失，轻者数秒钟，重者可达几分钟或半个小时。昏迷时，呼吸表浅，脉搏缓慢，四肢松弛无力，瞳孔稍扩大，皮肤和肌腱等神经反射减弱或消失。伤后数日内，可出现较明显的头痛、头晕现象，当情绪紧张、活动头部或变换体位时，症状加重；还会出现恶心、呕吐、情绪不稳、易激动、注意力不集中、耳鸣、失眠等一系列植物神经功能紊乱的症状，一般数日消失。

发生脑震荡后，应对伤者立刻急救，让其平卧、安静、头部冷敷，身上保暖，对昏迷者可掐“人中”、“内关”穴。呼吸发生障碍时，可施行人工呼吸。

伤员昏迷时间超过 4 分钟以上，或两瞳孔大小对称，或耳、鼻、口内出血及眼球青紫，或伤员清醒后剧烈头痛、呕吐，或再度昏迷者，损伤较严重，应该立即送医院进行处理。在转送医院时，伤员要平卧，头部两侧要用枕头、衣服垫起使之固定，避免颠簸振动。意识不清醒者要注意保持呼吸道的通畅，使伤员侧卧，以防止呕吐物吸入气管或舌头后坠而发生窒息。密切观察病情的变化。

第十七章　休闲体育

第一节　毽　球

这是一项新兴的体育项目，20 世纪 80 年代中后期才亮相国内赛场。它的比赛场地类似排球场，中间挂网（男子网高 1.60 米，女子网高 1.50 米），两项团体赛每方各 3 人，每局 15 分，决胜局为每球得分制。比赛时运动员用脚踢球，不得用手、臂触球，在本方场区内最多只能击 4 次球。

花毽即花样踢毽，是毽球运动中的一种，分规定动作赛和自选动作赛两项。规定动作有盘踢、磕踢、落、上头、交踢等，自选动作则由运动员即兴发挥，花样更繁、难度更高。

一、毽球的起源

踢毽子，是在中国一项流传很广，有着悠久历史的民族体育活动。经常进行这项活动，可以活动筋骨，促进健康。在古都北京，踢毽子还有个富有诗意的名字——翔翎。踢毽子起源于什么时候？又是何人首创？这早就是我国体育专家们非常感兴趣的一个问题。有一种传说认为；毽"创自辕黄帝"。当时叫"毱"，不叫毽，是武士练习的一种器具。"毱"在中华大字典中解释为"皮毛丸"显然，"皮毛丸"与毽是两种不同的东西。又一传说认为："创自岳武穆，用箭之翎，配以金石之质，抛足而戏，以释军闷。"此种传说没有可靠的佐证，而且，"箭"与"毽"又不相同。也是不足为信的。

据历史文献和出土文物证明，踢毽子起源于我国汉代，盛行于六朝、隋、唐，唐《高僧传》二集卷十九《佛陀禅师传》中记载：有一个叫跋陀的人到洛阳去，在路上遇到了十二岁的惠光，在天街井栏上反踢毽子，连续踢了五百次，观众赞叹不已。跋陀是南北朝北魏时（公元 467—499 年）人，为河南嵩山少林寺的祖师，他非常喜欢惠光，并将他收为弟子，惠光便成了少林寺的小和尚。

宋朝高承在《事物记源》一书中，对踢毽子有较详细的记载："今时小儿以铅锡为钱，装以鸡羽，呼为毽子，三四成群走踢，有里外廉、拖抢、耸膝、突肚、佛顶珠等各色。"

明、清时期，踢毽子进一步发展，关于踢毽子的记载也就更多了。明代进士、我国历史上有名的散文学家刘侗在《帝京景物略》中写道："杨柳儿青放空锤，杨柳儿死踢毽子。"踢毽子已成为民谚的内容，而且发展到数人同踢的技巧运动。至清末踢毽子已达到鼎盛时期，参加的人越来越多，不仅用来锻炼身体，作养生之道，而且把踢毽子和书画、下棋、放风筝、养花鸟、唱二黄等并提，一些人以会踢毽子而自荣。因此，踢毽子的活动更加广泛，特别是青少年参加者更为普遍，当时就有这样的童谣："一个毽儿，踢两半儿，打花鼓，绕花线儿，里踢外拐，八仙过海，九十九，一百。"说明踢毽子已经到了相当普及的程度。民间踢毽爱好者更是用功苦练，以口传身授的方法代代相传。以北京为例，每遇城乡庙会，各路能手，步行相聚，观摩、比赛，培养新手，甚是热闹（郭七正《踢毽子》）。

二、毽球的发展

到了20世纪30年代，涌现了一批全国闻名的踢毽子能手。如北京的谭俊川、金幼申、溥子衡、林少庵，上海的周柱国、陈鸿泰，河北的杨介人，浙江的谢叔安，河南的路锦城等等，数不胜数。踢毽技术在普及的基础上得到了提高，各种踢法丰富多彩，高难翻新的动作层出不穷，不同风格争奇斗胜，使观者眼花缭乱，惊叹不已。我国传统的踢毽运动，日趋完善。

1928年月12月，在上海市举办"中华国货展览会"时，举行了我国第一次踢毽子公开比赛，推动了这项民族体育项目的发展。1933年3月26日。在南京市又举行了第一次全国性的踢毽比赛，据当时的报纸报道："报名参加者颇为踊跃，其中有河北的溥子衡、金幼申、(编著者注：溥子衡、金幼申系北京人)、杨介人三人，对于踢毽子极有经验……，能踢之花式均有百余种之多，观者无不赞美。此外，有著名体育家及踢毽能手参加……，届时定有一番热闹也。"比赛结果：河北杨介人获普通踢(盘踢)和花样踢第一名；北京运动员溥子衡、金幼申并列普通踢和花样踢第二名，三人所踢花样都有百余种之多，第四名踢的花样有三十种，第五名踢的花样有二十种。"在发奖会上，杨介人、溥子衡、金幼申三人再次进行了表演，还拍了电影纪录片。

1933年10月举行的全国体育运动会上，踢毽子同拳术、摔跤、弹弓、剑术等民间运动项目一起，又进行了比赛。上海运动员周柱国、北京运动员溥子衡和金幼申分别获普通踢的前三名，浙江运动员谢叔安获第四名。上海运动员陈鸿泰获特别踢(交踢、北京叫小毽股)第一名，上海运动员周柱国和北京运动员金幼申分别获特别踢的第二、三名，第四名为河南运动员路锦城获得。比赛后，北京运动员金幼申、溥子衡二人还在南京、上海等地的一些大学、中学等单位进行了多场表演，得到了各界人士的好评。

但是，此后踢毽子运动衰落了，直到新中国成立后，这项民族体育运动才逐渐得到了恢复和发展。1950年，北京市吸收了在街头靠踢毽子糊口的艺人参加了杂技团，专设了踢毽子节目，并出国进行表演，受到了国外观众的热烈欢迎。

1963年，踢毽子同跳绳等，被列入国家提倡开展的体育活动，踢毽子运动还被编入了小学体育教材。

1961年6月，中央新闻电影制片厂拍摄了"飞毽"的电影，介绍了踢毽的运动的历史和踢法，推动了这一运动的发展。天津、上海、保定、哈尔滨等地参加踢毽子的人越来越多。上海电视台也形象地向广大观众推荐踢毽运动，上海《青年报》还组织了全市中学生"红花怀"踢毽比赛，历时两个多月。

1982年，哈尔滨136中学初中三年级女生王丽萍，用1小时28分多钟，以5684个的优异成绩获得全市中、小学生踢毽子比赛的双脚踢(盘踢)第一名。这个成绩，远远超过了1933年10月全国性体育运动会踢毽第一名4986个的成绩。

在我国著名的"毽乡"之一河北承德，家家有毽，人人善踢，逢年过节，更是热闹，街头巷尾，到处可以看到踢毽的活动，为节日增添了特有的喜庆气氛。

三、毽球场地设施与器材

(一)场地

1.场地面积

比赛场地采用羽毛场双打场地，长11.88米，宽6.1米。场地上空6米以内(由地面计算)和场地四周2米以内不得有障碍物。

2. 界线

比赛场地应按平面图画出清晰的界限，线宽 4 厘米，线的宽度包括在场地面积之内。较长的两条边界叫边线，较短的叫端线。连接场地两边线的中点与端线平行的的线叫中线。中线将场地分为均等的的两个场区。在中线两侧各画一条与中线平行的线叫限制线(此线包括在限制区内)。中线至限制线的距离为 2 米。

3. 发球区

距两端线中点两侧各 1 米处向场外各画一条长 20 厘米与端线垂直的短线叫发球区线(此线不包括在发球区内)。发球区线向后无限延长的区域叫发球区。

(二)球网

1. 球网的规格

球网长 7 米，宽 76 厘米，网孔 2 厘米见方。球网上沿缝有 4 厘米宽的双层白布，用绳穿起，将球网张挂在网柱上。球网必须挂在中线的垂直上空。球网为深绿色。网柱安在中线以外，距边线 50 厘米处。

2. 球网的高度

球网的中部顶端距地面垂直高度为 1.60 米(男子)，1.50 米(女子)。网的两端距地面的垂直高度必须相等，两端的高度与中间的高度相差不得超过 2 厘米。

3. 标志杆与标志带

在球网的两端，垂直于边线和中线交接处，各系有一条宽 4 厘米，长 76 厘米的白色带子，叫标志带。在球网上连接标志带外侧应系有两根有韧性的杆，叫标志杆。两杆内侧相距 6 米。标志杆长 1.20 米，直径 1 厘米，用玻璃纤维或类似的材料制成。标志杆应高出球网上沿 44 厘米，并用鲜明对比的颜色画上 10 厘米长的格纹。

(三)毽球

毽球由毽毛、毽垫等构成。毽毛为四支白色或彩色鹅羽成十字形插在毛管内，没支羽毛宽 3.20～3.50 厘米。毽垫直径 3.80～4 厘米，厚 1.30～1.50 厘米。毛管高 2.50 厘米。

毽球的高度为 13.15 厘米。毽球的重量为 13～15 克。

四、毽球竞赛规则——队员组成

(一)队员组成

1. 比赛队由 6 人组成，上场队员 3 人，其中队长 1 人(左臂应佩带明显标志)。比赛前，各队应将参赛队员(包括替补队员)的姓名、号码登记在记分表上。未登记的队员不得参加比赛。

2. 也可因时、因地、因人制宜，增加单人、双人毽球赛，规则与 3 人制大体相同，记分可采取直接得分法。

3. 教练员和替补队员应坐在指定的位置上。

(二)队员的场上位置

1. 双方队员必须站在本方场区内。

站在靠近球网的两名队员从左至右分别为 3 号位和 2 号位队员，靠近端线的队员为 1 号队员。场上队员的位置必须与登记的轮转顺序相符合。

2. 发球的位置

发球的一方，2、3 号位的队员在发球队员的前方，彼此间相距不得少于两米。球发出后，双方队员可以在本方场区内任意交换位置。

3. 每局比赛结束之前，队员的轮转顺序不得调换。

（三）教练员和队长

1. 比赛成死球时，教练员和队长有权要求暂停或换人。在暂停时间内，教练员可以进行场外指导，但不得进入场区。

2. 比赛进行中，场上队长有权向裁判提出询问或要求解释，但必须服从裁判的最终判决。

（四）服装

1. 比赛队员应穿着整齐划一的运动服和毽球鞋或运动鞋。

2. 场上队员上衣的前后须有明显的号码，号码颜色须一致，并与上衣颜色有明显的区别。号码应清晰可见，背后的号码至少高 20 厘米，胸前的号码至少高 10 厘米，笔画至少宽 2 厘米，同队队员不得使用重复号码。队员不得穿戴任何危及其他队员的服饰。

五、毽球竞赛规则——比赛细则

（一）比赛规则

1. 比赛采用三局两胜制，第三局采取每球得分制。

2. 比赛前选择场区或发球权。第一局结束后双方交换场地和发球权。

3. 决胜局开始前，正裁判员召集双方队长重新选择场区或发球权。决胜局比赛中，任何一队先得 8 分时两队应交换场地。交换时，不得进行场外指导。交换场区后，双方队员的轮转位置不得变换。经记录员查对后，由原发球队员继续发球。如未及时交换场区，一旦裁判员或一方队长发现时，应立即交换。比分不变。

（二）暂停

1. 比赛成死球时，教练员或队长可以向裁判员要求暂停。

2. 暂停时，教练员可以在场地外进行指导，但场上队员不得出场，也不得与场外其他任何人讲话，场外人员不得进入场内。

3. 每局比赛中，每队可以要求两次暂停，每次暂停时间不得超过 30 秒钟。某队在一局中请求第三次暂停，应判该队失发球权或对方得 1 分。

（三）换人

1. 在比赛中成死球时，教练员或队长可以向裁判员要求换人。换人时，场外人员不得向队员进行指导，场内队员不得离开场地。

2. 每个队员在每一局比赛中换人不得超过 3 人次。

3. 替补队员在上场前，应在记录台附近做好准备，换人时间不得超过 15 秒钟，否则判该队一次暂停。如该队在该局已暂停过两次，则判该队失发球权或对方得 1 分。

4. 教练员或队长要求换人时，应向裁判员报告下场和上场队员的号码。

5. 比赛中因故被取消比赛资格的队员，不能继续参加该场比赛，可由替补队员替换。如该队在该局已换人三人次，或场外无人替换时，则判为负局。

（四）局间间隙

一局比赛结束，下局比赛开始前，中间最多可有 2 分钟时间，供两队交换场地、换人和记录员登记号码，双方教练员在不影响上述工作的情况下，可以进行场外指导。

（五）发球

1.发球

发球队员须站在本方发球区内，用手持球，将球抛起，用脚踢向对方场区，使比赛进行。发球队员必须在发球区内发球，在球发出后才能进入场区。发球时2、3号队员不得有任何掩护动作，否则，判由对方发球。

2.发球失误

发生下列情况之一时，即判为发球失误：

(1)队员发球时，踏及端线或发球区线及其延长线；

(2)球未过网、触网或触及标志杆；

(3)球从网下穿过；

(4)球从标志及其延长高度以外过网；

(5)球触及任何障碍物，或在进入对方场区前触及本队队员；

(6)球落在界外；

(7)发球延误时间超过5秒钟；

(8)裁判员鸣哨后球坠落在地上。

3.当发球队失误时，应判失发球权，由对方发球。

4.重发球

发生下列情况之一时，须重发球：

(1)在比赛进行中，球挂在网上（最后一次击球挂网除外）；

(2)在比赛进行中，毽毛和毽垫在飞行时脱离；

(3)在裁判员鸣哨之前发球；

(4)在比赛进行中，其他人或物品进入场区。

5.发球次序错误

当球发出后，裁判员发现队发球次序错误，则判该队失发球权，并恢复正确位置。如犯规队已得分，应取消队因该次发球次序错误所得的分数。

（六）轮转顺序

1.某队取得发球权时，应先按顺时针方向轮转一个位置，然后由轮转到1号位队员发球。

2.新的一局开始前，可以变换本队队员的轮转顺序，并填好位置表交给记录员。

（七）比赛进行中的击球与附加动作

1.每队在将球踢入对方场区前，在本方场区最多只能有3人次共击球4次。

2.每个队员可以连续击球两次。

3.不得用手、臂触球。但防守队员在手臂下垂不离开躯干的前提下，拦网时手球不判违例。

4.球不得明显地停留在队员身体的任何部位。

[罚则]违反第十四条第一至四款均为违例，判由对方发球或得1分。

（八）网上球

在比赛进行中球触及两标志杆以内的球网为好球，球触标志杆为失误。

(九)触网

1.比赛进行中,队员身体任何部位触及两标志杆以内的球网,均为触网违例。

2.队员击球后,触及标志杆或标志杆以外的球网、网柱、网绳或其他物体,不为违例。

(十)进入对方场区和空间

1.过网击球为犯规。

2.比赛进行中,身体任何部位不得进入对方场区的空间。

3.队员若用头攻球时,必须在限制线以外,但落地时两脚可落在限制线以内。防守队员在限制区内,头部无意识触球过网不判违例。

4.在比赛进行中,除脚以外,身体任何部位不得触及中线。脚不得完全越过中线。

(十一)死球与中断比赛

1.球触地及违例为死球。

2.中断比赛:其他人或物品进入比赛场区;更换损坏的器材;运动员发生意外事故等。发生以上情况,裁判员应鸣哨,中断比赛和恢复比赛。

(十二)计胜方法

1.接发球队失误,应判对方得一分;发球队失误,则判由对方发球。

2.某队得 15 分并至少比对方队得多 2 分时,则为胜一局。如比分是 14 比 14,比赛应继续进行,直至某队领先 2 分,方为胜一局。

(十三)判定和申诉

1.一场比赛中,正裁判员的判定是最终判决。

2.只有场上队长可以对裁判员的判罚当场提出询问或要求解释,正裁判员应及时予以解释。

3.申述比赛队对裁判员的判罚有争议,比赛时必须服从裁判员的裁判,比赛后可向仲裁委员会提出书面申诉。正裁判员亦应向仲裁委员会提出书面报告。

第二节　体育游戏

一、体育游戏的基本概念

体育游戏是游戏发展过程中派生出来的一个分支。它融体力发展、智力发展、身心娱乐为一体,既是游戏的组成部分,又与体育运动密不可分。人们早期的游戏行为与现在的竞技运动在发展上有密切联系,绝大部分竞技运动项目都源于民间游戏,在流传的体育游戏的基础上经过进一步的总结综合、重新设计,并在实践中不断完善而发展成今天具有自身内在规律和特点的竞技运动。随着人们对体育游戏功能认识的不断深化,体育游戏被广泛应用于群众性体育活动,成为体育教学、运动训练和体育运动的一个重要组成部分。可见,在体育游戏的本质属性中,既有游戏的特点,又有体育的特征。根据体育游戏的本质属性,我们可以作出这样的概括:体育游戏是以身体素质练习为基本手段,以增强体质、娱乐身心、陶冶性情为目的的一种现代游戏方法。

二、体育游戏的特点、作用和分类

(一)特点

1.目的性

体育游戏是一种有意识的活动行为，其主要目的是为了增强体质，而各自的侧重点又有所不同，有的重在提高某些身体素质，掌握某些技能；有的重在发展体力和智力；有的是为了提高心理素质和道德品质；有的侧重于调节情绪和休闲娱乐。此外，体育游戏的目的性还表现在可根据体育课的不同结构，合理安排运动量负荷。例如，游戏在准备部分可起到热身的作用，在结束部分可起到放松身体和消除疲劳的作用。

2.大众性

体育游戏包含着人体众多的活动技能，不仅形式繁多，内容丰富，而且极易普及，具有大众化的特点。体育运动项目均有本身的游戏特征和内容（如球类项目中的乒乓球、羽毛球、足球、排球、篮球等），而且不受性别、年龄、体能情况、职业、文化程度、环境条件等因素的影响，参与者可根据自身的兴趣爱好与需要投入到体育游戏中去。由于体育游戏可因地制宜地开展，游戏方法灵活多变，简单易行，游戏规则易于掌握，因而很容易得到普及。

3.娱乐休闲性

体育游戏由于本身的娱乐性、趣味性、休闲性，吸引着各种各样的人积极参与。人们在轻松愉快的气氛中调节情感，娱乐休闲，开展趣味性的竞争，在不知不觉中接受精神文明的教育。这就是体育游戏的魅力所在。

4.竞争性

体育游戏在争胜的过程中以量化（数量、质量、快慢）指标来决定胜负，既是体力的竞争，也是智力的竞争，最后的胜者往往是二者相结合的产物。所以，体育游戏不仅能够提高参与者的活动能力，还能培养思维能力、创造能力、应变能力和进取精神。体育游戏的竞争有别于竞技运动项目，它完全是在轻松愉快的氛围中开展的，并使参与者从中得到快乐和满足。

（二）作用

1.增强体质和身体机能

体育游戏是锻炼身体的一种手段，能有效地增强体质和身体机能。经常参与体育游戏活动，能加快人体的新陈代谢，调整大脑神经系统，提高运动器官及内脏器官的功能，从而起到增强体质、提高活动能力、焕发精神、延年益寿的作用。

儿童少年期是人体生长发育的关键时期，培养良好的人体基本活动能力，有利于他们的生长发育。适宜的体育游戏活动，能使儿童少年的身心得以健康发展，并对他们的生长发展起到不可估量的促进作用。所以，体育游戏是儿童少年不可缺少的活动内容。对于青年人来说，体育游戏是提高身体素质的有效手段，它能将单调枯燥的身体素质练习变得充满乐趣，追赶、接力、角力、负重等体育游戏对发展青年人的各种身体素质起着十分重要的作用。对于中年人来说，由于工作紧张、负担沉重，很少参加体育锻炼，身体健康状况逐步下降，而参加体育游戏活动则不失为明智之举。体育游戏活动有利于新陈代谢的平衡，能防止各种慢性疾病的发生，也有利于病后身体的恢复，且体育游戏不拘形式，集娱乐、休闲、健身为一体，是处于繁重工作中的中年人锻炼身体的良好方法。对老年人来说，适宜的体育游戏活动能调节精神，活动筋骨，促使头脑清醒，达到增强体质的效果。

2.提高心理素质

人们由于各种原因而出现的心理状况的不稳定或心理素质水平的下降，都可能对学习、工作、生活造成潜在的威胁。体育游戏对于改善人们的心理状况，提高心理素质水平有一定的作用。

体育游戏以其丰富有趣的活动形式，使每一位参与者都有获胜的可能，从而充满自信地发挥自己的能力。青少年期是发展注意稳定和注意分配的敏感期，有意识地安排一些需要集中注意力和"一心二用"的体育游戏，对于提高这方面的心理素质水平有明显的效果。在当今现实生活中，竞争无时不在，挫折与失败不可避免。体育游戏能使人们在竞争中磨炼自己的意志，在竞争中看到成功的希望。

3.教育作用

可以说，人的一生是伴随着游戏而成长的，不同的游戏所赋予的教育内容也不一样。游戏规则的学习和执行，对培养他们的组织纪律性也有一定的积极作用。随着社会的发展，对体育游戏的要求将越来越高，青少年可从中得到新的知识，受到多方面的教育。

4.适应社会环境

体育游戏提倡集体主义和爱国主义精神，强调协作配合，不计较个人得失，有利于增进友谊，改善人与人之间的关系。体育游戏本身就有适应与被适应的关系，可使个人融于集体，形成和谐的社会关系。

（三）分类

体育游戏可依据活动的不同特征分成若干类别。我国目前常用的分类方法有以下几种：

1.按竞技运动项目分类

由于现代体育竞技运动项目均由游戏发展而来，所以，可将体育游戏分为足球类、排球类、篮球类、田径类、羽毛球类、体操类等等。其优点是较为明显地揭示了某种游戏在动作、形式、场地、器材等方面的特征，同时也便于作为相应运动项目教学训练的辅助手段。

2.按发展身体素质的任务分类

身体素质是指人体在运动中所表现出来的机能能力，其内容有力量、速度、耐力、灵敏性、柔韧性等。所以，可把体育游戏分为力量类、速度类、耐力类、灵敏类、柔韧类等等，其优点是通过体育游戏活动，有针对性地提高和发展人体的某种素质，把活动与提高身体素质直接结合起来，可了解游戏活动过程中动作产生的直接作用。

3.按人体基本活动的能力分类

按这种方法分类，可将体育游戏分为奔跑类、跳跃类、投掷类、攀登类、爬越类、负重类等等。其优点是在体育游戏活动的过程中，以人体基本活动能力特征为依据，以发展人体某种基本活动能力为目的，根据自己的需要选择适当的体育游戏。

4.按运动负荷分类

按这种方法分类，可将体育游戏分为大运动量负荷、中等运动量负荷、小运动量负荷。其优点是有利于参与者根据自己的体能状况和需要，选择适当运动量的体育游戏。

5.按组织形式分类

按这种方法分类，可将体育游戏分为分队进行和不分队进行两种。分队游戏要求人数和实力基本一致，并在同等条件下进行；各队均有同一目标，活动时要求参与者协调一致；活动结果有胜负之分，而胜负取决于大家配合的程度。不分队游戏的规则较简单，集体行动的成分和竞赛因素不多，学龄前儿童宜采用这种形式。

体育游戏的分类方法很多，除上述几种外，还可按体育游戏的表现形态、体育课的结构、年龄特点、活动场所（室内、室外）、情节、性质、内容特点等进行分类。有的体育游戏往往含有多种分类的因素，因此，严格、合理、科学的分类是相当困难的，比较常用的是按人体基本活动能力与运动项目相结合的分类方法。

三、体育游戏的组织与进行

(一)体育教学原则在体育游戏教学中的运用

在体育游戏教学中，正确贯彻和运用体育教学原则，对提高体育教学质量有着重要的意义。

自觉性与积极性教学原则，要求教师在体育游戏教学中，说明其活动的目的、意义和作用，使游戏者懂得进行该体育游戏不单单是为了提高兴趣，还要达到锻炼身体、掌握技能、发展身体素质的目的，从而培养学生的学习主动性和独立工作能力，把认真完成学习任务变为自觉的行动。

从实际出发的原则，要求教师在体育游戏教学中，深入了解游戏者的全面情况，力争做到情况明、信心足、方法对、效果好，同时，还要注意气候、场地、器材等的实际情况，因地制宜，因时制宜。只有这样，才能有的放矢地安排教学任务，选择合适的教材，合理安排运动负荷。

全面发展身体的原则，是指教师在体育游戏教学中，根据教材的内容，选择和安排活动要尽量全面，使游戏者的身体素质、身体机能和基本活动能力得到全面的锻炼和提高。

循序渐进的原则，要求教师在体育游戏教学计划的安排方面考虑由简到繁、由易到难的系统性与稳定性，先安排较简单的、不分组的、容易做的游戏，而后再安排较复杂、较难的分组游戏。运动负荷的安排也应循序渐进，运动量由小到大，使游戏者的机体功能逐步提高。

直观性原则，是指教师在体育游戏教学中，对内容较复杂的练习能运用直观的教具或示范，并配以生动的语言讲解，使游戏者能较快地理解游戏活动的方法，通过进一步说明游戏的目的、规则，更好地保证教学的顺利进行。

在体育游戏的教学过程中，上述原则的贯彻是相互联系和相互制约的，惟有全面贯彻，才能取得较好的教学效果，不断提高体育游戏的教学质量。因此，在体育游戏教学中，只有不断改进和完善体育教学原则，才能使体育游戏的教学工作具有更强大的生命力。

(二)体育游戏教学的准备、进行及结束

一堂完整的体育游戏教学课由准备、进行、结束三部分组成。

1. 体育游戏教学的准备

组织进行体育游戏前，要认真细致地做好下列各项准备工作，以保证游戏顺利进行。

(1)选择体育游戏的内容

教师应根据课程的基本任务选择体育游戏，以培养学生的集体主义和爱国主义精神，加强组织纪律性；增强学生的身体素质，促进智力发展，发挥创造能力。如果进行体育游戏活动的目的是辅助体育教学或训练，游戏内容就要与教学或训练内容有相应的联系；如果是为了帮助学生尽快地进入良好的运动状态，可选择趣味性较强的，或易于使注意力集中的游戏内容。协调能力和灵巧性的游戏可安排在体育课的基本部分之前。如果课程内容全为体育游戏，应按教学任务去安排；如果同其他项目配合使用，则必须注意相互配合、补充，共同完成教学任务。体育课结束前，为了使学生的体力得到恢复，情绪得到调节，可选择具有放松性效果的游戏。气候条件不好的时候，可选择室内的游戏。如果是大众性的娱乐活动，可按参与者的年龄特征、生理和心理特点选择适宜的游戏。但是，不管组织体育游戏活动的具体

目的是什么，都应注意把游戏活动与精神文明建设结合起来，做到寓德育于体育之中，寓教育于娱乐之中。

(2)游戏场地和器材用具的准备

场地和器材用具是保证体育游戏活动能够达到预期目的的必要条件。体育游戏的场地应该宽敞平坦、清洁安全，室内场地还要注意通风和采光；场地外围在一定范围内不能有障碍物，以免出现伤害事故；根据游戏的内容和需要，画出场地上的固定界线，如起跑线、终点线、折返线、投掷区，并设置好游戏所需的各种标志物。

体育游戏的器材设备和用具，如小旗、接力棒、体操棍、球、绳、藤圈等最好有色彩，重量、大小应视参与者的实际情况而定。

2.体育游戏教学的进行

选择合适的体育游戏，精心做好体育游戏的各项准备工作，这只是搞好体育游戏教学的前提，游戏活动能否达到教学目的、取得良好的游戏教学效果，关键还在于有一套科学合理的组织和引导游戏活动的方法。

体育游戏的组织和进行应注意以下几点：

(1)讲解和示范

教师首先应全面地掌握体育游戏的过程和方法。讲解游戏时要充分运用语言技巧，激发游戏者良好的游戏动机，引起游戏者的注意与兴趣，理解与掌握体育游戏的目的、方法、规则和要求。必要时，可将游戏者带到准备进行游戏的场地上进行讲解，讲解的位置应以全班学生都能听到为宜。若进行分队游戏，可先将队分好，待各队站到指定位置后，教师再在现场进行讲解，这样就更具体、更清楚、更省时，效果也会更好。

体育游戏讲解的顺序一般为：体育游戏的名称、目的、准备、方法（过程）、规则和要求、结果和目标（胜负与奖惩），其中重点要讲清楚游戏的方法、规则和要求。

教师讲解应从容不迫，语言简明、流畅、准确、生动形象，重点突出，为使游戏参与者更快地了解和掌握活动的方法，可以边讲解边示范（这样做更具有直观性）。全部讲述、示范结束后，应向游戏的参与者询问是否明白，有无疑问；若有不明白或疑问的，教师应给予进一步的解释和回答。当全体参加人员都明确了游戏方法后，游戏就可以开始了。

(2)组织和引导

体育游戏的教学大多是在教师的直接带领和指导下进行的。教师应充分发挥自己的主导作用，调动游戏参与者的情绪和积极性。教师对游戏过程中出现的问题，应及时作出正确的指导，对游者在游戏中出现的违反规则和不遵守纪律的行为，要及时制止，进行教育。

在游戏过程中，教师还应对每位参与者的活动情况进行观察，并根据活动场上的具体情况，采取灵活而必要的措施，如增加或减少比赛的次数，扩大或缩小场地，及时停止游戏等，使游戏达到最佳的活动效果。

1)体育游戏的分组

体育游戏的大多数活动形式是分队或分成若干个小组进行。这样，可使游戏更加激烈、精彩，提高参与者的兴趣和积极性。体育游戏活动的分队分组大多是临时性的，常用的分组方法有下列几种：

第一，确定组数。大多数情况下，体育游戏以分成两组进行对抗为宜。这不仅可使比赛紧张激烈，也便于组织者的控制和裁判人员的工作。如果参加体育游戏的人数较多(25 人以上)或一次游戏活动的时间过长(15 分钟以上),或有其他特殊情况时,可考虑增加组数。

第二,分组原则。最根本的是分组对等的原则,通常应从身高、体重相近,人数相等等几方面考虑。此外,还可按运动技术水平、年龄结构、文化水平等相近的原则分组。

第三,分组方法。分组应根据体育游戏的性质、人数、时间来决定。分组的方法主要有调整分组法、“点将”分组法、报数分组法、“猜拳”分组法等。

调整分组法:体育游戏的分组数如正好和该班原有的学习小组数相一致,则游戏可以原学习小组为单位进行分组,必要时可再根据人数和性别的不等情况进行个别调整,以使各组能在人数、实力相当的基础上进行竞争。以原班、组为基础进行游戏,可以加深彼此的友谊,增强集体荣誉感。

“点将”分组法:教师根据游戏的内容、做法和分组多少的需要,找出几名学生担任各组的组长,让他们“点将”,组成各自的小组。这种分组方法本身也是一种游戏,大多数同学会感兴趣,因为大家都希望能和自己合得来、配合得好的同学组合到一起,以便配合默契,玩得尽兴。这种分组法的优点是,各组实力相对平均,容易使游戏活动气氛热烈;缺点是“点将”费时较多,有时可能会伤害到最后被点中的同学的自尊心。这时,教师应做必要的解释,使每个参与者都能愉快地投入到游戏中去。

报数分组法:根据分组的需要,用报数的方法来进行分组。例如需分 4 组,可将体育游戏参与者排成一列横队站立,用 1～4 报数的方法,报完数后,按各自所报的数,分别组成一、二、三、四组。此分组方法随机简便,各组身高大体平均,但有时各队实力可能相差较大,必要时可再作个别调整。

“猜拳”分组法:当参加游戏的人数不多(10 人以下),只需分为两组进行游戏活动时,大家可围成一个圆圈,同时伸出一个手心或手背,手心和手背各分为一组(每组人数相等),若需分成 3 组时,可采用“剪刀”、“锤子”、“布”的方法进行组合,将游戏参与者分为人数相等的 3 组进行游戏。

游戏分组方法的选择,应根据游戏的性质、参与者人数的多少、时间的长短、道具数量的多少等具体情况来确定。一定要认真细致、公平合理地进行分组,使各组实力相当。这样才能使体育游戏对参与者更有吸引力,使参与者更有进取精神。

2)体育游戏引导人的选择

在进行不分队的游戏时,往往需要产生游戏的引导人,其责任是协助组织者,引导其他人参加游戏活动。选用引导人应考虑其能力和威信,以便形成良好的向心作用。

确定引导人的方法一般有:

第一,由体育游戏参加者自己推选出引导人。

第二,自我推荐当引导人,由游戏参加者认可。

第三,教师指定引导人。根据游戏的需要,教师可安排身体灵巧、活泼好动、具有一定组织能力的人来当引导人。

第四,“报数”随机确定引导人。例如:事前随意规定一个号数(10 号)为引导人。

第五,由前一个游戏的优胜者来当游戏的引导人。

不论采用什么方法来确定引导人,都应依据被指定的引导人具有适合本角色的体力和智力,有利于成功地进行游戏活动,能使游戏活动连续不断地进行下去,对引导人和集体都有教育意义这一原则。游戏的引导人在游戏中负有一定的责任,有时需要高度紧张地集中注意力，体力消耗往往比同伴更大。为了不使引导人过于疲劳，组织者可根据实际情况，及时更换引导人。

(3)领导和裁判

1)体育游戏的领导

教师或游戏活动的主持人是体育游戏的领导者。体育游戏能否顺利地进行，与领导者有直接的关系。教师应自始至终指导游戏的进行，并在游戏时观察、控制学生的行为。

体育游戏的开始或结束，教师应给予明确的信号。教师在游戏进行的过程中应处于适当的位置，观察学生的行动，发现问题及时解决，有时甚至可停止游戏，进行指示、纠正、教育和处理。

在游戏的全过程中，既要强调教师的主导作用，又要充分发挥学生的积极性。要注意对弱者的鼓励，给他们安排适当的活动或角色，使每一位参与者在游戏活动中各有所得。

2)体育游戏的裁判工作

体育游戏的结果都有胜负之分，每一位游戏参与者都希望对他们的活动作出公正的评价和裁决。此项工作通常由教师或组织者担任，为培养学生的工作能力，也可由学生推选或轮流担任裁判。裁判应严格、公正、准确地评价或裁决，否则会影响游戏参与者的兴趣和积极性，这关系到游戏能否按规则的要求继续进行下去和整个游戏的成败。因此，对裁判员的要求是：①必须严格认真地执法，一视同仁，尺度一致，决不迁就任何违犯规则的行为。②判罚分明，对严格遵守规则的组和参与者，要及时进行表扬和鼓励，对不遵守规则的组和参与者，要及时进行提醒、警告、制止或纠正。凡是因违犯规则或投机取巧而取得优胜的组或个人，都应该取消其成绩。③游戏中如发现大多数参与者对规则要求不明确时，应及时停止游戏，重新讲解规则要求，直到全体人员都明确后再开始游戏。对比较复杂的体育游戏，为避免因动作不熟悉而导致的犯规行为，可采用各队试做的方法(1～2 次)，以减少活动过程中不必要的犯规。④尽量不要采用停止游戏的方法来进行处罚(除非出现特别粗暴恶劣的行为时)，应以正面教育为主。⑤执法者应根据游戏活动的气氛、场地变化的情况等灵活地掌握规则，必要时可对规则进行延伸或进行补充，以提高参与者的兴趣和积极性。

3.体育游戏的结束

教师必须重视体育游戏的结束工作。结束工作主要应掌握好游戏结束的时机，认真做好游戏结束后的总结。

在正常情况下，当规定的游戏活动次数或任务已经完成，游戏的目的已经达到，游戏的参与者也已经感到十分满足(处于“兴趣保留”的状态下)时，结束游戏的最佳时机便到了。游戏提前结束或延迟结束，其效果均不是太好。

每次游戏课或每个游戏结束后，教师都应进行简要而全面的讲评和总结，通常是首先公布游戏的成绩和结果，然后对参加者在游戏全部过程中的表现进行讲评，指出各组或个人运用技术、战术，发挥集体智慧，执行规则和遵守纪律等方面的优点和不足；对获胜的组和个人进行表扬，提出希望和要求；对失败的组或个人要帮助他们分析，总结失败的原因，强调发挥集体力量、团结合作的重要性，鼓励他们积极进取，争取下一次取得胜利；也可启发参与者评议，并提出完善和修改游戏的意见，达到自我教育、发挥参与者主动性和创造性的目的。

学高为师，身正为范。如果教师在组织游戏时有不足和漏洞，或发现规则不够完善，自己判断有失误的地方，也应进行自我批评，以求改进，以使下一次游戏活动进行得更成功。

总之，对游戏进行总结是十分有意义的，它不但能使游戏参与者学到知识、技术和技能，也可让他们从中受到教育。

游戏结束和总结后，应布置参与者整理、收拾器材，培养他们自治自理的能力和爱护公物的优良品质。

四、体育游戏的创编

游戏的发展是随着社会的发展而不断创新的。体育游戏的创新更应该富有时代气息，这也是社会对教育、体育的要求。由于组织体育游戏活动的目的不同、需要不同，参与的方式不同，有时很难从现有的资料中找到合适的游戏内容。这时，就应当自己动手，创编适合需要的游戏，借以丰富和发展体育游戏。要使创编的体育游戏取得良好的效果，就要考虑创编的原则、步骤和方法等。

（一）体育游戏创编的原则

1.目的性原则

体育游戏具有锻炼身心、增强体质的作用。因此，创编体育游戏首先要看它的锻炼目的和锻炼手段是否一致，即明确为什么创编体育游戏。目的不同，创编出的体育游戏会有很大的差异。如果是为了增强人们的体质，促使更多的人来参加体育活动，就应当选择动作比较简单，而又具有一定活动量的练习内容。如果是以丰富和活跃生活、休闲、娱乐、健身为目的，就应当选择趣味性强、轻松活泼的练习内容。

2.针对性原则

在创编体育游戏时，应从参加体育游戏活动人员的实际情况出发，即根据参与者的年龄、性别、文化程度、体能状况、生活水平等实际情况，有针对性地去创编，使大多数的游戏参与者均能接受。

3.健康性原则

这主要指体育游戏的内容和活动方式要健康，动作的选择应有利于锻炼身体、增强体质，而不能有损害身体健康或易造成伤害事故的内容。在创编体育游戏时，一定要针对参与者的具体情况及场地、器材条件，预先估计并尽量排除可能产生的不安全因素，使创编出的体育游戏有良好的安全性。总之，体育游戏的创编，从内容到形式都应有利于身心健康，并能保证参与者的安全。

4.科学性原则

即体育游戏的内容、活动方法、组织形式等各方面都应有科学性，能体现当今科学技术的发展水平、时代气息和生活节奏。

5.娱乐趣味性原则

即创编的体育游戏，从内容到形式都应生动活泼，富有趣味性，具有吸引力。这样，才能使参加者更加积极主动地参与，达到更好的游戏效果。为使创编的体育游戏具有娱乐趣味性，应注意增强体育游戏的竞争因素，提高动作设计的趣味性，增加体育游戏的内涵。

（二）体育游戏创编的步骤

1.体育游戏素材的搜集与选择

体育游戏素材的搜集与选择是创编工作的基础。资料的搜集应以体育运动中的基本动作、技术、战术作为主要的材料，同时还要吸收生活、工作、艺术、军事等各方面的材料，充实、移植到体育游戏中来，使游戏内容和形式更加丰富多彩。

2. 体育游戏的构思和设计

根据体育教学的目的、任务和游戏的对象、年龄，按照选择和创编体育游戏的原则，在搜集和整理游戏素材的基础上，通过组织者的创造性思维活动来构思和设计体育游戏。体育游戏的构思途径和设计过程主要通过下述几方面进行。

(1)初步构思 即从游戏参与者的具体条件和所要达到的目的出发，考虑游戏活动形式和动作的初步设计。

(2)修正构思 在上述基础上，依据游戏参与者的人数、场地、器材、时间等客观条件，对已选定的活动形式和动作设计进行必要的修正和具体化。

(3)完善构思 对活动前的分组、准备队形、场地布置、裁判规则等进行完善，形成一个完整的构思。

(4)设计过程 娱乐趣味性是设计体育游戏的关键，科学性是设计体育游戏的基础。在设计体育游戏的过程中，应对游戏的目的、内容、形式、规则和要求等各方面进行认真仔细的研究，力求做到娱乐趣味性和科学性的统一。设计过程主要包括以下几个方面：

1)体育游戏的内容 设计创编一个体育游戏，通常以一个运动的基本动作为主，配以一个辅助动作，但同一基本动作有时会有多种不同的组织活动方式，因此，根据游戏的对象改变活动方式，对于提高参与者的兴趣，发展某一方面的素质，掌握某一基本动作都很有利。同时，还要注意游戏的对抗性和竞争性。

2)体育游戏的规则 为使体育游戏顺利进行，应制定切实可行的规则，对游戏的动作、活动范围、形式等作出明确的规定。规则是评定游戏活动胜负的依据。规则要符合参与者的智力发展水平，使他们有充分发挥才能和特长的余地。

3)体育游戏的组织形式 创编体育游戏还应考虑到组织形式和方法。因此，游戏的队列、队形设计十分重要，好的队列、队形设计能使体育游戏活动进行得有条不紊，严密而不呆滞。

4)体育游戏的成文和配图 体育游戏的书写顺序通常是：名称、目的、准备、方法、规则和要求、适合对象等。游戏的图示便于人们理解，是说明的补充。图示主要包括游戏的起止界线、分队位置、游戏动作、场地尺寸、引导人位置等方面，一般采用符号图和线条

图两种。

5)体育游戏的检验和修改 体育游戏的初步方案设计出来后，要根据主客观条件，对初步确定的方案进行修正和具体化，对游戏活动前的分组、队列、队形、场地、器材、裁判和规则等方面也要进行修正，形成完整的构思。有条件的，要在实践中反复接受检验，征求意见，不断改进和完善，使创编的体育游戏能付诸实施。

(三)体育游戏创编的方法

创编体育游戏要勤于思考，对体育教学经常进行研讨，可以对原有的游戏进行改造、加工，也可以独立设计、创编新的游戏。创编游戏的方法通常有以下几种：

1. 模仿法

游戏来源于生活，来自儿童游戏的实践。模仿法是根据儿童原有的游戏形式，创造出更新颖、更全面的锻炼身体的游戏。

2. 故事法

依据小学生爱表演、喜模仿、喜欢有情节性的游戏的特点，将体育游戏活动编成短小的

故事,一步步展开,使参与者有身临其境之感,更积极地投入到游戏活动中去。

3.改造法

即对原有的体育游戏素材进行改造,使练习手段多样化。增添趣味性,加大难度,结合实践要求简化有关规定和动作等等,都是改造的内容。

4.提炼法

此方法有别于模仿法,是对原有的游戏进行"去粗取精"、"沙里淘金",并在此基础上使游戏所表现的思想内容有新意,使参与者真正在游戏活动的过程中受益。

体育游戏的创编除上述方法外还有许多,如歌舞法、猜测法等。总之,游戏的创编在于钻研,在于创新。

(四)体育游戏的注意事项

体育游戏的教学应有目的、有计划、有组织地进行,并争取顺利地完成教学任务。在体育游戏教学活动中应注意下列几个方面:

1.明确体育游戏的规则并自觉地遵守规则

在体育游戏活动的过程中,教师应根据参与者的具体情况,选择具体、简单、明确、易于遵守的规则,让参与者在严格的要求下,自觉地遵守游戏规则,以培养其组织性、纪律性,增强责任感。

当参与者不能较好地掌握体育游戏规则时,应鼓励参与者努力克服困难,依靠集体的智慧,利用允许的规则条件,去夺取胜利,从而使参与者在游戏中得到欢乐。同时,也要注意防止粗暴恶劣行为的发生,在严格执行规则的同时,要给予积极的诱导,或给予处罚性的减分,养成严格遵守体育游戏规则的良好作风。

2.及时调整运动量负荷

在体育游戏教学的过程中,要通过对参与者动作、情绪、活动秩序和次数等方面的细微观察,分析和判断他们的生理负荷量,及时采取措施,调整运动量负荷,达到良好的教学效果。

调整运动量负荷主要以游戏参与者的表现为依据:

(1)体育游戏的效果不好,参与者对体育游戏的兴趣不浓,精神不集中。

(2)参与者脸色发白,汗多,气喘吁吁,反应迟钝。

(3)纪律松弛,犯规次数增多,动作放慢等。

当参与者在体育游戏的过程中出现上述情况时,应立即采取措施,适当调整运动量负荷。

在体育游戏的教学过程中,及时调整运动量负荷是重要任务之一,应根据参与者的实际情况和体育游戏的特点适时调整。

(1)减少或增加影响体育游戏紧张程度的因素,如修改规则或改变游戏的次数等。

(2)减少或增加体育游戏的组数和参加游戏活动的人数。

(3)缩小或扩大体育游戏场地的范围。

(4)缩短或延长体育游戏的活动时间和间隔时间。

3.重视安全工作

在体育游戏教学的过程中,应时刻把安全工作放在首位。游戏参与者在活动中跑动、追拍、躲闪、对抗时,容易出现冲撞和滑倒等现象。所以,要根据游戏参与者的具体情况,预先估计可能出现的不安全因素。同时，要加强安全教育，采取必要措施，预防和防止伤害事故的发生。尤其是在投掷和跑动中进行体育游戏时，一定要按照规定的方向和顺序进行，否则，将容易造成混乱局面或出现伤害事故。总之，体育游戏的教学，应细致考虑，周密防范，防止出现问题。

4. 加强组织纪律性

成功的体育游戏教学课应气氛活跃，情绪高涨，井然有序。为此，加强对参与者的组织纪律性教育是十分必要的。良好的组织纪律性是体育游戏顺利进行的保证。

体育游戏教学应严格要求，大胆管理，做到管而不死，活而不乱。参与者应听从指挥，执行规则，服从裁判，对违犯规则和纪律的人和事要及时进行批评教育。

5. 进行思想教育

体育游戏的内容和方法都有较强的思想性、科学性。在体育游戏的教学中，应根据参与者的生理、心理特点，培养他们的个性和对体育的兴趣，使其在游戏活动过程中受到教育，养成优良的品质和作风以及遵纪守法的习惯。

五、体育游戏的实践

(一)速度练习游戏

1. 听号追拍

[场地器材]跑道或平整的场地一块。

[方法]按人数均等原则分成两队，在相隔 1 米的两条标志线后成横队蹲下，两臂前伸，两人掌心相对。“预备”时，全体队员作好追或转身跑的准备姿势。规定特定信号：“1”甲队追拍乙队，“2”乙队追拍甲队，甲、乙两队根据规定快速反应，或追或逃，至端线止(图 17-1)。

[规则]①每次记下追拍成功的人数，当两队在相等的追拍次数后，累计人数，拍到对方人数多的队获胜；②只能追拍与自己相对的对方队员，不得交叉追拍，否则无效。

2. 看谁跑得直

[场地器材]在场地上画长 30 米、宽 30 厘米的两条窄跑道，两跑道相距 3 米。在窄跑道的两条线上，各放上 10 个小木块，两小木块之间的距离约 3 米左右。将学生分成人数相等的两个队，成纵队站在起跑线后(图 17-2)。

[方法]听到信号后，两队的第一人迅速沿窄跑道跑到终点线，跑得快而又不踩线、不碰倒小木块的可得 1 分。然后第二、三名继续进行，依次类推，最后以得分多的队为胜。

[规则]①听口令出发，不得抢跑；②踩线 1 次以及碰倒一个小木块者扣 1 分。

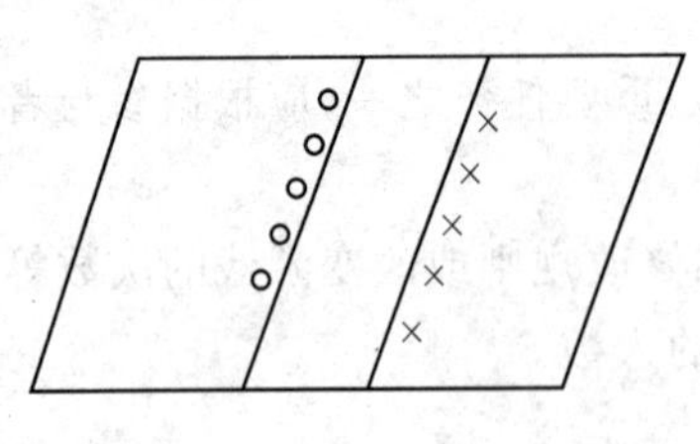

图 17-1　听号追拍

图 17-2　看谁跑得直

3. “8”字接力

[场地器材]在场地上画一条起跑线，线前 10 米和 20 米处并排画两组直径为 5 米和 10 米的圆圈(每组两个，两组间隔 6 米)。将学生分成人数相等的两队，分别成一路纵队面对圆

圈站在起跑线后，各队第一人手持接力棒。

［方法］听到信号后，各队排头立即按规定路线绕过两个圆圈，跑一个“8”字形，回到起点把接力棒交给本队第二人，自己站到队尾。依次进行，先跑完的队为胜(图 17-3)。

［规则］①不得踏线起跑，发令或接到接力棒后才能跑；②必须按规定的路线跑，不得进入圆圈或跨过圆圈。

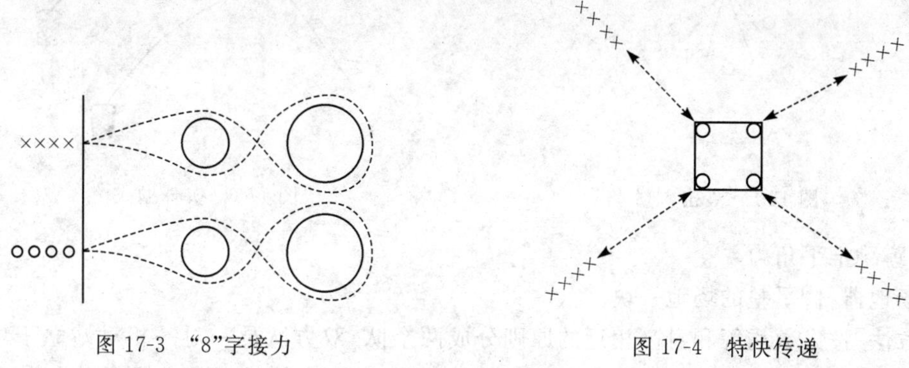

图 17-3　“8”字接力　　　　图 17-4　特快传递

4. 特快传递

［场地器材］在场地上画一个 1 米×1 米的方块，并准备硬纸牌若干张(每块牌上写一个字)。

［方法］将学生分成人数相等的 4 个队，每队选 1 名信息员，手握与本队人数相等的硬纸牌站在方块内，面对本队队员，而本队队员也面向本队信息员成一路纵队站在距中心 15 米的起跑线后。听到口令后，各队第一人跑向本队信息员，信息员将硬纸牌交给第一人后，第一人再持牌跑回，拍本队第二人手后，第二人再跑出，取回硬纸牌，依次进行，以最先交接完纸牌的一队取胜(图 17-4)。

［规则］①交接纸牌时，如脱手掉在地上，应由信息员拾起再交给接牌人，否则判为犯规；②队员站的次序，应与纸牌上写的字句顺序一致，不要颠倒；③下一人一定要在前一人跑回起跑线并拍手后才能开始向前跑。

(二)力量练习游戏

1. 轰击碉堡

［场地器材］学生左右间隔 1 米围成一个圆圈，中间用体操棒(或用树枝代替)架成“碉堡”，指定 3 名学生进圈内作为“碉堡”守卫者。

［方法］游戏开始后，站在圆圈外的人用排球(或沙袋)投击“碉堡”，使“碉堡”被“炸”。攻击者可以互相传送迷惑并调动守卫者，使之顾此失彼而击中“碉堡”。炸掉“碉堡”后，换站在圆圈上的另外 3 人担任守卫，游戏继续进行(图 17-5)。

［规则］①攻击者只准在原地用球攻击，不准向前移动进入圆圈；②3 分钟后未炸掉“碉堡”，替换守卫者。

2. 夹球抛入筐

［场地器材］平整的场地一块，小实心球和小竹筐若干。

［方法］按人数均等和身高相近的原则，分成几个小组，成纵队站在界线外。游戏开始后，每人用双脚夹住小实心球，用收腹夹腿跳的方法将实心球抛向前面(3～5 米)的筐中，抛

进筐中得1分。以得分多的队为胜(图17-6)。

[规则]①不得踩线、助跑夹球抛;②按次序进行,不要一人抛多次。

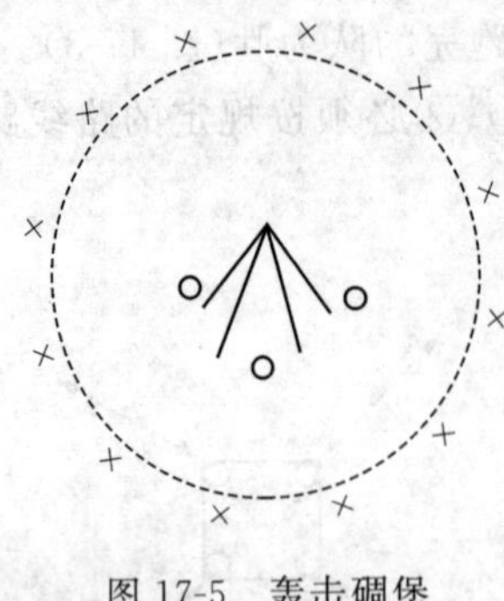

图17-5　轰击碉堡

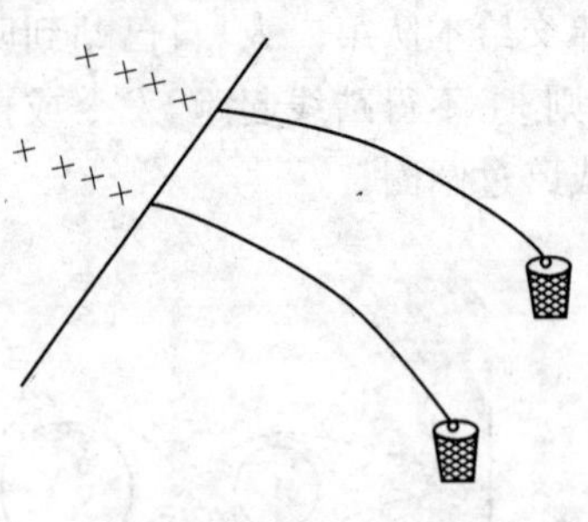

图17-6　夹球抛入筐

3.蹲跳推手角力

[场地器材]平整的场地一块。

[方法]按人数均等和身高相近的原则分成两个队,双方队员一对一相对站立于场中线两侧。"预备"时,屈膝下蹲,两臂前平举,双方手掌相贴,身体处于稳定准备状。游戏开始后,双方采用边蹲跳移动边与对方推击掌的方式尽可能将对方推倒或推出其后的限制线。推倒对方或出限制线,得1分。最后以得分多少判定胜负(图17-7)。

[规则]①全过程中不得起立,除双脚外身体其他部位不得触地,否则按失败论;②只能互推手掌,不得绕到对方侧后推击。

4.力拔千斤

[场地器材]平整的场地一块。

[方法]按体重身高相近的原则分成两队,"一对一"相向成横队站立。"预备"时,甲队队员成马步站立,乙队队员上前用双手抱住对方腰部准备好,听信号后,乙队队员尽力抱腰上提使对方双脚离地,计1分钟内的抱离次数,然后双方交换进行,最后,以抱离地面的总次数来决定双方的胜负(图17-8)。

[规则]①只准抱住腰部,不准用手抓衣服或抱腿等取巧方式进行;②被抱队员不得用手推搡对方或采用过分激烈的身体动作挣脱对方。

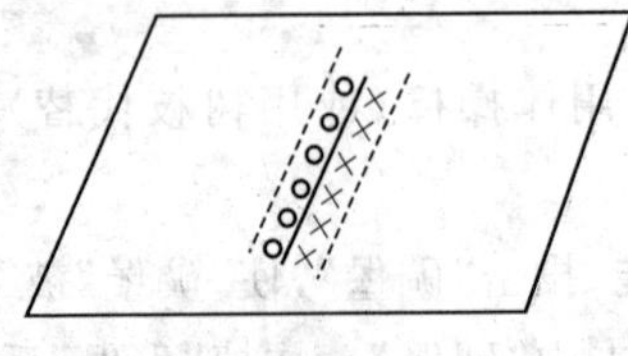

图17-7　蹲跳推手角力

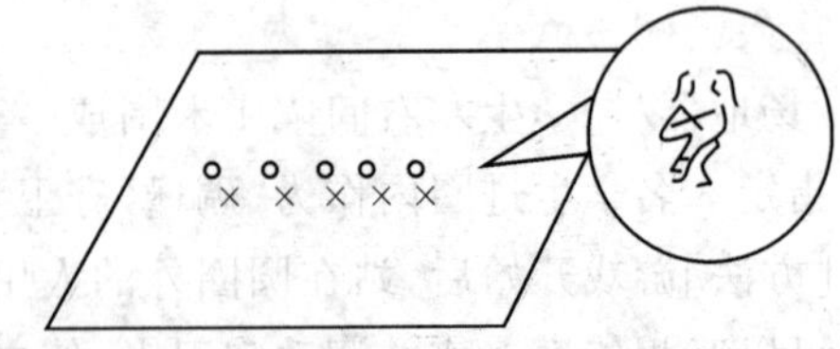

图17-8　力拔千斤

(三)跳跃练习游戏

1.渡河

[场地器材]在场地划两条相距15米的平行线,中间为河道,线外为河岸。在河道里画大小不同的两组圆圈作为石块(两组圆圈大小、距离位置相反)。

[方法]把学生分成人数相等的两队,各队再分成两队并成纵队面对面分别站在两端平行线后。听到信号后,先由各队第一个人开始跳,从一块石头跳到另一块后头,跳到对岸后

与第一个人拍手，对岸第一人跳回，依此类推，以最先跳完的队为胜(图 17-9)。

[规则]①跳跃时，脚必须落在圈内，否则退后重跳。②下一个人必须被拍后，方可进行跳跃。

2.跳篱笆

[场地器材]平整的草地一块，接力棒两根。

[方法]把学生分成人数相等的两队，两队间相距约 5 米，面对面成横排，两臂侧平举手拉手跪坐在地上组成“篱笆”。各排头手持接力棒，站在队伍的一端。听到信号后，手持接力棒用双足依次从篱笆中间穿梭跳向排尾，把接力棒交给排尾，然后就和排尾拉手做篱笆，接力棒逐人传到排头，排头接棒后再向排尾跳。如此每人做一次，以先跳完的队为胜(图 17-10)。

[规则]①做篱笆的人的手臂必须伸直平举，不准降低；②要用双脚连续跳，不得用单脚跨过或间隔跳，否则判其重新再跳；③接力棒必须从排头逐人依次传递，否则判其重新再跳传。

图 17-9　渡河　　　　图 17-10　跳篱笆

3.追捕

[场地器材]在平整的场地上画一直径为 15 米的圆圈。

[方法]指定一人为追捕者，其余人为被追捕者。游戏开始后，在圆圈范围内，追捕者用单脚跳追捕同样用单脚跳的被追捕者，追捕者只要触及被追捕者身体任何部分即为捕获；然后两人互换角色，游戏继续进行(图 17-11)。

[规则]①双方都只能用单脚跳的动作躲闪和追捕，否则为犯规；②只能在圆圈内任意移动，越出圆圈为犯规。

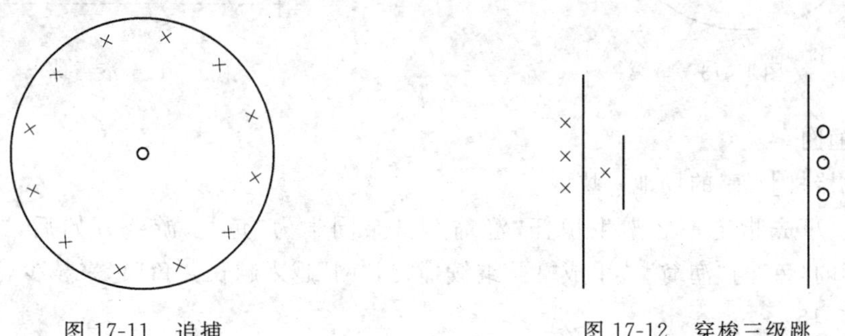

图 17-11　追捕　　　　图 17-12　穿梭三级跳

4.穿梭三级跳

[场地器材]平整的场地一块。

[方法]把学生分成人数相等的两队，面对面成一横排站立于两端线后。游戏开始后，甲队第一名队员首先在线上做立定三级跳，然后乙队第一名队员在甲队第一队员的落地处(落

地最近点)做立定三级跳。如果乙比甲跳得远,算乙得1分,反之,甲得1分。然后双方的第二名队员出场进行同样比赛,依此类推,最后以得分多的队为胜(图17-12)。

[规则]①落地点应以身体落地的最近点为准,不得前移或后推;②凡被判犯规者所跳远度均无效,得零分。

(四)耐力练习游戏

1.争第一

[场地器材]在场地画一直径为10～15米的圆圈,并在圈外画一条斜线为起跑线。

[方法]学生成一横排站在起跑线后。发令后,可规定每人跑三圈,最后一个人被淘汰,其他人继续跑。然后再规定每人跑两圈,最后一个被淘汰,其他人再继续跑。直到只剩下3～8名时结束,最后的3～8人为优胜者(图17-13)。

[规则]①听到口令后才能跑;②超越别人时,应从左边越过。

2.滚雪球

[场地器材]在场地上画两条相距20米的平行线,一条为起点线,另一条为终点线。在起、终点均插上小红旗作为转折标志。

[方法]把学生分成人数相等的几个队,每队按运动能力强在前、弱在后,依次成纵队排在起点线上。发令后,各队排头迅速向前跑去,绕过小红旗跑回起点,与第二人两人手拉手再迅速跑向终点,绕过小红旗跑回起点,然后变成三个人手拉手向前跑,依此类推,直到整个队伍都手拉手跑完为止,最先全部跑回起点的队为胜(图17-14)。

[规则]①返回起点的人(队)必须绕过终、起点的小红旗手拉手向前跑;②跑动中任何人不得将手松开。

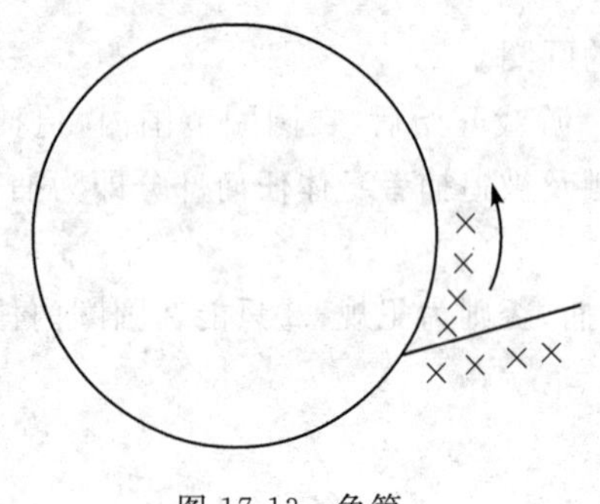

图17-13　争第一

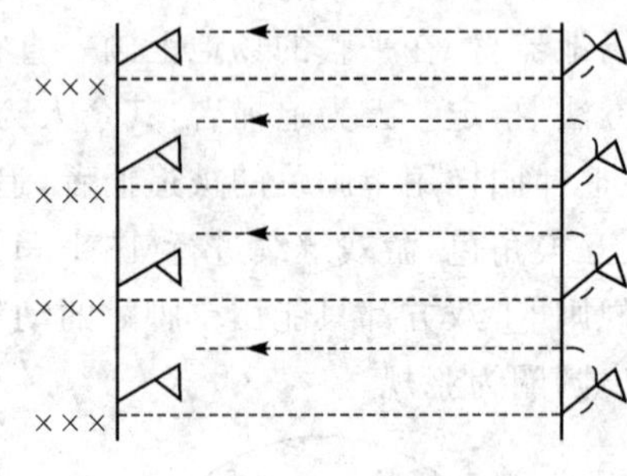

图17-14　滚雪球

3.拉渔网

[场地器材]平整的场地一块。

[方法]事先指定一名学生担任“渔翁”,其余同学为“鱼”。游戏开始后,“渔翁”追捕“鱼”,捕到的“鱼”与“渔翁”拉手成“网”继续捕捉,“网”越来越长,“鱼”越来越少,至全部捕获结束(图17-15)。

[规则]①只许“网”两端队员用手追拍捕捉,其余队员不得松手;②如果逃出界外,则算犯规,须自动加入“渔网”队伍。

4.排头捉排尾

[场地器材]平整的场地一块。

[方法]参加游戏者排成纵队,并用双手抱住前面一人的腰部。发令后,排头要努力去捉

排尾的人，而后半部分的人要努力帮助排尾，不让排头捉到。若在规定的时间内，排头没有捉到排尾，换人重新开始(图 17-16)。

[规则]①队伍不能被拉断或拉散；②排头触到排尾时，就换人做排头和排尾，然后重新开始游戏。

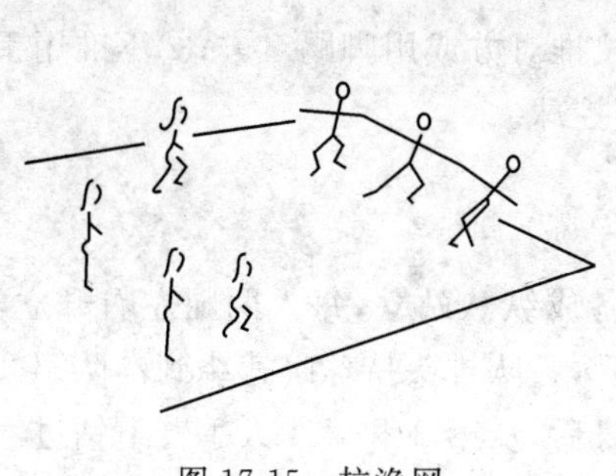

图 17-15　拉渔网

图 17-16　排头捉排尾

(五)灵敏练习游戏

1.截流星

[场地器材准备]在场地上画一个边长 5 米的正方形场地。每人一个乒乓球拍，一个乒乓球。

[方法]每组 4 人，每人手持乒乓拍，一人站在中间用拍子抢球，其余 3 人则成三角形站在场内。发令后，三人互相用拍子传球，抢球人则用拍子打球，若打着球，则与失误者互换位置(图 17-17)。

[规则]①只能用拍子传球、抢球；②传球者可以连续颠球三次；③抢球的人只要用拍子打着球就算抢到。

2.跟踪追击

[场地器材准备]平整的场地一块，排球一个。

[方法]将学生按高矮顺序站成一横排，报数，每人记住自己与左右相邻两人的号，然后围成圆圈(左右间隔 2 米)。游戏开始后，教师在场中心将球任意传给其中一人，若将球传给 4 号，则 3、5 号就应马上上去追拍 4 号，而 4 号见 3、5 号来追拍应将球迅速传给其他人，若是传球给 8 号，那么 7、9 号就要立即去追拍 8 号，依此类推(图 17-18)。

[规则]①在规定的范围内游戏，不得越出界线；②追拍者只要拍触被追者即算胜；③持球的被追者不能把球直接传给追拍者。

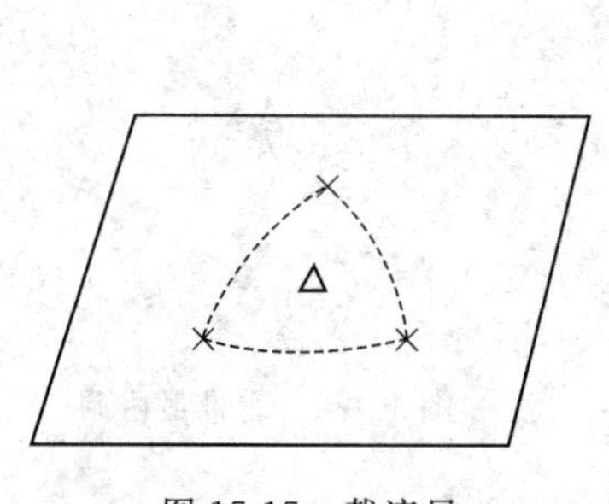

图 17-17　截流星

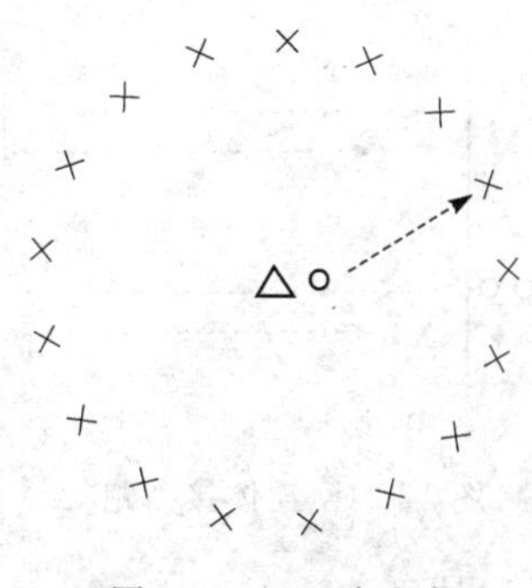

图 17-18　跟踪追击

3. 推滚球

[场地器材准备]在长方形场地两端各画一线，每人一个跳球和一根体操棍。

[方法]按人数相等的原则分成两队并站在端线后。发令后，每人用棍推球入场，并用自己的球去击对方的球，使对方球出界。若球被对方碰击出界，即退出比赛，直到对方的球全部被碰击出界，游戏结束(图 17-19)。

[规则]①允许双方身体合理接触，但不准用手拉推对方或用脚踢对方；②不准用手或脚故意触及球，或用棍挡击对方人和球，不许协助同伴控球。

4. 地道战

[场地器材准备]平整场地一块，排球两个。

[方法]按人数相等的原则把学生分成两个队，各成纵队站立，每人两腿左右开立，双臂伸直搭在前一人肩上，各排头持球做好准备。发令后，各队排头持球迅速绕到本队第 2 人身后，从第 2 和第 3 人手臂下钻过。接着绕到第 3 人身后，从第 3 和第 4 人手臂下钻过。依此类推跑到队尾，将球从开立的腿下滚给第 2 人。第 2 人接球后依此进行，直至全队轮流一次，最后，以先完成的队为胜(图 17-20)。

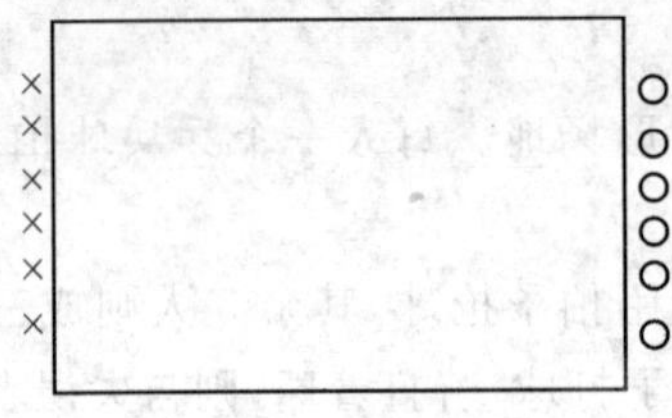

图 17-19　推滚球

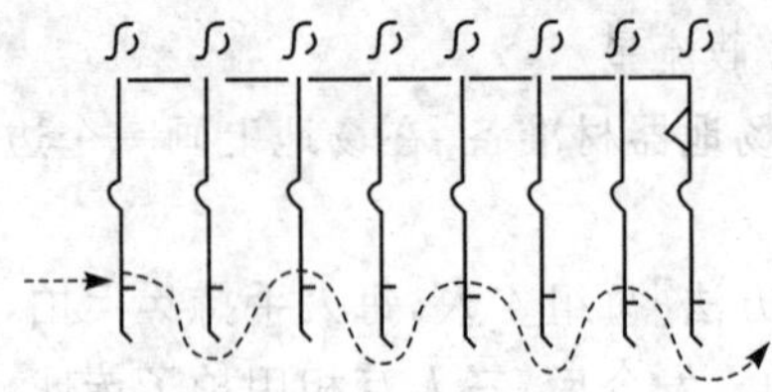

图 17-20　地道战

(六)协调练习游戏

1. 连体接力跑

[场地器材准备]平整的场地一块。

[方法]按身高相近原则分成两队，每队两人一组配成对，成往返接力队形站在起点线后。“预备”时，排头队员两人背靠背、双手背后交叉反握。听到“跑”时，两人同时向转折点跑进，途中不得松手，经转折点后返回起点线后，第二对人员出发，依此类推，直至最后一对队员返回起点线为止，以最先跑完的队为胜(图 17-21)。

[规则]①途中两人双手不得松开，否则须在原地做好“连体”后，才能继续跑进；②必须绕过转折点和到达起点线后，后一对才能开始，否则算犯规。

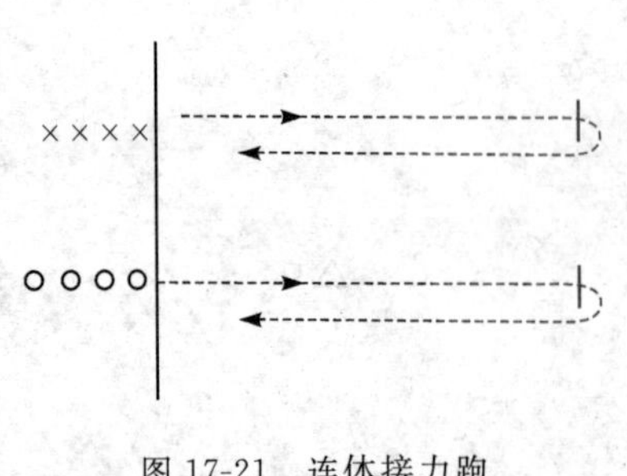

图 17-21　连体接力跑

图 17-22　看谁最协调

2. 看谁最协调

[场地器材准备]平整的场地一块，篮球一个。

[方法]学生围成一个大圆圈，左右间隔 1 米，面向圆圈中持球的教师站立。游戏开始后，教师用力拍球(可快可慢)，学生随着球上弹时起立下落时下蹲。两臂随起立下蹲而放松甩动，并发出“起”和“蹲”的声音，形成有节奏的声音和动作(图 17-22)。

[规则]①球上弹时起立，下落时下蹲，否则算不协调；②起立时要发出“起”声，下蹲时要发出“蹲”声，不发声算不协调；③两次不协调者，罚表演节目一个。

3. 进进出出

[场地器材准备]在场地上画两条相距 30 米的平行线，一条为起跑线，一条为终点线，并在两条线中间，用标枪插 4 个城门，门宽为 1 米，即东、南、西、北 4 城门。

[方法]将学生分成人数相等的两队，并成纵队站在起跑线后，两队间距 3 米。各队后面人用手扶前面人腰的两侧。发令后，各队迅速向前跑进，接近城门时，教师发出“进东门！出北门！再进西门，出南门”的口令，各队必须按教师的命令穿城而过，然后跑向终点，以先到的队为胜(图 17-23)。

[规则]①穿城门时，不得碰标枪杆；②跑动中全队不得散开，否则要原地整队后方能继续前进；③到终点时，以队尾通过终点才算全队抵达。

4. 滚球接力

[场地器材准备]在场地上画两条相距 15 米的平行线，排球若干个。

[方法]将学生分成人数相等的两个队，并成纵队站在起点线后，各队排头两手各持一球。发令后，队员用两手各滚一个球前进，到终点线后返回，交下一学生后站排尾。第二人用同样方法滚球，直至全队做完，先完成的队为胜(图 17-24)。

[规则]①运球时双手不得离球，不能用力将球推动一段距离，然后追上去再推，必须是扶着球边滚边向前进；②运到终线时要绕过标志，返回时球必须越过端线，下一人才能开始。

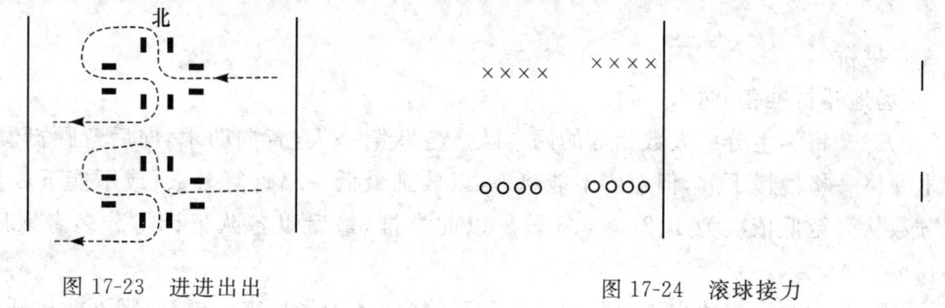

图 17-23　进进出出　　　图 17-24　滚球接力

(七)柔韧练习游戏

1. 抱脚走接力

[场地器材准备]平整的场地一块，并在场上画两条相距 20 米的线。

[方法]将学生分成人数相等的两队，并成纵队站在起跑线后。听到出发的口令后，各队排头弯腰，两腿伸直，并用两手分别握住两脚踝处，然后用手抱住脚踝向前左右迈步行走。至终点线后返回，并越过起点线后，第二人方可进行，依此类推，以最先完成的队为胜(图 17-25)。

[规则]①两手必须握住脚踝处，两腿伸直；②向前迈步时，腿不能弯屈；③后面的人必须在前面的人越过起点线后方可开始。

2.看谁画得圆

[场地器材准备]平整的场地一块。

[方法]把学生分成人数相等的两组,成两列横队站好,左右两臂间隔,前后相距 2 米。发令后,学生成俯卧撑姿势,然后,右腿伸直向侧向前横扫画一圆圈,在经过支撑手时,可用手帮助一下。最后以画圆数多的组为胜(图 17-26)。

[规则]①以直腿横扫画圆,并回到起始位置为数;②必须从俯卧撑姿势开始,扫之腿必须以前脚掌着地。

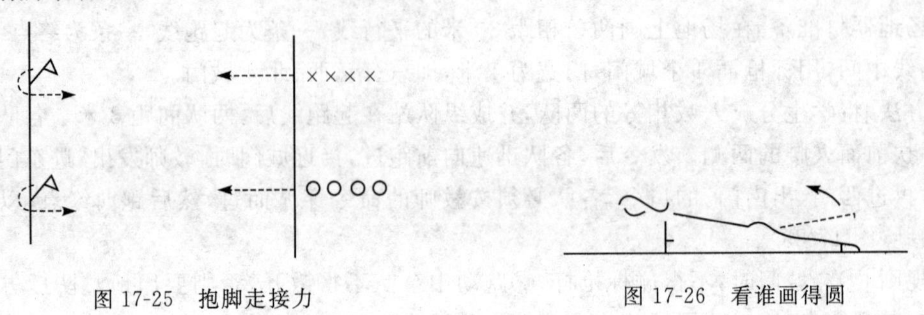

图 17-25　抱脚走接力　　　　图 17-26　看谁画得圆

3.三条腿走路

[场地器材准备]平整的空地一块,并画两条相距为 15 米的起、终点线。

[方法]将学生分成两人一组的两个队,两人成以下姿势分别站在起点线后:两人肩并肩,相邻的手互相搂住同伴的后颈,两腿分开,上体前倾,外侧手从相邻的两腿后面紧紧拉住,形成两人"三条腿"。听到信号后,各组以此三条腿走路的方法向前行进。以到达终点线的先后排定名次,即第一名 2 分,第 2 名 1 分,最后以得分多的队为胜(图 17-27)。

[规则]①两人在相邻的两腿后紧拉的手不得脱开;②以两人的三条腿到达终点线方为到达。

4.拱桥

[场地器材准备]肋木一付。

[方法]将学生分成人数相等的两个队。各队第一人,背向肋木,向后弯腰挺髋,双手扶肋木一格一格慢慢下放,但双脚不能离地,以放到最低一格计算分数(或不能下放为止),每格分数从高至低依次为 1、2、3、4、5 分。以此类推,最后以各队累计得分多者取胜(图 17-28)。

[规则]①双手扶肋木缓慢下放,并以双手扶肋木为最后得分;②两脚不能离开地面。

图 17-27　三条腿走路　　　　图 17-28　拱桥

(八)集中注意力练习游戏

1. 传信

[场地器材准备]平整场地一块。

[方法]将学生分成人数相等的两队,并成纵队背向教师站立,前后间隔一臂距离,两纵队间隔3米。游戏开始,两队排尾的学生到教师面前接收"信息"内容,并迅速跑回本队原来位置,用小声向他前面的同伴口述"信息"内容,以此按队列顺序传到最前一人,最前面的人则迅速跑到教师面前复述"信息"内容,以速度快、传递内容正确的队为胜(图17-29)。

[规则]①传者和听者都不得缩短距离或转头去听,否则算失败;②"信息"内容只能按队列顺序逐一传送,不得"越位"传送,否则算失败;③若某队的"信息内容"被对方或被第三者听到,则算该队"信息"被截获而失败。

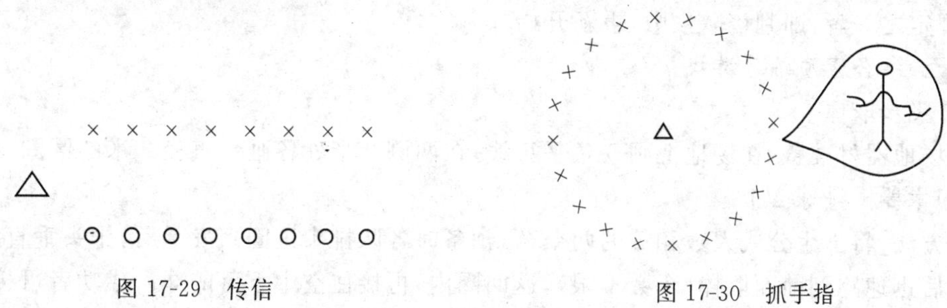

图17-29 传信

图17-30 抓手指

2. 抓手指

[场地器材准备]平整的场地一块。

[方法]将学生散开并围成一个圆圈,面向圆心站好,然后左手张开伸向左侧人,把右手食指垂直放在右侧人的掌心上。游戏开始,全体原地踏步走,教师可用"1-2-1"的口令调整步伐。当发出"1-2-3"的口令时,左手应设法抓住左侧人的食指,右手应设法逃掉,最后以抓住次数多者为胜(图17-30)。

[规则]①抢口令者抓住无效;②手掌不张开,抓住无效。

3. 报数成团

[场地器材准备]平整的场地一块。

[方法]将学生围成一个圆圈并成等距站立。教师宣布规定:根据口令数字,相近的学生立即抢成相应数目的"人团","余数"人员则罚俯卧撑5次。游戏开始时,全体学生顺同一方向绕圆圈慢跑,教师随意喊一数:"五"! 学生们立即组合成"五人一团",未能与同伴组成团的人员被罚俯卧撑后,游戏重新开始(图17-31)。

[规则]①慢跑时,前后间隔应均匀,不得相互靠拢呈密集状;②组成"人团",以"先入为主"的原则进行;③如组合成"团"无"余数",则最后组成的"人团"受罚。

4. 跑动报数

[场地器材准备]平整的场地一块。

[方法]把学生分成人数相等的两队,两队相向成两列横队站立。游戏开始,两队从排头起依次按偶数2、4、6、8、10……报数,最后一名学生报完后迅速跑到排头站立,再按奇数1、3、5、7、9……报数。以此类推反复,直到全部学生轮转完毕为止。先轮完的队为胜(图17-32)。

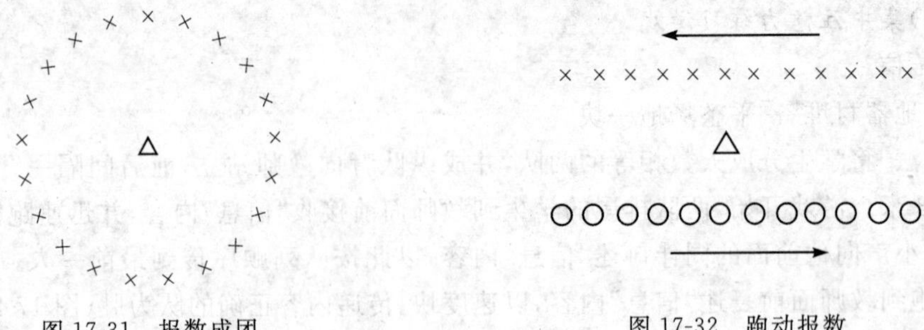
图 17-31 报数成团　　图 17-32 跑动报数

[规则]①必须依次报数,不得两人或多人同时报,或间隔抢报;②不得在一次报数中偶数、奇数混报;③排尾学生在报完数后方能起动跑至排头,不得未报先跑或边报边跑;④违反上述规定之一者,即判该队失败,重新开始。

(九)综合素质练习游戏

1. 飞步取棒

[场地器材准备]在场地上画 5 条平行线,在两侧 2 米处各画一直径 2 米的圆圈,线上竖立 9 根木棒。排球 2 个。

[方法]将学生分成人数相等的两个队,预备时各队排头进圈。发令后,排头垂直向上抛球,然后迅速跑到前面取棒(个数不限),返回圈内,再接住空中下落的球。成功者可接着做,每取一根棒得 1 分,失误了暂停游戏。双方都失误了换下一人重新进行。最后以得分多的队为胜(图 17-33)。

[规则]①球未在圈中抛起,人不得出圈取棒;②球落在圈外算失败。

2. 过关接力赛

[场地器材准备]在场地上画两条相距 30 米的平行线,并在线中每隔 5 米各放 1 个藤圈、1 副哑铃、1 根跳绳。

[方法]将学生分成人数相等的两个队,并面对场地成一路纵队站在线后。发令后,各队第 1 人快速跑出,依次在 3 个圆圈内分别完成藤圈套过身体 1 次(自上而下)、原地跳绳 10 次(跳绳方法不限)、哑铃扩胸 8 次,然后徒手跑过标杆后,返回至起点线与本队第 2 人击掌。击掌后第 2 人以同样的方法进行。以最后 1 人返回到起点线的先后判定名次(图 17-34)。

[规则]①必须按要求在 3 个点完成规定的任务,并将器材在原位放好;②必须在线后击掌后才能跑出。

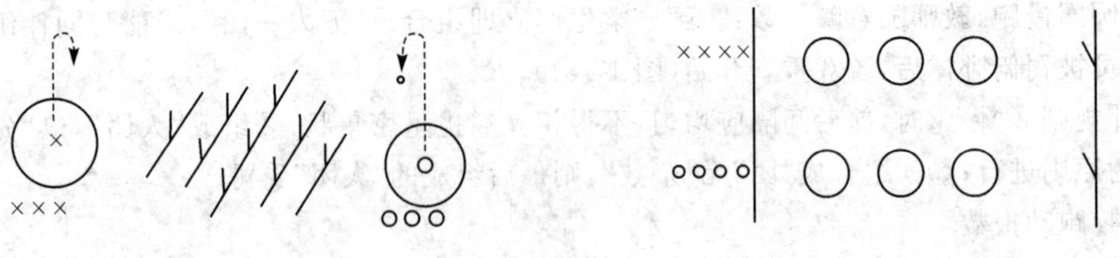
图 17-33 飞步取棒　　图 17-34 过关接力赛

3. 青蛙跳

[场地器材准备]在平整场地上画一条起跑线,线前 1 米放小垫子,垫前 5 米处画 50 厘米宽的两条平行线为“河沟”,距“河沟”5 米处插小旗。

[方法]将学生分成人数相等的两个队,并成一路纵队站在起跑线后面。发令后,各队第

1 人用双脚连续向前跳，跳到垫子时，在垫上连续做 4 次青蛙跳，然后用单足向前跳，用双脚跳过“河沟”，再继续做单足跳，并绕过小旗快速跑回，拍本队第 2 人的手，第 2 个人依照前面方法进行。依此类推，最后以先完成的队为胜(图 17-35)。

[规则]①必须按规定的动作和次数进行；②发令或拍手后才能开始。

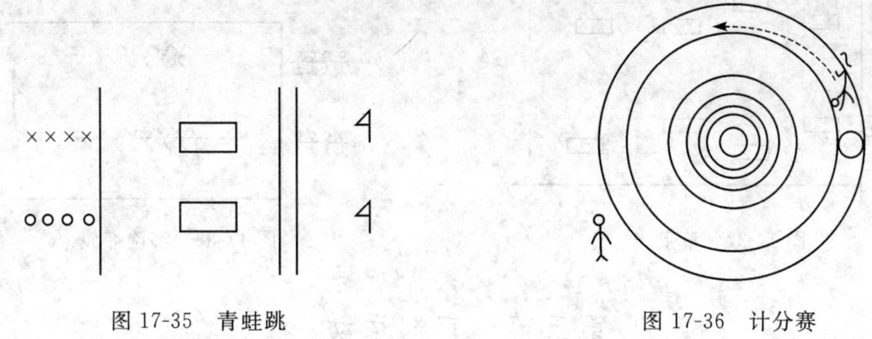

图 17-35　青蛙跳　　　　图 17-36　计分赛

4.计分赛

[场地器材准备]在平整的场地上画半径 6 米、5 米、3 米、2 米、1.5 米、1 米、0.5 米的同心圆 7 个，5 个小圆从内向外分别标上 10、8、6、4、2。在 6 米圆与 5 米圆之间画 1 个直径 1 米的小圆，圆心放 1 个小沙袋，为起跳圈。

[方法]学生两人一组站在圆圈外。游戏开始后第 1 人进入起跳圈，单脚站立，并用支撑腿的脚踢小沙袋沿 6～5 米圆中间的空隙，向前单足跳前进。返回起跳圈后，瞄准中心，用支撑脚将小沙袋踢出，以小沙袋的落点记分。如小沙袋落在标有 8 的圆内则得 8 分。压线，以低分计算。然后换第 2 人跳，以先获 100 分者为胜(图 17-36)。

[规则]①跳踢时不得双脚落地，但可跳起换另一只脚跳踢；②如将小沙袋踢出轨道，则判失败，换另一人进行。

5.草上飞

[场地器材准备]在场地上画一条起跑线，在线前 1 米处开始向前放两排木块，左右相距 3 米；前后间隔 1.5 米；最后 1 块木块后面 3 米处各插 1 面小红旗。接力棒 2 根，木块(长 20 厘米、宽 10 厘米、厚 5 厘米)30 块。

[方法]将学生分成人数相等的两个队，并成一路纵队分别站在起跑线后。发令后，各队第 1 个人手拿接力棒迅速两脚交替依次从木块上跑向小红旗，绕过小红旗后仍按原路两脚踏着木块跑回本队，把接力棒交给第 2 个人，第 2 个人按照第 1 个人跑动方法进行，依此类推，最后以先完成的队为胜(图 17-37)。

[规则]①两脚必须交替在木块上跑，如掉下木块时要从掉下处开始跑；②不踏木块不能跑，只准走；③接到接力棒后才能从起跑线后跑出。

6.涉险夺旗

[场地器材准备]在场地上画一条起跑线，在线前 20 米处开始，往前成两列各放 5 个栏架当作险障。离最后一个栏架 15 米处插上一面红旗。

[方法]将学生分成人数相等的两队，各队手拉手排成一列横队，远离起跑线一端为排头。发令后，两队各由排头带领开始站门，先从第 2、3 人拉手之下钻过，再从第 3、4 人拉手之下钻过……后面的人跟随排头，直至队尾钻门结束；排头再带领本队依次迈过栏架，直奔

红旗跑去,由排头把红旗举起,以先夺得红旗的队为胜(图 17-38)。

[规则]①听口令后开始,必须依照顺序钻门;②大家的手在抓到红旗前都不能松开,否则算失败。

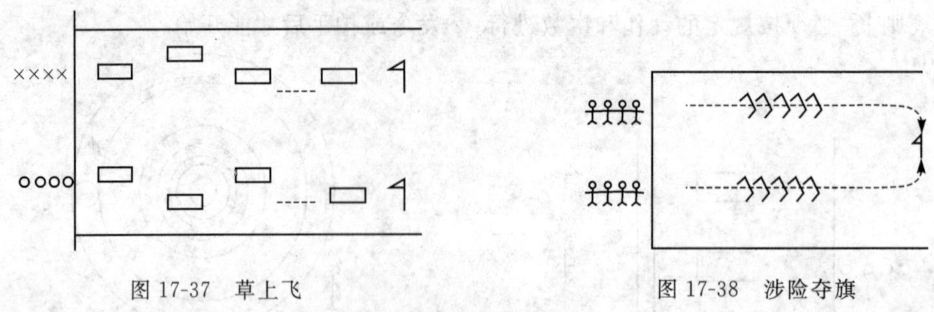

图 17-37　草上飞　　图 17-38　涉险夺旗

第三节　定向运动

一、定向运动简介

定向运动是指参加者借助地图和指北针,按组织者规定的方式合理地选择路线,按顺序到访地图上所标示的若干放置于地面上的检查点,并以最短的时间完成比赛的运动。

定向运动是由英语"orienteering"翻译而来的,目前该项运动在国内有多种汉译,如野外定向、定向越野、定向越野比赛、越野识图比赛、识图越野等。近几年来,随着此项运动在我国的普及与推广,定向运动一词渐渐得到业内人士的一致认可,并最终被我国定向运动协会确定为官方名称。

现代定向运动起源于 19 世纪末的北欧。1897 年 10 月 31 日在挪威首都奥斯陆举行了世界上第一次公开的定向运动比赛。当时共有 8 名选手参加了此次比赛,主办方设置了 3 个检查点,比赛路线为 10.5 千米,第一名的成绩为 1 小时 41 分 7 秒。这项赛事被认为是定向运动历史上的一座里程碑。

20 世纪初,定向运动在瑞典迅速发展。1961 年 5 月,在丹麦首都哥本哈根成立了第一个国际定向运动组织,简称国际定联(英文缩写 IOF),并规范和完善了比赛的规则与技术,确定为世界统一的竞赛项目。国际定联在 1961 年成立时仅仅有 10 个成员国,经过短短的 40 年,已发展到包括我国在内的 60 多个国家和地区。

定向运动在我国的传播始于台湾和香港。于 1978 年 4 月传入我国台湾,1979 年 3 月,香港地区的定向运动爱好者成立了"香港野外定向协会",定向运动于 1983 年进入我国内地。1991 年在我国测绘学会普及工作委员会的委托下,苏刚同志起草编制了我国第一部定向运动竞赛规则。2004 年 12 月山东大学举办了目前国内参赛人数最多的定向赛事,2600 多人参加了比赛,在国内定向界引起了极大的轰动。2004 年 7 月我国国家定向运动队成立,且参加了同年 PWT 举办的世界公园分站赛,并取得了良好的成绩,从而将国内定向运动水平推向了一个新的高度。在 2006 年世界定向锦标赛上,我国女子选手朱明月以 107 分 7 秒的成绩列 41 位,这是我国首次晋级世界定向锦标赛决赛的选手,也是首次晋级长距离决赛的选手。

二、定向运动的形式及主要赛事

(一)定向运动的形式

定向运动的形式多种多样,有徒步定向、滑雪定向、山地车定向、轮椅定向等。其中,徒步定向又分为白天定向和夜间定向。近年来,汽车定向慢慢开展起来。百米定向也逐渐以一个独立的定向项目在国内出现,尽管它尚未被设为正式比赛项目,但是该项目独特的观赏性和竞争性,正逐渐被人们所接受。

定向运动按运动工具的不同可分为两种:

1. 徒步定向:如传统定向越野跑、接力定向、积分定向、夜间定向、五日定向、公园定向等。徒步定向通常在野外进行,如森林或丘陵地带,也可在城市郊区、城市中心、公园和校园中进行。从拿到地图开始,选手的胜败完全取决于他个人的识图、用图能力,对指北针的熟练使用程度,快速辨别方向的能力和奔跑能力。由此看来,那些在比赛中能快速读懂地图并迅速辨别方向,在行进过程中能尽可能地少走弯路并且体力充沛的选手往往会取得好的成绩。但是要真正做到这几点并不是一件简单的事情,它需要参与者不断努力去提高自己的比赛经验、技术水平和体能。定向运动对场地还有一定的要求,即地形可以相对复杂难以辨别方向,但不能有太危险的区域,如暗沟、断崖、枯井、滑坡等。另外,有野兽出没或毒蛇等的区域也要尽量避开。

2. 工具定向:如滑雪定向、山地自行车定向、摩托车定向等。

(二)世界/国际主要定向运动赛事

1. O-Ringen 瑞典五日。世界最大规模的定向运动赛事,每年吸引世界各国 20000 男女定向运动员。

2. 世界定向越野锦标赛;世界滑雪定向锦标赛。

3. 定向越野世界杯赛;滑雪定向世界杯赛。

4. 世界青年定向越野锦标赛;世界青年滑雪定向锦标赛。

5. 世界老年定向越野锦标赛;世界老年滑雪定向锦标赛。

三、定向运动基本技能

(一)定向专用地图

定向专用地图更加准确详细地描绘了现地的地物地貌情况,描绘一条运动路线,使运动员更容易比较地图上的符号标记与实际地形中的实物,根据图上的点标顺序,自己选择行进的路线。为此,首先要掌握读图识图的知识。

1. 地图上的比例尺

地图上某线段长与相应实地水平距离之比,叫地图比例尺。

例如,某幅地图的图上长 1 厘米,相当于实地水平距离 10000 厘米,则此幅地图的比例尺为 1∶10000。

图幅面积相等的地图,比例尺越大,其图幅所包括的实地范围就越小,图上显示的内容就越详细。如 1∶1000000 地图上的 1 平方米相当于实地 10000 平方米,1∶100000 地图上的 1 平方米相当于实地 1000000 平方米。

国际定联规定,定向越野一般采用 1∶15000 比例尺地图。为适应特殊地形的需要,也可使用其他比例尺地图。根据我国的现有条件,以采用 1∶10000 比例尺地图为宜。

用直尺量算:先用直尺量取图上两点长度,然后依据地图比例尺按公式计算实际距离。

计算公式为：实地距离＝图上距离×比例尺分母。

如 1∶10000 地图上量取两点长度为 1.2 厘米，则实地水平距离＝1.2×10000＝120（米）

2.定向地图上色彩的含义

黑色——人造景观（建筑物、道路、小径）和岩石（大石头、悬崖峭壁）。

棕色——地形、等高线和符号（表示山丘和小坑、高速公路、主干道）。

蓝色——任何有水的地方（湖泊、溪流、泥沼）。

绿色——植被，浓密而难通过的地区（绿色越深，越难通过）。

白色——普通的林区，易通过。

黄色——空旷地，易奔跑。

紫色——线路。

红色——磁北线。

另外，用三角（△）表示起点，用单圆圈（○）表示点标，用双圆圈（◎）表示终点（有时起点和终点可以重合）。

3.符号名称

（1）磁子午线：常称为指北线，定向图上用红色线表示，可确定地图的方位，而且可以利用其标定地图、量测磁方位角和估算距离。

（2）地图方位的法则：上北、下南、左西、右东。

（3）地物符号：地面上自然或人为因素形成的固定物体，例如江河、桥梁等，这些地物在定向越野图是用规定的符号所表示，符号由图形和颜色组成。

（4）地貌符号：地貌是指地球表面高低起伏的自然状态。

（5）图例注记：等高线、等高距、图例说明。

等高线：指地表面上高度相等的各点连线而成的曲线。

等高距：指相邻两条基本等高线间的实地垂直距离。

图例说明：用规定的符号说明现地的地物、地貌的名称（定向地图上会注明）。

4.认识符号需要注意的问题

在定向图上，用规定的符号说明现地的地物、地貌的名称。对于一组属性相近的地物，通常只规定一个基本符号，然后根据这些符号的不同分类，分别使用不同的颜色。在识别符号时，不要搞混。

为了表示某些同类地物之间的差别，一般只将它们的基本符号作一些局部的改变或方向调整，在认识这些符号的时候应特别仔细。

当若干同类符号以某种有规律的排列方式来表示地物时，它们所反映的只是地物的性质和范围，并不代表地物的个数和精确位置。

某些地物，虽然它们的性质相同，但当它们的长度、宽度或直径不同时，图形特点将会改变——“在一定条件下相互转化”。

5.说明表

说明检查点点标设置在地貌地物的具体位置。一般在比赛前已经告诉运动员，比赛时附在地图的一侧（国际定联统一规定的定向检查点说明标符号）。

(二)地图的使用

识图是基础,用图是关键。野外使用地图是在掌握识图的基础上进行,是定向运动训练和比赛中的重点内容。

1.判定方位

实地正确地判断:先辨别“东南西北”。

利用指北针判断:把指北针放平,红色指针所指的方向是北面。人面向北面,左为西,右为东,背后为南。然后在现地的某一个方位确定一个标志物作为具体的方向。

2.确定站立点

(1)直接确定:当自己所处位置是在明显地形点上时,只要从图上找出该地形点,站立点即可确定。

(2)利用位置关系确定:当站立点位于明显地形点附近时,可以采用位置关系法。利用位置关系法确定站立点主要是依据两个要素,一是站立点至明显点的方向,二是站立点至明显点的距离。在地形起伏明显的地方,还可以结合高差情况进行判定。

3.地图与现地对照

将地图上的地物、地貌符号与现地的地貌一一对应,明确地图与现地的对应关系。

(1)标定地图

现地使用地图,首先要标定地图。只有在地图与现地的方向一致时,才能进行地图与现地对照。

概略标定地图:首先在实地判别东、南、西、北方向,根据地图的上北、下南、左西、右东的原则使地图与现地的方向相一致,即地图已标定。

指北针标定地图:红对红标定是指北针点在站立点上,指北针的指向标指向所找目标点,然后使指北针红色指针与地图上指明方向的红色箭头方向一致及指向顶部的红色横线。

一般指北针标定地图:使指北针的红色指针与罗盘上的红色箭头以及地图上的指北线三者重合方向一致,即地图已标定。

利用明显地物地貌标定地图:明显地物有小桥、突出树、塔形建筑物、亭子等;明显地貌有山顶、鞍部、路、河流等。在地图上找到地物地貌符号,转动地图对照地形。

利用直长地物标定地图:直长地物是指较长的线状地物,如道路、电线、围墙等。在地图上找到直长地物符号,转动地图对照。

(2)对照地形确定站立点和目标点

对照地形:将地图与相应现地的地物、地貌进行逐一对照。

确定站立点:在现地确定自己站立点在地图上的相应位置。

目标点:实地的某一目标在地图上相应的位置。

三者之间的关系是互为条件,密切联系的。对照地形可以确定站立点和目标点。知道了站立或目标点在图上的位置,可以提高对照地形的速度和正确性。知道了站立点在图上的位置,可以确定目标点。知道了目标点的图上的位置,可以确定站立点。三者中,确定站立点为重点。但由于可互为条件,因此在对照地形确定站立点、确定目标点时没有固定的先后顺序。

先确定站立点,后对照地形,是指已知站立点的情况下,后对照地形。

先对照地形,后确定站立点,是指在站立点不明的情况下,通过对照地形来确定自己的站立点。

确定目标点，以已知的站立点为准，向目标点瞄准方向，估计距离，然后选择前进的路线。指北针红对红。

（三）定向运动技能

运动员在出发区领取地图后直到跑完全程，整个参赛过程中所具备的技能，分为出发动作、途中的动作、检查点上的动作和终点的动作。

1.出发动作（起点）

（1）浏览全图明走向：拿到地图后，首先要浏览全图，弄清楚基本走向，明确出发点与终点的关系，确定自己站立点到第一点的方向。选准路线。

（2）图上分析选准路：根据图上标明的出发点和第一号检查点的位置关系进行图上分析，选择最佳的运动路线。选择路线的基本原则：

充分利用道路，坚持“有路不越野”的原则；

起伏不大，树林稀疏可跑的地段，坚持“选近不选远”的原则；

起伏较大，树林密集，障碍大的地段，坚持“统观全局提前绕”的原则。

（3）标定地图定好向：在进入出发前已定好基本方位，拿到地图后先标定地图，后明确跑向。

（4）对照地形选准路：根据跑向，快速进行地图与实地对照，依据实地的地形条件选择好具体的运动路线，并选好辅助目标，确定目标的图上位置。做到“图上明、方向明、路线明”。

图上明：要明确图上整条路线的具体走向；要明确图上出发点与终点的具体实地位置；要明确出发点至第一号检查点的图上最佳运动路线。

方向明：要明确实地的出发方向。

路线明：要明确出发时实地的具体运动路线。

2.途中的动作

运动中参赛者水平高低，所采用的方法不尽相同。但在行进中必须做到“四个随时”

一是随时标定地图，使地图的方向与现地的方向保持一致；二是随时明确站立点在地图上的位置；三是随时对照周围的地形，把地图上所示的地貌与实地一一相对应；四是随时保持清醒的头脑，遇到问题要冷静分析，保持方向的正确。

在整个途中，根据运动员的水平和现地的地形条件，可采用以下一些方法：分段运动法、连续运动法、一次记忆运动法、依线运动法、依点运动法和提前绕行法。

另外，在定向运动中，应注意以下一些问题：

（1）尽量按选择的最佳运动路线行进。

（2）宁慢少停。

（3）失方向应采用回头法、登高法，重新确定站立点。

回头法：迷失方向后，可边回忆边沿走过的路线返回到最近的已知站立点，再分析确定方向，选准路。

登高法：选择通视较好、地势较高的位置。根据与已知站立点的距离、大概的方向，结合地图与实地对照确定站立点在地图上的位置，然后选择新的运动路线。

3.检查点上的动作

（1）捕捉检查点

参赛者快接近检查点时，要对检查点的实地准确位置做到心中明确，要观察好自己的站位，一边运动一边观察地图与实地对照，以便正确判断检查点的位置，争取一次成功。

(2)注意事项

快到检查点之前，在运动中分析确定一条最佳路线，熟悉路线两侧的主要标志，保证自己以最快的速度打卡，快速离开。避免为后者提供目标；

一次捕捉不成功，冷静地分析，控制自己的情绪，不要盲目扩大范围；

接近目标时速度减慢，寻找预先确定的标志物，寻找检查点，眼观六路，耳听八方；

当发现一个检查点后，要看清该点的代号；

找到了检查点，应该冷静地检查、对照说明表的编号与地图上所标的程序与检查卡的序号是否一致、说明表上的代号与点标的代号是否一致，以防找错点。准确判断，快速打卡离开寻找下一目标。

总之，捕捉检查点要做到四个保持：保持正常的心理状态，保持正确的行进方向，保持适当的速度，保持准确的思维判断。

4.终点的动作

运动员完成最后一个检查点的动作后，依据规定的路线，作最后的冲刺。到达终点后，把检查卡或打卡器迅速交给裁判，领取成绩单。

第四节　野外生存

野外生存就是人们在住宿无着落的山野丛林中求生。人类生存至今，无不是借助大自然的恩惠以满足衣食住行的需要。尽管人类文明已相当发达，但面对紧张的都市生活，巨大的工作、学习压力，人们又渴望走出这片钢筋水泥的森林，回归自然，去体验大自然的原始与神秘，磨炼我们渐已消退的意志。

野外生存生活训练是指在远离居民点的山区、丛林、荒漠、高原和孤岛等野外环境中，在不完全依靠外部提供的生存、生活等物质条件下，依靠个人和集体的努力保存生命、维持健康生活能力的训练。包括登山、野营、野炊、负重行军、攀岩、速降、定向、漂流、涉水、穿越丛林、野外自救、野外觅食(水)等内容，具有较强的挑战性、冒险性、趣味性和实用性等特点，能充分展现团队合作精神和个人创造性，因而引起了大学生浓厚的兴趣。教育部计划从2007年开始，在全国各高校推广野外生存生活的训练课程，目前正处于实验阶段。参加野外生存生活训练，不仅可以帮助人们重新认识自我、挖掘自身潜能，而且能够唤起人们面对困难和挑战的勇气，同时通过在活动中提高环保意识，使人们更深切地体会到爱护大自然和保护大自然的重要性。

携带物品要精简。一般来说，负重不超过体重的1/5时，人可以较轻松地承受。野外活动中负重以不超过体重的1/4为宜。主要装备应包括以下几方面：

(1)个人装备：背包、毛巾、肥皂、牙刷、牙膏、梳子、镜子；内衣裤、御寒衣裤、防风雨衣裤、登山鞋、鞋垫、袜子、帽子、手套；太阳镜、防风镜；杯子、水壶、塑料布、铝箔、塑料袋、卫生用品、净水吸管；现金、信用卡、身份证等。

(2)宿营设备：帐篷、睡袋、防潮垫、衬垫、充气枕等。

(3)烹调设备和自备食品：饭锅、炉子、饭盆、勺子、燃料、调料、食品；巧克力、奶糖、香糖

(代替刷牙)、高级营养素等。

(4)技术装备:地图、指南针、移动电话、对讲机、GPS、海拔表、照相机、收音机、望远镜、放大镜、温度计、闹表、电筒、头灯、备用电池、灯泡;绳索、安全带、上升器、下降器、雪锥、岩石锤、救生衣、瑞士军刀或其他多用刀、斧头、锯子、铲子等。

(5)求生盒(密闭防水):纱布、绷带、棉花、创可贴、碘酒、止血带、三角巾、体温计、感冒药、止痛药、晕车药、肠胃药、消炎药、外伤药、驱虫药、蛇药、净水药片;纸、笔、别针、细金属线、钓鱼钩线、解剖刀、钢丝锯、针线包、打火机、防潮火柴等。

为了不至于取东西时把所有东西都翻出来,在打包时应注意将物品合理地分类放置并用塑料袋包装起来放进背包里。背包内的所有物品都必须完全防水。

从事野外生存活动,磨炼意志,亲近自然,本来是件好事,但如果因为意外情况而受伤或陷入困境,应马上采取措施排除险情,保护自己。因此,应做好各方面的准备:

(1)出发前应做好身体和心理的准备,做好体检工作。有慢性疾病的应咨询医生,备好相关药品。

(2)量力而行,根据自身能力制定活动计划,切忌好高骛远。

(3)活动中如发生意外或继续前进将会有危险,应果断取消行程,不能逞强好胜。

(4)出发前应将计划上报学校或通知家人、朋友。

在野外生存活动中,有时难免会遇到一些突发险情或受伤事故。一旦发生,应沉着冷静、机智果断,采取科学合理的方法摆脱险情和避免造成更大的伤害。

第十八章　饮食、锻炼与疾病的预防

第一节　饮食营养与身体健康

一、饮食与营养的摄入

(一)中国式平衡膳食结构

现在，人们日常生活中必需的食物，总的来讲分为五类。这五类与我国古代提出的“五味、五气”大同小异，只不过现代科学家把它定得更加合理、更加科学、更加全面。

第一类为粮食类，是热量的主要来源。一般老年人每天的摄入量以200～400克为宜。其热能供给量为60%～70%，约占膳食总量的32%。第二类为富含动物蛋白质的食物，包括瘦肉、蛋、禽、鱼等。据研究，人体较为理想的蛋白质摄入量应是:动物蛋白质占1/4，豆类蛋白质占1/4，其余的1/2由粮食供给。第三类为豆、乳及制成品。因豆类富含蛋白质、不饱和脂肪酸和卵磷脂等，其蛋白质氨基酸的组成接近人体需要，第四类为蔬菜、水果，这是人体维生素、无机盐和食物纤维的主要来源。蔬菜品种多，营养成分各异，如绿叶类蔬菜富含胡萝卜素、抗坏血酸以及钙、磷等;根茎类有丰富的淀粉、蛋白质和胡萝卜素;鲜豆类含有大量的碳水化合物、铁及维生素B(硫胺素)等。第五类为油脂类，主要供给热量，促进脂溶性维生素的吸收。植物油含的必需脂肪酸比动物油高，而动物油的饱和脂肪多，熔点高，不易被人体吸收，故应少吃动物油，多吃植物油。

(二)平衡膳食的基本要求

1.膳食食物要多样化

现代医学认为，在每天膳食中须含有七类基本食物，即谷薯类，肉蛋类，豆类，蔬菜水果类，鱼虾类，乳及其制品类，烹调油、食盐及其他调味品类。关于各类食物所占比例，有人调查研究了营养与慢性病之间的关系，认为营养不足会影响人体健康，营养过剩也可成为某些疾病的诱因，据此提出平衡的膳食以谷类60%，肉、乳、蛋17%，油脂8%，其他15%的构成较为适宜。

2.膳食营养素组成要有合理比例

(1)保证三大营养素的合理比例，即碳水化合物占总能量60%～70%、蛋白质占10%～15%、脂肪占20%～25%。蛋白质、脂肪、碳水化合物的重量比应为1∶0.8∶4.5。

(2)碳水化合物主要由谷类、薯类和淀粉食物供给，宜控制食糖及其制品。

(3)补充脂肪要以植物油为主，减少动物脂肪。脂肪中饱和脂肪酸、单不饱和脂肪酸和多不饱和脂肪酸之间的比例应为1∶1∶1。

(4)蛋白质中应有1/3以上来自优质蛋白质(动物蛋白和大豆蛋白)。若以氨基酸为基础计算，成年人每日供给的蛋白质中，20%必须由必需氨基酸来供给，以维持氮平衡，10～12岁儿童需要有33%，婴儿需要有39%，以保证生长发育的需要。

(5)维生素要按供给量标准配膳，有特殊需要者另外增加。一般维生素 B_1、B_2 和 PP 三者的比例为 1∶1∶10 较为合理。

(6)膳食中钙、磷比例也要适当，儿童为 2∶1 或 1∶1，成年人为 1∶1 或 1∶2；必需微量元素之间的比例也应重视。

(二)健康饮食指导

(一)健康饮食的要求

健康饮食的总体要求是：食物要多样，粗细要搭配，三餐要合理，饥饱要适中，甜食不宜多，油脂要适度，饮酒要节制，食盐要限量。

1. 食物多样，谷类为主。

人类的食物是多种多样的。各种食物所含的营养成分不完全相同。谷类食物是中国传统膳食的主体。随着经济发展，生活改善，人们倾向于食用更多的动物性食物。根据 1992 年全国营养调查的结果，在一些比较富裕的家庭中，动物性食物的消费量已超过了谷类的消费量。这种"西方化"或"富裕型"的膳食所提供的能量和脂肪过高，而膳食纤维过低，对一些慢性病的预防不利。提倡膳食以谷类为主是为了提醒人们保持我国膳食的良好传统，防止发达国家膳食的弊端。另外，要注意粗细搭配，经常吃一些粗粮、杂粮等。稻米、小麦不要碾磨过精，否则谷粒表层所含的维生素、矿物质等营养素和膳食纤维大部分会流失到糠麸之中。

2. 多吃蔬菜、水果和薯类。

蔬菜与水果中含有丰富的维生素、矿物质和膳食纤维。蔬菜的种类繁多，包括植物的叶、茎、花苔、茄果、鲜豆等，不同品种所含营养成分不尽相同，甚至相差很大。红、黄、绿等深色蔬菜中维生素含量超过浅色蔬菜和一般水果.它们是胡萝卜素、维生素 B_2、维生素 C 和叶酸、矿物质(钙、磷、钾、镁、铁)的主要或重要来源。有些水果中维生素及一些微量元素的含量不如新鲜蔬菜，但水果含有的葡萄糖、果糖、卡柠檬酸、苹果酸、果胶等物质又比蔬菜丰富。红色、黄色水果如鲜枣、柑橘、柿子和杏等是维生素 C 和胡萝卜素的丰富来源。薯类含有丰富的淀粉、膳食纤维以及多种维生素和矿物质。含丰富蔬菜、水果和薯类的膳食，对保持心血管健康、增强抗病能力、减少儿童发生干眼病的危险及预防某些癌症等，有着十分重要的作用。

3. 常吃奶类、豆类及其制品。

奶类除含丰富的优质蛋白质和维生素外，含钙量较高，且利用率也很高，是天然钙质的极好来源。我国居民膳食提供的钙质普通偏低，平均只达到推荐供给量的一半左右。我国婴幼儿佝偻病的患者也较多，这和膳食钙不足可能有一定的联系。大量的研究工作表明，给儿童、青少年补钙可以提高其骨密度，从而延缓其发生骨质疏松的年龄；给老年人补钙则可以减缓其骨质丢失的速度。因此，应大力发展奶类的生产和消费。豆类是我国的传统食品，含丰富的优质蛋白质、不饱和脂肪酸、钙及维生素 B_1、维生素 B_2、叶酸等。为了提高蛋白质摄入量及防止过多消费肉类带来的不利影响，应大力提倡豆类及其制品的生产和消费。

4. 经常吃适量鱼、禽、蛋、瘦肉，少吃肥肉和荤油。

鱼、禽、蛋、瘦肉等动物性食物是优质蛋白质、脂溶性维生素和矿物质的良好来源。动物性蛋白质的氨基酸组成更适合人体需要；且赖氨酸含量较高，有利于补充植物性蛋白质中赖氨酸的不足。肉类中铁的利用较好，鱼类特别是海产鱼所含不饱和脂肪酸有降低血栓形成的作用。动物肝脏含维生素A极为丰富，还富含维生素B_{12}、叶酸等。但有些脏器如脑、肾等所含胆固醇相当高，对预防心血管系统疾病不利，应适当减少摄入量。但部分大城市居民食用动物性食物过多，吃谷类和蔬菜不足，这对健康不利。肥肉和荤油为高能量和高脂肪食物，摄入过多往往会引起肥胖，并是某些慢性病的危险因素，应当少吃。

5.食量与体力活动要平衡，保持适宜体重。

进食量与体力活动是控制体重的两个主要因素。食物提供人体能量，体力活动消耗能量。如果进食量过大而活动不足，多余的能量就会在体内以脂肪的形式积存起来，增加体重；相反，若食量不足，劳动或运动量过大，则可能由于能量不足引起消瘦，造成劳动能力下降。所以，人们需要保持食量与能量消耗之间的平衡。脑力劳动者和活动量较少的人应加强锻炼，开展适宜的活动，如快走、慢跑、游泳等。而消瘦的儿童则应增加食量和油脂的摄入，以维持正常生长发育和适宜体重。体重过高或过低都是不健康的表现，可造成抵抗力下降，易患某些疾病，如老年人的慢性病或儿童的传染病等。经常运动会增强心血管和呼吸系统的功能，保持良好的生理状态、提高工作效率、调节食欲、强壮骨骼、预防骨质疏松。三餐分配要合理。一般早、中、晚餐的能量分别占总能量的30％、40％、30％为宜。

6.吃清淡少盐的膳食。

吃清淡膳食有利于健康，即不要吃太油腻、太咸的动物性食物和油炸、烟熏食物。目前，城市居民油脂的摄入量越来越多，这样不利于健康。我国居民食盐摄入量过多，平均值是世界卫生组织建议值的2倍以上。流行病学调查表明，钠的摄入量与高血压发病率呈正相关，因而摄入食盐不宜过多。世界卫生组织建议每人每日食盐用量不超过6克为宜。膳食钠的来源除食盐外还包括酱油、咸菜、味精等高钠食品，及含钠的加工食品等。应从幼年起就养成吃少盐膳食的习惯。

7.饮酒应限量。

在节假日、喜庆和交际的场合，人们往往饮酒。高度酒能量高，不含其他营养素。无节制饮酒，会使食欲下降，食物摄入减少，导致多种营养素缺乏，严重时还会造成酒精性肝硬化。过量饮酒会增加高血压、中风等的危险，并可导致事故及暴力的增加，对个人健康和社会安定都是有害的。应严禁酗酒，若饮酒，可少量饮用低度酒，青少年不应饮酒。

8.吃清洁卫生、不变质的食物。

在选购食物时，应选择外观好、没有泥污、杂质，没有变色、变味并符合卫生标准的食物，应严把病从口入关。进餐要注意卫生条件，包括进餐环境、餐具和供餐者的健康卫生状况。集体用餐要提倡分餐制，以减少疾病传染的机会。

(二)健康饮食的注意事项

有些人喜欢素食，有些人喜欢荤食，大多数人却是荤素混食的。混食的蛋白质可以因取长补短而相互提高利用率，混食的维生素种类可以更完备。有些人偏爱吃荤食，不喜欢吃蔬菜，这种人除了得不到从蔬菜中供给的维生素C和无机盐类外，还往往因荤食吃得过多，使体内的脂肪、胆固醇、尿酸过高，长期如此，就容易引起血管硬化、高血压等疾病，所以应该加以纠正。有些人“挑食”特别严重，不吃青菜、豆等等，这样会使他们食物的来源非常狭窄，影响了营养素的全面摄取。吃饭的时间要有规定，因为时间也可构成条件反射，定时进食可使食用者有良好的食欲。一般人的习惯，早餐吃得很少，不及全天总热量的15％，而上午的工作往往不比下午轻，所以不到中午吃饭的时间已经饿了，但是让他们早餐增加一些(至少应占全天总热量的25%)时又吃不下,这种食量与劳动不相称的习惯.不合卫生原则,必须逐渐加以改正。很多人晚上饱餐一顿,过2～3小时后就睡觉,也应加以纠止。一般晚餐最好限制在全天总热量的25%～35%。有些人常喜欢在吃饭时看书、谈工作,这样就分散了对饮食的注意,使消化液的分泌受到一定的抑制,会影响食物的消化。还有些人喜欢加开水、加汤下饭,也是不好的习惯。吃得太快,同样也是不好的,油拌饭的外层被脂肪包住,吃快了,咀嚼不充分,也会影响消化。吃菜不喝汤,吃面条不吃汤,会损失汤里的营养素。良好的饮食习惯最好都能在童年时期养成,到成年后再改,就比较困难。

三、营养与健康

营养和健康有着密切的关系,合理的营养是增进健康、防止疾病、延年益寿的有效手段之一。概括起来,营养对人体健康有如下四方面的功能:

(一)生长细胞,促进人体生长发育

人体的各种组织(包括骨骼、肌肉、血液、淋巴、内脏、皮肤、牙齿、头发、指甲等)都是由各种细胞构成的。食物中的营养素就是构成人体细胞的主要材料,如:蛋白质是构成人体细胞原生质的主要成分,所以说没有蛋白质就没有生命。脂肪也是构成人体细胞的一种主要成分,类脂是细胞膜的基本原料。糖类的一部分也用来构成身体的组织,所有的神经组织、细胞和体液中都含有糖类,体脂的一部分就是由糖类转变而成的。无机盐中的钙和磷是组成骨骼及牙齿的主要成分,铁也是构成细胞的原料,特别是红细胞含有的血红蛋白,其主要成分就是铁。

(二)修补组织,保证各组织在新陈代谢过程中的更新

人体各组织细胞在正常生理情况下,随着组织细胞的新陈代谢,会产生新的细胞代替已经死亡的细胞,这就是靠营养素来完成的组织修补。如果没有必需的营养物质来构成新细胞,就会损害人体健康,出现病态。比如,铁供给不足,就会出现缺铁性贫血。

(三)调节生理机能,维持机体各器官正常运转

人体各器官必须保持其生理功能,才能维持生命。如果各器官运转失灵,不能有机配合,就要靠营养物质来调节。如:酶能调节新陈代谢,激素能调节生理机能,抗体能增强人体对感染的抵抗力;而酶、激素、抗体都直接或间接地来自蛋白质。必需脂肪酸对维持机体的生理功能很重要,缺少了这些脂肪酸就会出现生育反常、皮肤病等。维生素也是维持机体正常生命活动所必需的营养素,当机体缺乏某种维生素时,就会出现新陈代谢某些环节的障碍,影响正常生理功能,甚至引起某些疾病。无机盐也具有调节生理功能的作用,如体液酸碱度调节、渗透压调节与供给消化液的酸碱元素等,人体内如果缺乏无机盐元素,就会产生严重疾病。

(四)供给热能,维持机体的正常活动

人体热能的消耗,必须依靠食物中营养素的供给。热能的产生是食物在体内经消化吸收后,营养素再经氧化生热,放出能量。供给身体热能的三大来源为糖类、脂肪、蛋白质。在我国饮食习惯中,糖类是主要热源,大约占总热量的60%～70%,脂肪约占20%～25%,蛋白质约占10%～15%。如果人体缺乏供给热能的营养物质,就会发生精力不足、易于疲劳、力量减小、劳动效率低等情况;严重时还会出现精神不振、注意力不集中、记忆力减退等不良现象。

第二节　体育锻炼与疾病的预防

一、体育锻炼对常见病的预防

“水停百日生虫，人停百日生病。”“运动运动，疾病难碰。”“冬练三九，疾病自走。”这些民间谚语都说明体育锻炼能增强身体的抵抗力、预防疾病的发生。在日常生活中，你也可能看到这种现象：当流行性感冒发生的时候，一个单位少数人生了病，他们周围的一些人，有的很快被传染上了，有的却安然无恙。这是为什么？这就是人体抵抗力强弱不同的缘故。身体抵抗力强的人即使生活在致病因素多的环境里，也不容易受到病菌的侵袭。所以，在同样的环境中，人是不是生病，取决于身体抵抗力和致病因素相互斗争的结果。在人体抵抗力和致病因素这一对矛盾中，人体抵抗力是主要的一面。

体育锻炼能够预防疾病的道理，早在两千多年前，我们的祖先就认识到了。古医书《黄帝内经》中记载，“正气存内，邪不可干”，“邪之所凑，其气必虚”。这里所说的“正”，是指身体抵抗力；这里所说的“邪”，是指外界的致病因素。整句话的意思是说，当身体抵抗力强时，就是有外界致病因素，也不容易生病；当身体抵抗力弱时，外界的致病因素很容易乘虚而人，导致身体生病。祖国医学并把体育锻炼作为“扶正”、“祛邪”的方法，主张通过体育锻炼，增强身体抵抗力，达到预防疾病的目的。三国时名医华佗认为：人若经常活动，能使消化旺盛，血液流通，防止生病，这和流水经常流动不容易腐败，门轴经常转动不容易被虫蛀蚀的道理一样。他根据这个道理，编了一套五禽戏的保健体操，模仿虎、鹿、熊、猿、鸟的动作，进行身体锻炼。清代名医潘爵在《卫生要素》一书中也说，与其平时不注意锻炼身体和防病，等到有病后躺到床上哼哼，求人治疗，不如经常抽点时间练练身体，以防生病后的痛苦。

现代医学认为：体育锻炼能增强神经系统对疾病的抗争能力，增强心肺、内分泌等内脏器官的功能，使新陈代谢旺盛，营养状况得到改善，身体的造血机能增强，血液中的白细胞、红细胞以及抵抗病菌的抗体增多，从而增强对各种疾病及传染病的抵抗能力。同时，在体育锻炼的过程中，由于新陈代谢的水平提高，也可防止消化不良、肥胖病、高血压、动脉硬化、冠心病的发生。另外，体育锻炼还能增强丘脑下部体温调节中枢的工作能力，使它能灵敏、准确地调节体温，更好地适应严寒酷暑的不良气候，预防伤风感冒、冻伤、中暑、热痉挛等疾病。也许有人会问：经常参加体育锻炼的人，身体抵抗力强了，是不是永远不生病呢？这也是不合乎客观实际的。如果外界的致病因素很强，自己又注意不够，侵入体内的细菌太多了，当然也会生疾病。但一般来说，体质好的人发生疾病的机会较少，症状较轻，如能适当配合治疗，在体内较强的防御功能和药物作用下，是会很快好转的，比体质弱的人治疗起来容易得多。所以，有人把体育运动称为防病的“法宝”。

二、体育锻炼对心血管疾病的防治作用

（一）体育锻炼对冠心病的防治作用

研究表明：体育锻炼是冠心病康复治疗方案中的重要组成部分。这是因为，体育锻炼（运动疗法）可控制冠心病的危险因素，如降低血压、甘油三酯和体脂，提高高密度脂蛋白胆固醇、改善糖原量以及调节心理状态（减轻压抑和焦虑）。动物实验研究表明，体育锻炼有可能降低血液黏度和血小板的凝聚力，并提高溶蛋白活性，从而降低冠心病发作的危险。此外，研究还发现，体育锻炼可以明显降低猝死的发生率。总之，冠心病人如果及早进行体育锻炼，就可以缩短住院时间，并增加恢复原先工作能力的可能性。冠心病人理想的运动包括有氧运动、力量性练习、职业性运动、放松性练习、娱乐性运动、医疗体操以及中国传统的锻炼方法（如气功等）。

（二）体育锻炼对高血压的防治作用

1.低强度有氧运动：常用的方法是步行。强度一般控制在最大心率的50%～60%，停止活动后心率应在3～5分钟内恢复正常。步行的速度不应超过110米/分钟，一般为50～80米/分钟，每次锻炼30分钟左右。50岁以上者活动时的心率一般不超过120～130次/分钟。活动强度越大，越要注意做好准备活动和整理放松活动。

2.气功：多采用放松疗法，如松静功、站桩等。练功时强调排除杂念、松静自然、呼吸均匀、意守丹田（脐下）或涌泉（脚心）。每次30分钟左右，每天1～4次。据报道，一次练功后血压可下降2.1～2.4千帕（16～18毫米汞柱）。

3.降压舒心操、太极拳和其他民族形式的拳操：要求锻炼时动作柔和、舒展、有节律、注意力集中、肌肉放松、思绪宁静。动作与呼吸相结合，如有弯腰动作，注意头不宜低于心脏位置。一般在一套降压舒心操或太极拳后，血压可下降1.3～2.7千帕（10～20毫米汞柱）。

4.抗阻运动：近年来的研究显示，中、小强度的抗阻运动可产生良好的降压作用，不会引起血压升高。一般应采用循环抗阻练习，即采用相当于最大一次收缩力的40%作为运动强度。还应作大肌群（肱二头肌、腰背肌、胸大肌、股四头肌等）的抗阻收缩，即每节运动重复10～15次收缩，每10～15节为一个循环，各节运动之间休息10～30秒，每次练习1～2个循环，每周3次，8～12周为一个疗程。练习中应注意用力时的呼吸，这样可减轻对心血管的反应性。据文献报道，练习后收缩压可下降10%左右。

5.其他：放松性按摩、游泳、音乐疗法等也有一定的治疗作用。

三、体育锻炼对癌症的预防作用

癌症，亦称恶性肿瘤，是严重危害人类健康和生命的常见病。近几十年来，世界上绝大多数国家的死亡率都有所下降，特别是对传染病的控制，使世界人口总死亡率有明显降低。然而，因癌症而死亡的人数却有增无减，呈逐年上升趋势。尤其是20世纪70年代以后，癌症发病率以年均3%～5%的速度递增，癌症已成为人类第二大死因。据世界卫生组织（WHO）报道：1997年全世界癌症死亡人数高达620多万，其中，中国有100多万。而全世界癌症的发病人数在1975年为582万，到1990年达到807万，二者相比上升了37.48%。其中，男性癌症发病人数从1975年到1980年增加了9.42%，到1990年则增高到44.44%；女性癌症发病人数增加迅速，1990年女性癌症发病人数比1975年增加了近90万。

研究表明：有规律的体育锻炼有抗癌作用，如经常参加体育锻炼可减少结肠癌的发生。又有报道：妇女经常参加体育锻炼，可减少乳腺癌、子宫癌的发生。事实汪明：经常参加体育锻炼能促进新陈代谢，加强消化和吸收，有利于体能增强。而体能的提高正是抗癌防病的关键。最新一项对“癌症的死亡率”的调查资料显示：体能弱者的癌症死亡率约为万分之十八；体能中等者约为万分之八；体能强者约为万分之四。事实上，每个人任何时刻都可能形成肿瘤细胞，但体内的免疫系统，在它还没来得及在数量上发展之前，就将它消灭了。因此，免疫力强者能抵抗癌症的发生，而免疫力弱者则容易发生癌症。有实验研究证明：适宜的体育锻炼有助于增强抵抗力和减少癌症的发生。国内有些资料显示：气功可以防肺癌。这可能是因为气功可以增加身体活动，这有利于体能的增强；气功需要加强呼吸，有利于吸取大量的氧气和负离子；气功还动用意念，这又有利于调节情绪。

第三节 保健班学生的体育锻炼

一、肥胖者的锻炼

计算标准体重有多种公式，按布罗卡(Broca)公式，我国专家认为中国成人的标准体重可使用如下公式：

标准体重(千克)＝身高(厘米)－100(适用于165厘米以下者)

标准体重(千克)＝身高(厘米)－105(适用于166～175厘米者)

标准体重(千克)＝身高(厘米)－110(适用于176厘米以上者)

女性体重比男性相应组别少2.5千克。

有了标准体重才能计算肥胖度。肥胖度的计算公式如下：

肥胖度＝(实际体重－标准体重)/标准体重×100％

肥胖度在10％以内，称为正常适中；肥胖度超过10％，称为超重；肥胖度超过20％～30％，称为轻度肥胖；肥胖度超过30％～50％，称为中度肥胖；肥胖度在50％以上，称为重度肥胖。

(一)运动减肥的机理

1.人体运动时主要能源来自于糖和脂肪。有氧运动中，肌肉收缩活动初期能源为糖，当持续运动达120分钟以上时，游离脂肪酸供能达50％～70％之多。此时，肌肉对血中游离脂肪酸和葡萄糖的摄取和利用增多，导致脂肪细胞释放大量的游离脂肪酸，使脂肪细胞瘦小，同时使多余的血糖被消耗而不能转化为脂肪，结果体内脂肪减少，体重下降。

2.研究表明，体育运动能改善脂质代谢。运动时，肾上腺素、去甲肾上腺素分泌量增加，可提高脂蛋白酶的活性，加速富含甘油三酯的乳糜和低密度脂蛋白的分解，故而能降低血脂而使高密度脂蛋白升高，最终可起到加快游离脂肪酸的作用。

3.经常从事耐力运动的人，外围组织，尤其是肌肉细胞膜上的胰岛素受体敏感性提高，与胰岛素的结合能力增强。胰岛素对脂肪的分解有很强的抑制作用，它的减少伴有儿茶酚胺和生长激素等的升高，最终可起到加快游离脂肪酸作用。

4.肥胖者安静状态时的代谢率低、能耗少。经过系统的运动锻炼，可使机能水平提高，特别是心功能增强，内分泌调节改善，从而使肥胖者在静息时的代谢水平提高，能耗增大。

5.肥胖者进行适宜强度的运动训练后，常发生正常的食欲下降，摄食量减少，从而限制了热量的摄入，使机体能量代谢出现负平衡，引起体脂的减少。另外，运动后食物的特殊动力增强，有利于能源物质的分解。

(二)运动减肥的方法

减肥锻炼的方法如下：

1.锻炼全身体力和耐力的有氧运动项目，如长距离步行、跑、自行车运动等。

2.以锻炼肌力、肌肉耐力为目标的拉力器练习等。

3.较长时间的准备活动和整理活动。

4.具有针对性的减肥体操。

中等强度的运动量适合于减肥。此时，游离脂肪酸进入血液，并且不会增加食欲。如何掌握中等强度呢？其指标很多，最常用的有最大吸氧量的百分比、功率和心率。心率是较易控制的自我监控指标。不同年龄中等强度的心率如下表所示：

表 18-1

年龄(岁)	20～29	30～39	40～49	50～59	60 以上
心率(次/分钟)	125～1 35	125～135	115～130	110～125	110～120

二、消瘦者的锻炼

消瘦，是指实际体重较标准体重低 20% 以上者，这可以通过下列公式算出来：

男标准体重(千克)：身高(厘米)－112

女标准体重(千克)：身高(厘米)－108

(一)消瘦者体育锻炼的任务与方法

1. 发展全身肌肉，增强肌肉力量，改善、增强代谢过程，促进消化吸收。

(1)增强肩部和胸部肌肉：根据自己的身体情况，可用臂力器和拉力器进行不同组数、相同次数的练习，可做俯卧撑、引体向上和哑铃(上臂侧平举、前平举、后侧上举等)练习。

(2)增强腹部和背部肌肉：做仰卧起坐、仰卧直腿上抬、仰卧蹬车动作、俯卧位上下肢上举、单杠悬垂举腿练习。

(3)增强手臂肌肉：手握哑铃做屈肘、伸肘动作发展上臂肌肉，手握哑铃做屈腕动作发展前臂肌肉。

(4)增强下肢肌肉：可做单双脚跳台阶、立定跳、单足跳、多级跳和坐姿单腿位直腿上抬、双腿屈膝、伸膝等动作。

还可参照下面的力量练习计划，逐步增加重量和重复次数，以增强全身各部位的肌力。

(1)负重蹲起 3～5 组，每组 10～12 次。

(2)负重屈小腿 4 组，每组 8～10 次。

(3)卧推 3～4 组，每组 6～8 次。

(4)颈后推 4 组，每组 10～12 次。

(5)屈腕 4 组，每组 10～12 次。

做重量练习时，卧推哑铃和杠铃的重量以能完成要求重复的 8～10 次为宜。锻炼一段时间后，应增加重量，增加的重量仍以能举起 8～10 次为宜。上述力量练习每日练 2 次即可。

2. 增强新陈代谢、促进消化吸收，最有效的运动是做步行、慢跑和游泳锻炼。

运动量的安排是科学锻炼的重要环节之一。实践证明，消瘦者应以中等运动量(每分钟心率在 130～150 次之间)的有氧锻炼为宜；器械重量以中等负荷(最大肌力的 50%～80%)为佳；时间安排可每周练 3 次(隔天 1 次)，每次 1～1.5 小时，每个动作做 3～4 组。做法是快收缩、稍停顿、慢伸展。连续做一组动作时间为 60 秒左右，组间间歇 20～60 秒，每种动作间歇 1～2 分钟。一般情况下，如每组次数达不到 8 次，可适当减轻重量；如超过 15 次，则应适当增加重量，以最后两次必须用全力才能完成为准。这种用最大肌力完成的动作，对肌肉组织刺激较深，"超量恢复"明显，锻炼效果极佳。

(二)单纯性消瘦者体育锻炼的注意事项

1. 开始锻炼时，先做徒手和小力量练习，适应后再逐渐增加负重。不要一下子做较大的负重练习，以免造成关节和肌肉损伤或疲劳后不易恢复。

2. 力量练习后要做肌肉放松和整理动作，如慢跑、轻跳、抖动四肢或按摩肌肉。

定期量体重和大肌肉的围度（胸围、臀围、体脂厚度等）。根据测量结果，调整（增减）某一部位的运动负荷量，一般每月量一次即可。

三、神经衰弱者的锻炼

神经衰弱是由大脑持久的情绪紧张和焦虑，或脑力活动持续过度紧张而引起的神经系统功能紊乱，特别是大脑皮质的内抑制过程减弱，从而出现过度兴奋和迅速疲惫，以及植物神经等功能紊乱等一系列症状。

（一）神经衰弱患者康复体疗的作用

1. 通过体育锻炼，能使大脑和神经系统得到锻炼，提高神经工作过程的强度、均衡性、灵活性和神经细胞工作的耐久力；能使神经细胞获得更充足的能量物质和氧气的供应，从而使大脑和神经系统在紧张的工作过程中获得充分的能量物质保证。据研究，当脑细胞工作时，它所需的血液量比肌肉细胞多 10～20 倍，大脑耗氧量占全身耗氧量的 20%～25%。体育锻炼能使大脑的兴奋与抑制过程合理交替，避免神经系统过度紧张，可以消除疲劳，使头脑清醒，思想敏捷。

2. 体育运动能增强循环和呼吸功能，活跃代谢过程，增进食欲，增强体质。

3. 单纯的静止休息有时反而会拖延病情。如果进行适当的活动，神经衰弱患者会感到情绪改善、症状减轻，因为活动使患者转移了对疾病的注意力，产生了愉快的情绪。

（二）神经衰弱患者的康复体育疗法

1. 太极拳：用太极拳治疗神经衰弱效果较好。太极拳有助于大脑皮质兴奋和抑制过程的调节，适合于以兴奋症状为主的患者长期锻炼。练拳时，要做到宁神静气，全身放松，动作缓慢，以提高锻炼效果。应特别注意静（宁神静气）、松（全身放松）、慢（动作缓慢）3 个字。

2. 强壮功：神经衰弱患者也适宜于练强壮功。一般采用坐式，体力太弱者可用卧式。

体力较好的也可练站桩功。失眠病人还可利用放松功诱导入睡。每天练功 2～3 次，每次约半小时。

3. 散步、慢跑：实验证明，神经衰弱患者做较长时间的散步，有助于调整大脑皮层的兴奋和抑制过程，缓解血管活动失调的症状。根据身体情况做一些慢跑活动也是有益的。跑的速度可以放慢，或走、跑交替进行。

4. 夏天可参加游泳，如能坚持到秋冬，效果更佳；情绪较差、精神萎靡不振的患者适宜于进行提高情绪的游戏或运动，如乒乓球、篮球、划船等，也宜于在户外做轻量劳动。

（三）神经衰弱患者进行康复体疗的注意事项

1. 根据病人体力情况安排合适的运动项目，运动量大小以不引起疲劳或过度紧张为宜。

2. 注意观察锻炼过程中的反应。如锻炼后出现大量出汗、兴奋、激动、失眠以及心跳加快长时间不能恢复等现象，表明运动量过大，要及时调整减轻。

3. 对以兴奋状态为主的患者，应采取平稳、缓慢、柔和的运动，以免引起更强烈的兴奋；对以衰弱症状为主的患者，则应采取情趣性稍高、节律较快、活动性较大的运动。

4. 注意劳逸结合。每天锻炼时间：中等体力者可安排 0.5～1 小时；体力较弱者可增至 1.5～2 小时，分别在早晨、下午进行；体力太弱者，只适宜于做散步和轻微活动。

5. 患神经衰弱的人要培养乐观主义精神，主动同疾病作斗争，建立对体疗的信心，克服过分好静而不爱运动的偏向。不应顾虑运动会消耗体力和元气。事实上，适当的体育运动，非但不会损耗元气，相反还可以增加体力，强壮神经系统。

四、哮喘患者的锻炼

哮喘是慢性病。有的病人在不发作时与常人没有任何区别。属于外因性过敏者，如吸入花粉或皮毛，食用海味、蛋类或牛奶后可引起支气管痉挛从而引起哮喘。属于内因性过敏者，其病因与各种感染疾病（鼻炎、鼻窦炎、胆囊炎）以及神经精神因素有关。

（一）哮喘患者体育锻炼的方法

1.经常唱歌。人在唱歌时，只能采用腹式呼吸。腹式呼吸能增大肺活量，减轻肺部压力，并且唱歌还能振奋精神，激发体内潜力，使人从静止状态转入活动状态，同时心跳加快、肌肉紧张，有利于控制咳嗽。

2.呼吸练习。呼吸练习是一种重要的训练手段。在训练时，应加强呼气，鼻吸口呼，吸短呼长，逐渐增加平稳呼吸的深度，呼气时可发“依”或“啊”音，每次持续5～6秒钟。呼吸练习须轻松自然，忌用力憋气。在呼吸练习中应逐渐养成腹式呼吸的习惯。

3.练习腹式呼吸。练习腹式呼吸一般是坐着练，也可躺着或站着练。练时先身体坐稳，腰部自然挺直，两手放在大腿上，肩部和胸部充分放松下垂。从呼气开始，呼时轻轻收缩腹部，经口呼气，在呼气同时发出母音，如“啊……”或“呜……”等，或者把口唇收缩成吹笛子样，其目的是使声门缩小，气管内保持较高气压，以避免狭窄的小支气管部分进一步萎瘪不通。呼气宜轻缓，但要深些，时间较吸气长。吸气时要闭口，让空气经鼻孔进入，腹部自然鼓起，保持肩和胸部放松。整个呼吸过程节奏自然轻松，不要屏气。每次练习3～5分钟。练习合理会觉得胸部舒畅，呼吸逐渐趋向平稳缓慢。如练习中感到胸闷、气促或头昏不适，大都是用力太大、动作不协调或屏气的缘故，要暂停，休息一会再练。哮喘发作时，气急较显著，但仍可进行腹式呼吸。

4.做呼吸操。方法是：采用平卧或站立位，两手放在上腹部，然后有意识地做腹式深呼吸；吸气时腹部隆起，呼气时腹部下陷；呼气时间比吸气时间长1～2倍，吸气用鼻，呼气用口；呼气时口唇紧缩作吹口哨的样子，同时，可用两手按压上腹部，加强呼气力量，去除肺中残留的废气，每次20～30分钟，每天1～2次。

5.进行全身性保健运动。常见的有：广播体操、太极拳和步行。其运动量应有计划地增加。以步行为例，可逐步加长步行距离，逐步加快速度和减少中间休息次数。为了增加对寒冷的适应力，预防感冒，可自炎热的夏天开始用冷水洗脸，一直延续到寒冬腊月，必要时适当调节水温。

哮喘患者也适宜于参加一些短暂的（每次1～2分钟）、中间有间歇休息的游戏，如乒乓球、羽毛球、投篮球等运动。1～2分钟的短时间运动可减少气道阻塞；运动前气道阻塞越严重，在进行1～2分钟短时间运动后气道阻塞改善的程度则越明显。

（二）哮喘患者进行体疗的注意事项

1.体育疗法只适于在哮喘发作的间歇期进行，即在哮喘暂不发作或只有极轻微发作的阶段进行；当哮喘频繁发作、体力比较衰弱时，则不宜进行体育医疗。

2.每天体疗的总时间约为30～40分钟，可分3～4次进行，其中包括气功约20分钟；自我按摩3～5分钟；发音呼吸3～5分钟（中间有休息）；矫正呼吸（加强呼气）12分钟；呼吸体操3～5分钟；健身运动1～2分钟；放松练习1～2分钟。

3.哮喘患者不宜一次做较长时间(5分钟以上)的剧烈运动,因为这会引起气管缩窄,增加气道阻力,以致加重气短和喘息等症状;而短时间(1～2分钟)的间歇运动,则能减轻气道阻塞。

4.做操前,应先清除鼻涕,使鼻道畅通。如需要做较长时间的健身运动,为预防运动引起气管痉挛,可在运动前5分钟吸入气管扩张剂(如异丙肾上腺素)。

5.在做操过程中如有胸闷或气紧,可暂时休息片刻。

6.作好长期思想准备。医疗体操往往要练习几个月,甚至1～2年才有效果,收效后还要巩固,因此必须持之以恒。当哮喘在缓解期时,应抓紧练习;在哮喘发作频繁、体力差时,可酌情少练习或只练腹式呼吸。在感冒或气管炎发作时,尤其在发烧时,应暂停练习。

五、慢性肝炎患者的锻炼

慢性肝炎是肝脏的慢性炎症。它是由急性肝炎或迁延性肝炎发展而来的,如不及时治疗,可导致肝硬化,危及人的生命。因此,必须高度重视治疗慢性肝炎。

(一)慢性肝炎患者康复体疗的作用

1.能提高患者中枢神经系统的张力,改善皮层和植物神经系统对肝脏的调节功能,增强全身抵抗力和免疫力。

2.能促进肝脏的血液循环,改善肝细胞的营养,有助于肝功能的恢复。

3.有助于活跃腹腔血液循环,减轻肝脏淤血,增进食欲,改善消化和吸收功能等。

4.有助于减轻慢性肝炎患者所常有的神经官能性症状,如神经过敏、失眠或情绪低落等。

5.长期坚持体育锻炼可以预防脂肪肝的发生。

(二)慢性肝炎患者的康复体育疗法

1.气功:可练放松功(仰卧、静息、放松自然呼吸)或内养功(右侧卧位或平坐位,腹式呼吸)。每天2～3次,每次20～30分钟。呼吸不要过深,否则会引起肝区疼痛和头晕。气功对慢性肝炎的治疗原理是:降低代谢率,有利于肝的修复;培养元气,增强体质;通过腹式呼吸,改善消化吸收功能。

2.太极拳:适宜于打简化太极拳,简化太极拳消耗能量不大,运动量比较适中。打拳动作要慢,尽量用腹式呼吸,体质弱者也可只练其中几个基本动作,最好配合气功疗法,在练气功后进行。太极拳有宁静放松的效果,特别适宜于有失眠、焦躁等神经官能症的慢性肝病患者练习。

3.保健按摩:用自我按摩法按摩肝区和腹部,每天2～3遍,每遍5～10分钟。

肝区按摩:取仰卧位,用右手掌在右下胸至上腹间来回摩擦,以所按摩部位有热感为宜。右手累了换左手,摩擦100～200次。每天早起及临睡前各做一次。肝区和右下背部按摩通过皮肤到内脏反射,对改善肝区血液循环和减轻肝区不适感有一定帮助。

腹部按摩:取仰卧位,以肚脐为圆心,从右下腹起,以手掌在腹部做环形摩动,以肚内有热感为宜。手法要轻柔,对改善消化功能有一定帮助。

4.医疗运动:散步、乒乓球、广播体操,可每天或隔天进行一次,运动量要小一些,每次10～20分钟。这些活动有助于活跃周身血液循环。

(三)慢性肝炎患者进行康复体疗的注意事项

1.肝炎患者不宜做强烈的腹部运动,也不宜做双杠、单杠、举重等需要闭气用力的运动项目。

2.运动量要掌握适当,采取小运动量的锻炼方法,每次运动时间掌握在半小时以内,应在疲劳到来之前结束运动,因为肝炎患者的耐力较差,而且容易发生低血糖,容易疲劳。一天的运动总时间(不包括气功和散步时间在内)不超过半小时,分散在上、下午进行。

3.如有低热、疲怠、食欲不振、恶心、肝区疼痛等表现,应暂停体育锻炼。不要在饭后或空腹时运动。饭后一般要卧床休息1小时。饭后如觉腹部胀闷,可先做短距离散步和腹部自我按摩,然后卧床休息。

六、糖尿病患者的锻炼

糖尿病是以持续高血糖为其基本生化特征的一种综合病症。各种原因造成胰岛素供应不足或胰岛素在靶细胞不能发挥正常生理作用,使体内糖、蛋白质及脂肪代谢发生紊乱,就可能导致糖尿病。发达国家糖尿病的患病率已高达5%~10%,我国的患病率达3%。

(一)糖尿病患者运动的作用

目前除控制饮食外,还没有一种理想的药物既能控制糖尿病,又没有副作用,而体育锻炼能达到这一目的。科学研究证实,体育锻炼对治疗糖尿病大有益处。因为,体育锻炼能促进身体组织对糖的利用。运动可增加体内肌肉的血液循环和局部微血管的扩张,提高肌细胞对葡萄糖的摄取和利用,使体内高血糖逐渐下降,改善糖含量。有人做过这样的试验:让病人进行30分钟的体育锻炼,就能使过高的血糖量减少12~16毫克,从而减轻了多尿、尿糖等症状;经过一次体育锻炼后,尿量可减少500~1000毫升。运动还可减少糖尿病人易患的肥胖症、高血脂、动脉硬化等,从而改善心肺功能,延缓血管并发症的进程,对调整植物神经系统的功能具有显著效果。此外,体育锻炼还能减少胰岛素用量,减轻患者的症状,改善呼吸功能,消除皮肤发痒、关节痛和便秘等不良症状。

(二)糖尿病患者的运动方法

1.气功:可练内养功。卧式或坐式,每天1~2次,每次30分钟左右。

2.太极拳:根据体力情况,可练简化太极拳或全式太极拳,每天1~2次。

3.散步:运动强度小,对体质差的老年糖尿病人尤为适合,每次10~30分钟。在饭后进行,可以提高耐久力,促进新陈代谢。根据实验研究,若以每小时3公里的速度步行,则可把代谢率提高48%。

4.医疗步行:对步行距离、速度和坡度都有一定的要求。开始时,可每次来回走400~800米,每3~5分钟走200米,中间休息3分钟;一段时间后,再逐渐增加至来回走1000米,其中走一段斜坡,25分钟走完,中间休息8分钟。

5.跑步:属中等强度,适合身体好、无心血管疾病的人。

6.各种传球的接力游戏。时间4~6分钟,以提高活动情绪为目的。

7.基本体操及呼吸练习。时间2~4分钟,目的是减轻体力负重。

(三)糖尿病患者进行体疗的注意事项

1.体育锻炼必须同胰岛素治疗和控制饮食相结合。在血糖较高时,应先用胰岛素,使血糖稍降低,然后进行运动,这样血糖就能有较大程度的下降。

2.除散步外,其他运动最好在吃过早餐休息片刻后进行。但应记住体育锻炼的运动量,以不引起疲劳为度。少量的体力活动(但须足够的程度)可以提高糖的吸收,降低血糖,而过激的和长时间的体力活动则相反,会使血糖增加。

3. Ⅰ型糖尿病患者在血糖没有得到很好控制之前，不要参加运动锻炼；“脆性糖尿病”患者虽然不禁忌运动锻炼，但也以散步或一般的步行锻炼为好；有视网膜病变的患者，运动量不能过大，以免诱发眼底出血；有心、肝、肾、肺功能不全或急性感染等严重并发症的病人，运动当属禁忌之列。

运动对一位糖尿病患者而言，可以帮助血糖的控制。长期的运动更可以减少血管的硬化、神经的病变，又可以提升患者的生活品质及人际关系。虽然，运动也有其危险性，但是若能谨慎地预防，运动的优点仍是多于缺点的，依然值得每位患者积极从事。

第十九章　体育文化欣赏

第一节　中国传统体育文化

一、中国传统体育文化的特点

(一)体育文化的含义

体育文化的含义应先从文化含义的认识开始。文化含义有狭义和广义之分:狭义的文化主要是指人类社会意识形态及与之相适应的制度和设施;广义的文化是指人类所创造的物质财富和精神财富的总和。在我国古籍中,文化主要指文治教化,与武功相对应。在西方,文化的含义最早是指耕作、培养、教育、发展出来的事物,是与自然存在的事物相对而言的。文化一般具有传递性、复合性、象征性、超理性、超个人性和变迁性等特点。

从对文化的认识可以肯定地说,体育无愧是人类文化的一个重要方面。首先体育是人类、也只有人类才能创造出来的一种社会活动。动物各种肢体活动和嬉戏来自于它们的本能活动,不具备任何文化意义。而人类创造的体育是后天习得的;其次体育具备文化的各种特征;再者体育运动不仅有它外在的身体活动形式及设施、器材等物态体系,而且具有内在的价值观念、意识形态和行为规范等。

体育文化的含义应该是指人类所创造体育运动的物质财富和精神财富的总和。大体包括体育认识、体育感情、体育价值、体育理想、体育道德、体育制度和体育的物质条件等。

(二)中国传统体育文化的特点

世界体育发展的历史表明,由于生存的环境不同,文化传统不同,世界各地区的民族都创造了各自内容不同、风格各异的体育活动形式。这些体育活动形式逐渐地形成了自己的个性。其主要特点可归纳为“西方”和“东方”两种主要形式。前者以古希腊体育为代表,其特点是重视表现自我的竞技体育运动;后者以亚洲的中国和印度为代表,其特点是重视医疗体育,最有特色的当属武术和气功。

从决定文化特点传统思维方面来认识中国传统体育文化的特点,可以说强调整体性是中国传统体育文化的最大特点。因为中国人自古代起就习惯于从整体方面认识事物,把人、自然和社会看成是一个不可分割的有机整体,以主客体统一为基础,把世界看作是由两种相对应的事物(即阴阳)构成的统一体,并由这两种对应事物的矛盾运动推动事物的发生发展。在这样一种中国传统思维方式特征的影响下,中国传统体育文化带上了十分明显的整体性思维方式特征,具体表现在以下三个方面。

1. 中国传统体育追求与自然的统一

武术是中国传统体育的典型代表,虽然它的拳种流派很多,但一般都要求根据大自然季节和地理环境的变化采取不同的练习方法,如形意拳锻炼时要与四时相配,要按四季发展的规律,即春发、夏放、秋收、冬藏。流行广东的“少林八卦五行功”则要求练功者根据不同的季节，分别进行卧功、坐功、站功和走功的练习。

除了在练功时间上追求与自然变化相统一外，对练功地理环境的追求也是中国武术的一大特点。在传统武术训练中，一般都要求训练场所“须择山林茂盛之地，或奇观庄严之处，或房屋洁净之区”。

2.中国传统体育追求练神与练形的统一

神是指人体的精神思维活动，包括意识、心理等活动。形是指形体，包括人体的皮肉、筋骨、脉络、脏腑及充盈其间的精血，它是人体生命活动的物质外壳。在对待形与神的关系上，我国传统观点历来是主张形神为一、相互联系的有机体，并有“精神内伤，身心败”之说(引自《黄帝内经》)。

中国传统体育主张以动养形，以静养神，形神共养。针对人体之形体喜静不喜动，人之精神喜动不喜静的特点，汉代名医华佗亦说：“动摇则谷气得消，血脉流通，病不得生，譬如户枢不朽是也。”他还由此创编了运动强身法“五禽戏”，后世所创编的丰富多彩的运动健身方法也是由这种思想而来。在中国古人主张动以养形的同时，对以静养神也给予了高度重视，创编了无数以静养神的方法，即以“气功”称之的各种功法。

最能体现形神共养、共练特点的是，中国传统体育强调动中有静，静中有动，动静结合。如气功中的静功是指练功时躯体在空间保持不动的一类功法，虽从外形上没有有意识的肢体运动，但气血却要在意念的支配下形成有意识的运动状态，这是动静结合的一种形式。另外一种形式是指气功中动功和武术的一般练习方法。指练功时，躯体在空间的位置不断地发生变化的一类功法，此时人体外形在有意识地运动，而精神却要求保持专一宁静，从而做到了动静结合，在传统武术练习中留传有“内练一口气，外练筋骨皮”的说法。这都充分体现了中国传统体育文化整体性的特点。

3.中国传统体育追求培养人与社会相和谐的意识

这一特征反映在中国传统体育上即中国武术的武德文化。中国武术众多的流派，几乎都无一例外地重视对习武者武德操行的培养和教育，从而制定了许多戒约、规定。如《昆吾剑言》规定了“十不传”即“人品不端者不传；不忠不孝者不传；文武不就者不传；借此求财者不传；俗气入骨者不传；市井人不传；拳脚行不传；宁可失传也不轻传”；如《少林戒约》云：“平日对待师长，宜敬谨从事，勿得有违傲慢之行为。对待侪辈，须和顺温良，诚信勿欺。”

中国传统体育这种追求培养人与社会相和谐的意识的特点，充分体现了中国传统体育的整体性特点。

二、中国传统体育文化的功能

(一)中国传统体育文化成为中国传统体育社会的标志

在不同的国家、民族或群众之间，文化所表现的区别要比人类的肤色或任何其他生理现象所表现的区别深刻得多。地域、疆界只能划出两个国家、民族形式上的区别，只有文化才能表现出其内在本质上的区别。作为中国传统文化组成部分的中国传统体育文化也不例外。只要一说到武术、气功或体育文化的整体性特征，人们马上会想到是中国传统体育文化的东西；而一说到奥林匹克运动会，人们也会认识到那是属于西方体育文化的范畴。

(二)中国传统体育文化使中国传统体育社会有了系统的行为规范

通常来说，有了文化，人们便有了行为标准。文化也使人们相互间的行为功能协调和相互配合。文化使一个社会的规范、观念更为系统化，文化集合解释着一个社会的全部价值观和规范体系。同样，中国传统体育文化也使得中国传统体育社会的各种规范和观念更为系统化，包括诸如习武者的所属门派、饮食、穿着、庆贺的要求和方式、拜师的仪式、行为的戒约规定、追求的最高理想等。

(三)中国传统体育文化使中国传统体育社会的团结有了重要基础

这一点被称为文化的整合功能，即使社会形成一个整体。从文化整合的观点出发，中国传统文化中的观念文化、制度文化和器物文化等都从不同侧面维持着中国传统体育社会的团结。体育观念文化，如武德文化从思想上驯化着中国传统体育社会的成员；制度文化，如各种戒约规定约束着体育社会成员的行为，实现着控制作用；器物文化，如各门派所传授的各种功法、拳法，器械操作要求等，都使得各门派的师徒产生认同和友谊。

(四)中国传统体育文化塑造了中国传统体育社会中的每一个成员

社会学认为，人刚生下来时还只是一个生物的人，没有思想和知识。从一个生物人演变成一个社会人，主要是一步步接受了文化。中国传统体育社会中的每一个成员正是一步步接受了中国传统体育文化的熏陶后，才成为一名合格的体育社会成员，一名具有中国传统体育文化特点的社会成员。

第二节　奥林匹克文化

奥林匹克运动是人类文明的产物，是推动现代社会发展的重要动力之一。奥林匹克运动是在奥林匹克主义的指导下，以体育运动和四年一度的奥林匹克庆典为主要活动内容，促进人的生理、心理和社会道德全面发展，促进各国人民之间的相互了解，在全世界普及奥林匹克主义，维护世界和平的国际社会运动。奥林匹克运动包括以奥林匹克主义为核心的思想体系，以国际奥委会、国际单项体育联合会和各国或各地区奥委会三大支柱为骨干的组织结构体系和以奥运会为周期性高潮的活动内容体系。

一、古代奥林匹克运动会

古代奥林匹克运动会(简称“古代奥运会”)是希腊人民的伟大创举，也是人类文明与进步的巨大文化源泉。尽管古代奥运会的起始可追溯到公元前11世纪，但直到公元前776年才有正式记载。据历史记载，古希腊各城邦的平民百姓多信奉万神之首宙斯，因城邦之间经常发生战争，使民间的各种祭祀活动时断时续。公元前776年，在人民渴望和平、自由生活的要求下，古希腊伊利斯国王、斯巴达国王和比萨国王在“神”的旨意下，签订了“神圣休战”的协定，并决定在奥林匹亚“宙斯神”庙前举办祭祀活动和举行第一届古代奥运会，以后每四年一次。

到公元394年为止，古代奥运会举行过293届。每届奥运会均在能容纳5万观众的奥林匹亚运动场上举行。最初只有短跑(192.27米)一项比赛，后来逐渐增加了长跑、跳远、标枪、铁饼、角力、五项全能(赛跑、跳远、标枪、铁饼和角力)、拳击、赛马和赛车等运动项目。

在举行古代奥运会期间，不仅进行运动员之间的比赛，而且还为学者、诗人、音乐家和艺术家举办文艺汇演。所以，古代奥运会有力地促进了体育、艺术的交流与发展，被认为是人的力量与精神和谐缔一的源泉。

然而，公元前146年，罗马帝国入侵吞并了希腊，使人民完全失去了自由。在4世纪末，基督教在希腊上升为国教，于是公元394年，笃信基督教的罗马皇帝狄奥多西一世以异教之罪名废止了古代奥运会;公元 436 年,其后继者狄奥多西二世又下令烧毁奥林匹亚的大部分建筑与设施;加上公元 551～552 年的两次强烈地震,把这一片废墟深深地埋入地下。这样,具有一千多年历史的古代西方体育文明,就被凶残的人祸和无情的天灾彻底地埋葬了。

二、现代奥林匹克运动会

(一)现代奥林匹克运动的诞生

现代奥林匹克运动会是在古代奥林匹克运动会的基础上发展起来的。19 世纪初,人们为了探索欧洲文明的起源,开始研究古希腊的奥林匹亚竞技会。1824 年,考古学家考察了深埋地下的奥林匹亚村宙斯神庙的遗址。希腊人札巴斯向其国王建议,恢复奥林匹亚竞技会。于是从 1859～1889 年,在遗址上,希腊再次举行了五次只限希腊人参加的竞技会。虽然竞技会的规模小、项目少,但国外反响却很大。1888 年,法国教育家皮埃尔·德·顾拜旦男爵提议创办现代奥林匹克运动会(Modern Olympic Games)。他想将体育作为教育手段,以培养青少年健壮的体魄、刻苦进取的精神和工作能力,并以此来影响和改革法国的教育制度。为此,他在国内外做了大量的工作。1892 年 11 月 25 日,他在索邦神学院发表了“复兴奥林匹克”的著名演说,得到了许多国家的支持和拥护。1894 年,在巴黎召开了“恢复奥林匹克运动会代表大会”,12 个国家的 79 名代表参加了大会。6 月 23 日,成立了现代奥林匹克运动会的领导机构:国际奥林匹克委员会,选举希腊诗人维凯拉斯为国际奥林匹克委员会的主席,顾拜旦为秘书长。会议决定从 1896 年起,每四年举行一次奥林匹克运动会。

(二)奥林匹克运动会的活动内容与形式

奥林匹克运动具有丰富多彩的活动内容与形式,包括奥林匹克运动会、大众体育以及与体育有关的教育、科学和文化等活动,以奥林匹克主义贯穿一系列活动,形成一个具有鲜明特色的奥林匹克活动体系。在奥林匹克运动众多的内容中,4 年一度的冬、夏奥运会是最重要的活动,是奥林匹克运动的主旋律。奥林匹克运动会是世界上规模最大、水平最高、影响最广的国际性综合运动会。

奥林匹克运动会的活动内容包括竞技运动比赛、奥林匹克仪式、奥林匹克文化节、奥林匹克青年营等。竞技比赛是奥运会的主要内容,所有项目都必须是经国际奥委会承认的;奥林匹克仪式,如圣火传递、开、闭幕式和发奖等,是奥运会的重要组成部分,不仅给奥运会以浓烈的节日气氛,而且升华了奥运会的境界,使其庄严而神圣;奥林匹克文化节是奥运会期间的一个重要文化活动,使不同国家、民族的文化艺术一同展现在世界人民面前;奥林匹克青年营吸引着来自世界各地的青年,在奥林匹克的旗帜下互相交流、互相学习,借以深刻了解奥林匹克运动的理想。

1. 夏季奥运会

夏季奥运会简称奥运会,为有别于冬季奥运会称为夏季奥运会,每 4 年举办一届。夏季奥运会沿袭古奥运会旧制,不管运动会举办与否,届次照算。自 1896 年在雅典举行的第一届奥运会起,到 2008 年北京奥运会止,共举办了 29 届。因两次世界大战,实际只举办了 26 届。2012 年奥运会将在英国伦敦举行。

现代奥运会自产生以来,便得到了迅速发展。第一届奥运会仅有 13 个国家的 295 名男运动员参加,有 9 个比赛项目,42 个单项。到 2008 年第 29 届奥运会,参加的国家和地区达到 204 个,参赛的男女运动员超过万人。奥运比赛项目已增加到大项 28 个,单项 302 个。这 28 个大项是:游泳、射箭、田径、羽毛球、棒球、篮球、拳击、皮划艇、自行车、马术、击剑、足球、体操、手球、曲棍球、柔道、现代五项、赛艇、帆船、射击、垒球、乒乓球、跆拳道、网球、铁人三项、排球、举重和摔跤。

2.冬季奥运会

冬季奥运会简称冬奥会，是奥林匹克运动会的重要组成部分。

冬季奥运会届数的计算方法与夏季奥运会不同，是按实际举行的次数计算届次。1924年1月27日～2月5日在法国夏蒙尼举行了一次冬季运动会。后来国际奥委会正式确认这次运动会为第一届冬季奥运会，并规定冬季奥运会也是每4年举行一届，与夏季奥运会在同一年举行，但不得在同一城市。从1924年至2006年共举行了20届冬季奥运会，而且运动会的规模越来越大。

冬季奥运会比赛项目有：花样滑冰、雪车、滑板滑雪、自由式滑雪、冰球、北欧两项、速度滑冰、速度滑雪、跳台滑雪、高山滑雪、雪橇、现代冬季两项、越野滑雪、短跑道速度滑冰、冰壶、钢架雪车等。

3.奥林匹克运动的其他活动

奥林匹克运动的其他重要竞赛活动，包括各大洲的洲际运动会、伤残人奥运会等国际奥委会承认的竞赛活动；大众体育活动主要是每年6月23日都举办的“奥林匹克日”，旨在促进群众体育活动的开展，扩大奥林匹克影响；奥林匹克科学、文化教育活动主要包括开办国际奥林匹克学院、建立奥林匹克博物馆、召开奥林匹克科学大会等。另外，还有为表彰一些为发展奥林匹克运动作出贡献的团体或个人而进行的颁奖活动。

（三）现代奥林匹克运动的思想体系

1.奥运会圣火

奥运会圣火象征着和平、正义、友谊、团结和青春活力，因此，自1928年起，在奥运会开幕时都要点燃圣火。无论奥运会在哪里举行，奥林匹克火炬都得在希腊奥林匹亚村希腊女神赫拉庙前，按照传统仪式将火炬传到举办国，并在开幕时，由主办国一著名运动员高擎火炬，穿过主体运动场，登上火焰塔点燃圣火，圣火将一直燃烧到大会闭幕为止。

2.奥林匹克运动的宗旨

奥林匹克运动的宗旨是通过没有任何歧视、具有奥林匹克精神的体育活动来教育青年，从而为建立一个和平的、更美好的世界作出贡献。奥林匹克运动的思想体系是沿着由个体到社会，由微观到宏观的逻辑顺序构建的。首先是个人的全面发展，进而扩大到社会，最后扩大到国际社会。奥林匹克运动是在奥林匹克主义指导下一种国际性的社会运动，它的目的并不限于促进这一运动的参加者个人的发展与完善。它担负着更加重大的历史使命和社会责任，这就是促进不同国家、不同文化之间的相互了解，从而促进和维护世界和平。

3.奥林匹克标志

奥林匹克标志（Olympic Logo）是由《奥林匹克宪章》确定的，也被称为奥运五环标志，它由5个奥林匹克环套接组成，可以是单色，也可以是蓝、黄、黑、绿、红5种颜色。环从左到右互相套接，上面是蓝、黑、红环，下面是黄、绿环。整个造形为一个底部小的规则梯形。奥林匹克标志象征五大洲和全世界的运动员在奥运会上相聚一堂，充分体现了奥林匹克主义的内容，“所有国家一所有民族”的“奥林匹克大家庭”主题。

4.奥林匹克格言

奥林匹克运动有一句著名的格言：“更快、更高、更强”（亦称奥林匹克口号）。这一格言是顾拜旦的好友、巴黎阿奎埃尔修道院院长迪东(HenRI Didon)在他的学生举行的一次户外运动会上,鼓励学生们时说过的一句话,他说,"在这里,你们的口号是:'更快、更高、更强'。"

顾拜旦将这句话借用过来,用于奥林匹克运动。1920 年国际奥委会将其正式确认为奥林匹克格言。奥林匹克格言充分表达了奥林匹克运动所倡导的不断进取、永不满足的奋斗精神。虽说只有短短的 6 个字,但其内涵却非常丰富,它不仅表示在竞技运动中要不畏强手,敢于斗争,敢于胜利,而且鼓励人们在自己的生活和工作中不甘于平庸,要朝气蓬勃,永远进取,超越自我,将自己的潜能发挥到极限。

5. 奥林匹克会旗

奥运会会旗是 1913 年在顾拜旦建议下确定,并在 1914 年巴黎奥林匹克代表大会上为庆祝国际奥委会成立 20 周年而首次升起。会旗的图案是在白色无边的绸布上绣上奥林匹克五环,旗为长方形,环的颜色由左到右依次为蓝、黄、黑、绿和红。1920 年安特卫普奥运会结束后,比利时国家奥委会将大会使用的那面旗赠送给了国际奥委会,这面旗就成了国际奥委会的正式会旗。从此以后,历届奥运会都有会旗交接仪式,但使用的是替代用品,图案一样,只是规格要大一些。

6. 奥林匹克会歌

奥林匹克会歌是希腊著名作曲家萨马拉斯于 1896 年创作的。原是献给第一届奥运会的赞歌,后由希腊诗人帕拉马斯配词而成《奥林匹克颂歌》。1958 年国际奥委会在东京举行第 55 届全会,正式决定将雅典奥运会演奏的赞歌作为奥林匹克会歌。

第三节 校园体育文化

一、校园体育文化的内容与价值

(一)校园体育文化的内容

任何文化的诞生,必须具备三个基本条件,即创造的主体、对象以及一定的文化创造进行的手段和环境。所谓文化,从宏观的意义上说,是人类社会历史实践过程中所创造出来的全部物质财富与精神财富。文化包括物质和精神两大层面,物质文化或精神文化又包含着许多层面。校园文化是整个人类文化的一个组成部分,属于精神文化范畴,它是一个多层次主体化的有机的整体。作为这个整体重要组成部分的校园体育文化,可以说是推动校园文化发展的最有力的催化剂,是校园文化的重要内容。体育活动与文艺活动一起,构成了校园文化最有活力、最富创新意识的"两朵鲜花"。这是与校园文化自身所具有的特色相一致的。校园文化的主体是学生,这一群体具有年轻、有朝气、富于幻想、富有活力的特点,因此,作为校园文化重要载体的体育活动就以其特有的观赏性、挑战性、普及性而受到广大师生的欢迎。校园体育文化是以校园为空间,以学生、教师参与为主体,以身体练习为手段,以多种多样的体育锻炼项目为主要内容,具有独特表现形式的一种群体文化。

校园体育文化是校园文化和体育文化两种体系交汇产生的,两者互相影响、融合、渗透、促进和发展,有着密不可分的联系。校园体育文化可通过多种形式来体现,其主要形式有:早操、课间操、课外体育活动、运动队训练、小型运动竞赛、体育讲座、专题报告会、体育技能表演、学校体育节等。其中体育节是近年来发展比较快的一种校园体育文化活动,成为目前校园文化的亮点之一，因为，它以自身独特的风格吸引着全体师生来参与体育活动，起到活跃校园生活的作用。

（二）校园体育文化的价值

1.校园体育文化的社会价值

(1)校园体育文化是提高学生社会道德水准的规范文化。校园体育文化是一种群体文化，它有赖于群体的共建，同时又反作用于每个个体，使个体把这种集体的行为风尚，内化为自我要求。因此，在客观上它对学生的行为方式必然产生一种学校“规范”和“约束”的效果，对学生体育锻炼行为习惯的养成产生规范约束的作用。

(2)校园体育文化是一种促进社会文明的精神文化。文明孕育体育，体育促进文明。作为校园文化一部分的校园体育，一方面对学生个体自身文明素质的培育与提高产生积极作用，同时，还会通过多种形式和传播载体，对家庭体育、学校体育、社区体育乃至社会体育的内容、形式及风气产生直接与间接的影响。另一方面，当他们进入社会，转变角色以后，学生时期形成的对体育的兴趣、爱好和锻炼习惯，会随着他们的生活方式、行为习惯传播于社会，从而使这种良好的体育行为产生应有的社会效应，对体育的社会化和社会精神文明建设有重大的促进作用。

(3)校园体育文化是促进学生身心健康发展的人体文化。校园体育文化是通过身体运动的方式进行的，它要求人体直接参与活动，这是校园体育文化最本质的特点之一，并决定了校园体育具有促进学生身心健康的功能。主要表现在能改善和提高人的中枢神经系统的工作能力；促进机体的生长发育，提高运动能力；促使学生身体机能的提高；调节学生的心理，使人朝气蓬勃，充满活力。

(4)校园体育文化是提高审美意识的情感文化。校园体育文化对提高人们的审美意识有很好的促进作用。体育本身是一种健与美统一的活动，体育锻炼能使学生体魄健美，体形匀称，姿态端正，动作矫健，这些既是健康的标志，又是人体美的表现。校园体育文化能以丰富的内容和独特的形式，培养学生的形体美、动作美、姿态美、仪表美和心灵美，使学生树立正确的审美观，提高感受美、鉴赏美、表达美、创造美的能力。

2.校园体育文化的教育价值

(1)校园体育文化与德育。对学生进行共产主义思想品德教育，既是德育的任务，也是体育的任务，两者在全面教育中是很难截然分开的，在学校教育中往往寓德育于体育之中。事实证明，校园体育文化是培养学生共产主义品德及完善个性的重要手段。这主要是因为：校园体育文化以它丰富多彩的活动内容，吸引着广大学生；校园体育文化多以集体为单位，便于进行群体教育；校园体育文化活动经常采用竞赛、评比和奖励优胜等方法，有助于培养学生的竞争意识和开拓精神；作为一种进行教育和充实余暇时间的手段，对于矫正学生的不良行为，教育犯有过失的学生，具有显著的作用。

(2)校园体育文化与智育。校园体育文化对促进学生的智力发展有着重要作用。其根本原因是：健康的体质，特别是健全的神经系统，是智力发展的物质基础。通过体育锻炼，可以培养敏锐的感知能力、灵活的思维能力、丰富的想象力、良好的注意力和记忆力；可以使学生进行积极性休息，清除大脑的疲劳，恢复和提高大脑的工作能力，从而提高学习的效率。8－1＞8（指从8小时中拿出1小时进行身体锻炼，其学习和工作的效率大于8小时连续工作）这个富有哲理的公式，就充分说明了这个道理。

(3)校园体育文化与美育。校园体育活动对学生美的修养更具促进作用。美,作为人个性的和谐发展和精神文明的综合标志,是寓于德育、智育和体育之中的。思想品德和情操的美,是德育的主要内容,而风度美、语言美、环境美等又是与一个人的文化知识水平和美学修养直接有关的。至于"美"与"健"的关系更为密切,离开了"健"去谈"美"是不可思议的,而没有"美","健"也会失去光彩。只有体育与美育相结合,才能培养出集"健"与"美"于一体的人。

总之,校园体育文化是一种精神文化。校园体育文化有助于创造生动丰富的校园文化;有助于冲破校园文化的封闭性,增强开放性;有助于弘扬校园文化的创新精神。

二、体育节

(一)学校体育节的意义

学校传统的运动会是学校体育活动的重要内容,是展示学校体育成果和学校精神风貌的窗口。学校运动会(以下简称校运会)以竞技体育活动为内容,"少数人参与,多数人看",历来如此,似乎是天经地义。如今当我们用素质教育的视角去审视过去的校运会,不难看出它与素质教育的要求有着本质的错位。

现行的校运会重尖子、轻群体,重胜负、轻参与,重选拔、轻普及。一句话,抓了少数人,丢了大多数。忽视和剥夺了广大学生接受体育教育、平等参与学校体育活动的权利,把少数学生在校运会上获取名次与奖牌当成了主要目的。而校运会的本质意义应是推动学校体育活动的开展,丰富学校师生的文化生活,对全体学生进行以培养体育意识与实践能力,提高体育素养为中心的全面素质教育。近年来兴起的校园体育节活动就是培养学生全面素质的途径之一。在校学生是学校体育文化建设的主体,营造一个活跃、丰富、向上的体育文化氛围,有利于高职学生的身心健康发展。体育节的活动能有效地提高学生对体育的兴趣,调动学生体育锻炼的积极性,对增强学生的体育意识,提高体育素养,扩大知识面,培养综合能力等方面都有重要意义。

因此,基于以上原因,现介绍一下把校运会作为活动内容之一的学校体育节。

(二)学校体育节的发动、组织与实施

搞好学校体育节必须抓好制订方案、思想发动、组织实施几个基本环节。总的实施方案应包括以下内容:

1. 制订方案

根据活动的工作环节内容等具体要求,先由学校领导层拟订一个基本框架,然后由承办部门(体育部)拟订实施方案。实施方案分三个层次:

(1)组织领导

建立以主管体育的校长挂帅,由宣传、体育、共青团、保卫等有关部门负责人参加的体育节领导小组。下设活动组织组(部)、新闻宣传组(部)、安全保卫组(部)等办事机构,并由领导小组副组长中的秘书长具体负责各办事机构的工作协调和落实领导管理工作。

活动组织是办事机构中的一个重要机构,也可以说是活动的主体机构。其主要的任务是:制订总的实施方案,对全校体育节的活动作总体安排,包括主要内容、时间、场地等安排。掌握基层准备工作的落实情况,活动过程中各方面的联系、沟通、检查、督促工作。

新闻宣传组的主要任务是:制定体育节活动期间的新闻宣传方案,加强新闻报道人员的组织,通过校广播电台、电视台,向全体师生进行体育节的宣传报道和各新闻媒体的公开

报道。

安全保卫组的工作主要是:确保体育节安全、顺利、有序地进行。

(2)活动形式与时间

总的实施方案中,要确定体育节整个活动的具体时间,并对采取的组织形式做出具体的规定。学校体育节的形式有各种体育比赛、体育表演、体育讲座等。开展范围有全校性的、以系部为单位的、以班级为单位的等。

(3)制定活动规程

体育节活动规程的主要内容有:

①基本事项。首先应明确本次活动的目的和任务、主办单位、活动日期和地点、参加单位及级别等。这些内容根据组织方案决定。

②活动内容。应根据体育节的性质、规模、参加级别、参加者的实际水平情况来设置比赛项目。对有关项目的比赛规则、器械的重量和规格做出不同的要求,不能同正式比赛一样,应体现其普通学生参加体育比赛的特点。

③领导小组对各基层组织进行此项活动提出原则性要求。其中包括组织领导、宣传发动、安全教育与组织。在体育节期间,利用校广播电台、电视台和讲座等活动,加强体育节的宣传活动,掀起全校性群众体育锻炼热潮。

④提出学校体育活动总的效果要求。

2.思想发动

召开领导小组会议,讲清实施方案中的各项任务、要求,统一思想,统一步调。召开各层领导小组负责人的会议,听取汇报,检查落实情况,使上下各级工作同步进行。通过各种媒体进行广泛宣传报道。对所有参加体育节活动的工作人员进行思想动员,引起足够重视,兢兢业业,严肃认真地做好体育节活动期间的准备工作。做好全校师生的思想教育和组织工作,使其充分认识到学校体育节的目的和价值。号召大家积极参加这一活动,搞好全民健身活动。

3.组织实施

要搞好活动,制订好实施方案只是第一步,要把方案落到实处,取得理想的效果,严密细致的组织实施是十分重要的。所谓组织,是使人的活动更有效地协调一致的手段,有意识地调整人的各种活动以及各方面的力量,为实现所达到的目的和目标而规定各成员应起的作用及他们之间的相互关系,使之在整体实施过程中发挥作用。

(三)学校体育节的主要形式

1.体育比赛和表演

(1)广播操比赛。广播操是根据人体生理规律和使身体各主要部位都得到活动的原则编制的,它动作简单,易学易练。广播操每做一遍约需 5 分钟,做操时心率和呼吸频率比安静时增加近一倍,从而加速血液循环,促进新陈代谢,消除疲劳,提高学习和工作效率。做操时认真领会每节操的动作要领,加大动作幅度,坚持质量标准,必然会收到良好的锻炼效果,因此,广播操是学校体育节的主要内容之一,它可以全校性的开展,也可以班为单位进行。

(2)健美操。健美操是根据练习者的身体特点,发展身体各部位的要求,把体操和舞蹈中的简单动作组编成操,在音乐的伴奏下进行的一种体育锻炼手段。健美操动作简单易学,讲求实效,造型优美,动作连续。它练习密度较大,融健身、健心与健美为一体,对增强体质,塑造形体美和姿态美有着明显的效果。当前,健美操发展很快,普遍受到人们的青睐。青少年学生正处在长身体时期,都有塑造健美体型的强烈愿望,特别是女生更是如此,学校可以普遍采用。推广健美操健身法,是学校体育节的主要内容之一。

(3)田径比赛。田径运动是学校体育节开设的主要项目,在学校体育中占有较大的比重。田径比赛项目多种多样,内容丰富,既有个人项目,也有集体项目,能激发参加者的积极性。

(4)各种球类比赛。球类项目也是开展学校体育节的主要内容,球类项目竞赛不仅具有激烈的竞争性,而且具有游戏的特点,尤其是青少年学生更爱好参加这些项目,它已成为丰富学校体育文化生活的主要组成部分。

(5)体育知识讲座。体育是万古长青的事业,为了推动体育运动的深入发展,在学校开展全民健身运动,让每个学生都能意识到它的重要性,激发其参加体育锻炼的积极性,在全校范围内开展有关体育的目的和任务、体育的社会价值、体育的健身价值等方面的知识讲座是必要的。但是组织一次成功的体育知识讲座是不容易的,必须具备以下三个因素:一是所选主题是否为当前热点问题;二是讲座内容是否与本校学生的实际情况相适应,能被学生所接受;三是讲演者是否具有"名人效应"和较高的学术和演讲水平。因此,在组织体育节期间的讲座时,应争取请到校内外的知名体育专家或具有较大影响的运动员。

(6)体育知识竞赛。体育知识竞赛可以促进学生对体育知识的掌握和理解,也是加强体育知识学习的重要途径。它把体育的竞争性运用到知识竞赛之中,具有较大的吸引力。组织一次这样的知识竞赛需要以下 5 个条件:一套抢答器;一套围绕体育科普知识为主的、丰富多彩、生动有趣的题目(专业性太强的题目不适应于广大学生),并且每个问题应该有唯一正确的答案;一个由 3～4 名专家组成的仲裁委员会,他们可以处理意外情况;一个高效的工作人员班子,包括计分员、计时员等;基层单位认真、及时做好参赛选手的选拔和培训工作。有了以上条件,体育知识竞赛便可以开展得有声有色。

2.体育节时间的选择

双休日是学生难得的自由时间,学校应根据学生特点开展一些既增加学生才干,又能够使学生得到休息与放松的课余活动,以满足学生的不同需求。学生是一个充满活力、充满朝气、富于创造性的群体,因此颇具欣赏性、挑战性的文体活动自然受到他们的欢迎。学校可以利用双休日组织全校性或以系为单位的体育比赛,让学生在紧张之余,其特长得以发挥,心得到放松。利用节日、纪念日组织学校体育节。节日、纪念日本身的含义体现了丰富有益的教育影响,是我们对学生进行思想品德教育的一份可以充分利用的好教材,历来受到各方面的重视。学校体育节也应充分利用这一特点,在学校体育节中常采用的时间分为以下几类:

(1)国家规定的节日、纪念日。如国庆节是我国人民的重要节日,每年这个时候也是新生入学的开始,充分利用这一节日,开展"迎新体育节"活动。学校可以根据本校具体情况,选择若干个体育比赛项目,让新生和老生同时参加体育节的比赛活动。一是培养学生的竞争意识,二是增强学生的集体主义荣誉感和责任心。从入校就开始加强学生体育意识的培养,使其养成经常锻炼身体的习惯。

(2)学校自行规定的纪念日。以校庆活动为例,只有当学生真正热爱自己的学校时,学校才能有旺盛的生命力。因此,校庆活动是开展各种活动的好机会,许多学校都充分利用校庆纪念日来组织各种形式的体育活动，如体育比赛、体育表演（武术表演、体操表演、艺术体操表演等）来增加校庆活动的气氛，丰富校庆活动的内容。

(3)民族传统节日。如中秋、元旦、春节等，是我国人民的传统节日。据史料记载，我国人民充分利用这些传统节日来进行体育活动的内容是丰富的，直到今天，还有大量的传统体育项目被保留。如春节时的踩高跷、舞龙，元旦节的长跑、越野等象征性体育活动等。体育节的组织形式要生动，不拘一格，有所创新，避免每年都是同一形式，各校应根据本校学生特点，有针对性地组织本校体育节，动员学生都参加，调动全校师生员工参加体育节的积极性。

三、小型比赛的编排方法

（一）球类项目

球类比赛通常采用的比赛制度，有淘汰制、循环制和混合制三种，选择和确定比赛制度时，应考虑举办比赛的目的、任务、比赛的期限、参赛队数以及运动员的生活、学习、工作情况、地区的分布和球场的数量等问题。

1.淘汰制

淘汰制是球队在比赛中失败一次或两次之后，即失去继续参加比赛的资格，连续获胜的球队继续参加比赛，直到最后确定优胜队为止。失败一次即失去比赛资格的方法为单淘汰制，失败两次即失去比赛资格的方法为双淘汰制。目前淘汰制在大球项目上应用较少，而在小球项目（比如，乒乓球、羽毛球、网球等）应用较多。

(1)单淘汰制的编排方法

首先根据报名参加的队数制定比赛轮次表，由各队进行抽签，确定在比赛表中的位置，然后把队名填人比赛轮次表中。如果参加比赛的队数恰好是2的乘方数（4、8、16、32、64等），在第一轮中所有的队都要参加比赛。如果参加的队数不是2的乘方数，经过第一轮比赛的淘汰，必须使参加第二轮比赛的队数为2的乘方数。

编排时要把轮空队分别排到上、下两半区，两半区参加的队数也要尽量相等。如果轮空队为奇数，可使下半区的轮空队为偶数，上半区的轮空队为奇数。

计算第一轮参加比赛的队数，可以用$(n-2^n)\times 2$的公式计算，其中N代表队数，2^n代表小于队数的2的乘方数。例如13个队参加比赛，即$(n-2^n)\times 2=(13-8)\times 2=5\times 2=10$，10个队参加第一轮比赛，三个队轮空。

为了避免强队在第一轮比赛中相遇，经常采用“种子队”编排法。即把强队定为种子队，先安排在比赛表中适当的位置，然后再让其他各队抽签确定位置。如果确定两个种子队，应分别编排在两个半区的最上边和最下边。种子队在第一轮中优先轮空。

淘汰制只能合理地确定第一名，在必须确定其余各队名次时，应进行附加赛。附加赛的办法应在竞赛规程中明文规定。常用的附加赛方法是：决赛中失败的队为第二名；复赛中失败的两个队补赛一场，胜者为第三名，败者为第四名。复赛前败的四个队进行补赛，争夺第五至第八名。

(2)双淘汰制的编排方法

其编排方法基本上和单淘汰制相同，只是进入第二轮后，要把失败的队编排起来再进行比赛，再失败的队被淘汰；胜队继续与上一轮失败者进行比赛，最后，失败一场的队还能参加决赛，并有可能夺取冠军。

2.循环制

循环制包括单循环、双循环、分组循环三种方法。单循环是所有参加比赛的队均能相遇一次，最后按各队在全部比赛中胜负场数、得分多少排列名次。一般在参加比赛的队数不多、竞赛时间较长时采用。双循环是所有参加比赛的队在比赛中均能相遇两次，最后按各队在全部比赛中胜负场数、得分多少排列名次。一般在参加比赛的队数少，而竞赛时间较长时采用。分组循环是把参加比赛的队分为若干小组，分别进行单循环比赛。在小组排定名次后，再进行第二阶段的比赛。一般在参加比赛的队数多，而比赛时间有限时采用。

(1)单循环比赛的编排方法

①单循环比赛轮次与场数的计算

计算轮次与场数的目的是为了计算比赛所需的时间和所需场地的数量，以便于竞赛日程和场地的安排及经费的预算。

计算比赛的轮次:参加循环赛的各队均比赛一场(包括轮空)则为“一轮”。计算轮次的方法为，若参加比赛的队数为偶数时，轮次＝队数－1。若参加比赛的队数为奇数时，轮次＝队数。

计算比赛的场数:队数(队数－1)/2＝场次

②单循环比赛顺序的编排

将参加比赛的队数，用阿拉伯数字等量地分成左右两列。左列由上往下排，右列由下往上排，然后用横线将相对的两个数联起，这就是第一轮相遇的两个队。若参加比赛的队数为奇数，可用“0”占位，则与它相对的队为轮空队。从第二轮编排开始，1号位固定不变，其他位数按逆时针方向轮转一个位置，即可排出下一轮的比赛顺序。

轮次表编排之后召集领队会议，按参加比赛的队数制作与队数相等的签号，由各领队抽签，然后将各队抽到的签号对号填写到轮次表中去，再结合比赛的日期、时间、场地、服装颜色等，排出竞赛日程表。

(2)分组循环比赛的编排方法

分组循环比赛一般在参加队数较多的情况下，为了不过多地增加比赛的场次和延长比赛的日期，每队又能参加一定的比赛场次，排列出的各队名次也比较客观，所以运用这种编排方法比较多。

①分组循环的基本方法

分组循环比赛可根据参加比赛的队数，分成若干个平行小组，在组内先进行单循环赛，排出各小组的名次。根据具体情况，分组循环可分两个阶段(即预赛阶段和决赛阶段)或三个阶段(即预赛阶段、复赛阶段、决赛阶段)进行。

总之，比赛采用何种编排方式，取前几名，均要根据竞赛规程的规定。

②分组循环赛种子队的确立和位置排列

确定种子队的依据是根据上届比赛的各队成绩，或者在领队会议上协商确定。种子队的队数一定要等于分组的组数或组数的倍数。如果分四个组比赛，若确定四个种子队，则每组安排一个种子队。若确定八个种子队，则每组安排两个种子队。哪两个种子队在一组，则采用下列方法安排种子队的位置:

首先将八个队按照水平排列出第一号种子、第二号种子……一直到第八号种子，然后将八个队合理安排在各组内。第一号种子与第八号种子编为一组，第二号种子与第七号种子编为一组，依此类推。

③分组循环赛的抽签定位方法

根据分组的组数和每组的队数制作相应组数和队数的签号。抽签的方法可分为一次性抽签和二次性抽签。一次性抽签就是一次抽签就决定组别及组的顺序号。二次性抽签就是第一次抽签决定组别,第二次抽签决定组的顺序号。

种子队先抽签,确定各种子队的组别,若种子数与分组数相同,则将各种子队分别抽入各组。若种子数是分组数的倍数,则将采用跟种子的办法。合理地将两个种子队抽入同一组内。以分四组有八个种子队为例:即前四个种子队代表后面各种子队抽签。第一号种子抽入某组则将第八号种子带入同组,同样,第二号种子抽入某组则将第七号种子带入同组……然后非种子队按分组的顺序依次抽签,确定组别和组的编号。将各队队名对号填入事先编排好的轮次表内。

(3)双循环比赛的编排方法

是指参加比赛的队先后进行二次单循环的比赛方法。这种方法参加的队均能相遇二次。最后按各队在全部比赛中胜负场数的积分多少排列名次。其编排方法与单循环赛一样。第二次循环赛的编排可以重复,也可以重新抽签编排。

3.混合制

同时采用淘汰制和循环制的比赛就是混合制比赛。混合制是把比赛分为两个阶段,前一阶段采用分组淘汰制,后一阶段采用循环制,或者相反进行。

(二)田径项目

田径运动会的特点是竞赛项目多、参赛人数多、赛程时间长,因此,组织编排工作水平的高低,将直接关系到运动会的顺利进行与运动员技术水平的发挥。

田径运动会的组织编排工作包括:制定竞赛规程、组织与接受报名、编排竞赛秩序、编印秩序册、竞赛期间的编排记录工作、竞赛结束后的工作。

1.制定竞赛规程

竞赛规程一般是由主办单位根据比赛的目的、时间、地点、比赛规模及场地设备等情况而制定的纲领性技术文件,是田径比赛的特定依据。田径运动会的规程应包括如下内容:竞赛名称、竞赛目的、主办和承办单位、日期与地点、项目、参加单位及组别、比赛办法、参赛资格、报名人数、每人限报项目数、报名截止时间、报到时间、录取名次、记分办法、奖励办法以及采用的规则等。

竞赛规程应有主办单位根据运动会的等级、规模、举办时间提前下发到参赛单位。

2.编排前的准备工作

(1)组织、接受报名

根据竞赛规程的要求,向各单位发放报名表。接受各单位的报名表后要逐项进行审核,审核的内容有:①报名单位的名称、项目、组别是否填写正确;②每个项目的报名人数及全队总人数是否符合规程要求;③每个运动员的报名项目是否符合规定。

如有不符合规程的地方,应立即通知有关单位及时更正。

(2)编号及抄写代表队名单

根据报名的先后顺序,按下列格式抄写代表队名单。

××代表队

领队:×××

教练员:××× ××× ×××

男运动员:101××× 102××× 103×××

女运动员:106××× 107××× 108×××

(3)填写径赛卡片与各项田赛名单

根据报名单,把运动员所参加的组别、径赛项目、单位、姓名、号码等填写在"径赛成绩记录卡片"和"全能成绩记录卡片"上,运动员每参加一项填写一张,接力赛每队填写一张"接力赛成绩记录卡片"。田赛项目分别填写,将运动员号码、姓名、单位填入"田赛高度成绩记录表"和"田赛远度成绩记录表"。

3.统计、填写参赛人数和运动员兼项统计表

(1)编排大会竞赛日程

根据运动会的天数,将所有径赛与田赛项目按上、下午时间编排成一个秩序,使比赛按计划顺利地进行。注意编排过程中要充分考虑各项目的特点,合理编排。

(2)各项竞赛的分组编排方法

①径赛项目的分组要求

根据各项参赛人数和跑道数,确定组数,每组人数力求平均。径赛项目,一般是采用按成绩录取的办法;同一参赛单位的运动员尽量避免编在一组。运动员的道次分配,一般采用运动员抽签或按成绩顺序分配两种方法。若按成绩顺序分配道次,以8条跑道为例,直道项目的顺序为:4、5、3、6、2、7、1、8,弯道项目为:3、2、4、5、6、7、8、1。不分道次的径赛项目,如人数较多,需分组时,应将成绩好的排在第一组进行,起跑位置的排列可按成绩优次,由内向外排列或抽签确定。

②田赛分组要求

田赛项目一般不分组,其比赛的先后顺序,由大会编排人员抽签排定。如果参加人过多,可在正式比赛前举行资格赛。若必须分组时,则比赛场地条件和方向必须相同。比高度的项目,每次上升的高度两组必须相同。

4.编印秩序册

田径运动会的秩序册,一般包括下列内容:大会竞赛规程;大会组织委员会名单;大会办事机构名单;仲裁委员会名单;裁判员名单;各代表队名单;各单位参加人数统计表;大会活动日程表;竞赛日程;开幕式、闭幕式程序;各项竞赛分项分组表;等级运动员标准;相关最高记录表;竞赛场地平面图;其他(包括赞助单位、精神文明评选条件等)。

5.竞赛期间的编排记录工作

赛前将运动员检录单及成绩记录卡片交检录处;赛中,审核成绩记录表并公布成绩,并分送有关职能组或做好后继赛次的相关工作。及时公布决赛成绩,记录各单位团体总分及奖牌数,统计打破记录的项目、人数和人次。

6.竞赛结束后的工作

(1)收集资料:包括各单位团体名次及总分;各项前六名或前八名运动员名单及成绩记录表;破纪录项目、人数统计。

(2)印发成绩册:编印大会成绩册,并及时寄发各参赛队和相关部门。

第四节 做文明的体育观众

从古到今,体育竞技总是由运动员、教练员、裁判员和观众 4 个方面的人组成的。如同歌舞戏剧的演出一样,如果没有观众,比赛或演出便会失去意义。

赛场上的观众和运动员、教练员、裁判员是互相影响、互相作用的。观众席上的掌声和喝彩声,对运动员是一种兴奋剂,会成为激励运动员积极进取、创造良好成绩的力量;相反,如果观众不守秩序,不讲文明,瞎哄瞎闹,甚至向运动员投掷瓶子、果皮、辱骂裁判等等,对运动员的竞技状态就会造成很大的影响。在第 5 届全运会男子跳高比赛中,观众席上的良好风气令人难忘。当时,观众察觉到朱建华有可能冲击世界纪录,便给予许多掌声、喝彩声。每跳一次,什么时候肃静,什么时候欢呼,什么时候鼓掌,都似乎听从于一根巨大指挥棒的指挥。最后,当朱建华向 2.38 米的世界高度冲击时,赛场虽是拥挤着 6 万多名观众,却静得如无一人,而每个观众的脸上都浮现出热情期待的表情。这种高度的配合,无声的激励,对运动员来说是一股巨大的动力。当朱建华成功地跃过新的世界纪录时,全场"轰"的一声沸腾起来了,欢呼声不绝于耳。事后,朱建华接受记者采访时深情地说:"我的一点成绩是领导和教练教育的结果,同时又是观众激励、支持的结果。"显然,在运动员灿灿的奖牌上,同样凝聚有观众的光和热。可见,观众在体育竞赛中不是可有可无,而是占居着重要的位置,发挥着不可缺少的作用。

既然观众在体育竞技中有着极其重要的作用。那么,作为一个观众应该如何珍惜自己的地位,发挥积极的作用呢? 这的确是值得观众认真思考的问题。

首先,观众应该弄清体育比赛的真谛,从而用良好的体育道德去观看比赛。

体育比赛就是要争上游、比优劣,比赛是体育运动的生命。但是,比赛争出胜负不是唯一目的,更重要的是要推动事业的发展,加强运动员相互之间的团结和友谊。奥林匹克宪章中明确规定,奥运会的宗旨是"和平、友谊、团结、进步"。体育运动的发展,是人类文明和进步的标志,又是为人类的文明和进步事业服务的。它的目的是通过比赛使人类体育技能达到"更快、更高、更强"。一个人、一个队在一次比赛中的输赢,是不应看得过重的,诚如奥林匹克的另一个口号——"重要的是参与"。这就是体育比赛的真谛。

体育比赛历来强调坚持良好的体育道德。在现代奥运会上就有这样良好的传统:在开幕式上要举行运动员宣誓,这是整个开幕式上最庄严的时刻。届时,先由运动员宣誓,各国旗手们在主席台前站成半圆,举办国的一名运动员在本国旗手的护送下,右手执旗的一角庄重地走上主席台,摘下头上的帽子及饰物,举起右手宣誓:"我以全体运动员的名义,保证我们将尊重和遵守有关规则,以真正的体育道德精神,为体育的光荣和我们队伍的荣誉,参加这次奥林匹克运动会。"也就是说,竞技者要坚持光明磊落,用真实的本领去取胜。道德上的责任,要求每一个观众都不能偏袒一方,瞎哄瞎闹。

我们是社会主义国家,我们要发展社会主义体育事业。《中共中央关于进一步发展体育运动的通知》中强调指出:要加强对运动队和观众的文明礼貌教育,正确对待胜负。在比赛中,尤其要注意既赛出水平,又赛出风格。体育观众,一定要坚持良好的体育道德,做一个文明的观众。

观看体育比赛是一件赏心悦目的事,是热闹欢快的活动。要求观众上了看台之后,个个正襟危坐、不苟言笑那是不对的，也是不可能的。但是，观众的情绪、活动应该有个分寸，要做到不偏不倚地为“团结、进步”鼓掌，为双方的好风格、好技艺鼓掌，通过这些活动来发挥观众的作用。

当一个合格的文明的观众，还应该了解一些体育知识，懂得一些基本比赛规则，要把欣赏的眼光放在好的球艺、好的思想风格上，千万不要单纯忘情于胜负得失之上。对体育的欣赏能力是在实践中获得、在实践中提高的。多参加体育比赛的“观战”，欣赏水平就会提高。事实上，现在许多体育爱好者已经具有较高的体育欣赏水平，他们不仅熟悉场上运动员的技术长短、性格特点，而且懂得裁判规则，战术技术；他们边看边谈，议论纷纷，其中不乏精辟之见。

随着两个文明建设的向前发展，广大观众的道德风貌、体育欣赏水平将会越来越高，体育比赛的新风必将劲吹体坛。

附录一

平顶山工业职业技术学院

体育俱乐部教学管理办法

根据我国高等教育发展趋势和高校体育课程教学深化改革的要求，自2006年起平顶山工业职业技术学院在体育教育中实施以俱乐部形式进行体育教学管理与组织，构建并实现课堂专项教学与课外体育活动、俱乐部活动和各种体育竞赛活动有机结合的课内外一体的“大体育课”体育俱乐部教学模式。具体如下：

一、体育俱乐部教学模式可操作性分析

我院实施体育俱乐部教学具有较强的可操作性。体现在以下几个方面：一是以“健康第一”的思想为指导，“终身体育”理论为依据。二是有科学的管理体系：学校体育俱乐部由学院主管院长、文化教育部、体育教研室共同负责，组成俱乐部领导核心，分设若干专项俱乐部。课内主要由教务处、文化教育部、体育教研室负责教学管理，安排教师、教学时间、教学场地、协调学生选择各单项俱乐部等。课外由以学生为骨干的体育俱乐部负责组织各单项俱乐部等。课外由以学生为骨干的体育俱乐部负责组织各单项体育活动和课余体育竞赛，形成四级管理体系。专项俱乐部的设置以《体育与健康课程标准》为依据，符合学生的身心发展特点，顺应现代体育发展趋势，充分考虑体育课程的特殊性，紧密联系本校实际。体育教学管理机构在开学前，向学生公布俱乐部的项目设置、教师等方面的基本情况。学生根据自己的兴趣、爱好和自身的条件，自由选择和确定参加俱乐部活动的项目。三是有合理的教学组织形式和方法：在教学组织形式上，要求打破传统教学组织形式，以专项俱乐部的组织形式开展课堂教学和课余体育活动，而且，同一专项俱乐部要按学生性别、年龄、身体条件、运动技能水平，分初级、中级、高级3个层次，采用分层教学法，学生根据自己的实际水平选择参加，每个层次都有教师负责组织和辅导，倡导自主、合作和探究式的学习方式，实现学生由被动学习向主动学习的转变。

二、体育俱乐部教学的基本思路

高校体育俱乐部在学习借鉴发达国家高校体育俱乐部一些做法的基础上，结合我国的实际情况形成和建立起来的一种体育教学模式定性为体育教学俱乐部。体育教学俱乐部是以体育与健康教育为目标，以共同体育锻炼爱好为组织基础，根据大学生的生理、心理、社会和自我完善的需要，把体育教学、课外体育活动、群体竞赛三者融为一体的体育教育形式。它的特点是：

体育教学俱乐部重视学生的主体地位，学生可以自由选择项目、教师、上课时间，更能满足学生个性发展需要；俱乐部采用多层次，多类型的组织形式，最大限度地满足学生的需求；体育教学俱乐部的教学、辅导、群体竞赛有机结合，有效地促进学生体育知识、技能的掌握和健康水平的提高。

教师由原来的主授者变为组织者、辅导者。充分发挥学生的主观能动性，在教师的组织和指导下，为实现自我的发展而积极主动地参加体育学习和锻炼。体育教学俱乐部从学生的兴趣出发，重视学生的合理要求，让学生学会自己选择、自主练习和自我评价，从中体验运动的乐趣和成功的满足，使学生对体育课的学习由“依赖型”向“自主型”学习发展。

体育俱乐部教学模式符合《全国普通高等学校体育俱乐部教学指导纲要》的要求。目前我国有多所本科高校进行了尝试，取得了一些成果，但在高职院校中开展的还不多。我们在学习借鉴的基础上，根据我校实际情况进行平职学院体育俱乐部教学模式教学改革。

三、具体方案

1.体育教学俱乐部教育目标

(1)身心健康目标:增强学生体质，促进学生身心健康和谐发展，养成积极乐观的生活态度，形成健康的生活方式，具有健康的体魄。

(2)运动技能目标:熟练掌握两项以上的健身运动的基本技能、基本理论知识及裁判方法，能科学地进行体育锻炼，掌握常见运动损伤的处理方法。

(3)终身体育目标:积极参与各种体育活动，基本养成自觉锻炼身体的习惯，基本形成终身体育的意识，能够编制可行的个人锻炼计划，具有一定的体育文化欣赏能力。

2.课程设置

平职学院俱乐部课程教学体系构建如下:

(1)体育基础课:一年级第一学期为体育基础课，以院系、行政班级为单位统一安排体育课。

(2)俱乐部专项课:第二学期至第三学期专项运动课实行体育俱乐部制，学生根据自身的情况和兴趣任选 2 个学期的体育俱乐部。第四学期任选第二专项学习。

(3)体育保健课:对部分身体异常、特型和病、残、弱等特殊群体学生，开设以指导康复、保健为主的适应性体育课程。

(4)运动训练课:对体育特长生及校运动队主力队员，开设以各专项运动训练为主的体育课程。

3.课程结构

(1)为实现体育课程目标，充分发挥学生主体作用和教师的主导作用，实行“开放式教学”，学生可自由选择上课时间、自由选择体育俱乐部、自由选择教师。

(2)根据学校教育的总体要求和体育课程的自身规律，体育俱乐部面向全体学生开设不同项目的初中级班，以满足不同层次、不同水平、不同兴趣学生的需求。

(3)重视理论与实践相结合，在体育运动实践中注意渗透相关理论知识，运用多种形式和现代化手段，安排约 10%的理论教学内容，扩大体育的知识面，提高学生的认知能力。

4.课程内容

体育课程将“健康第一”的指导思想作为教学内容的基本出发点，遵循大学生身心发展规律和兴趣爱好，坚持健身性与文化性相结合、选择性和实效性相结合、科学性与可接受性相结合、民族性与世界性相结合。

第一，体育基础课主要教学内容:(1)田径、大众健身操(女生);(2)基础理论(高等学校体育、体育卫生与保健);(3)主要运动项目介绍(田径、篮球、排球、足球);(4)《学生体质健康标准》测评。

第二，俱乐部专项课主要教学内容:各专项运动的基本技术、战术、理论。

第三，体育俱乐部设置。

(1)篮球俱乐部;(2)足球俱乐部;(3)排球俱乐部;(4)网球俱乐部;(5)健美操俱乐部;

(6)羽毛球俱乐部;(7)田径俱乐部;(8)乒乓球俱乐部;(9)跆拳道俱乐部;(10)体育娱乐与保健俱乐部。

第四,体育保健课主要教学内容:养生体育、机体康复方法等以康复、保健为主的适应性体育项目。

第五,体育训练课主要教学内容:各运动队教练员规定的专项训练计划、任务,其主要目的是提高专项运动成绩,参加各类体育竞赛,为学校争光。

5.教学管理

第一,选课程序。

(1)第一学期由学生所在院系按行政班集体上课,其余学期全部由学生自由选课。学生在校期间必须选择两个以上不同项目,不同层次的体育俱乐部学习与训练。

(2)学生每学期根据教学网上公布的项目、时间、地点,根据自身的兴趣爱好选择体育俱乐部,所选时间不得与其他课程发生冲突。

第二,课堂管理。

(1)我校公共体育课将实行体育俱乐部制,学生可根据自身情况,自由选择上课时间、自由选择体育俱乐部、自由选择教师。

(2)体育 课合计 8 学分。学生在校三年必须修满 4 个学期 8 个学分,原则上每学期各修 2 学分。

(3)学生在所选项目规定的时间学习与训练,如有特殊情况需要调课,经任课教师同意可在相同俱乐部其他时间学习与训练。

(4)学生若未取得每学期规定的体育类课程学分,不具备评选三好学生、奖学金资格。

(5)学生获得体育课程全部学分毕业时视为体育合格,否则不能毕业。

第三,成绩考核。

(1)体育基础课。课内:①田径、大众健身操(女生);②基础理论;③考勤。课外:《学生体质健康标准》。

(2)专项运动课。课内:①专项技术;②考勤。课外:《学生体质健康标准》。

(3)体育保健课。①达到课程基本要求;②理论;③考勤。

(4)学生成绩以百分制进行登录,毕业时以“合格或不合格”二级标准进行评定。

6.组织管理

(1)组织机构。文化教育部体育教研室具体负责管理基础课和各俱乐部日常教学工作。教研室下设篮球、排球、足球、乒乓球、羽毛球、网球、形体健美操等俱乐部。

(2)排课原则。加强基础课的教学,中级职称以上教师第一学期都要承担 2 至 4 次体育基础课。第二学期全体教师担任体育俱乐部课程。

(3)加强教师业务学习,不断提高专业水平,努力适应教学、群体、训练一体化的体育俱乐部要求,对不能适应俱乐部教学要求的教师,实行停课进修,合格后上岗。促进学生身心健康发展。

附:体育俱乐部选课程序

1.每学期第一周进行网上选课,第二周正式上课及调整,第三周起进入正常教学。

2.选课对象:进入大专第二学期学习阶段的大专学生。

3.体育课为必修课,每个人必须选报且限选报一项,否则后果自负。

4.学生可根居各俱乐部教师网上课表，可在本班自习课时间选报任课教师、项目和时间。

5.三年制大专第2～3学期所选体育俱乐部项目原则上必须相同，第4学期可自主选择项目。五年制大专升入大专后按普通大专之规定。

6.如所选项目人数已满或时间均已冲突，两周内请与任课教师联系，由任课教师负责安排或调整。

附录二

《国家学生体质健康标准》实施办法

为贯彻落实教育部、国家体育总局下发的《国家学生体质健康标准》(教体艺[2007]8号),并结合我校实际情况制订此《标准》实施办法,切实加强学校体育工作,激励学生积极参加体育锻炼,提高学生体质健康水平,全面推进素质教育,推动学校体育活动的开展。

1. 原则要求

1.1 《国家学生体质健康标准》(以下简称《标准》)是促进学生体质健康发展、激励学生积极进行身体锻炼的教育手段,是学生体质健康的个体评价标准,也是学生毕业的重要依据。

1.2 学校在实施《标准》时接受教育部、国家体育总局及河南省教育厅的领导。学校按照教育部、国家体育总局及河南省教育厅的统一部署和要求,采集、汇总、上报《标准》的有关数据。

1.3 凡我校全日制学生均按本《标准》执行。

1.4 严格按照《标准》测试的要求,加强对测试人员的培训和测试器材的检测,确保测试数据的科学性、准确性、客观性,真实反映学生体质健康的状况。

2. 组织领导

2.1 《标准》在主管校长领导下,由教务处、学生处、体育系、各学院、系协同配合,共同组织实施。

2.2 明确各相关部门和有关人员的职责,确保《标准》实施管理的有序性。

3. 实施办法

3.1 部门职责

3.1.1 教务处:

3.1.1.1 负责实施《标准》过程中的计划调控和时间安排等协调工作。

3.1.1.2 将学生《标准》等级评定成绩列入学生成绩档案。根据成绩确定学生毕业或肄业。

3.1.2 学生处:

3.1.2.1 负责将《标准》列入新生入学教育的内容。

3.1.2.2 组织协调各学院班主任落实课外锻炼的考勤登记。

3.1.3 各学院、系:

3.1.3.1 负责将学生的《标准》评定成绩纳入评“三好学生、奖学金”管理工作。

3.1.3.2 与各学院、系协同配合做好《标准》实施的宣传工作。

3.1.3.3 落实并记载学生其他课外体育锻炼的出勤情况。

3.1.4 体育系:

3.1.4.1 全面负责《标准》的实施,做好宣传工作。

3.1.4.2 组织相关测试人员的培训和做好测试场地、设施、器材和准备工作。

3.1.4.3 制订学年《标准》实施工作计划。

3.1.4.4 负责制定各学院各班级每学年各测试项目的测试计划,组织实施测试工作和成绩评定。

3.1.4.5 认真记录测试教师的教学工作量。

3.1.4.6 对测试数据进行统计分析，针对个体差异指导学生的体育锻炼。

3.1.4.7 对因伤、残、病等可免予执行《标准》的学生提出的申请给予鉴定。

3.1.4.8 负责汇总评定学生每学年《标准》等级。

3.1.4.9 填写《国家学生体质健康标准登记卡（大学）》，并于学生毕业前连同《免予执行〈国家学生体质健康标准〉申请表》一并送交各学院、系，与学生成绩卡一同归入学生档案。

3.2 测试方式

3.2.1 在校本、专科学生统一由体育系安排日程，保证统一测试、汇总、统计。

3.2.2 按教育部规定由体育系上报《标准》统计表。

3.3 测试项目

按《国家学生体质健康标准》要求执行。

3.4 测试

3.4.1 测试前各单位、各部门要做好充分准备，提高测试时间的利用率，保证测试效果。

3.4.2 身体形态、身体机能和身体素质的测试，按人民教育出版社《国家学生体质健康标准解读》中的有关要求进行。

3.4.3 测试过程中必须保证秩序，测试数据和记录要准确无误，测试、记录人员必须在测试结果上签字。

3.5 等级评定与登记

3.5.1 《标准》从身体形态、机能、素质等方面综合评定学生的体质健康状况。《标准》按百分制记分，各个测试项目的得分之和为《标准》的最后得分，满分为 100 分。根据最后得分评定等级：90 分以上为优秀，75～89 分为良好，60～74 分为及格，59 分以下为不及格。

3.5.2 每学年测试的原始数据和统计资料由体育部妥善保存，专人负责收集、保存成绩登记表和统计资料。

3.5.3 学生《标准》测试成绩达到良好等级及以上者，方可参加三好学生、奖学金评选。

3.5.4 《标准》测试成绩不合格者，在本学年度准予补测一次，补测仍不合格，则学年《标准》成绩不及格。

3.5.5 学生毕业时《标准》测试的成绩达不到 50 分者按肄业处理。

3.5.6 因病或残疾学生，可向学校提交免予执行《标准》的申请，经校医院及医生证明，体育系核准后，可以免予执行《标准》，并可参加三好学生、奖学金评选，毕业时成绩可记为合格，但不评定等级，所填表格及相关材料存入学生个人档案。

3.6 奖励与降低分数的办法

3.6.1 属于下列情况之一者，奖励 5 分，记入学年总成绩：

3.6.1.1 认真上好体育课。

3.6.1.2 积极参加体育活动。

3.6.1.3 每天锻炼达到一小时者。

3.6.2 属于下列情况之一者，《标准》成绩记为不及格，该学年《标准》成绩最高为 59 分：

3.6.2.1　体育课无故缺勤，一学年累计超过应出勤次数 1/10。其中，早操、课外体育锻炼考勤由各学院提供，体育课考勤由体育系提供。

3.6.2.2　评价指标中 400 米(50 米×8 往返跑)、1000 米跑(男)、800 米跑(女)、台阶试验的得分达不到及格者。

4. 其他

4.1　本办法自 2009 年秋季起在全校学生中开始执行，原执行的《学生体质健康标准(试行方案)》不再施行。

平顶山工业职业技术学院

体质健康测试中心

2009 年

附录三

国家学生体质健康标准

表一　大学男生身高标准体重　　　　　　（单位:kg）

身高段(厘米)	营养不良	较低体重	正常体重	超重	肥胖
	50分	60分	100分	60分	50分
144.0～144.9	<41.5	41.5～46.3	46.4～51.9	52.0～53.7	≥53.8
145.0～145.9	<41.8	41.8～46.7	46.8～52.6	52.7～54.5	≥54.6
146.0～146.9	<42.1	42.1～47.1	47.2～53.1	53.2～55.1	≥55.2
147.0～147.9	<42.4	42.4～47.5	47.6～53.7	53.8～55.7	≥55.8
148.0～148.9	<42.6	42.6～47.9	48.0～54.2	54.3～56.3	≥56.4
149.0～149.9	<42.9	42.9～48.3	48.4～54.8	54.9～56.6	≥56.7
150.0～150.9	<43.2	43.2～48.8	48.9～55.4	55.5～57.6	≥57.7
151.0～151.9	<43.5	43.5～49.2	49.3～56.0	56.1～58.2	≥58.3
152.0～152.9	<43.9	43.9～49.7	49.8～56.5	56.6～58.7	≥58.8
153.0～153.9	<44.2	44.2～50.1	50.2～57.0	57.1～59.3	≥59.4
154.0～154.9	<44.7	44.7～50.6	50.7～57.5	57.6～59.8	≥59.9
155.0～155.9	<45.2	45.2～51.1	51.2～58.0	58.1～60.7	≥60.8
156.0～156.9	<45.6	45.6～51.6	51.7～58.7	58.8～61.0	≥61.1
157.0～157.9	<46.1	46.1～52.1	52.2～59.2	59.3～61.5	≥61.6
158.0～158.9	<46.6	46.6～52.6	52.7～59.8	59.9～62.2	≥62.3
159.0～159.9	<46.9	46.9～53.1	53.2～60.3	60.4～62.7	≥62.8
160.0～160.9	<47.4	47.4～53.6	53.7～60.9	61.0～63.4	≥63.5
161.0～161.9	<48.1	48.1～54.3	54.4～61.6	61.7～64.1	≥64.2
162.0～162.9	<48.5	48.5～54.8	54.9～62.2	62.3～64.8	≥64.9
163.0～163.9	<49.0	49.0～55.3	55.4～62.8	62.9～65.3	≥65.4
164.0～164.9	<49.5	49.5～55.9	56.0～63.4	63.5～65.9	≥66.0
165.0～165.9	<49.9	49.9～56.4	56.5～64.1	64.2～66.6	≥66.7
166.0～166.9	<50.4	50.4～56.9	57.0～64.6	64.7～67.0	≥67.1
167.0～167.9	<50.8	50.8～57.3	57.4～65.0	65.1～67.5	≥67.6
168.0～168.9	<51.1	51.1～57.7	57.8～65.5	65.6～68.1	≥68.2
169.0～169.9	<51.6	51.6～58.2	58.3～66.0	66.1～68.6	≥68.7
170.0～170.9	<52.1	52.1～58.7	58.8～66.5	66.6～69.1	≥69.2
171.0～171.9	<52.5	52.5～59.2	59.3～67.2	67.3～69.8	≥69.9
172.0～172.9	<53.0	53.0～59.8	59.9～67.8	67.9～70.4	≥70.5
173.0～173.9	<53.5	53.5～60.3	60.4～68.4	68.5～71.1	≥71.2
174.0～174.9	<53.8	53.8～61.0	61.1～69.3	69.4～72.0	≥72.1
175.0～175.9	<54.5	54.5～61.5	51.6～69.9	70.0～72.7	≥72.8
176.0～176.9	<55.3	55.3～62.2	62.3～70.9	71.0～73.8	≥73.9
177.0～177.9	<55.8	55.8～62.7	62.8～71.6	71.7～74.5	≥74.6
178.0～178.9	<56.2	56.2～63.3	63.4～72.3	72.4～75.3	≥75.4
179.0～179.9	<56.7	56.7～63.8	63.9～72.8	72.9～75.8	≥75.9
180.0～180.9	<57.1	57.1～64.3	64.4～73.5	73.5～76.5	≥76.6
181.0～181.9	<57.7	57.7～64.9	64.9～74.2	74.3～77.3	≥77.4
182.0～182.9	<58.2	58.2～65.6	65.7～74.9	75.0～77.8	≥77.9
183.0～183.9	<58.8	58.8～66.2	66.3～75.7	75.8～78.8	≥78.9
184.0～184.9	<59.3	59.3～66.8	66.9～76.3	76.4～79.4	≥79.5
185.0～188.9	<59.9	59.9～67.4	67.5～77.0	77.1～80.2	≥80.3
186.0～186.9	<60.4	60.4～68.1	68.2～77.8	77.9～81.1	≥81.2
187.0～187.9	<60.9	60.9～68.7	68.8～78.6	78.7～81.9	≥82.0
188.0～188.9	<61.4	61.4～69.2	69.3～79.3	79.4～82.6	≥82.7
189.0～189.9	<61.8	61.8～69.8	69.9～79.9	80.0～83.2	≥83.3
190.0～190.9	<62.4	62.4～70.4	70.5～80.5	80.6～83.6	≥83.7

注:身高低于表中所列出的最低身高段的下限值时,身高每低1厘米,实测体重需加上0.5千克,实测身高需加上1厘米,再查表确定分值。身高高于表中所列的最高身高段时,身高每高1厘米,实测体重需减去0.9千克,实测身高需减去1厘米,再查表确定分值。

表二　大学女生身高标准体重　　(单位:kg)

身高段(厘米)	营养不良	较低体重	正常体重	超重	肥胖
	50分	60分	100分	60分	50分
140.0～140.9	<36.5	36.5～42.4	42.5～50.6	50.7～53.3	≥53.4
141.0～141.9	<36.6	36.6～42.9	43.0～51.3	51.4～54.1	≥54.2
142.0～142.9	<36.8	36.8～43.2	43.3～51.9	52.0～54.7	≥54.8
143.0～143.9	<37.0	37.0～43.5	43.6～52.3	52.4～55.2	≥55.3
144.0～144.9	<37.2	37.2～43.7	43.8～52.7	52.8～55.6	≥55.7
145.0～145.9	<37.5	37.5～44.0	44.1～53.1	53.2～56.1	≥56.2
146.0～146.9	<37.9	37.9～44.4	44.5～53.7	53.8～56.7	≥56.8
147.0～147.9	<38.5	38.5～45.0	45.1～54.3	54.4～57.3	≥57.4
148.0～148.9	<39.1	39.1～45.7	45.8～55.0	55.1～58.0	≥58.1
149.0～149.9	<39.5	39.5～46.2	46.3～52.6	55.7～58.7	≥58.8
150.0～150.9	<39.9	39.9～46.6	46.7～56.2	56.3～59.3	≥59.4
151.0～151.9	<40.3	40.3～47.1	47.2～56.7	56.8～59.8	≥59.9
152.0～152.9	<40.8	40.8～47.6	47.7～57.4	57.5～60.5	≥60.6
153.0～153.9	<41.4	41.4～48.2	48.3～57.9	58.0～61.1	≥61.2
154.0～154.9	<41.9	41.9～48.8	48.9～58.6	58.7～61.9	≥62.0
155.0～155.9	<42.3	42.3～49.1	49.2～59.1	59.2～62.4	≥62.5
156.0～156.9	<42.9	42.9～49.7	49.8～59.7	59.8～63.0	≥63.1
157.0～157.9	<43.5	43.5～50.3	50.4～60.4	60.5～63.6	≥63.7
158.0～158.9	<44.0	44.0～50.8	50.9～61.2	61.3～64.5	≥64.6
159.0～159.9	<44.5	44.5～51.4	51.5～61.7	61.8～65.1	≥65.2
160.0～160.9	<45.0	45.0～52.1	52.2～62.3	62.4～65.6	≥65.7
161.0～161.9	<45.4	45.4～52.5	52.6～62.8	62.9～66.2	≥66.3
162.0～162.9	<45.9	45.9～53.1	53.2～63.4	63.5～66.8	≥66.9
163.0～163.9	<46.4	46.4～53.6	53.7～63.9	64.0～67.3	≥67.4
164.0～164.9	<46.8	46.8～54.2	54.3～64.5	66.6～67.9	≥68.0
165.0～165.9	<47.4	47.4～54.8	54.9～65.0	65.1～65.3	≥68.4
166.0～166.9	<48.0	48.0～55.4	55.5～65.5	65.6～68.9	≥69.0
167.0～167.9	<48.5	48.5～56.0	56.1～66.2	66.3～69.5	≥69.6
168.0～168.9	<49.0	49.0～56.4	56.5～66.7	66.8～70.1	≥70.2
169.0～169.9	<46.4	49.5～56.8	56.9～67.3	67.4～70.7	≥70.8
170.0～170.9	<49.9	49.9～57.3	57.4～67.9	68.0～71.4	≥71.5
171.0～171.9	<50.2	50.2～57.8	57.9～68.5	68.6～72.1	≥72.2
172.0～172.9	<50.7	50.7～58.4	58.5～69.1	69.2～72.7	≥72.8
173.0～173.9	<51.0	51.0～58.8	58.9～69.6	69.7～73.1	≥73.2
174.0～174.9	<51.3	51.3～59.3	59.4～70.2	70.3～73.6	≥73.7
175.0～175.9	<51.9	51.9～59.9	60.0～70.8	70.9～74.4	≥74.5
176.0～176.9	<52.4	52.4～60.4	60.5～71.5	71.6～75.1	≥75.2
177.0～177.9	<52.8	52.8～61.0	61.1～72.1	72.2～75.7	≥75.8
178.0～178.9	<53.2	53.2～61.5	61.6～72.6	72.7～76.2	≥76.3
179.0～179.9	<53.6	53.6～62.0	62.1～73.2	73.3～76.7	≥76.8
180.0～180.9	<54.1	54.1～62.5	62.6～73.7	73.8～77.0	≥77.1
181.0～181.9	<54.5	54.5～63.1	63.2～74.3	74.4～77.8	≥77.9
182.0～182.9	<55.1	55.1～63.8	63.9～75.0	75.1～79.4	≥79.5
183.0～183.9	<55.6	55.6～64.5	64.6～75.7	75.8～80.4	≥80.5
184.0～184.9	<56.1	56.1～65.3	65.4～76.6	76.7～81.2	≥81.3
185.0～185.9	<56.8	56.8～66.1	66.2～77.5	77.6～82.4	≥82.5
186.0～186.9	<57.3	57.3～66.9	67.0～78.6	78.7～83.3	≥83.4

注:身高低于表中所列出的最低身高段的下限值时,身高每低1厘米,实测体重需加上0.5千克,实测身高需加上1厘米,再查表确定分值。身高高于表中所列的最高身高段时,身高每高1厘米,实测体重需减去0.9千克,实测身高需减去1厘米,再查表确定分值。

表三　大学男生体质测试评分标准

等级	单项得分	肺活量体重指数	1000米跑（分·秒）	台阶试验	50米跑（秒）	立定跳远（米）	掷实心球（米）	握力体重指数	引体向上（次）	坐位体前屈（厘米）	跳绳（次/分）	篮球运球（秒）	足球运球（秒）	排球垫球（次）	单项得分
优秀	100	84	3′27″	82	6.0	2.66	15.7	92	26	23.0	198	8.6	6.3	50	100
	98	83	3′28″	80	6.1	2.65	15.2	91	25	22.6	193	9.0	6.5	49	98
	96	82	3′31″	77	6.2	2.63	14.4	90	24	22.0	186	9.6	6.9	46	96
	94	81	3′33″	74	6.3	2.62	13.6	89	23	21.4	178	10.3	7.3	44	94
	92	80	3′35″	71	6.4	2.60	12.5	87	22	20.6	168	11.1	7.7	41	92
	90	78	3′39″	67	6.5	2.58	11.5	86	21	19.8	158	12.0	8.2	38	90
良好	87	77	3′42″	65	6.6	2.56	11.3	84	20	18.9	152	12.4	8.5	37	87
	84	75	3′45″	63	6.8	2.52	10.9	81	19	17.5	144	12.9	8.9	34	84
	81	73	3′49″	60	7.0	2.48	10.5	79	18	16.2	136	13.5	9.3	32	81
	78	71	3′53″	57	7.3	2.43	10.0	75	17	14.3	121	14.3	9.9	29	78
	75	68	3′58″	53	7.5	2.38	9.5	72	16	12.5	113	15.0	10.4	26	75
及格	72	66	4′05″	52	7.6	2.35	9.3	70	15	11.3	108	15.6	10.7	25	72
	69	64	4′12″	51	7.7	2.31	8.9	66	14	9.5	101	16.6	11.2	23	69
	66	61	4′19″	50	7.8	2.26	8.5	63	13	7.8	94	17.5	11.7	21	66
	63	58	4′26″	48	8.0	2.20	8.0	59	12	5.4	85	18.8	12.3	18	63
	60	55	4′33″	46	8.1	2.14	7.5	54	11	3.0	75	20.0	12.9	15	60
不及格	50	54	4′40″	45	8.2	2.12	7.3	53	9	2.4	71	20.6	13.3	14	50
	40	52	4′47″	44	8.3	2.09	7.0	51	8	1.4	64	21.6	13.8	12	40
	30	51	4′54″	43	8.5	2.06	6.7	49	7	0.5	58	22.5	14.3	10	30
	20	49	5′01″	42	8.6	2.03	6.2	47	6	－0.8	49	23.8	15.0	8	20
	10	47	5′08″	40	8.8	1.99	5.8	44	5	－2.0	40	25.0	15.7	5	10

表四　大学女生体质测试评分标准

等级	单项得分	肺活量体重指数	1000米跑(分·秒)	台阶试验	50米跑(秒)	立定跳远(米)	掷实心球(米)	握力体重指数	引体向上(次)	坐位体前屈(厘米)	跳绳(次/分)	篮球运球(秒)	足球运球(秒)	排球垫球(次)	单项得分
优秀	100	70	3′24″	78	7.2	2.07	8.6	71	52	21.1	190	11.2	7.3	46	100
	98	69	3′27″	75	7.3	2.06	8.5	73	51	20.8	184	11.5	7.8	44	98
	96	68	3′29″	72	7.4	2.05	8.4	72	50	20.3	175	12.0	8.6	41	96
	94	67	3′32″	69	7.5	2.03	8.2	71	49	19.8	166	12.6	9.4	38	94
	92	65	3′35″	64	7.7	2.01	8.0	69	47	19.2	154	13.3	10.5	34	92
	90	64	3′38″	60	7.8	1.99	7.8	67	45	18.6	142	14.0	11.5	30	90
良好	87	63	3′42″	59	7.9	1.97	7.7	66	44	17.7	137	14.6	11.9	29	87
	84	61	3′46″	57	8.0	1.93	7.6	63	43	16.3	130	15.6	12.5	27	84
	81	59	3′50″	55	8.2	1.89	7.5	61	42	15.0	122	16.5	13.2	25	84
	78	57	3′54″	52	8.3	1.84	7.4	58	40	13.1	112	17.8	14.0	23	78
	75	54	3′58″	49	8.5	1.79	7.2	55	38	11.3	102	19.0	14.9	20	75
及格	72	53	4′03″	48	8.6	1.76	7.1	53	37	10.1	98	19.8	15.6	19	72
	69	51	4′08″	47	8.7	1.72	7.0	50	35	8.3	92	20.9	16.7	17	69
	66	49	4′13″	46	8.8	1.69	6.8	48	33	6.5	86	22.0	17.8	15	66
	63	46	4′18″	44	8.9	1.63	6.6	44	31	4.1	78	23.5	19.3	13	63
	60	43	4′23″	42	9.0	1.58	6.4	40	28	1.7	70	25.0	20.8	10	60
不及格	50	42	4′30″	41	9.1	1.56	6.2	39	27	1.5	66	25.8	21.2	9	50
	40	41	4′37″	40	9.3	1.53	6.0	38	26	1.3	59	26.9	21.9	8	40
	30	39	4′44″	39	9.5	1.50	5.7	36	25	1.0	53	28.0	22.5	7	30
	20	37	4′51″	38	9.8	1.46	5.4	34	23	0.6	44	29.5	23.4	6	20
	10	35	5′00″	36	10.0	1.42	5.0	32	21	0.2	35	31.0	24.3	4	0